과학교실 탐구공동체

Community of Inquiry in Science Classroom

정용재 저

북스힐

이 저서는 2015년 정부(교육부)의 재원으로 한국연구재단의 지원을 받아 수행된 연구임(NRF-2015S1A6A4A01014894)

머리말

이 책에서 하고자 얘기는 매우 단순하다.

“과학교실은 어떠해야 하는가? 끊임없는 탐구를 지향하는 교실 공동체이어야 한다.”

단순하고, 그리고 어찌 보면 누구나 한 번쯤 생각해봤을 법한 얘기이지만, 필자가 탐구공동체를 처음 접하고 이 한 권의 책을 완성하기까지는 30년 가까운 시간이 걸렸다. 오랜 시간이 걸렸지만, 그러나 여전히 설익고 부족한 내용에 아쉬움이 가득하다. 본격적으로 관련된 연구를 한 것은 그리 오래 되지 않으니 그럴 수 있다고 스스로를 위로해보지만, 워낙 큰 이 아쉬움은 잘 위로가 되지는 않는다. 그럼에도 불구하고 이 부족한 책을 독자들에게 내어 놓는 용기를 낸 것은 “과학교실은 어떠해야 하는가?”라는 고민을 쉬지 않고 이어가는 데에 이 책이 아주 작은 역할이라도 했으면 하는 바람 때문이었다.

필자가 탐구공동체와 퍼스(C. S. Peirce)를 처음 접한 것은 1990년 즈음이었다. 당시 필자는 서울교육대학교에 재학 하면서 ‘철학연구회’에서 동아리 활동을 하고 있었다. 그 당시 서울교육대학교 철학연구회는 이초식 교수님을 지도교수로 모시면서 여러 선배님들의 노력으로 ‘노마의 발견’ 발간 등 어린이 철학교육과 관련된 여러 공부와 활동을 이미 활발하게 하고 있었다. 그리고 박범수 교수님을 지도교수님으로 모시면서, 다양한 분야의 공부와 노력을 이어가고 있었다. 여러 좋은 사람들을 만났고, 좋은 글과 토론을 만났었다. 필자의 기억이 맞는다면, 이 책에서도 간략히 소개되어 있는 립맨(M. Lipman)의 철학적 탐구공동체 기반 어린이 철학교육 프로그램이 국내에 도입된 것 역시 철학연구회 교수님들과 선배님들의 노력이 컸다. 그 뒤로도 철학적 탐구공동체에 대한 연구는 이제는 퇴임하신 경상대 박진환 선배님을 필두로 많은 선배님들이 연구를 이어가고 있다. 필자 역시 여러 논문을 참고하였다. 이 자리를 빌려 이 책이 나오게 되는 데에 토대를 제공해주신 이초식 교수님, 박범수 교수님, 그리고 박진환 선배님을 비롯한 여러 선배님들께 감사의 인사를 드린다.

아마 그 이전에도 흘려듣긴 했겠지만, 필자가 탐구공동체와 퍼스를 접했던 명확한 기억은 임병갑 선배님과의 자리였다. 구체적으로 어떤 말씀을 하셨는지는 기억나지 않으나, "이거 참 멋있다."라는 느낌은 명확히 남아있다. 그 뒤로 필자의 마음 한편에는 언젠가는 탐구공동체를 구현해보고 싶다는 생각이 깊이 자리하게 되었다. 후에 임병갑 선배님의 박사학위 논문인 '과학탐구와 윤리탐구의 <통합 프로그램>을 위한 기초'는 필자가 박사학위 논문을 작성하고, 또 이 책을 작성하는 데에 여러모로 도움이 되었다. 선배님께 감사의 인사를 드린다. 다만, 퍼스의 경우는 그 당시 이론을 이해하기도 쉽지 않았고 그다지 끌리지도 않아 기억이 오래가지는 않았다.

필자는 대학원에서 물리교육을 전공하였다. 박승재 교수님과 송진웅 교수님의 지도를 받으면서 수학하였다. 석사학위 논문의 주요 키워드는 '합의를 중시하는 활동'이었고, 박사학위 논문의 주요 키워드는 '연결주의적 관점의 개념학습 방안'과 '전형적 인식상황'이었다. 겉으로 드러내지는 않았지만, 석사학위 논문은 탐구공동체를 나름 염두에 두고 작성한 것이었다. 물론 적잖이 실패한 시도였다. 박사학위 논문은 처음부터 염두에 둔 것은 아니었으나, 작성을 하다 보니, 탐구공동체와 여러모로 맞닿아 있었다. 그런 점에서, 필자의 탐구공동체를 향한 조금씩의 시도는 두 분 교수님과 함께였다. 필자를 과학교육 연구자로 길러주시고, 이 책이 나오게 되는 데에 도움을 주신 박승재 교수님과 송진웅 교수님께 감사의 인사를 드린다.

저자의 박사학위 논문의 핵심적인 아이디어는 연결주의 관점에 근거한 개념학습이었다. 현재의 딥러닝(deep learning) 이론의 기초 이론이라 할 수 있는 두뇌 은유에 기반을 둔 인공신경망 회로 이론을 과학 개념학습과 관련지어보려고 나름대로 노력을 하였고, 그 산물이 '전형적 인식상황'이었다.

그 과정에서 개념이란 무엇이고, 추리란 무엇인가에 대한 고민이 수반되었고, 어쩌면 인공신경망 이론의 관점 자체가 이미 배태하고 있었는지도 모르는 귀추법(abduction)에 대해 관심을 가지게 되었다. 그리고 그 당시 국내 과학교육계에서도 귀추법에 대한 관심이 높아지고 있었다. 하지만, 귀추법의 논리적 특성과 그 배경에 대해서는 충분히 다뤄지고 있지 않다는 생각을 하게 되었고, 박사학위 논문을 마무리하면서 귀추법에 대해 본격적으로 연구하기 시작했다.

그리고 거기에서 다시 퍼스를 만났다. 합의, 분산표상을 특징으로 하는 연결주의적 개념관, 상황 자체를 포함하는 개념으로서 전형적 인식상황, 귀추법, 공동체적 접근 등, 필자가 나름 고민해왔던 것들이 탐구공동체로 다시 묶이기 시작하였고, 그곳에 퍼스가 있었다. 그리고 듀이가 연결되기 시작하였다.

과학교육 그리고 물리교육을 전공한 필자에게 퍼스의 이론은 여전히 쉽지 않았고, 이해를 위해 노력하기에 그의 저작은 너무 방대하였다. 듀이 역시 마찬가지였다. 그때 필자는 단비 같은 두 권의 저서를 만났다. 김동식(2002)의 '프래그머티즘'과 정해창(2005)의 '프래그마티시즘: 퍼스의 미완성 체계'가 그것이다. 두 분의 저서 덕분에 필자는 퍼스와 듀이에 대한 이해를 넓힐 수 있었고, 두 책을 초석으로 하여 퍼스와 듀이의 원전, 그리고 여러 참고문헌들을 찾아가며 좀 더 깊이 있게 이해하기 위한 노력을 할 수 있었다. 두 분께 감사의 인사를 드린다.

앞서 얘기한 한 바와 같이, 이 책은 "과학교실은 어떠해야 하는가?"라는 고민에 대한 하나의 응답이다. 질문의 광범위함과 깊이를 고려할 때, 이 책이 충분한 해답을 제시할 수 있을 것이라고는 생각하지 않는다. 다만, 그럼에도 불구하고, 과학 교실은 어떠해야 하는가라는 질문에 대한 고민은 학교 과학의 바람직한 모습을 찾기 위해 반드시 고민해봐야 할 문제이기에, 많이 부족하지만, 과학 교실에서 추구할 만하다고 생각되는 한 모습으로 '과학교실 탐구공동체'를 제시하고 이에 대해 논의하고자 하였다.

이 책은 크게 다섯 개의 장으로 구성되어 있다. 우선, 1장에서는 학교 과학 교육의 장에서도 탐구공동체에 대해 주목할 필요가 있음에 대해 논의하였다.

2장에서는 탐구공동체의 이론적 배경에 대해서 논의하였다. 이를 위해, 우선 탐구공동체의 정의와 관련된 의문을 던진 후, 퍼스의 탐구와 공동체에 대한 관점에 대해 논의하였다. 그리고 퍼스의 탐구공동체 이론과 일면 맥이 닿아 있는 듀이의 탐구와 공동체에 대한 관점에 대해 논의하였다. 이러한 논의를 바탕으로 탐구공동체의 정의와 그 특징에 대해서 논의하였다.

3장에서는 학교 과학 교육의 장에서 탐구공동체의 구현을 지향하는 한 모습으로 과학교실 탐구공동체를 제안하고, "자연 현상이나 사물과 관련하여 진정한 의심의 상태를 믿음의 상태로 바꾸는 것을 목적으로, 참여자로서 목적을 공유한 구성원들이 실제적 효과에 대한 관찰과 오류가능성을 견지하면서 자유로운 의사소통을 통해 최선의 설명과 해결책에 이르고자 끊임없이 노력하는 교실 공동체"라는 과학교실 탐구공동체의 정의와 목적에 대해서 논의하였다. 그리고 과학교실 탐구공동체의 4가지 주요 탐구 과정과 4개 범주로 구성된 총 7가지 토대에 대해서 논의하였다.

4장에서는 과학교실 탐구공동체의 구현을 위한 준비에 대해 논의하였다. 이를 위해, 우선 2개 과학교실의 사례를 분석하고 그 의미와 시사점을 과학교실 탐구공동체와 관련지어 논의하였다. 이어서 과학교실 탐구공동체의 관점에서 본 과학교실 실태 분석을 위해 인식 조사 도구 개발 결과와 해당 도구를 사용해 초등학교 학생들의 인식을 조사한 결과를 제시하고 그 의미와 시사점을 논의하였다. 그리고 이를 바탕으로 과학교실 탐구공동체 구현을 위해 고려해야할 5가지 사항에 대해 논의하였다.

5장에서는 1장부터 4장까지의 논의 사항을 요약하고, 과학교실 탐구공동체의 구현을 위해 어떠한 추후 연구가 필요하고 어떠한 방안이 마련될 필요가 있는지에 대해 논의하였다.

과학교실 탐구공동체는 아직 시작 단계에 있으며, 추후 학교 교육의 장에서 실제로 구현하고자 하는 시도와 그에 대한 경험적 연구 결과들을 바탕으로 지속적으로 보완될 필요가 있다. 아울러서 필자가 나름대로의 노력은 하였으나, 역량의 한계로 책의 곳곳에 부족함과 오류가 있을 수 있다. 이와 관련해서 독자들의 아낌없는 조언을 부탁드린다. 추후 연구들의 결과와 독자들의 조언을 양분삼아, 언젠가는 이 책의 부족한 부분을 조금 더 보완한 후속편을 내놓을 수 있기를 기대한다.

이 책은 앞서 언급한 여러 분들의 도움과, 여러 참고문헌의 도움이 없었으면 가능할 수 없었다. 직간접적으로 도움을 주신 모든 분들께 감사드린다. 그리고 이 책이 저술될 수 있도록 연구비를 지원해준 한국연구재단 관계자 분들께도 감사의 인사를 드린다. 무엇보다 이 책은 '㈜도서출판 북스힐'의 배려와 애써주심으로 출판이 가능하였다. 조승식 대표님과 김동준 전무님, 그리고 수고해주신 편집부 여러분께도 감사를 드린다.

그리고 이 책이 나오는 데에 누구보다도 큰 도움이 되었던 한 사람이 있다. 친구이자 과학교사로서 필자에게 항상 롤모델이 되어주었던 故 박종호 선생님. 먼저 간 친구에게 깊은 감사의 인사를 드린다.

끝으로, 이 책을 쓰는 내내 꼭 하고 싶었던 말.

"사랑하는 나의 아내 지연과 아들 은기에게 이 책을 바친다."

2018년 7월

정 용 재

차례

4 CHAPTER 과학교실 탐구공동체의 구현을 위한 준비 _ 181

5 CHAPTER 마치면서: 새로운 시작을 위해 _ 277

CHAPTER 1

왜 과학교실 탐구공동체인가?

> 우리에게 공통적으로 요구되는 것이 하나 있다. 바로 '시간'이다. 깊이 있는 토론을 위해서는 시간이 필요하고, 경쟁하고 있는 생각들의 의미를 따져보거나 스스로 탐구하기 위해서는 더 많은 시간이 필요하다. [중략] 이장에서 논의된 생각들은 교사는 과학 수업을 통해 아동들이 단순히 그들의 감각적 경험을 확장시키는 데에 그치지 않고 과학 공동체의 전통적인 이론과 형식을 이해하고 이것들을 그들의 경험과 유의미하게 관련지을 수 있도록 도와주어야 한다고 제안한다. 즉, 교사는 아동들의 경험과 이해를 과학 공동체의 경험과 이해와 연결해주는 중재자 역할을 해야 한다고 제안하고 있는 것이다. (Driver, 1983, p.84)

과학교실은 어떠해야 하는가? 과학교실은 학생들이 학교에서 과학을 수행하고 있는 공간이며, 그 과정에서 학습이 이뤄지고 있는 공간이다. 혹은 과학 교육과정에서 제시하고 있는 것들을 학습하는 공간이며, 그 과정에서 학생들이 학생 수준의 과학을 수행하게 되는 공간이기도 하다. 따라서 "과학교실은 어떠해야 하는가?"라는 질문은 학교에서 이뤄지는 학생들의 과학 수행은 어떠해야 하며, 학교에서 이뤄지는 과학 학습은 어떠해야 하는가라는 광범위한 물음을 포함할 것이다.

아울러서, 이 질문에 대한 응답은 '과학'은 어떠해야 하고 '교실'은 어떠해야 하는지에 대한 천착을 필요로 한다. 과학의 본성은 무엇이고, 과학적 방법과 과학자가 하는 일의 특징은 무엇이며, 진리의 발견과 사회적 유용성이라는 측면에서 과학의 역할은 무엇인지에 대한 고민을 필요로 한다. 또, 학교 교육의 목적은 무엇이며, 비슷한 맥락에서 교실의 활동은 어떤 목적 하에 어떤 요소를 그 핵심으로 가져야 하는지에 대한 고민을 필요로 한다. 이러한 고민들이 우선되어야 '과학교실'이 어떠해야 하는지를 논의할 수 있을 것이다. 더욱이, '과학교실'은 단순히 '과학'과 '교실'을 물리적으로 합친 것으로만 볼 수 없을 것이기 때문에, 이 둘의 화학적 결합은 어떻게 일어나야 하는 것인지에 대한 논의도 필요할 것이다. 하나하나가 모두 방대하고 심도 있는 교육학적, 철학적 논의를 수반해야할 것들이다.

그러나 한편으로, 과학 교육자들은 반드시 광범위하고 심도 있는 철학적 논의를 거치지 않더라도 과학을 가르치는 순간순간 "나는 과학을 잘 가르치고 있는 것인가?", "우리 반 아이들은 과학을 잘 학습하고 있는 것인가?", "나와 아이들이 있는 이 교실은 과학을 가르치고 학습하는 바람직한 모습을 가지고 있는가?"라는 질문을 던지며, 그 질문들에 대해 "내가 너무 지식 습득만 강요하고 있는 것은 아닌가?", "우리 반은 너무 산만한 것 아닌가?", "침묵하고 있는 우리 반 아이들의 흥미를 어떻게 하면 이끌어 낼 수 있을까?" 등등, 나름대로의 응답을 하기도 한다.

본 저서는 "과학교실은 어떠해야 하는가?"라는 고민의 작은 결과물이다. 물론, 그 질문의 광범위성과 심도를 감안할 때, 과학교실은 어떠해야 하는가라는 질문에 대해 본 저서가 완벽한 해답을 제시할 수 있을 것이라고는 생각하지 않는다. 다만, 그럼에도 불구하고, 과학교실은 어떠해야 하는가라는 질문에 대한 고민은 학교 과학의 바람직한 모습을 찾기 위해 반드시 고민해봐야 할 문제이기에, 작은 결과물이나마, 과학교실에서 추구할 만하다고 생각되는 한 모습으로 '과학교실 탐구공동체'를 제시하고, 그 특징과 이론적 배경, 구현을 위한 준비 등에 대해서 논의하고자 한다.

이후 자세한 논의가 이뤄지겠지만, '과학교실 탐구공동체'(Community of Inquiry in Science Classroom: CoI-SC)는 "자연 현상이나 사물과 관련하여 진정한 의심의 상태를 믿음의 상태로 바꾸는 것을 목적으로, 참여자로서 목적을 공유한 구성원들이 실제적 효과에 대한 관찰과 오류가능성을 견지하면서 자유로운 의사소통을 통해 최선의 설명과 해결책에 이르고자 끊임없이 노력하는 교실 공동체"(정용재, 2014, p. 311)를 말한다. 이러한 과학교실 탐구공동체는 기존의 '탐구공동체'(Community of Inquiry) 이론을 기반으로 하고 있으며, 학교 과학 교육의 장에서 탐구공동체를 구현하는 것을 지향한다.

그렇다면, 왜 탐구공동체에 주목하는가? 첫째, 학습은 공동체를 전제하기 때문이다(이영만과 박동섭, 2010; 정용재와 천은겸, 2014; Barab, Hay, & Duffy, 1998; Lave & Wenger, 1991). 우선, 학습은 학습자와 학습 대상이 처해 있는 상황과 무관하게 이뤄질 수 없다(Barab & Duffy, 2000; Dewey, 1916). 즉, 학습의 대상이 되는 사물이나 현상, 사건, 지식 등은 그들이 처해 있는 상황 속에서 의미를 갖기 때문에, 상황을 고려하지 않고서는 어떠한 판단이나 경험도 할 수 없고, "오직 맥락 전체(contextual whole) 속에서 연결되어 있는 대상들과 사건들에 대해서만 판단하고 경험"(Dewey, 1938, p. 72)할 수 있다. 유사하게 학습자는 그 자신과 대상, 공동체를 포함하는 '맥락 전체' 속에서 특징지어지며, 각 구성원들과 상호 영향을 주고받을 수밖에 없다(박선영과 김회용, 2009; Dewey, 1938). 다시 말해서, 무엇에 대해서 알고 학습한다는 것은 상황과 독립적으로 이뤄지는 객관적이기만 한 어떤 것이거나 혹은 주관적이기만 한 어떤 것이라기보다는, 개인과 그 주변 사이의 상호작용 속에서 구성된다는 것이다(Barab, Hay, & Duffy, 1998).

개인과 환경, 그리고 사회의 상호작용 속 학습을 주장하는 이러한 관점은 특히 학습에 대한 공동체적 접근들에서 찾아볼 수 있다. 1990년대 이후 활발히 논의되고 있는 학습공동체(Peterson, 1992), 학습자공동체(Rogoff, Matusov, & White, 1996), 실행공동체[1](Wenger, 1998) 등, 학습에 대한 공동체적 접근들은 학습을 공동체 속 참여를 통해 이뤄지는 총체적인 산물로 본다(정용재와 천은겸, 2014; Barab, Hay, & Duffy, 1998; Lave & Wenger, 1991). 예를 들어, 학습자공동체에서는 실제 상황에 결부된 문제와 이를 해결하기 위한 공동체 구성원들의 협력, 구성원들 사이의 이해를 위한 교섭, 아이디어 공유, 참여와 책임 등을 중시 한다(Crawford, Krajcik, & Marx, 1999). 또, "동일한 관심사와 일련의 문제, 어떤 주제에 대한 열정을 공유하면서, 지속적으로 상호작용하는 과정을 통해서 이 분야에 대한 지식과 전문성을 좀 더 깊이 있는 것으로 만들어 가는 사람들의 집단"(Wenger et al., 2002, p. 4)으로 정의되는 실행공동체는 학습을 공동체 속 참여와 관계의 변화로 보고 있다(Lave & Wenger, 1991). 즉, 실행공동체에서 학습은 주어진 지식을 습득하는 과정이기 보다는, 상호작용과 공유 자산을 바탕으로 공동체 속 실행과 관계 형성, 그리고 이로 인해 지식이 형성되기까지의 총체적 과정 자체를 말한다(정용재와 천은겸, 2014; Wenger, 1998).

탐구공동체(community of Inquiry) 역시 공동체적 접근 중 하나이다(정용재, 2014). 공동체에 기반 해서 진리와 실재, 지식을 바라보는 탐구공동체는 미국의 철학자이자 기호학자, 그리고 과학자이기도 했었던 퍼스[2](C. S. Peirce)에 의해 처음 제안되었다(Burgh &

---

1) '실행공동체'의 원어는 community of practice로서 국내에서는 '실천공동체'와 '실행공동체'라는 번역어가 혼용되고 있다. 본 연구에서는 실행공동체가 행위의 방식을 공유하는 공동체(Wenger, 1998)라는 점에 주목하여, community of practice의 번역어로 '실행공동체'를 사용하였다.

2) C. S. Peirce(1839-1914). 미국 프래그머티즘의 창시자이자 현대 기호학의 선구자로 알려져 있는 철학자이다(Apel, 1981). 그의 사상은 우리에게 잘 알려져 있는 제임스(W. James)와 듀이(J. Dewey)에게도 큰 영향을 미쳤다(김동식, 2002; Feibleman, 1969).

Nichols, 2012; Pardales & Girod, 2006). 퍼스는 다음과 같이 실재의 속성에 대해 언급하면서 끊임없이 탐구하는 공동체에 대해 언급하고 있다.

> 실재(real)는, 조금 더 빠르건 늦건, 정보와 추리가 궁극적으로 도달(result in)하게 되는 것이고, 그래서 너와 나의 변덕과는 무관한 것이다. 따라서 실재성(reality)이라는 개념의 본질은 이 개념 속에는 정해진 한계를 가지지 않으면서 지식의 확정적인 증가가 가능한 공동체(COMMUNITY)의 관념이 필수적으로 포함됨을 보여준다. (CP 5.311)[3]

즉, 퍼스의 관점에서 보면 어떤 공동체가 끊임없이 그리고 충분히 탐구한다면 공동체의 의견이 한 곳으로 수렴되게 될 터인데, 이때의 그 궁극적 의견이 표상하는 대상이 바로 실재라는 것이다(CP 5.407). 이는 모든 의미는 기호의 작용이고, 기호와 기호의 연쇄작용에 의해 의미가 형성되며 이 과정에서 의미를 해석하는 해석 경향은 개인의 심리적 작용이기 보다는 그 자체의 논리적 작용임을 강조하는 퍼스의 기호학적 토대(정해창, 2005)와도 맥을 같이 한다.

퍼스가 얘기하는 공동체는 다분히 이상적인 공동체로서, 충분한 시간 동안 진정성 있는 탐구를 수행하는 공동체를 말한다. 다시 말해서, 이때의 공동체는 현재 존재하는 몇 사람들의 공동체라기보다는, 현재 탐구의 결과가 미래에 누군가에 의해서 오류로 드러날 수도 있다는 생각을 견지하게끔 만드는 감시자로서의 공동체를 말하고, 실재는 이러한 무한한 탐구를 수행하는 공동체에 의해서만 참되게 탐구될 수 있다는 것이다(정용재, 2014).

퍼스가 명시적으로 '탐구공동체'라는 용어를 사용한 것은 아니지만,[4] 탐구공동체와 관련된 퍼스의 이론들은 듀이(J. Dewey)의 탐구에 대한 이론과 함께 교육과 관련된 논의로 확장되었으며(Splitter & Sharp, 1995), 이후, 철학교육(e.g., Lipman, 2003), 온라인 원격 교

---

3) 이러한 인용방법은 퍼스를 다루는 논문들에서 주로 사용되는 방법이다. CP 5.311에서 'CP'는 1931년부터 1958년에 걸쳐 편찬된 퍼스의 저작 모음집「Peirce, C. S. Collected Papers of Charles Sanders Peirce [ab. CP], 8 vols. C. Hartshorne and P. Weiss (1931-1958) (Eds.) vols. 1-6; A. W. Burks (1931-1958) (Ed.) vols. 7-8, Cambridge, MA: Harvard University Press.」의 약자이다. 이 모음집은 총 8권으로 이뤄져 있는데, CP 5.311에서 '5.311'은 이 모음집 5권에서 311번으로 번호가 매겨진 문단을 말한다.

4) 퍼스가 '탐구공동체'(community of inquiry)란 용어를 명시적으로 사용하지는 않았다고 판단한 것은 그의 저작물을 모아 놓은 선집(Collected Papers of Charles Sanders Peirce)의 디지털 버전에서 'community of inquiry'를 검색한 결과, community와 inquiry가 따로 사용된 곳은 발견되지만 'community of inquiry'란 용어가 사용된 곳은 발견되지 않았음에 따른 것이다.

육(e.g., Garrison & Arbaugh,, 2007) 등에서도 활발히 논의되어 왔다. 예를 들어, '철학적 탐구공동체'(community of philosophical inquiry)을 기반으로 하는 ICPIC (International Council for Philosophical Inquiry with Children)의 어린이 철학교육 프로그램은 우리나라를 포함하여 전 세계적으로 보급된 바 있다(오창진과 김회용, 2010). 이 프로그램의 기반을 이루고 있는 '철학적 탐구공동체'는 퍼스와 듀이의 탐구공동체 개념을 학교에서 이뤄지는 철학교육에 접목시킨 개념으로, 스스로 문제 해결을 모색하는 탐구, 참여, 도전, 질문, 토론 등을 강조한다(Lipman, 2003). 또, 객관적이고 확정된 것으로서의 지식보다는 항상 논란의 여지를 배태하고 있는 것으로서의 지식을 강조하며, 이에 따라 교사 역시 권위적이고 배타적인 지식의 소유자이기 보다는 언제든 오류를 범할 수 있음을 인정하고 끊임없이 탐구하는 탐구자로 보고 있다(임병갑, 2010). 이러한 관점들을 바탕으로 철학적 탐구공동체 기반 프로그램은 비판적 사고, 창의적 사고, 배려적 사고를 강조함으로써 창의적 문제해결력 증진에도 효과가 있음이 알려져 있다(조성민, 2008).

이와 같이, 공동체적 접근으로서 탐구공동체의 의미와 교육적 적용 사례, 그리고 그 성과들은 탐구공동체가 과학 교육의 한 방안으로서도 의미 있는 역할을 할 수 있을 것임을 시사하고 있다.

둘째, 과학교실과 관련하여 탐구공동체에 주목하는 또 한 가지는 이유는 퍼스가 탐구공동체를 제안하게 되는 배경에 과학자 공동체의 특징과 방법론이 중요하게 영향을 미치고 있기 때문이다. 퍼스는 철학자이며 기호학자이지만, 실제로 과학자이기도 하였다. 그는 하버드대학교에서 화학을 전공하였고, 30년(1961-1891) 동안 미국 연안측정국(U. S. Coast Survey)에서 일을 하였다. 이때 그는 수많은 자료들을 사용하는 과학적 방법들을 풍부하게 경험할 수 있었고, 여러 논문을 발표하기도 하였다(Nubiola, 2005). 이러한 과학자로서의 경험은 그가 과학의 모든 아이디어들이 생성되는 추리라고 본 귀추법(abduction) (CP 5.145)을 정립하는데 있어서도 중요한 역할을 한 것으로 보인다(연희원, 1998).

특히 퍼스는 의심의 상태를 탈피하여 믿음의 상태에 도달함으로써 실재와 진리에 이르게 되는 것은 과학적 방법으로 가능하다고 보았다(정해창, 2005; 정용재와 송진웅, 2006a). 즉, 믿음에 이르게 되는 4가지 방법인 고집(tenacity)의 방법, 권위(authority)의 방법, 선험(a priory)의 방법, 과학적 방법 중, 우리를 진정한 믿음에 이르게 하는 것은 과학적 방법이라고 보았다(CP 5.377-5.385).

> 우리의 의심들(doubts)을 만족시키기 위해서는 우리 믿음들(beliefs)이 단지 인간에 의해서가

아니라 어떤 외적 영구성(external permanency), 즉 우리의 생각이 아무런 영향을 주지 못하는 것에 의해서 결정되는 방법이 필수적이다. (중략) 외적 영구성이 한 개인에게만 국한되어 있다면 그것은 외적인 것이 아닐 것이다. 외적 영구성은 모든 사람에게 영향을 미치거나 영향을 미칠 수 있는 어떤 것이어야 한다. 비록 이런 영향들은 개인적인 조건들이 다른 만큼 다양하겠지만, 그럼에도 불구하고 그 방법은 모든 사람의 궁극적인 결론이 같게 될 그러한 것이어야 한다. 그러한 방법은 과학의 방법이다(Such is the method of science). (CP 5.384)

위의 인용문에서 볼 수 있듯이, 퍼스는 개인의 사사로운 판단에만 의존해서는 실재와 진리에 도달하기 어렵다고 보았다. 개인의 사사로운 생각과 판단은 항상 존재할 수 있지만, 그러한 생각들은 끊임없이 평가되고 조정되면서 궁극적으로는 하나의 의견에 도달하게 될 것으로 보았고, 그것을 가능하게 방법이 과학적 방법이라고 보았다. 과학적 방법은 어떤 한 개인이 홀로 수행하는 방법이 아니라 공동체의 협력적 노력이 기반이 되는 방법이며(CP 2.175), 이러한 과학적 방법의 수행 과정에서 '과학적 과정들은 충분히 밀고 나가면 이것들이 적용될 수 있는 모든 문제들에 어떤 해결책을 제공할 것(CP 5.407)'이기 때문이다. 즉, 과학적 방법은 고집이나 권위, 선험의 방법과 달리 궁극적으로 도달하게 될 의견을 찾아가는 적절한 방법이라는 것이다. 그리고 이러한 과학적 방법으로 궁극적인 의견에 도달할 수 있기 위해서 전제되어야 하는 것이 끊임없는 탐구를 수행하는 공동체, 즉, 탐구공동체이다(CP 5.311).

결국, 퍼스가 제안하고 있는 탐구공동체는 기본적으로 과학적 방법을 통해 진리에 이르기 위해 전제되는 공동체라고 할 수 있으며, 그런 점에서, 과학 지식과 과학적 방법의 학습을 추구하는 과학 교육에 의미 있는 시사점을 줄 수 있을 것으로 생각된다.

셋째, 탐구공동체에 주목하는 또 다른 이유는 최근 우리나라 과학 교육과정에서 중시하고 있는 바를 구현하는 데에도 탐구공동체가 의미 있는 시사점을 줄 수 있을 것이기 때문이다. 예를 들어, 2015년 9월에 개정된 2015개정 교육과정의 한 가지 특징은 핵심역량(key competence)의 강조이다(교육부[5], 2015a). 그런데 이러한 강조는 탐구공동체를 비롯한 공동체적 접근에서 추구하고 있는 바와도 맥을 같이 하는 것으로 보인다(정용재, 2014). 핵심 역량이란 '학생들이 향후 사회적 삶을 성공적으로 살아가기 위해 필요로 하는 능력'을 말한다(곽영순, 2012). 이러한 핵심역량으로 경제협력개발기구(OECD)에서는

---

5) 우리나라 교육부의 명칭은 시기에 따라 문교부, 교육인적자원부, 교육과학기술부, 교육부 등으로 변화되어왔으나, 본 저서에서 인용할 때는 편의상 모두 '교육부'로 표기하였다.

‘양 방향적으로 도구를 활용하기’, ‘다양한 구성원들과 상호작용하기’, ‘자율적으로 행동하기’의 세 가지를 선정한 바 있고, 뉴질랜드 교육과정에서는 사고하기, 언어·상징·텍스트 사용하기, 자기 관리하기, 대인관계, 참여와 공헌의 다섯 가지를 핵심역량으로 제시한 바 있다(곽영순, 2012). 핵심역량에 대한 연구는 일반적인 교육 분야(예를 들어, 이근호 등, 2012)뿐만 아니라, 과학 교육 분야에서도 진행되어 왔다. 예를 들어, 핵심 역량 중심의 교과서 모형 개발에 근거 자료를 제공하는 것을 기대하고 수행된 과학과 핵심성취기준 개발 연구(이미경 등, 2013)나, 과학과 교육과정 개정에 대비한 핵심역량 재구조화 방안(곽영순, 2013) 등이 그 예이다.

핵심역량에 대한 강조는 2015개정 과학과 교육과정에서 초등학교 3학년부터 9학년을 대상으로 하는 ‘과학’ 교과의 성격 규정에도 다음과 같이 반영되어 있다.

> ‘과학’에서는 다양한 탐구 중심의 학습이 이루어지도록 한다. 또한 기본 개념의 통합적인 이해 및 탐구 경험을 통하여 과학적 사고력, 과학적 탐구 능력, 과학적 문제 해결력, 과학적 의사소통 능력, 과학적 참여와 평생 학습 능력 등의 과학과 핵심역량을 함양하도록 한다.
>
> 과학적 사고력은 과학적 주장과 증거의 관계를 탐색하는 과정에서 필요한 사고이다. 과학적 세계관 및 자연관, 과학의 지식과 방법, 과학적인 증거와 이론을 토대로 합리적이고 논리적으로 추론하는 능력, 추리 과정과 논증에 대해 비판적으로 고찰하는 능력, 다양하고 독창적인 아이디어를 산출하는 능력 등을 포함한다.
>
> 과학적 탐구 능력은 과학적 문제 해결을 위해 실험, 조사, 토론 등 다양한 방법으로 증거를 수집, 해석, 평가하여 새로운 과학 지식을 얻거나 의미를 구성해 가는 능력을 말한다. 과학적 탐구를 위해서는 과학 탐구 기능과 지식을 통합하여 적용하고 활용하는 능력이 필요하며 과학적 사고력이 이 과정에 기초가 된다.
>
> 과학적 문제 해결력은 과학적 지식과 과학적 사고를 활용하여 개인적 혹은 공적 문제를 해결하는 능력이다. 일상생활의 문제를 해결하기 위해 문제와 관련 있는 과학적 사실, 원리, 개념 등의 지식을 생각해 내고 활용하며 다양한 정보와 자료를 수집, 분석, 평가, 선택, 조직하여 가능한 해결 방안을 제시하고 실행하는 능력이 필요하다. 문제 해결력은 문제 해결 과정에 대한 반성적 사고 능력과 문제 해결 과정에서의 합리적 의사 결정 능력도 포함한다.
>
> 과학적 의사소통 능력은 과학적 문제 해결 과정과 결과를 공동체 내에서 공유하고 발전시키기 위해 자신의 생각을 주장하고 타인의 생각을 이해하며 조정하는 능력을 말한다. 말, 글, 그림, 기호 등 다양한 양식의 의사소통 방법과 컴퓨터, 시청각 기기 등 다양한 매체를 통하여 제시되는 과학기술 정보를 이해하고 표현하는 능력, 증거에 근거하여 논증 활동을 하는 능력 등을 포함한다.
>
> 과학적 참여와 평생 학습 능력은 사회에서 공동체의 일원으로 합리적이고 책임 있게 행동하기 위해 과학기술의 사회적 문제에 대한 관심을 가지고 의사 결정 과정에 참여하며 새로운 과학기술

환경에 적응하기 위해 스스로 지속적으로 학습해 나가는 능력을 가리킨다. (교육부 2015a, pp. 3-4)

위의 '과학' 교과의 성격에서 볼 수 있듯이, '과학'은 다양한 탐구를 중심으로 학습이 이루어지도록 해야 하는 교과이다. 그런데 그 과정에서 기존의 과학 지식의 습득과 더불어, 과학적인 증거와 이론을 토대로 합리적이고 논리적으로 추론하는 능력, 추리 과정과 논증에 대해 비판적으로 고찰하는 능력을 포함하는 과학적 사고력이 강조되고 있다. 또, 과학적 문제 해결 과정과 결과를 공동체 내에서 공유하고 발전시키기 위해 자신의 생각을 주장하고 타인의 생각을 이해하며 조정하는 능력을 포함하는 과학적 의사소통 능력이 강조되고 있으며, 사회에서 공동체의 일원으로 합리적이고 책임 있게 행동하기 위해 필요한 과학적 참여와 평생 학습 능력이 강조되고 있다.

이와 같은 핵심 역량의 강조는 사회와 공동체를 기반으로 살아가는 개인을 전제하고 사회적 요구와 도전에 대처하는 개인의 핵심적인 능력을 강조한다는 점(Rychen & Salganik, 2003)에서, 앞서 언급하였듯이, 개인의 공동체 속 참여와 정체성을 포함하는 총체적인 변화를 강조하는 기존의 학습에 대한 공동체적 접근들(Barab, Hay, & Duffy, 1998; Lave & Wenger, 1991)과 맥을 같이 한다. 아울러서, 특히 과학 교육과정에서의 핵심 역량은 과학적인 사고력에 바탕을 두고 협력적인 탐구와 의사소통 능력, 공동체 속 참여와 평생 학습 능력 등을 강조한다는 점에서, 공동체를 기반으로 끊임없는 탐구를 추구하는 탐구공동체와도 맥을 같이한다고 볼 수 있다.

한편, 탐구공동체는 과학교육과정의 목표를 달성하는 데에도 의미 있는 시사점을 줄 수 있을 것으로 기대된다. 2015개정 과학과 교육과정(교육부, 2015a)에서는 '과학'의 목표를 다음과 같이 제시하고 있다.

자연 현상과 사물에 대하여 호기심과 흥미를 가지고, 과학의 핵심 개념에 대한 이해와 탐구 능력의 함양을 통하여, 개인과 사회의 문제를 과학적이고 창의적으로 해결하기 위한 과학적 소양을 기른다.

① 자연 현상에 대한 호기심과 흥미를 갖고, 문제를 과학적으로 해결하려는 태도를 기른다.
② 자연 현상 및 일상생활의 문제를 과학적으로 탐구하는 능력을 기른다.
③ 자연 현상을 탐구하여 과학의 핵심 개념을 이해한다.
④ 과학과 기술 및 사회의 상호 관계를 인식하고, 이를 바탕으로 민주 시민으로서의 소양을 기른다.

⑤ 과학 학습의 즐거움과 과학의 유용성을 인식하여 평생 학습 능력을 기른다. (교육부, 2015a, p. 4)

이러한 '과학' 교과의 목표는 '과학적 소양'의 증진을 목표로 한다는 점에서 기존의 과학과 교육과정의 목표를 계승하고 있지만, 그 세부 내용에 있어서는 몇 가지 변화를 포함하고 있다. 그중 하나가 세부목표 '라' 항, 즉, "과학과 기술 및 사회의 상호 관계를 인식하고, 이를 바탕으로 민주 시민으로서의 소양을 기른다."이다. 물론, 과학과 기술 및 사회의 관계에 대한 기술은 이전 과학과 교육과정에서도 제시되어 왔다. 예를 들어, 과학과 기술 및 사회의 상호 관계를 처음 명시한 제5차 중학교 과학과 교육과정에서는 "5) 과학이 기술의 발달과 사회의 발전에 미치는 영향을 인식하게 한다."(교육부, 1987, p. 42)라는 세부목표가 명시되어 있다. 또, 제6차 초등학교 '자연' 교육과정에서는 "라. 과학이 기술 발달에 영향을 끼치며 우리 생활과 깊은 관계가 있음을 알게 한다."(교육부, 1992, p. 75)라는 목표가 명시되어 있다. 그 이후의 7차, 2007 개정, 2009 개정 과학과 교육과정에서도 각각 "라. 과학이 기술의 발달과 사회의 발전에 미치는 영향을 바르게 인식한다."(교육부, 1997, p. 25), "라. 과학, 기술, 사회의 상호 관계를 인식한다."(교육부, 2007, p. 2), "라. 과학, 기술, 사회의 관계를 인식한다."(교육부, 2011, p. 5) 등으로 서술되어 왔다. 그러나 2015 개정 과학과 교육과정과 같이 '민주 시민으로서의 소양 증진'을 과학과의 목표로 명시한 적은 교수요목기부터 2009 개정 교육과정까지 과학과 교육과정에서는 찾아볼 수 없다(정용재, 2016a). 2009개정 과학과 교육과정과 같이 '추구하는 인간상'과 '중학교 교육목표'에 민주 시민으로서 필요한 자질을 명시한 적은 있지만, 이는 과학과의 목표로 명시한 것이라기보다는 교육과정의 총론 수준에서 언급한 것을 한 번 더 서술한 것일 뿐이다.

이와 같은 변화는 2015 개정 과학과 교육과정의 '과학'과 성격 규정에도 다음과 같이 나타난다.

> '과학'에서는 일상의 경험과 관련이 있는 상황을 통해 과학 지식과 탐구 방법을 즐겁게 학습하고 과학적 소양을 함양하여 과학과 사회의 올바른 상호 관계를 인식하며 바람직한 민주 시민으로 성장할 수 있도록 한다. (교육부, 2015a, p. 3)

위의 인용문에서 볼 수 있듯이 2015 개정 과학과 교육과정에서는 '과학'이 학생들이 과학적 소양을 함양하고 바람직한 민주 시민으로서 성장할 수 있도록 하는 교과임을 명시적으로 규정하고 있다. 이러한 명시적인 성격 규정 역시 기존의 과학과 교육과정에서는 찾아보기 어렵다(정용재, 2016a). 물론, 간접적인 서술은 있어왔다. 예를 들어, 제1차 교육과정에서도 "(6) 미신(迷信)과 선전에 맹종(盲從)하지 않는 태도"와 같이 민주 시민으로서 자질과 관련 있음직한 항목들이 제시된 바 있고(교육부, 1955, p. 57), 다른 시기의 과학과 교육과정에서도 개방적인 태도와 같이 민주 시민으로서의 태도를 언급한 경우는 곳곳에서 찾아볼 수 있다. 그러나 과학 교과의 성격 자체를 학생들이 민주 시민으로서 성장하도록 하는 교과로 명시한 것은 2015 개정 과학과 교육과정 외에는 찾아보기 어렵다.

그렇다면, 과학과 교육과정이 구현되고 있는 학교 과학교실에서 어떻게 하면 민주 시민으로서의 소양을 증진시킬 수 있을까? 물론, 그 구체적인 방안의 마련을 위해서는 본 저서와는 별도로 경험적인 연구에 바탕을 둔 추가적인 연구가 필요할 것이다. 하지만, 2015개정 사회과 교육과정에 민주 시민으로서 함양해야할 가치와 태도로 '관용과 타협의 정신', '공동체 의식', '참여와 책임 의식' 등이 명시되어 있음(교육부, 2015b, p. 3)을 감안하면, 공동체를 기반으로 구성원들의 개방적이고 끊임없는 탐구를 추구하는 탐구공동체의 구현은 과학교실에서 민주 시민 의식을 함양시키는 하나의 방안으로서도 시도해 볼 만할 것으로 생각된다.

이상의 논의를 종합해 보면, 결국 탐구공동체는 학습에 대한 공동체적 접근과 맥을 같이하면서, 철학교육과 원격교육 등 타 분야에서 일정 정도의 성과를 보이고 있고, 본래적으로 그 기반을 과학적 방법에 두고 있으며, 최근 과학과 교육과정의 주요 쟁점들을 구현하는 데에도 일역을 담당할 수 있을 것으로 기대된다. 이러한 기대가 본 저서에서 탐구공동체에 주목하는 이유이다.

그런데 이러한 기대에도 불구하고, 아직 국내 과학 교육 분야에서는 탐구공동체에 대한 연구가 거의 이뤄지고 있지 않다. 예를 들어, 국내 과학교육 관련 학술지 게재 논문들을 검색해 보면, 2014년 이전까지 '탐구공동체'가 제목에 명시되어 있는 논문은 이선경 등(2008)의 '과학 탐구공동체 제안을 위한 사회과학적 학습 자료로서 자연사 박물관 전시의 교육적 잠재성 탐색: 지진 주제를 중심으로' 외에는 찾아보기가 어렵다(정용재, 2014). 이선경 등(2008)의 연구는 립맨(M. Lipman)의 철학적 탐구공동체에 대해서도 간략하게나마 언급을 하고 있고, 이를 과학과 기술 및 사회(Science, Technology and Society: STS) 교육과 학교 밖 교육 활동에 접목 시킨 의미 있는 연구이다. 그러나 탐구공동체의 의미나 특징에 대해 논의가 본격적으로 다뤄지고 있지는 않다는 점에서 아쉬운 면이 있다. 한편, 제목에는 탐구공동체가 명시되어 있지 않지만 정용재와 송진웅(2006a)연구에서 퍼스의 탐구공동체에 대한 논의가 일부 수행된 바 있다. 그러나 이 연구 역시 귀추법(abduction)에 대한 논의에 초점이 맞추어 있어 아쉬운 점이 있다. 사실상 과학교육과 관련하여 탐구공동체의 의미와 특징에 대한 본격적인 논의가 이루어진 국내 연구는 2014년에 발표된 정용재(2014)의 연구로 볼 수 있을 것이다. 이 연구는 퍼스와 듀이의 탐구 및 공동체에 대한 관점에 대해 논의하고, 이를 바탕으로 '과학교실 탐구공동체'를 제안한 연구로서, 본 저서의 토대가 된 연구이기도 하다. 다만, 이 연구는 압축된 형태로 게재되는 학술지 논문이라는 특성 상 탐구공동체와 과학교실 탐구공동체에 대한 풍부한 논의가 이뤄지는 데에는 한계가 있었다. 따라서 과학 교육의 장에서 탐구공동체를 구현하기 위해서는 탐구공동체에 대한 좀 더 본래적인 의미에 대한 고찰과 함께 과학 교육의 한 방안으로서 과학교실 탐구공동체 대한 좀 더 풍부한 논의가 이뤄질 필요가 있다.

본 저서는 과학교실 탐구공동체를 처음 제안한 정용재(2014)의 연구에 토대를 두고 있으며, 이를 발전시켜 학교 과학 교육의 장에서 탐구공동체를 구현하고자 하는 노력의 일환으로 작성되었다. 본 저서에서는 과학교실 탐구공동체의 특징과 이론적 배경, 구현을 위한 준비 등에 대한 논의가 이뤄질 것이다. 그리고 이를 통해 끊임없는 탐구를 지향하는 과학교실의 한 모습을 제안함으로써, 완벽한 해답이 될 수는 없겠지만, "과학교실은 어떠해야 하는가?"라는 질문에 대한 하나의 응답을 제시하고자 한다.

CHAPTER 2

탐구공동체

의심의 자극(irritation of doubt)은 믿음의 상태(state of belief)를 획득하려는 투쟁(struggle)을 일으킨다. 때때로 이 명칭이 완전히 적절한 명칭은 아닐 수도 있겠지만, 그럼에도 불구하고 나는 이 투쟁을 탐구(inquiry)라고 부를 것이다. (Peirce: CP. 5.374)

01 탐구공동체의 정의를 위한 고민

기존의 문헌들에서 서술된 탐구공동체의 정의와 관련하여 정용재(2014)는 다음과 같은 몇 가지 사례를 제시하면서, '문제를 공유하고 서로 협동하거나 경쟁하면서 공동의 활동을 통해 어떤 결과 혹은 결론에 도달하는 공동체'라는 공통점을 지적한 바 있다(p. 304).

"여러 사람이 공동의 문제를 놓고, 각자가 자신의 의견을 제시하면서 함께 문제를 해결하는 공동체" (조성민, 2008, p. 2)

"문제의식을 공유하고 문제의 해결을 위해 경쟁하고 협동하는 사회적 집단"으로 "사회적 상호작용이 내면화되어 우리들의 의식 속에서 재생산-재현되는 심리적 실체"를 포함하는 것 (임병갑, 1999, p. 113)

"교사와 학생이 하나 또는 그 이상의 문제들에 같이 일하는 것" (이선경 등, 2008, p. 508)

"어떤 결과들에 도달하기 위해 대인 상호관계적인 방법(interpersonal method)을 사용하는 개인들의 무리" (Pardales & Girod, 2006, p. 301)

그러나 이러한 정의들에 대해 정용재(2014)는 두 가지 의문을 제시 한다. 즉, "과학 수업 시간에서 흔히 이뤄지고 있는 모둠별 실험활동이나 과제 수행을 하는 학생들의 모둠도 탐구공동체인가?"라는 의문과 "과연 여러 사람이 서로의 의견을 주고받으면서 공동으로 탐구만 한다면 대상의 진짜 모습을 알게 될까?"라는 의문을 제시한다.

첫 번째, "과학 수업 시간에서 흔히 이뤄지고 있는 모둠별 실험활동이나 과제 수행을 하는 학생들의 모둠도 탐구공동체인가?”라는 의문은 실제 과학교실에서도 탐구공동체가 가능한가라는 의문이면서 동시에 그렇게 얘기할 수 있기 위해서는 어떠한 성격과 수준의 ‘문제의 공유’와 ‘공동의 활동’, 그리고 ‘탐구’가 일어나야 하는가라는 의문이다. 이러한 의문은 본래적인 의미의 탐구공동체가 기반하고 있고 추구하는 탐구와 공동체의 의미에 대한 논의를 필요로 한다.

두 번째, “과연 여러 사람이 서로의 의견을 주고받으면서 공동으로 탐구만 한다면 대상의 진짜 모습을 알게 될까?”라는 의문은 탐구공동체의 일원이 된다는 것의 의미는 무엇이고 끊임없이 탐구한다는 것의 의미는 무엇인지에 대한 의문이다. 예를 들어, 쉴즈(Shields, 2003)는 ‘장님 코끼리 만지기’를 예로 들어 탐구공동체에 대해 설명한다. ‘장님 코끼리 만지기’ 이야기는 코끼리의 한 부분 밖에는 만지지 못해서 코끼리 전체 모습을 엉뚱하게 파악하게 되는 이야기로, 전체를 볼 수 없어 진실을 왜곡하게 되는 한계를 비유한 이야기이다. 그런데 쉴즈(Shields, 2003)는 이야기 속의 인물들이 만약 탐구공동체의 일원이었다면 코끼리의 원래 모습을 제대로 알게 되었을 것이라고 얘기한다. 그렇다면 이때 탐구공동체의 일원이 된다는 것은 어떤 의미이고, 이야기 속 인물들이 개인적인 한계를 뛰어넘기 위해서는 어떠한 것들이 필요할까? 이러한 의문 역시, 본래적인 의미의 탐구공동체가 기반하고 있고 추구하는 탐구와 공동체의 의미에 대한 논의를 필요로 할 것이다.

이에 다음 세 개의 절에서는 탐구공동체를 처음 제안하고 확장시킨 퍼스와 듀이의 관점을 중심으로, 탐구공동체에서 ‘탐구’ 및 ‘공동체’의 의미와 특징에 대해 정용재(2014)의 연구에서 논의된 내용을 바탕으로 이를 좀 더 심화하여 고찰함으로써, 탐구공동체의 정의와 특징에 대해 논의하고자 한다.

02 퍼스의 탐구와 공동체에 대한 관점

2.1 퍼스의 탐구에 대한 관점

(1) ‘의심’에서 ‘믿음’에 이르기 위한 투쟁

퍼스는 탐구를 의심의 자극(irritation of doubt)에 의해 일어난 것으로서, 믿음의 상태(state of belief)를 획득하려는 투쟁(struggle)으로 보았다(CP 5.374). 여기에서 의심이란 불편하고 불만족스러운 상태로서 우리를 다시 믿음(belief)의 상태로 가도록 투쟁(struggle)

하게 만드는 상태이다(CP 5.372). 즉, 퍼스에게 있어서 탐구란, 불편하고 불만족스러운 상태를 벗어나서 다시 믿음의 상태에 이르기 위한 투쟁을 말한다.

논의를 위해서 다음과 같은 주장을 예로 들어보자.

"모든 자유낙하 하는 물체의 속력은 낙하하는 거리에 비례하여 증가한다."

이러한 주장은 지금의 물리학에서는 받아들여지지 않을 주장이지만, 갈릴레오(Galileo Galilei)만 해도 초기(1604년)에는 위와 같은 주장을 편 바 있다(Hanson, 1958). 물론 갈릴레오는 1609년 이러한 주장에 오류가 있음을 발견하였고, 오류임을 증명하는 과정을 1638년에 출판된 그의 책 "새로운 두 과학에 대한 대화(Dialogues Concerning Two New Sciences)"[6]에서 밝히고 있다. 자유낙하 하는 물체의 속력에 대한 갈릴레오의 초기 주장은 그의 책에서 다음과 같이 사그레도(Sagredo)와 심플리치오(Simplicio)라는 두 등장인물의 입을 빌려 제시되어 있다.

> SAGR[7]. 내가 보기에는 근본적인 아이디어를 바꾸지 않아도 좀 더 명확한 정의를 내릴 수 있을 것 같네. 즉, 일정하게 가속되는 운동은 지나간 공간(space)에 비례해서 그 속력이 증가한다는 것이지. 예를 들어, 4큐빗[8](cubits)을 떨어진 물체는 2큐빗을 떨어진 물체보다 두 배의 속력을 얻게 되고, 2큐빗을 떨어진 물체는 1큐빗을 떨어진 물체보다 역시 두 배의 속력을 얻게 된다는 것이지. 왜냐하면, 6큐빗의 높이에서 떨어진 무거운 물체는 3큐빗의 높이에서 떨어진 물체보다 3배의 운동량(momentum)을 가지고 부딪치게 되고, 3큐빗의 높이에서 떨어진 물체는 1큐빗의 높이에서 떨어진 물체보다 3배의 운동량을 가지고 부딪치게 된다는 것은 의심(doubt)의 여지가 없기 때문이네.
>
> [중략]
>
> SIMP[9]. 나는 그 정의에 동의하는 사람들 중 하나이네. 즉, 낙하하는 물체는 떨어지는 동안

---

6) 'Dialogues Concerning Two New Sciences'의 원저는 이탈리어로 작성된 'Discorsi e Dimostrazioni Matematich, Intorno à Due Nuoue Scienze'이다. 이 책에서는 물질, 수학의 성질, 공기의 무게, 등속운동과 가속운동 등 다양한 과학 현상들을 논의하고 있는데, 세 명의 등장인물(살비아티(Salviati), 사그레도(Sagredo), 심플리치오(Simplicio))이 대화를 나누는 형식을 취하고 있다. 본 저서에서는 H. Crew & A. De Salvio가 번역한 2010년 영문판을 참고하였다.

7) SAGR은 갈릴레오의 원문에 표기되어 있는 사그레도(Sagredo)의 약어

8) 큐빗(cubit)은 고대에 사용되던 길이 단위의 하나로써 손가락 끝에서 팔꿈치까지의 길이. 약 45cm.

9) SIMP는 갈릴레오의 원문에 표기되어 있는 심플리치오(Simplicio)의 약어

> 힘(force)을 얻게 되고, 그 속도(velocity)는 지나간 공간에 비례해서 증가하며, 두 배 높이에서 낙하하는 물체의 운동량은 한 배 높이에서 낙하하는 물체의 운동량의 두 배가 된다고 믿네(believe). 내가 보기에는, 이 명제들은 논란의 여지도, 주저할 필요도 없는 것들로 보인다네. (Galileo, 1638, pp. 167-168)

위의 인용문에서 볼 수 있듯이 사그레도와 심플리치오는 모두 자유낙하 하는 물체의 속력이 낙하하는 거리에 비례해서 증가한다고 생각하고 있다. 그렇게 생각하는 것이 더 높은 곳에서 떨어진 물체가 더 큰 운동량을 갖게 되고, 지면에 부딪쳤을 때 충격도 더 크게 주게 된다는 점을 설명하기에 자연스럽다는 것이다.

이제 다시 "모든 자유낙하 하는 물체의 속력은 낙하한 거리에 비례한다."라는 주장에 대해 생각해보자. 우선, 이러한 주장이 가능하기 위해서는 주장을 하는 사람이 '자유낙하'에 대한 개념을 가지고 있어야 한다. 그렇다면 이 주장을 편 사람은 '자유낙하'에 대한 개념을 어떻게 가질 수 있었을까?

개념과 관련하여 퍼스는 어떤 개념이 형성되기 위해서는 감각적으로 인식 가능한 실제적 효과가 고려되어야 한다고 본다(정용재와 송진웅, 2006a). 이러한 개념에 대한 퍼스의 관점은 그의 기호론과도 맥을 같이 한다. 퍼스는 모든 의미는 기호의 연쇄로부터 발생한다고 보았고, 이때의 기호를 세 가지 종류의 존재 양태, 즉, 자명한 질적 가능성(being of positive qualitative possibility)으로서 제1성(Firstness)과 실제 사실(being of actual fact)로서 제2성(Secondness), 그리고 미래를 예견하는 법칙(the being of law that will govern facts in the future)으로서 제3성(Thirdness)으로 범주화 하였다(CP 1.23-1.25; 정해창, 2015, pp. 251-252).

제1성은 질(quality) 자체로서 우리의 의식과는 상관없이 떠오르는 어떤 것이다(CP 1.357). 제1성은 분명 존재하지만, 우리가 직접적으로 지각할 수 없고 다른 기호들에 의해 실제화 될, 그러나 이 순간에는 가능성으로서 존재하는 어떤 것이다. 우리가 직접적으로 지각하는 것은 현재 존재하고 있는 제2성이다.

제2성은 감각에 의해서 확인 가능한 어떤 종류의 실제적 효과이다(CP 1.434). 이 효과는 제1성의 존재에 의해서 야기 되지만, 제1성 자체를 의미하지는 않는다. 풍향계는 바람의 방향에 의해서 영향을 받지만, 바람과는 전혀 다른 종류의 기호이다. 풍향계의 움직임을 바람의 방향으로 의미 짓는 것은 제3성이다.

제3성은 우연적인 관계에 있는 제1성과 제2성을 중재하고 그들에게 의미를 부여하는 해석경향으로서 미래에 일어날 행위에 관한 법칙을 부여한다(CP 1.343). 제1성과 제2성은 우연성을, 제3성은 법칙성과 일반성을 특징으로 한다(Mounce, 1997, p.58). 퍼스의 범주론에 의하면, 모든 의미는 이러한 3항 관계에 의해서 존재한다.

자유낙하에 대한 개념을 가지기 위해서는 세 가지 종류의 기호가 모두 필요하다. 첫 번째는 자유낙하 그 자체이고, 두 번째는 자유낙하의 존재에 의해서 발생하는 실제적 효과이며, 세 번째는 이 둘을 중재하는 법칙이다. 극단적인 유물론자들은 제1성과 제2성만으로 실재를 논하고, 극단적인 관념론자들은 제3성만으로 실재를 논한다. 그러나 퍼스는 이 세 가지 모두의 관계로 실재를 논한다(정해창, 2005, p. 252). 이 중에서 어느 하나라도 빠지면 그 대상은 의미지어질 수 없다.

결국, 우리가 어떤 개념을 가지기 위해서는 그 개념의 대상에 대해 우리가 감각적으로 인식할 수 있는 실제적 효과가 전제되어야 한다. 예를 들어서, 어떤 물체가 '단단하다.'라는 것은 단단한 물체가 갖는 실제적 효과, 즉, 예를 들어 '그 물체가 다른 물체들에 의해 긁혀서 흠이 나지 않을 것이다.'라는 것을 전제한다(CP 5.403). 이와 비슷하게, '자유낙하'라고 하는 것은 자유낙하가 갖는 실제적 효과, 즉 예를 들어 '지구에서는 지구의 중심을 향해 떨어진다.'라거나, '다른 힘이 작용하지 않는 한 직선의 경로로 떨어진다.', 혹은 '다른 힘이 작용하지 않는 한 물체의 속력이 일정한 비율로 증가한다.' 등등, 자유낙하하기 때문에 관찰되고 경험되는 실제적 효과가 '자유낙하'라는 개념을 갖기 위한 전제가 된다.

개념에 대한 퍼스의 이러한 관점은 프래그머티즘의 준칙(maxim)으로 널리 알려진 다음과 같은 문구에서 명확하게 드러난다.

> 어떤 개념(conception)의 대상이 가지고 있을 것으로 생각되는 실제적인 효과들(practical effects)을 숙고(consider)하라. 이러한 효과들에 대한 우리의 개념이 그 대상에 대한 우리의 개념 전체이다. (CP 5.402)

그런데 퍼스는 이러한 실제적인 효과를 습관(habit)과 관련짓는다. 어떤 대상의 개념과 의미는 그 대상으로 인한 실제적 효과를 전제하는데, 이 실제적인 효과는 그 대상이 산출하는 습관들과 관련된다는 것이다.

> '습관(habit)'은 (중략) 좀 더 넓고 일상적인 의미, 즉 그것이 타고난 것이든 습득된 것이든 상관없이, 사람이나 동물, 포도주, 화학결정체 등등이 그렇게 행위 하려고 하는(will behave), 혹은 항상 그렇게 행위 하게 되는(tend to behave) 본질을 특징화하는 것으로서, 그것들 자체가

지니고 있는 기술 가능한(describable) 특성들을 보여주는 모든 경우(혹은 매우 많은 경우)에 일반적인 용어로 그 특성들을 기술함으로써 특징화하는 것을 말한다. (CP 5.538)

그것의 의미를 전개하기 위해, 우리는 단순히 그것이 산출하는 습관들을 측정하면 된다. 어떤 것이 의미하는 바는 단순히 그것이 수반하고 있는 습관들이기 때문이다. (CP 5.400)

위의 인용문에서 볼 수 있듯이, 퍼스는 습관을 어떤 대상이 "그렇게 행위 하려고 하는(will behave), 혹은 항상 그렇게 행위 하게 되는(tend to behave) 본질을 특징화" 한 것으로 본다. 즉, 어떤 대상이 갖는 규칙적인 행위 혹은 그러한 경향성이 습관이라는 것이다. 그리고 실제적인 효과는 이러한 습관과 관련될 때 의미를 갖고 개념 형성의 전제 역할을 할 수 있다. 예를 들어, 어떤 대상이 '단단하다'라는 것의 실제적 효과를 지각하기 위해서는 특정한 상황 속에서는 특정한 규칙에 따라 일정한 행위가 일어나야 그 효과를 정리하여 지각할 수 있고, 이 지각의 결과가 그 대상의 개념과 의미의 전제가 된다는 것이다. 이러한 습관과 실제적 효과, 그리고 대상의 의미와 개념에 대해 정용재와 송진웅(2006a)은 다음과 같은 예를 들어 논의하고 있다.

동일한 조건이 주어졌음에도 '단단함'과 '단단하지 않음'이 임의적 나타난다면 우리는 그 효과를 정리할 수 없다. 그런 점에서, 대상의 실제적 효과는 그 대상이 특정한 조건에서 반복하여 취하게 되는 특정한 행위에 근거 한다. 이는 그 대상에 '습관(habit)'이 형성되었음을 의미한다. 여기에서 습관은 반복적으로 일어나는 행위 자체를 의미하지 않는다. 행위 자체는 현실태(현실적이고 사실적인 존재)로서 순간적으로 존재했다가 사라지는 것이다. 습관은 행위들의 경향성을 나타낸다. 특정한 조건 하에서는 그 대상이 특정한 행위를 하게 되는 것을 가리키는 경향성을 나타낸다. Peirce의 견해에 따르면, '특정한 조건 하에서 일어날 것으로 기대되는 대상의 특정한 행위가 그 대상에 대한 우리의 개념 전체(CP 5.402)'이다. 이런 점에서 Peirce는 특정한 대상의 행위를 지배하고 있는 일련의 습관을 그 대상이 지니고 있는 본질로 규정하였다(Raposa, 1984). (정용재와 송진웅, 2006a, p. 711)

그런데, 이러한 습관을 습관으로 인식하고 이를 통해 특정한 실제적 효과를 지각하기 위해서는 그 규칙성을 파악하고 판단할 수 있는 연속적인 인식이 필요하다. 즉, 시간의 흐름 속에서 사건들이 연속적으로 나타날 수 있게 해주는 의식의 연속성(continuity of consciousness)이 필요하다(CP 5.395). 대상이 습관을 형성함으로써 우리는 대상의 실제적 효과를 지각할 수 있는 여지가 생긴다. 하지만, 그 여지를 바탕으로 실제적 효과를 우리가 인식하기 위해서는, 감각들, 즉 직접적으로 의식할 수는 있지만 그것 자체가 지속되는 경우에 한해서만 의식하게 되는 개별 감각들 여러 개를 서로 관련지을 수 있는 의식이 필요하다(CP 5.395). 예를 들어, 지금 의식하고 있는 자유낙하 하는 물체의 경로와 0.1초 전에 의식했던 경로, 0.2초 전에 의식했던 경로를 연결 지음으로써 0.1초 후에 의식할 자유낙하 하는 물체의 경로를 예견할 수 있는 그런 '의식(consciousness)'이 필요하다. 따라서 그 의식은 처음과 끝을 가지고 있으며, 이전의 것과 이후의 것을 동시에 포괄하고 있는 어떤 것이어야 한다. 퍼스는 사고(thought)를 이러한 종류의 의식이라고 보았다(CP 5.395). 우리는 사고를 통해 순간적인 감각들을 연속선상에 놓고 비교하면서 엮을 수 있고, 사고를 통해 어떤 대상이 유발하는 실제적 효과를 그 대상의 습관으로서 인식할 수 있다는 것이다.

그런데, 앞서 언급하였듯이, 퍼스에게 있어서 탐구란, 불편하고 불만족스러운 의심의 상태를 벗어나서 다시 믿음의 상태에 이르기 위한 투쟁을 말한다(CP 5.374). 그렇다면, 퍼스가 얘기하는 믿음과 의심의 상태란 무엇인가? 우선, 퍼스의 이론에서 믿음이란 사고(thought)가 산출하고자 하는 목적이자(CP 5.396) 더 이상 변화를 원하지 않는 고요한 상태이고(CP 5.372), 습관의 확립을 그 본질로 한다(CP 5.398). 예를 들어, 포도주에 대한 믿음들은 '우리가 포도주가 지닌다고 믿고 있는 성질들(qualities)에 의거해서, 포도주라고 믿고 있는 대상들에 관해 상황에 따라 어떻게 행위 해야 하는지를 스스로에게 알려주는 것(self-notification)(CP 5.401)'이다. 즉, 어떤 대상의 일으키는 행동의 경향성과 법칙이 확립되어 있고 이를 인식함으로써 더 이상의 변화를 필요로 하지 않는 상태가 믿음이라는 것이다. 이러한 퍼스의 관점에 대해 정용재와 송진웅(2006a)은 다음과 같은 신호등과 빛의 직진을 예로 들어 설명한다.

> 신호등의 붉은 빛을 보고 그것이 자동차를 정지하라는 신호라고 주저 없이 해석하는 사람은 신호등의 붉은 빛을 보면 항상 정지하려 할 것이다. 혹은, 거꾸로 얘기하면, 신호등의 붉은 빛을 보고 항상 정지하려고 하는 사람은 신호등의 붉은 빛을 주저 없이 정지 신호로 받아들이는 사람일 것이다. 이렇듯 행위에 관해 주저 없이 수용하고 있는 규칙이 믿음이다. 따라서 믿음의 형성은 곧 행위의 경향성이 확립되었음을 의미한다. 믿음이 개인의 습관 형성에만 관여하는 것은 아니다. 빛이 직진하다는 믿음 그 빛으로 어떤 지점을 가리키고자 할 때 항상 똑바른 직선 경로를 가리키고자 하는 습관을 창출한다. 그리고 동시에 이러한 믿음은 빛이 매번 보여주는 동일한 행위 양식을 주저 없이 받아들이게 함으로써, 그리고 다음에도 동일한 상황에서 동일한 행위 양식을 가질 것이라고 믿음으로써 빛이 특정한 습관을 가지고 있는 것으로 의미 짓는다. 따라서 믿음은 그 대상이 미래에 보여줄 행위에 관한 안정적인 법칙이다. 특정한 상황에서 특정한 대상을 의미 짓는데 있어서 특정한 해석경향이 아무런 주저 없이 일어나며 변화를

요구하지 않는 상태가 바로 믿음의 상태이다. (정용재와 송진웅, 2006a, p. 711)

이러한 설명은 앞서 사례로 제시한 갈릴레오의 초기 주장, 즉, “모든 자유낙하 하는 물체의 속력은 낙하한 거리에 비례한다.”라는 주장과 관련지어서도 살펴볼 수 있다. 예를 들어, 어떤 사람이 “모든 자유낙하 하는 물체의 속력은 낙하한 거리에 비례한다.”라는 믿음을 가지고 있다면, 그 믿음은 물체를 자유낙하 시켜 특정한 속력의 두 배의 속력을 내고자 할 때는 첫 번째 떨어뜨린 높이의 두 배에서 물체를 떨어뜨리고자 하는 습관을 창출한다. 그리고 동시에 이러한 믿음은 자유낙하 하는 물체가 매번 보여주는 동일한 행위양식을 주저 없이 받아들이게 함으로써, 그리고 다음에도 동일한 상황에서 동일한 행위양식을 가질 것이라고 믿음으로써 자유낙하 혹은 자유낙하 하는 물체는 특정한 습관을 가지고 있는 것으로 의미 짓는다. 만약 우리에게 이러한 믿음이 형성되어 있지 않으면, 우리는 물체의 속력이 낙하한 거리에 비례한다는 것을 자유낙하 하는 물체의 습관으로 인식하지 못하고 있다는 의미이고, 이는 곧 자유낙하 혹은 자유낙하 하는 물체가 그러한 습관을 가지고 있지 않다는 말과 동일한 의미이다. 의미는 반드시 3항 관계에 의해서 이뤄지기 때문이다. 물론, 아래의 인용문에서 볼 수 있듯이, 갈릴레오가 그의 책에서 등장시킨 심플리치오는 이러한 믿음을 가지고 있고, 이에 대해 더 이상의 사고를 진행시키지 않고 있다.

> SIMP. 나는 그 정의에 동의하는 사람들 중 하나이네. 즉, 낙하하는 물체는 떨어지는 동안 힘(force)을 얻게 되고, 그 속도(velocity)는 지나간 공간에 비례해서 증가하며, 두 배 높이에서 낙하하는 물체의 운동량은 한 배 높이에서 낙하하는 물체의 운동량의 두 배가 된다고 믿네(believe). 내가 보기에는, 이 명제들은 논란의 여지도, 주저할 필요도 없는 것들로 보인다네. (Galileo, 1638, pp. 167-168)

그렇다면, 멈추었던 사고를 우리는 언제 다시 시작하게 되는가? 퍼스는 멈추었던 사고를 다시 시작하게 되는 것은 의심(doubt)의 상태에서 이르렀을 때라고 얘기한다. 퍼스의 관점에서 의심은 그것으로부터 우리 자신을 벗어나게 하여 믿음의 상태로 가도록 투쟁하게 하는 불편하고 불만족스러운 상태이다(CP 5.372). 앞서 얘기했듯이, 믿음의 상태는 어떠한 변화도 요구하지 않는 상태이다. 그런데 이러한 믿음의 상태가 깨어지게 되면 우리는 변화를 요구하게 된다. 즉, 믿음은 어떤 대상이 일으키는 행동의 경향성과 법칙이 확립되어 있고 이를 인식함으로써 안정화된 상태인데, 이러한 믿음의 상태가 깨지면서 행동의 경향성이 사라진 상태에서는 우리의 행동이 어떠해야 하고 어떤 결과를 가져올지 알 수 없으므로 어떠한 행동을 하기에도 불편하고 불안함을 느끼게 된다. 그리고 우리는 자연스럽게 이러한 의심의 상태를 벗어나서 다시금 안정적인 믿음의 상태에 이르고자 하게 된다. 퍼스는 다음과 같은 일상의 예를 통해 의심의 상태를 벗어나서 다시 믿음의 상태에 이르고자 하는 과정을 설명하고 있다.

> 의심과 믿음은, (중략) 여기서 나는 그것들을 크건 작건 간에 어떤 의문의 출발점과 해결을 가리키기 위해 사용했다. 예를 들어, 마차를 타고 지갑에서 5센트짜리 은전 하나와 1센트짜리 은전 5개를 꺼내려고 할 때, 내 손이 지갑으로 가는 동안 나는 어떤 방식으로 요금을 치를까 결정한다. (중략) 만약 나에게 동전 다섯 닢으로 값을 치를지 그렇지 않으면 한 닢으로 값을 치를지에 대해 조금이라도 주저함(hesitation)이 생긴다면(내가 그 문제 있어서 이미 가지고 있는 습관에 따라 행위 하지 않는 한 확실히 그런 주저함이 있을 것인데), 비록 자극(irritation)이 지나치게 강한 용어일지라도, 나는 어떻게 행위 할 것인가를 결정하기 위해 작은 정신적 활동(mental activity)을 하도록 자극된다. 의심들은, 제 아무리 순간적일지라도, 우리 행위에 있어서의 어떤 우유부단함(indecision)으로부터 가장 빈번하게 일어난다. (중략) 의심의 원인이 무엇이었건 간에, 그것은 마음을 자극하여 가벼울 수도 강력할 수도 있고, 얌전할 수도 거칠 수도 있는 활동을 하게 한다. (중략) 우리는 우리에게 주저함을 일으켰던 상황 속에서 우리가 어떻게 행위 해야 하는지에 관해 결정을 내린 우리 자신을 발견한다. 다시 말해서, 우리는 믿음을 획득한 것이다. (CP 5.394)

결국, 불편하고 불만족스러운 의심의 상태를 벗어나서 다시 믿음의 상태에 이르기 위한 투쟁(CP 5.374)이라는 퍼스의 탐구는 어떤 대상이 특정한 조건에서 어떤 행위를 할 것이라는 경향성이 확립된 상태인 믿음의 상태가 깨지고 불편하고 불안한 의심의 상태에 직면하면서 시작되고, 다시 믿음의 상태에 이르러 종료되는 것으로서 그 믿음의 상태에 이르기 위한 투쟁을 말한다. 예를 들어, '자유낙하 하는 물체의 속력은 낙하하는 거리에 비례하여 증가할 것'이라는 행위의 경향성이 확립되어 안정화 된 상태가 믿음의 상태라고 한다면, 자유낙하 하는 물체의 속력이 낙하하는 거리에 비례하여 증가하는 행위를 보이는 한, 습관은 유지되는 것이며, 사고는 일어나지 않는다. 그러나 자유낙하 하는 물체의 속력이 낙하하는 거리에 비례하지 않는 행위를 하는 경우가 지각되면, 우리는 그 물체가 어떻게 행위 할 것인지에 대해 주저하고 불안함을 느끼게 된다. 그 주저와 불안의 상태가 의심의 상태이다. 탐구는 이러한 의심을 해결하고자 하는 투쟁이고, 다시 믿음의 상태에 이르게 되면 종료된다. 물론, 이러한 탐구와 사고의 종료는 또 다른 의심의 상태에 직면하기 전까지만 유지되는 것으로, 탐구는 끊임없이 반복하여 일어날 수 있다.

우리는 이러한 과정을 갈릴레오의 사고 과정에서도 볼 수 있다. 앞서 인용한 사그레도와 심플리치오의 예(Galileo, 1638, pp. 167-168)는 두 사람이 믿음의 상태에 있음을 보여준다. 그들은 '의심의 여지가 없기 때문'에, 그리고 '논란의 여지도, 주저할 필요도 없는 것들'이기 때문에 '자유낙하 하는 물체의 속력은 낙하하는 거리에 비례하여 증가한다.'라는 주장을 믿고 있으며, 더 이상의 사고를 진행시키지 않는다. 이에 대해서 갈릴레오는 살비아티의 입을 빌려 다음과 같이 그 주장의 오류를 증명한다.

우선 갈릴레오는 "예들 들어, 4큐빗(cubits)을 떨어진 물체는 2큐빗을 떨어진 물체보다 두 배의 속력을 얻게 되고, 2큐빗을 떨어진 물체는 1큐빗을 떨어진 물체보다 역시 두 배의 속력을 얻게 되는 것이지."(Galileo, 1638, p. 167)라는 사그레도의 말에 살비아티의 입을 빌려 다음과 같이 얘기한다.

> SALV. 그런 실수를 범하는 동료가 있다는 것이 오히려 많이 위로가 되는군. 사실 자네의 주장은 매우 그럴듯해서, 내가 예전에 우리 책의 저자(our Author)에게 물었을 때 그 자신도 한때 똑같은 오류를 범했었다고 고백하더군. 그런데 놀라운 것은, 너무나 그럴듯해서 듣는 사람 모두가 찬성을 하게 되는 이 주장이 간단한 몇 마디 말들로 그것이 오류이며 불가능한 것이라는 것이 증명될 수 있다는 거네. (Galileo, 1638, p. 167)

위의 인용문에서 보이듯이, 갈릴레오는 '자유낙하 하는 물체의 속력은 낙하하는 거리에 비례하여 증가한다.'라는 주장이 얼핏 들으면 매우 자연스러워서 다들 동의하고 믿게 된다고 말하면서, 인용문에서 '우리 책의 저자(our Author)'라고 표현한 그도 한 때 똑같은 생각을 했었다고 얘기하고 있다. 그러나 갈릴레오는 어떤 경험 때문인지 위의 주장에 대해 의심을 품기 시작했고, 이를 해결하기 위해서 수년간을 노력하였다(Hanson, 1958). 이렇게 다시 시작된 그의 사고와 탐구는 "낙하하는 물체는 떨어지는 동안 힘(force)을 얻게 되고, 그 속력은 지나간 공간에 비례해서 증가하며, 두 배 높이에서 낙하하는 물체의 운동량은 한 배 높이에서 낙하하는 물체의 운동량의 두 배가 된다고 믿네."(Galileo, 1638, pp. 167-168)라는 심플리치오의 말에 대해서 역시 살비아티의 입을 빌려 다음과 같이 그것이 왜 잘못된 주장인지를 설명한다.

> SALV. 여전히 이 주장들은 운동(motion)이 순식간에(instantaneously) 일어나야 한다는 주장만큼 오류투성이고 불가능한 주장이네. 아주 명확한 설명을 해 보이겠네. 만약 속도(velocities)가 지나간 혹은 지나갈 공간에 비례해서 증가한다면, 이 공간들을 (물체는) 동일한 시간 동안

지나가야 할 것이네. 다시 말해서, 만약 8피트(feet)의 공간을 지나 떨어진 물체는 4피트의 공간을 지나 떨어진 물체의 속도보다 두 배 빨라야하고(전자가 후자의 두 배이므로), 따라서 이 두 공간을 지나가는 데 걸리는 시간은 동일해야 하네. 그런데 동일한 한 물체가 8피트를 떨어질 때나 4피트를 떨어질 때나 동일한 시간이 걸려야 한다면, 이것은 오직 순식간의 [불연속적인] 운동(instantaneously [discontinuous] motion)의 경우에만 가능할 것이네. 그러나 우리의 관찰은 낙하는 물체의 운동에는 시간이 소요되고, 4피트의 거리를 떨어지는 데 걸리는 시간은 8피트를 떨어지는 데 걸리는 시간보다 작다는 것을 보여주지. 따라서 지나간 공간에 비례해서 속도가 증가한다는 것은 진실(true)이 아니네.

또 하나의 주장 역시 오류가 있음이 명확히 드러날 것이네. 만약 하나의 동일한 물체가 떨어져 부딪친다면, 그때 전달되는 운동량(momentum)의 차이는 오직 속도의 차이에만 영향을 받을 것이네. 다시 말해서, 두 배의 높이에서 떨어진 물체가 부딪치면 두 배의 운동량을 전달해야 할 것이고, 이 물체는 필연적으로 두 배의 속력으로 부딪쳐야 할 것이네. 그런데 이 두 배의 속력이란 동일한 시간 동안 두 배의 공간을 지나가야 한다는 것을 의미하는데, 우리의 관찰은 더 높은 곳에 떨어진 물체는 더 긴 시간을 필요로 한다는 것을 보여준다네.

SAGR. 자네는 이런 난해한 문제들을 너무나 쉽고 명백하게 제시하는 군. (Galileo, 1638, p. 168)

위의 인용문에 기술되어 있듯이, 처음에는 그 자신도 '자유낙하 하는 물체의 속력은 낙하하는 거리에 비례하여 증가한다.'고 생각했던 갈릴레오는 낙하하는 거리에 비례하여 물체의 속력이 증가한다고 가정하면, 떨어지는 거리가 달라도 지면에 도착하기까지 걸리는 시간이 동일해야 한다는 생각에 도달하게 된다. 왜냐하면, 동일한 물체가 두 배 거리를 떨어질 때의 속력이 한 배 거리를 떨어질 때의 속력보다 두 배 빠르다면, 당연히 두 배 빠른 속력은 같은 시간 안에 두 배의 거리를 가는 속력을 의미하므로 두 배 거리를 떨어지는 데에도 한 배 거리를 떨어질 때와 동일한 시간이 걸릴 것이기 때문이다.

이것은 갈릴레오에게 매우 의심스러운 상황이었을 것이다. 왜냐하면, 우리는 더 높은 곳에서 떨어지는 물체일수록 지면에 도착하기까지는 더 긴 시간이 소요된다는 것을 쉽게 관찰할 수 있기 때문이다. 즉, '자유낙하 하는 물체의 속력은 낙하하는 거리에 비례하여 증가한다.'는 개념이 가져올 수밖에 없는 '실제적 효과'가 우리의 관찰과 위배되는 상황이 초래된 것이다. 낙하하는 물체의 습관, 즉, 어떤 행위를 할 것이라는 경향성이 깨진 상태이고, 이는 더 이상 믿음의 상태가 아니다. 의심의 상태이다. 이러한 의심의 상태에서 갈릴레오의 사고는 다시 시작된다. 그리고 이러한 갈릴레오의 사고는 후에 자유낙하 하는 물체에 작용하는 중력 가속도는 일정하다는 발견으로 이어지게 된다(Hanson, 1958).

믿음에 이르게 되면, 사고는 더 이상 일어나지 않고 휴식하게 된다. 하지만 갈릴레오의 글에서 볼 수 있듯이, 이러한 휴식이 항상 영원히 지속되는 것은 아니다. 휴식은 또 다른 의심과 사고를 가져온다. 믿음의 존재는 비교할 수 있는 기준의 존재를 의미한다. 언제든 그것을 기준으로 해서 봤을 때 벗어나는 지각이 존재할 수 있으며, 이렇게 해서 촉발된 의심은 또 다른 사고를 유발한다. 그런 점에서, 아래의 인용문에서 퍼스가 얘기한 것처럼, 믿음은 사고의 종착점인 동시에, 기호의 연쇄 작용에서 또 다른 사고가 출발하는 전제이기도 한다.

> 믿음이란 무엇인가? 그것은 우리의 지성적 삶이라는 교향곡에서 한 악절을 마치는 법이다. 믿음은 세 가지 속성들을 갖는다: 첫째, 그것은 우리가 알아채고 있는 어떤 것이다; 둘째, 그것은 의심의 자극을 진정 시킨다; 셋째, 그것은 우리에게 행위의 규칙, 즉 습관을 확립하게 한다. 믿음은 사고를 유발하는 의심의 자극을 진정시키기 때문에, 믿음에 이르렀을 때 사고는 긴장을 풀고 쉬게 된다. 그러나 믿음은 행위를 위한 규칙이기 때문에, 믿음의 적용은 또 다른 의심과 또 다른 사고를 수반한다. 그렇기 때문에 믿음이 정착한 그 곳은 사고를 위한 새로운 출발점이다. (CP 5.397)

결국, 퍼스에게 있어서 탐구란, 아래의 인용문에서 보이듯이, 의심 상태에서 갖게 되는 불편과 불만족스러움을 벗어나 다시 편안하고 만족스러운 상태에 이르고자 하는 투쟁, 그래서 진리에 이르고자 하는 투쟁을 말한다.

> 의심(doubt)은 그것으로부터 우리 자신을 자유롭게 하여 믿음(belief)의 상태로 가도록 투쟁(struggle)하게 하는 불편하고 불만족스러운 상태이다; 반면에 믿음의 상태는 안정적이고 만족스러운 상태로서 우리가 그 상태를 벗어나거나 다른 어떤 것에 대한 믿음으로 바꾸기를 원하지 않는 상태이다. (CP 5.372)
>
> (중략)
>
> 의심의 자극은 믿음을 획득하고자 투쟁하게 되는 유일한 직접적인 동기이다. 우리의 믿음들이 우리의 행동들을 안내해서 우리의 욕구(desires)들을 만족시킬 수 있게 해 준다면 그것은 우리에게 확실히 최선이다; 그리고 이러한 점에 대한 반성적 숙고는 이런 최선의 결과를 보장해 주지 않는 것처럼 보이는 어떠한 믿음도 거부하게 할 것이다. 그것은 오로지 그 믿음 대신에 의심을 만들어 대체함으로써 그렇게 할 것이다. 그러므로 의심과 더불어 투쟁이 시작되고, 의심의 해소와 더불어 투쟁은 끝이 난다. 따라서 탐구의 유일한 목적은 의견의 정착(settlement of opinion)이다. (CP 5.375)

단, 탐구의 시작을 유발하는 의심은 나의 믿음이 실제로 깨어져서 나타나는 진정한 의심이어야 한다고 퍼스는 주장한다. 즉, 우리 가슴(hearts) 속에서는 의심하고 있지 않으면서 마치 의심하는 것처럼 꾸미지는 말자는 것이다(CP 5.265). 이러한 퍼스의 관점에서 보면 모든 것을 일부러 의심함으로써 절대 의심할 수 없는 토대를 찾고자 했던 데카르트(R. Descartes)의 방법론적 의심은 탐구를 유발하는 진정한 의심으로 보기 어렵다(정해창, 2005). 우리가 어떤 행위(act)를 하고 있는 한 모든 것을 의심할 수는 없기 때문이다(CP 5.265). 우리가 별다른 주저 없이 어떤 행위를 한다는 것은, 앞서 논의하였듯이, 대상과 상황에 대한 어떤 믿음을 바탕으로 할 수밖에 없고, 따라서 행위를 이미 하고 있으면서 동시에 모든 것을 의심한다는 것은 불가능하다는 것이다(Pardales & Girod, 2006). 즉, 만약 누군가가 모든 것을 의심한다고 한다면, 이것은 거짓이거나 착각일 뿐, 진정한 탐구로 이어지지는 않을 것이라는 것이다. 요컨대, 진정한 탐구는 진정한 의심에서 비롯되어 다시 믿음에 이르고자 끊임없이 투쟁하게 될 때 일어나게 된다는 것이다.

(2) '믿음'에 이르는 방법: 귀추법

앞선 논의하였듯이, 퍼스는 의심의 상태를 벗어나 믿음의 상태에 이르는 것을 탐구로 보았다. 그렇다면, 탐구는 어떻게 해서 의심의 상태를 벗어나게 할 수 있을까? 이에 대해서 퍼스는 의심의 상태를 벗어나 믿음에 이르게 하는 탐구의 추리로 귀추법[10](abduction, 歸推法)을 제안한다.

퍼스는, 아래 인용문에서 볼 수 있는 바와 같이, 귀추법을 '설명 가설(explanatory hypothesis)을 형성하는 과정(CP 5.171)'으로서 '과학의 모든 아이디어들이 생성되는 데 작용하는 방법(CP 5.145)'으로 보았다(정용재와 송진웅, 2006a).

> 귀추법은 설명가설(explanatory hypothesis)을 형성하는 과정이다. 그것은 새로운 아이디어

---

10) abduction은 국내에서 다양한 용어로 번역되어 사용되고 있다. 예를 들어, 가설상정(想定)법이나 상정(想定)논법 등이 그 예이다(이초식, 2000; 임병갑, 2000; 연희원, 1998). 그러나 많은 국내 과학교육 논문들은 abduction을 '귀추(歸推)'로 번역하여 사용하고 있다(예를 들어, 오필석, 김찬종, 2005; 권용주 등, 2003b; 박종원, 2000). 귀추라는 용어가 귀납과 다소 혼동이 있을 수 있고, 특히나 일상에서 사용하는 "귀추(歸趨)가 주목된다."라고 할 때의 귀추(歸趨)와 혼동이 있을 수 있으나, 이미 '귀추(歸推)' 혹은 '귀추법(歸推法)이 과학교육계에서 상용되고 있다는 점을 감안하여, 본 저서에서도 abduction을 '귀추법'으로 번역하여 사용하였다.

를 이끌어내는 유일한 논리적 조작(logical operation)이다; 왜냐하면, 귀납법은 값어치를 매기는 것 이상의 어떤 것도 아니며, 연역법은 단지 순수가설(pure hypothesis)로부터 필연적으로 귀결되는 결과를 전개하는 것뿐이기 때문이다. (CP 5.171)

귀추법은 설명가설을 형성하는 과정이다(권용주 등, 2003a; 이초식, 2000; Lawson, 1995). 퍼스는 우리가 의심에서 믿음에 이르는 정당한 방법은 고집이나 권위에 의한 방법이 아니라 과학적 방법이라고 주장하였다(CP 5.384-385). 그리고 과학적 방법의 특징은 가설설정과 검증 과정의 포함이라고 주장하였다(CP 7.202-207). 가설은 궁금증을 유발하거나 이해가 되지 않는 이상한 현상에 직면했을 때 그 현상이 왜 일어나는지에 대한 임시적 설명을 제공하는 역할을 한다(박종원, 2000; Lawson, 1995; Millar, 1989). 또, 이러한 임시적인 설명에 따라 문제를 해결하는 데에 유용한 방법과 자료를 선택할 수 있도록 함으로써 탐구의 방향을 제시하는 역할도 한다(Hempel, 1966). 이런 점에서 가설은 과학적 탐구의 가장 핵심적인 과정으로 알려져 있다(권용주 등, 2003a; 정용재와 송진웅, 2006a; Lawson, 1995; Klahr & Dunbar, 1988). 이러한 가설을 생성하는데 관여하는 추리를 퍼스는 귀추법으로 본 것이다.

그렇다면 귀추법은 어떠한 과정을 거쳐 가설을 생성하게 될까? 퍼스는 귀추법 역시 연역법이나 귀납법과 유사하게 특정한 논리적 형식을 갖추고 있다고 보았고(Curd, 1980), 그 형식을 다음과 같이 제시하였다.

> 어떤 놀라운 사실 C가 관찰 된다;
>
> 그런데 만약 A가 참이라면, C는 당연한 것이 된다,
>
> 따라서 A가 참이라고 여길만한 이유가 있다.
>
> (The surprising fact, C, is observed;
>
> But if A were true, C would be a matter of course,
>
> Hence, there is reason to suspect that A is true) (CP 5.189)

기존의 생각으로는 쉽게 설명되지 않는 어떤 놀라운 사실 C가 관찰되었다고 가정 해보자. 이 놀라운 사실에 직면하는 것은 기존의 믿음이 깨어진 상태에 직면하는 것을 의미하고, 앞서 논의한 것처럼 관찰자는 불편하고 불안한 의심의 상태에 빠지게 된다. 그러면 관찰자는 자연스럽게 의심의 상태를 벗어나고자 노력하게 될 텐데, 그 과정은 놀라운 사실 C를 당연한 것으로 받아들일 수 있도록 만드는 임시적인 설명을 찾는 과정이 될 것이다. 그렇게 해서 "만약 A가 참이라면, C는 당연한 것이 된다."를 만족하는 명제 A를 찾

았다면, 즉, 명제 A로 인해 다시금 믿음의 상태를 회복할 수 있게 되었다면, 우리는 그 명제 A를 참이라고 여길만한 이유가 있다는 것이다. 이때의 명제 A를 퍼스는 가설로 보았다.

예를 들어 보자. 어느 낯선 곳에 갔더니 모든 사람이 걸어 다니고 있는데, 유독 한 남자만이 멋있는 장식의 모자를 쓰고 있고 말을 타고 있다고 생각해 보자. 그리고 주변의 여러 사람이 그를 호위하고 있다고 생각해 보자. 왜 그만 유독 그러한가? 이것은 보통 접할 수 있는 상황과는 다른 상당히 이상한 상황이다. 그러나 만약 그가 그 지역의 통치자라고 가정하면 이 이상한 상황은 그럴 수도 있는 당연한 상황이 될 것이다. 이때 "그는 이 지역의 통치자이다."는 하나의 가설이 된다. 실제로 퍼스는 다음과 같은 두 가지 상황을 예로 들어 가설을 설명하고 있다.

> 나는 터기 지방의 항구에 내린 적이 있다. 내가 방문하기로 되어 있던 집에 걸어가고 있을 때, 나는 머리 위에 덮개를 쓰고 네 명의 기수에 둘러싸여 말 위에 올라 타 앉아있는 남자를 만났다. 내가 생각하기에 이 지역의 통치자만이 그러한 대단한 영예를 누릴 수 있는 사람이라고 생각했기 때문에, 바로 이 사람이 이 지역의 통치자라고 추리했다. 이것은 하나의 가설이다.
>
> 화석이 발견 된다; 물고기 화석들인데, 그 지역은 내륙 깊숙한 지방이다. 이 현상을 설명하기 위해서, 우리는 언제가 바닷물이 이 지방을 휩쓸고 지나간 적이 있었다고 가정한다. 이것은 또 하나의 가설이다. (CP 2.625)

위의 인용문에서 볼 수 있는 또 다른 예를 살펴보자. 물고기 화석이 발견되었는데, 해안가 지역이 아니라 보통 내륙 깊숙한 지역에서 발견되었다고 가정 해보자. 그런데 내륙 깊숙한 곳에서 물고기 화석이 발견되었다는 것은 물고기 화석이 가질 것으로 기대되는 습관, 행위의 경향성이 깨진 상태이고, 이는 믿음이 깨진 상태를 의미한다. 즉, 우리는 의심의 상태에 처하게 된다. 그런데 이때 만약 지금은 내륙이지만 옛날 언젠가는 이 지역도 큰 강이나 바다였을 수 있다고 생각해보면, 물고기 화석이 충분히 발견될 수 있다고 생각하게 된다. 이때 "언제가 바닷물이 이 지방을 휩쓸고 지나간 적이 있었다."는 하나의 가설이 된다. 이와 같이 가설은 귀추법에 의해 형성되게 되며, 이러한 사례는 케플러(J. Kepler)가 화성의 궤도를 타원형이라고 주장하게 되는 과정을 포함하여 실제 과학사에서도 여럿 발견된다(Hanson, 1958).

그런데, 위에서 제시한 귀추법의 형식, 즉, "어떤 놀라운 사실 C가 관찰 된다. 그런데 만약 A가 참이라면, C는 당연한 것이 된다, 따라서 A가 참이라고 여길만한 이유가 있다.”라는 형식은 얼핏 보면 논리적인 추리의 형식이라기보다는 직관적이고 심리적으로 가설을 제안하는 과정을 나타낸 것으로 보인다.

우선, ‘A가 참이라면’이라는 문구가 ‘A가 참이라고 여길만한 이유가 있다.’의 전제가 된다면 이건 이상하다. 결국 “A가 참이라면, A가 참이라고 여길만한 이유가 있다.”라는 의미가 되므로, 이는 항상 맞는 말이지만, 단순한 동어반복에 지나지 않으며 어떠한 것도 설명해 주지 않는다. 즉, 위의 물고기 화석 예에 적용해보면, “언제가 바닷물이 이 지역을 휩쓸고 지나간 적이 있다면, 언제가 바닷물이 이 지역을 휩쓸고 지나간 적이 있다는 것은 참이라고 여길만하다.”는 말이므로, 이는 논리적 형식을 갖춘 추리로 보기에 무리가 있어 보인다.

그렇다면, 위의 형식에서 ‘A가 참이라면, C는 당연한 것이 된다.’라는 두 번째 문장 전체가 ‘A가 참이라고 여길만한 이유가 있다.’라는 결론이 나오게 되는 전제라면 어떻게 될까? 이렇게 되면, 위의 형식은 일단 가설 A를 생성하게 되는 추리의 형식을 갖춘 것으로 보인다. ‘A가 참이라고 여길만한 이유가 있다.’라는 결론의 근거는 그 A가 C를 당연한 것으로 만들어주는 경우에 한하며, 만약 그렇지 못하다면 A는 참일 수 없다는 추리가 성립하기 때문이다. 그러나 이 경우에도, 비록 추리의 형식을 띠었다고는 볼 수 있을지는 몰라도, 위의 형식이 논리적 추리의 형식이라는 것을 보여주는 데에는 한계가 있어 보인다. 왜 하필 A를 떠올렸는지에 대한 어떠한 과정도 없이 결과적으로 C를 당연한 것으로 받아들인다는 개인적이고 다분히 심리적인 상황이 결론의 핵심적인 전제가 되기 때문이다. 즉, ‘A가 참이라면, C는 당연한 것이 된다.’라는 두 번째 문장 전체가 ‘A가 참이라고 여길만한 이유가 있다.’라는 결론의 전제라고 하더라도, 위의 귀추법 형식은 논리적 추리라기보다는 직관적이고 심리적인 추리로 보인다(정용재와 송진웅, 2006a). 가설을 생성하는 귀추법은 논리적인 추리라기보다는 직관적이고 심리적인 추리라는 것은 새로운 아이디어는 논리적인 과정을 거쳐 산출되지 않으며 따라서 심리학의 관심거리일 수밖에 없다는 포퍼(K. Popper) (Ppper, 1959)의 관점에서 보면 자연스러워 보이기도 한다. 그러나 퍼스는, 우리가 연역법과 귀납법을 논리적 추리라고 본다면, 가설이 생성되는 과정에 작용하는 귀추법 역시 완벽한 논리적 형식을 갖춘 추리로 보았다(CP 5.188).

귀추법이 논리적 형식을 갖춘 추리인지를 포함하여 귀추법의 특징과 의미를 좀 더 따져보기 위해서는 퍼스의 기호론과 그가 생각하는 추리의 의미에 대해서 살펴볼 필요가 있다.

퍼스는 추리가 결합, 관찰, 판단의 세 단계로 이뤄진다고 보았다. 우선 첫 번째 단계는 결합(copulation 혹은 colligation)이다(CP 2.442). 결합은 예전에는 함께 고려되거나 지금 같은 방식으로 합쳐진 적이 없는 명제들을 서로 연결하여 결합시키는 것을 말한다. 결합 단계와 관련해서, 다음과 같은 추리의 예를 들어보자.

> 모든 사람은 죽는다(All men are mortal),
> 모든 족장은 사람이다(All patriarchs are men);
> ∴ 모든 족장은 죽는다(All patriarchs are mortal). (CP 2.451)

위의 추리는 흔히 대전제, 소전제, 결론으로 이어지는 연역법의 예시로 알려져 있다. 그런데 퍼스는 위와 같은 추리에 사실은 아래와 같이 "모든 사람은 죽고, 그리고 모든 족장은 사람이다."라고 하는 숨은 또 하나의 단계가 포함되어 있다고 주장한다.

> 모든 사람은 죽는다(All men are mortal),
> 모든 족장은 사람이다(All patriarchs are men);
> ∴ 모든 사람은 죽고, 그리고 모든 족장은 사람이다(All men are mortal, and all patriarchs men);
> ∴ 모든 족장은 죽는다(All patriarchs are mortal). (CP 2.451)

즉, '(a) 모든 사람은 죽는다.'와 '(b)모든 족장(patriarchs)은 사람이다.'라고 하는 두 개의 명제로부터 '(c) 따라서 모든 족장은 죽는다.'라고 하는 결론을 추리하기 위해서는 우선 전제가 되는 두 개의 명제, 즉, 명제 (a)와 (b)가 결합되어야 한다는 것이다. 다시 말해서 "모든 사람은 죽고, 그리고 모든 족장은 사람이다."와 같이 두 개의 명제가 결합되어야 그 이후의 추리가 가능하게 된다는 것이다. 이와 같이 두 전제의 예비적인(preliminary) 결합이 이뤄지는 것을 퍼스는 추리의 첫 번째 단계로 보았다(CP 2.451).

퍼스가 얘기하는 추리의 두 번째 단계는 관찰(observation)이다(CP 2.443). 앞서 설명한 바와 같이, 추리의 첫 번째 결합 단계에서 둘 이상의 명제가 예비적으로 결합되게 되고, 두 명제는 하나의 결합명제(conjunctive proposition)를 구성하게 된다. 그런데, 대체로 이러한 결합명제의 아이콘(icon)은 다소 복잡하다는 특징을 갖는다. 이때 퍼스가 얘기하는 아이콘은 초상화나 사진, 지도와 같이 대상의 속성 자체의 일부가 담겨 있는 기호로서, 그렇기 때문에 아이콘을 자세히 관찰함으로써 대상의 속성 중 다른 것을 추가로 발견할 수 있는 기호를 말한다. 예를 들어, 잘 제작된 세계 지도는 각 대륙이 예전에는 하나의 큰 대륙이었다는 것을 임시로나마 발견할 수 있게 해준다. 따라서 둘 이상의 명제가 결합되면서 좀 더 복잡한 아이콘을 갖게 된 결합명제를 자세히 관찰하고 응시(contemplation)함으로써 우리는 결합명제가 속성으로 갖고 있는 또 다른 속성을 발견할 수 있다. 즉, 관찰을 통해 결합명제가 갖는 아이콘의 특정한 특징에는 주의를 집중하고 다른 특징들은 제거함으로써 새로운 아이콘을 산출하는 단계가 추리에는 포함된다. 퍼스는 이러한 관찰 단계를 추리의 두 번째 단계로 보았다.

추리의 세 번째 단계는 판단(judgement)으로, 결론이 도출되는 단계이다(CP 2.444). 판단은 추리의 첫 번째 단계에서 둘 이상의 명제를 결합하고, 두 번째 단계에서 두 명제의 아이콘을 관찰하여 관련된 특징을 응시하고 속성을 발견한 후, 이를 바탕으로 결론을 이끌어내는 단계이다. 따라서 판단은 결합의 대상이 되고 있는 둘 이상의 명제들, 즉, 전제와 관련되어 있으며, 그 전제들이 새로운 관계를 맺음으로써 나오게 되는 결론을 도출하는 단계이다.

그런데, 퍼스가 제시한 결합, 관찰, 판단이라는 추리의 세 가지 단계는 그의 기호론 혹은 기호학(science of sign)과 관련된다. 타당한 추리의 형식과 방법을 따지는 것은 논리학의 영역이다. 그런데 퍼스는 이러한 논리학은 결국 기호를 다루는 학문이라고 보았다(정해창, 2005). 즉, 논리학은 진리를 얻기 위한 필수적인 조건을 다루는 학문이면서, 넓게는 사고의 필수적인 법칙을 다루는 학문인데, 사고는 항상 기호에 의해 수행되므로, 결국 논리학은 기호에 관한 일반적인 조건(예를 들어, 기호가 기호로 존재하게끔 하는 일반적 조건, 기호에 의해서 의미가 한 마음에서 다른 마음으로, 혹은 마음의 한 상태에서 다른 상태로 전이되는 일반적 조건 등등)을 다루는 학문이라고 보았다(정용재와 송진웅, 2006a; Feibleman, 1969). 퍼스는 "논리(logic)는 단지 기호학(semiotic)의 또 다른 이름"(CP 2.227)이라고 말한다.

퍼스는 칸트(I. Kant)가 던졌던 선천적 종합판단에 관한 질문, 즉 경험에 의해 어떻게 필연적 지식이 형성되는가에 관심을 가지고 있었고(김동식, 2002), 이를 기호(sign)의 작용으로 해결하고자 하였다. 이때의 기호를 퍼스는 다음과 같은 다소 모호한 말로 정의한다.

> 기호(sign), 혹은 표상(representamen)은 어느 측면이나 어느 정도로 어떤 대상을 지시하는 어떤 것(something which stands to somebody for something in some respect or capacity)이다. (CP 2.228)

즉, 기호는 어떤 대상을 표상하는 것으로, 대상이 가지고 있는 속성을 어떤 측면이나 어떤 정도로 지시함으로써 표상하는 어떤 것이다. 예를 들어서 풍향계는 바람을 지시하는 기호로 볼 수 있는데(CP 2.257), 바람의 방향과 세기를 표상한다.

그런데, 퍼스는 모든 기호 혹은 표상은 바탕(ground), 대상(object), 해석경향(interpretant)과의 관계 맺음에서 일어난다(CP 2.229)고 보았다(김동식, 2002; 정해창, 2005; CP 2.229). 이때의 바탕은 기호자체를 말하고, 대상은 기호가 지시하고자 하는 것을 말하며, 해석경향은 바탕과 대상 사이를 연결하게 되는 경향을 말한다. 예를 들어, 풍향계는 바람을 대상으로 하고, 바람의 방향 혹은 세기라는 측면에서 바람과 연결되는 경향을 가지고 있는 기호이다.

바탕, 대상, 해석경향의 삼자 관계로 기호를 바라 본 퍼스는, 아래의 인용문에 서술되어 있는 바와 같이, 특히 어떤 대상에 대한 표상은 이들 삼자의 관계맺음이 무한히 반복되면서 일어난다고 보았다.

> 기호는 질(quality)을 고려하면서, 두 번째 것, 즉 기호의 대상에 관련되는 모든 것인데, 그 관련 지움은 세 번째 것, 즉 해석경향을 동일한 그 대상과 관련짓게 만들고, 이는 다시 네 번째 것을 동일한 형태로 대상에 관련짓게 만드는, 무한히 계속되는 방식으로 이뤄지게 된다. (CP 2.92)

즉, 모든 기호는 이 세 가지의 관계에 의해서 의미가 형성되며, 특히 중재(medication)가 그 속성이 된다고 퍼스는 보았다(정용재와 송진웅, 2006a; CP 2.92). 기호는 대상과 해석경향을 중재하여 표상하고 의미를 창출한다는 관점은 자연스럽게 기호는 홀로 존재할 수 없다는 특성을 가져온다. 그리고 나아가 그 기호가 갖는 의미는 또 다른 대상과 해석경향과 연결될 것이므로 모든 기호는 또 다른 기호와 관계되어 있고 그들 사이의 중재 역할을 하게 된다. 이러한 연쇄적인 관계맺음이 기호의 속성이므로, 사고가 완전히 중단되지 않는 한 기호의 작용은 계속적으로 일어난다(CP 5.284).

퍼스는 기호에 대한 이러한 관점을 좀 더 세분화하여 발전시키고 있다. 즉, 바탕, 대상, 해석경향을 각각 다시 세 가지로 나누어 논의하는데, 이때 사용한 기준이 그의 세 가지 범주, 즉, 즉 제1성(Firstness), 제2성(Secondness), 제3성(Thirdness)이다(김동식, 2002; 정해창, 2005). 이 세 가지 범주에 대해서 정용재와 송진웅(2006a)은 퍼스의 원문과 기존 문헌들(예를 들어, 김동식, 2002; 정해창, 2005; Feibleman, 1969)을 참고하여 다음과 같이 정리한 바 있다.

> 제1성은 스스로하고만 관계하는 일자관계(First)로써, 인식 주체나 물질적인 어떤 대상과도 독립되어 있으며, 즉각적이고 자발적이며, 순수한 가능성의 상태이다(CP 1.357). 예를 들면, '붉음 그 자체'와 같은 것이다. 친구의 얼굴을 찍은 사진도 이에 속한다. 사진에는 외부에서 강제로 주어지지 않아도, 원래 대상이 가지고 있는 특성을 드러내기 때문이다. 제2성은 양자관계(Second)로써 필연적이지 않으면서 상호작용을 주고받는 행위적이고 현실적인 상태이다(CP 1.322). 예를 들면, '개인이 경험하고 있는 붉은 빛'과 같은 것이다. 풍향계도 이에 속한다. '바람 그 자체'의 특성은 전혀 가지고 있지 않기 때문에 필연성이 전혀 없이 결합된 관계이지만, 바람의 존재 덕분에 풍향계의 방향이나 회전 속도가 변화하게 된다. 제3성은 삼자관계(Third)로써, 두 개의 대상을 관계로 맺어주는 중재의 역할을 하는 미래 예견적인 상태이다(CP 1.340-1.341). 예를 들면, '신호등의 붉은 불빛에 대한 해석'과 같은 것이다. 신호등의 붉은 불빛에 대한 해석은 '불빛'과 '멈춤의 행위'를 중재한다. 그리고 이 해석은 앞으로 만나게 될 신호등의 붉은 불빛에 대해서도 그렇게 중재할 것이다. (정용재와 송진웅, 2006a, p. 707)

즉, 제1성은 스스로하고만 관계하는 일자관계의 상태를 얘기하고, 제2성은 현실적인 상태를 나타내는 양자관계의 상태를 얘기하며, 제3성은 중재와 법칙을 특성으로 하는 미래 예견적인 상태를 얘기한다.

제1성, 제2성, 제3성이라는 세 가지 범주에 따라 퍼스는 기호를 바탕, 대상, 해석경향을 다시 세 가지의 기호로 나눈다(CP 2.243-2.253). 첫 번째, 바탕(ground), 즉 기호 자체의 종류에 따라 질(quality) 자체, 실제로 존재하는 것, 일반적 법칙의 세 가지 기호, 즉, Qualisign, Sinsign, Legisign로 다시 나뉜다. 두 번째, 기호가 그 대상(object)과 맺고 있는 관계의 종류에 따라, 즉, 기호가 그 자체에 대상의 특성을 가지고 있는지, 그 대상의 존재에 의해 일어나는 경험 가능한 효과와 관계하는지, 그 대상을 해석하는 관계에 있는지에 따라 세 가지 기호 Icon, Index, Symbol로 다시 나뉜다. 그리고 세 번째, 해석경향이 그 기호를 어떤 기호로 표상하는지에 따라, 즉, 가능성을 표상하는지, 사실을 표상하는지, 법칙을 표상하는지에 따라 세 가지 기호 Rheme, Dicisign, Argument로 다시 나뉜다. 이와 같은 퍼스의 기호 체계를 정리하면 <표 2.1>과 같다. 그리고 퍼스는 "argument-symbolic-legisign"와 같은 방식으로 <표 2.1>의 각 범주에서 하나씩 뽑은 세 개를 연결함으로써 모두 10개 유형으로 기호를 다시 나눈다(CP 2.254-2.263). 예를 들어, 삼단논법은 'argument-symbolic-legisign'의 한 예이고, '붉음'의 느낌은 'rhematic-iconic-qualisign'의 한 예이다(정용재와 송진웅, 2006a; Feibleman, 1969).

요컨대, 퍼스는 추리를 결합과 관찰을 거쳐 판단에 이르게 되는 기호의 연쇄 작용으로

표 2.1 Peirce의 기호 체계

범주 (category)	바탕(ground)과의 관계	대상(object)과의 관계	해석경향(interpretant)과의 관계
제1성 (Firstness)	Qualisign (질 자체)	Icon (기호 자체가 대상의 특성을 가진 경우)	Rheme (질적 가능성, 느낌과 관계된 해석경향)
제2성 (Secondness)	Sinsign (실제 존재)	Index (기호가 대상의 존재에 따른 경험 가능한 효과로 대상을 지시하는 경우)	Dicisign (실제 존재와 관계된 해석경향)
제3성 (Thirdness)	Legisign (일반적 법칙)	Symbol (기호가 법칙에 의해서 대상을 지시하는 경우)	Argument (법칙과 관계된 해석경향)

보았다. 즉, 어떠한 추리는 두 명제가 결합되어 결합명제를 이루는 단계를 첫 단계로 하여, 이 과정에서 형성된 결합명제를 관찰하고 관찰의 결과로부터 특정한 판단을 도출하는 연쇄적 과정이라는 것이다. 이때 결합명제는 두 개의 기호가 임시적으로 결합되어 조금 더 복잡한 아이콘이 형성되는 단계이다. 아이콘은 대상과의 관계에서 제1성에 해당하는 기호로서, 사진, 초상화, 지도 등과 같은 기호를 말한다. 결국, 명제 자체는 심벌(symbol)에 해당하지만, 실제 우리가 추리를 행하게 되는 경우는 그 명제에 관련되는 이러한 아이콘과 그들이 결합된 좀 더 복잡한 아이콘 등이 관여하게 된다.

위와 같은 퍼스의 기호론과 추리에 대한 관점을 고려하면, 앞서 제기한 귀추법의 형식, 즉, “어떤 놀라운 사실 C가 관찰 된다. 그런데 만약 A가 참이라면, C는 당연한 것이 된다, 따라서 A가 참이라고 여길만한 이유가 있다.”라는 형식이 언뜻 보기에 논리적인 추리의 형식이라기보다는 직관적이고 심리적인 추리의 형식으로 보였던 까닭은 앞서 퍼스가 얘기하는 ‘기호의 연쇄작용’이 잘 드러나지 않았기 때문으로 보인다. 다시 말해서, 두 명제가 결합되는 단계나 두 명제가 결합된 결합명제를 관찰하고 그 아이콘의 특성으로부터 결론에 이르게 되는 연쇄적인 과정이 잘 드러나 있지 않기 때문으로 보인다. (정용재와 송진웅, 2006a)

결국, 퍼스가 제기한 귀추법의 형식이 적어도 그의 관점에서 논리적인 추리의 형식임을 드러내기 위해서는, 다음과 같이 두 명제를 결합함으로써 기호의 연쇄작용을 일으킬 수 있도록 중재하는 요소를 추가적으로 드러낼 필요가 있다. 예를 들어보자. 퍼스가 제안한 귀추법 형식(CP 5.189)에 앞서 예를 든 내륙 깊숙한 지방에서 물고기 화석이 발견된 상황(CP 2.625)을 맞추어 서술하면 다음과 같이 될 것이다.

> 놀랍게도 내륙 깊숙한 지방에서 물고기 화석이 발견되었다.
> 그런데 그 지방을 예전에 바닷물이 휩쓸고 지나간 적이 있다고 하면 물고기 화석이 발견된 것은 당연한 것이 된다,
> 따라서 그 지방을 예전에 바닷물이 휩쓸고 지나갔고 여길만한 이유가 있다.

내륙 깊숙한 지방에서 물고기 화석이 발견된 것은 일반적이지 않은 이상하고 의심스러운 상황이고 따라서 우리는 믿음의 상태에 더 이상 있지 못하게 된다. 그런데 그곳을 예전에 바닷물이 한 번 크게 휩쓸고 지나간 적이 있다고 하면 우리는 그 이상한 상황이 이해가 되고 당연한 것으로 받아들이면서 다시금 믿음의 상태에 이를 수 있다. 이때, 이러한 추리가 언뜻 논리적인 형식을 갖춘 추리라고 느껴지지 않는 것은 기호의 연쇄 작용이 잘 드러나지 않기 때문이다. 즉, 위의 예시 상황에서 일어나는 실제 추리 과정에는 다음의 첫 번째 문장에 해당하는 사고가 전제되어 있지만, 그것이 드러나지 않았기 때문이다. 거꾸로 얘기해서, 다음의 첫 번째 문장, 즉, "모든 물고기 화석은 바닷물이 있었던 곳에서 발견된다."와 같이 두 명제를 결합하고 기호의 연쇄 작용을 중재하는 문장이 삽입된다면, 이는 적어도 퍼스의 입장에서 보면 결합, 관찰, 판단의 세 단계를 거쳐 진행되는 논리적 추리라고 볼 수 있다.

> (모든 물고기 화석은 바닷물이 있었던 곳에서 발견된다.)
> 놀랍게도 내륙 깊숙한 지방에서 물고기 화석이 발견되었다.
> 그런데 그 지방을 예전에 바닷물이 휩쓸고 지나간 적이 있다고 하면 물고기 화석이 발견된 것은 당연한 것이 된다,
> 따라서 그 지방을 예전에 바닷물이 휩쓸고 지나갔고 여길만한 이유가 있다.

위의 예에서 "그런데 그 지방을 예전에 바닷물이 휩쓸고 지나간 적이 있다고 하면 물고기 화석이 발견된 것은 당연한 것이 된다."라는 문장 속에 포함되어 있는 '당연한 것이 된다.'는 문구는 개인적이고 직관적이며 심리적인 느낌을 묘사하는 문구로 느껴지기 쉽지만, 사실은 "모든 물고기 화석은 바닷물이 있었던 곳에서 발견된다."라고 하는 일반적인 규칙을 나타내는 문장과 "놀랍게도 내륙 깊숙한 지방에서 물고기 화석이 발견되었다."라고 하는 결과를 나타내는 문장이 결합됨에 따라 둘 사이 아이콘의 결합으로 인해 새로운

속성이 도출되는 논리적 추리의 산물이다. 결국, 퍼스가 제시한 귀추법의 형식은 결합, 관찰, 판단의 세 단계를 거쳐 진행되는 논리적 추리의 한 종류라고 볼 수 있다.

이와 같은 귀추법의 논리적 추리로서의 속성에 관련하여 퍼스는 <그림 2.1>과 같이 연역, 귀납과 비교하면서 귀추가 어떻게 삼단논법으로 형식화될 수 있는지를 설명한다(CP 2.623).

<그림 2.1>은 어떤 사람이 콩이 들어 있는 여러 자루(bag)가 있는 방에 들어갔을 때 어떤 현상과 관련하여 일어날 수 있는 연역법, 귀납법, 귀추법에 의한 추리를 삼단논법으로 예시한 것이다.

우선, 첫 번째, 연역법은 어떤 사람이 특정한 자루에서 나온 모든 콩들은 흰색이라는 것을 알고 있고, 그것이 어떤 이유에서건 의심의 여지가 없는 명약관화한 참이라는 전제

• 연역법(Deduction)

규칙(Rule)	이 자루에서 나온 모든 콩들은 흰색이다. (All the beans from this bag are white.).
사례(Case)	이 콩들은 이 자루에서 나왔다. (These beans are from this bag.).
∴ 결과(Result)	이 콩들은 흰색이다. (These beans are white.).

• 귀납법(Induction)

사례(Case)	이 콩들은 이 자루에서 나왔다. (These beans are from this bag.).
결과(Result)	이 콩들은 흰색이다. (These beans are white.).
∴ 규칙(Rule)	이 자루에서 나온 모든 콩들은 흰색이다. (All the beans from this bag are white.).

• 가설(귀추법)(Hypothesis(Abduction))

규칙(Rule)	이 자루에서 나온 모든 콩들은 흰색이다. (All the beans from this bag are white.).
결과(Result)	이 콩들은 흰색이다. (These beans are white.).
∴ 사례(Case)	이 콩들은 이 자루에서 나왔다. (These beans are from this bag.).

그림 2.1 퍼스의 세 가지 추리와 삼단논법 유형 (CP 2.623)

에서 출발한다. 즉, <그림 2.1>에서 연역법은 '이 자루에서 나온 모든 콩들은 흰색이다.' 라는 대전제를 전제한다. 이때의 대전제는 일반적인 법칙의 성격을 띠고 있으므로 퍼스의 세 가지 범주 중 제3성에 해당한다고 볼 수 있을 것이다. 이 대전제를 퍼스는 <그림 2.1>에서 규칙(Rule)으로 명명하였다. 이제 이 대전제가 '이 콩들은 이 자루에서 나왔다.' 라는 소전제와 결합된다. 이때 '이 콩들은 이 자루에서 나왔다.'라는 소전제는 현재 일어나고 있는 특정한 현상 혹은 상황으로 <그림 2.1>에서 퍼스는 이를 사례(Case)로 명명하였다. 연역법은 이 두 명제가 '결합'되면서 시작된다. '결합'은 앞서 설면하였듯이 퍼스가 얘기하는 추리의 첫 번째 단계이다. 즉, <그림 2.1>에서 연역법의 첫 번째 단계는 '이 자루에서 나온 모든 콩들은 흰색이다.'라는 명제와 '이 콩들은 이 자루에서 나왔다.'라는 명제가 결합되면서 조금 더 복잡한 아이콘을 형성하는 단계이다. 그리고 그 아이콘의 속성은 '관찰'이라는 추리의 두 번째 단계를 거치면서 일부는 주목되고 일부는 제거되는 과정을 거치게 되고, 이러한 과정을 바탕으로 추리의 세 번째 단계인 특정한 '판단'이 도출된다. <그림 2.1>에서 이러한 과정을 거쳐 도출된 '판단'은 결과(Result)라고 명명되어 있는 '이 콩들은 흰색이다.'라는 명제이다.

요컨대, 연역법은 어떤 일반적인 규칙이 있고, 어떤 특정한 사례가 그 일반적인 규칙의 한 사례일 때, 그 특정한 사례 역시 전제하고 있는 일반적인 규칙의 속성을 띠고 있다고 판단하는 추리이다. 다시 말해서 연역법(deduction)은 "단지 일반적인 규칙을 특정한 사례에 적용하는 것(it is merely the application of general rules to particular cases)"(CP 2.620)이다. 따라서 이미 일반적인 규칙, 즉, 어떤 사례가 일반적인 규칙의 한 사례라는 전제 하에 대전제 속에 들어있는 속성이 특정한 사례에도 적용되고 있음을 분석해내는 추리이고, 이런 점에서 퍼스는 연역법을 분석추리(analytic inference)로 분류하였다(CP 2.623).

일반적인 규칙을 특정한 사례에 적용하여 전개하는 추리라는 점에서 연역법은 새로운 지식을 생성하거나 확장하는 데에는 기여하지 못한다. 일반적인 어떤 특징이 존재하고 어떤 특정한 사례가 일반적인 규칙의 한 사례라는 것이 전제된 상태에서는 필연적으로 그 특정한 사례는 일반적인 규칙의 한 속성을 가질 것이므로 연역은 항상 참이다. 다만, 그 실제 내용과 상관없이 형식만 본다면, 연역이 항상 참인 경우는 대전제와 소전제가 참인 경우를 가정한 경우이므로, 그 추리의 결과가 필연적으로 참이라는 것이 대전제와 소전제가 참이란 것을 새로이 추리해 낸 것은 아니다. 다시 말해서, "연역은 단지 순수 가설(pure hypothesis)의 필연적인 결과(necessary consequences)를 전개하는 것 뿐"(CP 5.171)

이다. 그렇기 때문에 연역은 이미 전제되어 있는 일반적인 규칙과 어떤 사례가 그 일반적인 규칙의 한 사례라는 전제를 결합하여 어떤 내용을 다시 한 번 더 명확히 분석적으로 드러낸 것일 뿐, 새로운 지식을 생성하거나 확장하는 추리는 아니다.

두 번째, 귀납법은 특정한 사례와 결과를 결합하여 규칙을 도출하는 추리이다. 연역법은 일반적인 법칙인 규칙을 전제로 시작되지만, 귀납법은 연역법과 달리 규칙을 도출해내는 추리이다. <그림 2.1>에서 보면, 귀납법은 '이 콩들은 이 자루에서 나왔다.'라는 특정한 사례와 '이 콩들은 흰색이다.'라는 결과가 결합해서 '이 자루에서 나온 모든 콩들은 흰색이다.'라는 판단을 도출하는 추리이다. 즉, 방안에 들어갔더니 어느 특정한 자루에서 꺼낸 콩들이 책상 위에 놓여 있다. 그런데, 그 콩들은 모두 흰색이다. 이를 바탕으로 그 특정한 자루에서 아직 꺼내지 않는 콩들까지도 모두 흰색이라고 추리하게 된다면, 이러한 추리가 귀납법이라는 것이다. 약간 다른 상황이지만 조금 더 쉽게 예를 들어보자. 방 안에 들어가서 콩이 담겨 있는 자루 하나를 쥐고는 그 속에 들어 있는 콩을 하나씩 꺼내 본다고 생각해 보자. 하나를 꺼냈는데 흰색이다. 또 하나를 꺼냈는데 흰색이다. 세 개, 네 개, 열 개를 꺼내도 흰색이다. 이를 바탕으로 아직 꺼내지 않는 콩들도 모두 흰색이라고 추리하는 것이 귀납법이다.

이와 같이 귀납법은 한정된 몇몇 사례들에서 공통적으로 발견되는 속성을 일반화하여 모든 사례들에서도 그러한 속성이 발견될 것이라고 판단하는 추리이다. 다시 말해서 어떤 것이 참인 제한된 양의 사례를 일반화하여 모든 사례에서 그 어떤 것이 참이라고 판단하는 추리이다. 혹은 제한 된 양의 사례 속에서 어떤 것이 특정한 비율만큼 참일 때, 그 어떤 것이 모든 사례에 있어서도 그 특정한 비율만큼 참이라고 판단하는 추리이다(CP 2.624). 이렇게 특정한 사례와 결과를 결합하고 종합하여 일반적인 규칙을 도출하는 추리라는 점에서 퍼스는 귀납법을 종합추리(synthetic inference)로 분류하였다(정용재와 송진웅, 2006a; CP 2.622).

세 번째, 귀추법은 일반적인 규칙과 관찰된 결과로부터 특정한 사례를 도출하는 추리이다(CP 2.623). 즉, <그림 2.1>에서 보면, 귀추법은 '이 자루에서 나온 모든 콩들은 흰색이다.'라는 일반적인 규칙과 '이 콩들은 흰색이다.'라는 관찰 결과를 결합하여 '이 콩들은 이 자루에서 나왔다.'라는 특정한 사례를 도출해내는 추리이다. 조금 더 구체적으로 예를 들어보자. <그림 2.1>의 상황에서, 5번째 자루에는 흰색 콩만 들어 있었다는 것을 이미 알고 있는 어떤 사람이 방 안에 들어갔다. 그런데 책상 위에 꺼내져 있는 콩들이 모두 흰색이었다. 그러면 이 사람은 이미 알고 있었던 규칙, 즉, "5번째 자루에는 흰색 콩만 들어 있다."와 방안에 들어가면서 하게 된 관찰, 즉, "책상 위에 꺼내져 있는 콩들은 모두 흰색이다."를 결합하고는 특정한 사례, 즉, "책상 위에 꺼내져 있는 이 콩들은 5번째 자루에서 나왔다."를 도출하게 되는데, 이러한 추리가 귀추법이다.

귀추법은 종합추리의 일종이다. "책상 위에 꺼내져 있는 이 콩들은 5번째 자루에서 나왔다."고 하는 사례는 "5번째 자루에는 흰색 콩만 들어 있다."라는 규칙 속에 내재되어 있는 속성이 아니다. 그러니까, 예를 들어, "5번째 자루에서 꺼낸 콩은 흰색이다."라는 명제는 "5번째 자루에는 흰색 콩만 들어 있다."라는 규칙 속에 이미 내재되어 있는 속성에 해당하지만, "책상 위에 꺼내져 있는 이 콩들은 5번째 자루에서 나왔다."라는 명제는 그렇지 않다. "5번째 자루에는 흰색 콩만 들어 있다."라는 규칙 어디에도 "책상 위에 꺼내져 있는 이 콩들은 5번째 자루에서 나왔다."가 반드시 도출될 수밖에 없게 하는 속성은 들어 있지 않다. 이런 점에서, 귀추법은, 귀납법과 유사하게, 이미 내포되어 있는 어떤 속성을 분석하여 드러내는 추리가 아니라, 일반적 규칙과 관찰 결과를 결합하고 이를 종합하여 판단 내리는 종합 추리이다(정용재와 송진웅, 2006a; CP 2.623).

그렇다면, 귀추법에서 일반적 규칙과 관찰 결과를 결합하고 종합하는 과정은 어떤 과정을 거쳐 이뤄지게 될까? 퍼스는 이 과정에 일반적 규칙과 관찰 결과 사이에 존재하는 유사성이 작용한다고 주장한다(정용재와 송진웅, 2006a; CP 2.589). <그림 2.1>의 예를 들어 보자. '이 자루에서 나온 모든 콩들은 흰색이다.'라는 일반적인 규칙과 '이 콩들은 흰색이다.'라는 관찰 결과는 모두 '흰색이다.'라는 공통점을 갖는다. 즉, 두 명제는 색이라는 측면에서 유사성을 가지고 있다. 이때 우리는 이 '흰색'이라는 유사성을 바탕으로 두 명제의 앞부분, 즉, "이 자루에서 나온 콩들"과 "이 콩들" 역시 유사할 것이라고 추리한다. 다시 말해서 이 자루에서 나온 모든 콩들은 흰색이고, 여기에 나와 있는 콩들도 모두 흰색이니, 여기 나와 있는 이 콩들은 이 자루에서 나왔을 것이라고 추리한다. 귀추법은 이와 같이 일부의 유사성을 근거로 다른 부분도 유사할 것이라고 판단하는 추리이다(CP 2.624).

이상에서 살펴 본 바와 같이, 귀추법은, 퍼스의 관점에서 보면, 연역법과 귀납법처럼 결합, 관찰, 판단의 과정을 거치는 추리의 한 종류이다. 물론, 일부분의 유사성에 근거하여 다른 부분도 유사할 것이라고 판단하는 귀추법은 연역법처럼 항상 참인 판단에 이르지는 못한다. 즉, 연역법은 대전제 속에 내포되어 있는 속성을 분석하여 드러내는 것이므로 대전제가 참이라면 항상 참인 판단에 이르게 되는 추리이다. 하지만 귀추법은 그렇지 않다. 여기에 나와 있는 콩들이 흰색이라는 관찰 결과로부터 흰색 콩들만 들어 있던 이 자루에서 이 콩들이 놔왔을 것이라고 추리하는 것은 오히려 형식 논리에서 말하는 '후건 긍정의 오류'(이초식, 2000), 즉, 결론이 참이란 사실에 근거하여 전제 역시 참이라고 추리하는 오류를 범하고 있는 것으로 보인다. 그러나 귀납법이 그러한 것처럼, 그 판단이 항상 참이라는 것이 담보되어 있지 않을 뿐, 귀추법은 여전히 결합, 관찰, 판단이라는 추리의 세 가지 과정을 거쳐 전제로부터 결론이 도출되는 논리적 추리이다(CP 2.625). 다시 말해서, 귀추법은 아무런 근거도 없이 심리적이고 직관적인 판단을 내리는 것이 아니라, 두 명제의 유사성에 근거를 두고 하나의 기호에서 다른 기호로 나아가게 하는 추리이다(CP 2.589). 이러한 점에서 귀추법은 논리적 추리이며, 귀납법과 유사하게 오류가능성을 지니고 있는 종합추리이다.

그렇다면, 이러한 귀추법은 어떤 역할을 하고 있을까? 퍼스는 다음과 밝히고 있다.

> 가설(hypothesis)은 우리가 매우 이상한 상황(circumstance)을 발견했을 때 나타나는데, 이 이상한 상황은 일반적인 규칙(general rule)의 한 사례(case)라는 가정(supposition)에 의해서 설명이 될 것이고, 그 결과 그 가정이 채택된다. 또는 두 대상이 어떤 특정한 측면에서 강도 높은 유사성(resemblance)을 가지고 있을 때, 그 두 대상이 또 다른 측면에서도 강도 높은 유사성을 가지고 있을 것이라고 추리한다. (CP 2.624)

위 인용문은 귀추법(abduction)이 아니라 가설(hypothesis)이라는 단어로 문장이 시작되고 있지만, 퍼스가 <그림 2.1>에서 볼 수 있듯이 가끔 귀추법과 가설을 혼용하거나, 귀추법을 "설명 가설을 형성하는 과정(the process of forming an exploratory hypothesis)"(CP 5.171), 혹은 "가설 채택하기(adopting hypothesis)"(CP 2.96)로 보았다는 점을 감안할 때, 위 인용문은 귀추법의 역할에 대한 언급으로 볼 수 있을 것이다. 위의 인용문에 따르면, 귀추법은 이상한 상황에 대한 설명을 제안함으로써 우리를 의심의 상태에서 벗어나 믿음의 상태에 이르게 하는 역할을 한다. 이때 그 설명이 우리를 의심의 상태를 벗어나게 해주는 까닭은 우리가 직면한 그 이상한 상황이 우리가 이미 알고 있는 일반적 규칙의 한 사례라고 가정하기 때문이다. 그리고 이러한 가정의 제안은 두 명제 사이에 존재하는 일부분의 유사성에 근거하여 다른 부분도 유사하다고 판단함으로써 가능해진다. 이와 같이 이상한 상황을 이미 알고 있는 일반적 규칙의 한 사례로 가정함으로써 이상하지 않은 상황으로 만들어 주는 것이 귀추법의 역할이라는 것이다.

이제 앞서 서술한 다음과 같은 귀추법의 예에 대해 다시 살펴보자

> (모든 물고기 화석은 바닷물이 있었던 곳에서 발견된다.)
> 놀랍게도 내륙 깊숙한 지방에서 물고기 화석이 발견되었다.
> 그런데 그 지방을 예전에 바닷물이 휩쓸고 지나간 적이 있다고 하면 물고기 화석이 발견된 것은 당연한 것이 된다,
> 따라서 그 지방을 예전에 바닷물이 휩쓸고 지나갔고 여길만한 이유가 있다.

위 예는 퍼스가 귀추법의 사례로 제시한 '내륙 깊숙한 지방에서 물고기 화석이 발견된 상황'(CP 2.625)을 그의 귀추법 형식(CP 5.189)에 맞추어서 재구성한 후, '(모든 물고기 화석은 바닷물이 있었던 곳에서 발견된다.)'라는 명제를 새로이 삽입하여 서술한 것이다. 새로이 삽입된 괄호 안의 명제, 즉, '(모든 물고기 화석은 바닷물이 있었던 곳에서 발견된다.)'라는 문장은 일반적 규칙에 해당한다. 이 일반적 규칙이 진정 참인 명제인지는 또 다른 문제가 되겠지만, 일단 이 일반적 규칙을 수용하고 있는 관찰자가 내륙 깊숙한 지방에서 물고기 화석이 발견된 아주 이상한 상황에 직면하게 되면, 그 이상한 상황을 자신이 믿고 있는 일반적 규칙의 한 사례로 가정함으로써 다시금 믿음의 상태에 이르게 된다. 이 때 그러한 가정은 '(모든 물고기 화석은 바닷물이 있었던 곳에서 발견된다.)'라는 명제와 '놀랍게도 내륙 깊숙한 지방에서 물고기 화석이 발견되었다.'라는 명제 사이의 부분적인 유사성, 즉, '물고기 화석이 발견되었다.'라고 하는 유사성에 근거하여 나머지 부분도, 즉, '바닷물이 있었던 곳'과 '내륙 깊숙한 지방'도 유사할 것이라는 판단에 의해 상정된다. 다시 말해서 지금 물고기 화석이 발견된 '내륙 깊숙한 지방'도 '바닷물이 있었던 곳'이라고 가정하게 된다. 이렇게 되면, 처음의 이상한 상황은 관찰자가 알고 있는 일반적 규칙의 한 가지 사례로 자리매김하게 되고, 그 순간 이상함은 사라지고 당연함을 느끼게 된다. 그래서 이 관찰자는 '그 지방은 예전에 바닷물이 휩쓸고 지나간 적이 있다.'는 가정을 채택하게 되는데, 이 과정이 가설을 채택하는 과정이고, 귀추법이 작용하는 과정이라는 것이다. 물론 가설로 다시 믿음의 상태에 이르게 되는 이러한 과정은 한 개인의 단순한 믿음과 관련된 것이 아니고(CP 5.589), 앞서 살펴본 바와 같은 논리적 추리의 과정이다.

이러한 귀추법의 특징과 역할은 과학에서 지식의 확장에 기여한다(CP 5.171). 앞서 언급하였듯이 귀추법은 가설을 생성하고 채택하는 논리이고, 가설은 관찰된 현상의 원인을 설명하는 것이며(Lawson, 1995; Wenham, 1993), 가설의 수용에 의해 생성된 과학 지식은 기존의 지식보다 확장된다(Lawson, 1995). 그런데 이러한 지식의 확장은 기존의 연역법이

나 귀납법만으로는 설명하기 어려운 부분이 있다(권용주 등, 2003a; Lawson, 1995; Hanson, 1958). 앞서 논의하였듯이, 연역법은 항상 참이 되는 결론을 도출하지만 대전제 안에 이미 포함되어 있는 속성을 분석하여 드러내는 것이므로 새로운 지식을 만들어내지는 못한다. 귀납법은 여러 사례에 공통적으로 들어있는 속성을 관찰하고 이를 바탕으로 모든 사례에도 그 속성이 들어 있을 것이라고 추리하지만, 그것은 "어떤 것이 지금 현재로는 효력이 있음을 보여주는 것(Induction shows that something actually is operative)" (CP 5.171)일 뿐 그 이상의 것을 말해주지 않는다. 반면에 귀추법은 두 명제 사이의 일부 유사성을 확장하여 판단하는 종합추리로서 두 명제 어느 곳에도 포함되어 있지 않은 속성을 새로이 주장할 수 있도록 해주는 추리이다. 그리고 그 과정에서 이상한 현상에 대한 설명을 제공하는 추리이다. 다시 말해서, 어떤 현상이 왜 그렇게 일어나는지에 대한 설명을 제공할 수 있게 하는 추리이고(오필석과 김찬종, 2005; Fischer, 2001; Magnani, 2001; Lawson, 1995; Thagard, 1988; Hanson, 1958), '사실을 관찰한 다음 어떤 관념(idea)이 그 사실을 일으킨 것인지에 관해 주장(professing)(CP 5.603)'하게 해주므로 그것이 왜 그런지에 대한 새로운 지식을 우리에게 제공한다. 그런 점에서 귀추법은 기존 지식의 확장을 가능하게 하는 논리이고(Lawson, 1995), "새로운 아이디어를 이끌어내는 유일한 논리적 조작(only logical operation which introduces any new idea)"(CP 5.171)이다, 즉, '새로운 진리(new truth)는 연역법이나 귀납법으로부터 나올 수 없으며, 오직 귀추법으로부터 나온다(CP 7.219).'는 것이다. 예를 들어, 케플러(J. Kepler)가 티코 브라헤(Tycho Brahe)의 관측 자료를 바탕으로 화성의 궤도가 완벽한 원형일 수 없다는 결론에 이른 후, 최종적으로 타원형 궤도를 제안하기 전까지 비원형 곡선으로 달걀 모양(figuram ovalem)의 궤도를 상정한 것은 귀추법을 통한 추리의 결과물이었다고 알려져 있다(김영민, 서혜애, 박종석, 2017: Hanson, 1958).

그런데 이렇게 얻게 된 과학적 지식은 항상 오류 가능하다. 즉, 귀추법을 통해 새로운 가설이 제안되면서 그로 인해 새로운 과학적 지식의 생성이나 확장이 일어나고, 또, 그 가설로부터 실제적 효과를 가진 예측을 연역적으로 도출하고 그 예측이 실제로 관찰되는지를 다양한 사례에 대한 관찰을 통해 귀납적으로 확인하는 과정을 거쳐 과학적 지식은 검증 받게 되는데, 이러한 과학적 지식은 항상 오류 가능하다(정용재와 송진웅, 2006a). 우선 앞서 살펴본 것처럼 귀추법을 통해 생성한 가설은 두 명제가 가지고 있는 일부분의 유사성에 근거해 다른 부분도 유사할 것이라고 판단하는 과정을 거치므로 기본적으로 비약적이다. 아울러서, 이렇게 설정한 가설은 그로부터 연역적으로 도출된 예측이 실제로 관찰되는지 귀납적으로 확인됨으로써 검증될 것인데, 설사 이러한 과정을 거쳐 한 가설이 검증되었다고 하더라도, "어떤 것이 지금 현재로는 효력이 있음을 보여주는 것"(CP 5.171)일 뿐이라는 귀납법의 한계를 감안하면, 현재까지 그렇다는 것 이상을 주장하기 어려워진다. 물론 과학 지식은 단순한 믿음이 아니며 자연이 보여주는 것과 사실(facts)에 부합하는지를 수많은 사례들을 귀납적으로 검증함으로서 얻게 되는 지식이다. 하지만, 이렇게 사례들을 귀납적으로 검증하는 실행(practice)은 단 몇 차례의 실험으로 가능할 수 없다. 심지어 한 사람이 평생에 걸쳐 검증 한다고 해도 가능할 수 없다. 그것은 여러 세대에 걸쳐 끊임없이 시도 되어야할 것이다(CP 5.589). 이런 점에서 퍼스는, 아래 인용문에서 볼 수 있는 바와 같이, 과학 지식은 현재 상태에서 검증되고 수용되고 있는 그럴 듯한 가설일 뿐, 영원히 불변하는 진리는 아니라고 본다(정용재와 송진웅, 2006a).

> 과학의 유일한 목표(end)는 우주(universe)가 가르치는 수업(lesson)을 학습하는 것이다. (중략) 그러나 사실(fact)의 단단한 지면(ground)은 기대에 미치지 못할 것이다. (중략) 그것은 확증(confirmation)할 수 있는 어떤 것을 찾아내야만 하고, 그게 아니면 지지대(footing)를 바꿔야 할 것이다. 그리고 심지어 확증이 되었더라도 그것은 단지 부분적일 것일 뿐이다. 그것은 여전히 사실들로 이뤄진 단단한 암석(bedrock of fact) 위에 서 있지 않다. 그저 습지 위를 걷고 있는 것이며, 발밑의 땅은 단지 현재(present)를 지지하고 있다고 말할 수 있을 뿐이다. 나는 이 땅이 무너지기 시작하기 전까지만 여기에 머물러 있을 것이다. (CP 5.589)

이제 앞서 이 절을 시작하면서 제시한 갈릴레오의 사례를 다시 살펴보자. 처음에 '자유낙하 하는 물체의 속력은 낙하하는 거리에 비례하여 증가한다.'고 생각했던 갈릴레오는 그렇게 생각하게 되면 8피트 높이에서 떨어진 물체나 4피트 높이에서 떨어진 물체나 동일한 시간에 지면에 떨어져야 한다는 의심스러운 상황에 봉착하게 된다(Galileo, 1638, pp. 167-168). 그렇다면 이러한 의심의 상태를 벗어나 어떻게 다시 믿음의 상태에 이르를 수 있을까? 갈릴레오는 '자유낙하 하는 물체의 속력은 낙하하는 거리가 아니라 낙하하는 시간에 비례하여 증가한다.'라고 가설을 세움으로서(Hanson, 1958) 다시 믿음의 상태에 이르게 된다. 이 가설을 갈릴레오는 사그레도의 입을 빌려 다음과 같이 얘기하고 있다.

> SAGR. (전략) 우리 얘기를 이어가자면, 이제 일정하게 가속되는 운동을 다음과 같이 정의 내리는 것이 가능할 것 같네:
>
> 균등하게(equally) 혹은 일정하게(uniformly) 가속되는 운동은 시작부터 끝날 때까지 운동량

(momentum)이 동일한 시간 간격 동안 동일하게 증가하는 운동이다. (Galileo, 1638, p. 169)

물론, 이러한 가설은 여전히 오류가능성을 내포하고 있다. 아마도 이러한 가설이 가져올 실제적 효과는 무엇인지 예측하고, 실험을 통해 예측을 확인하여 가설검증을 시도하겠지만, 그래서 설혹 검증이 이뤄지더라도 그것은 그러한 조건 하에서 몇 차례 검증된 것일 뿐 언제나 오류 가능하다. 그렇기 때문에 그는 항상 의심의 자세를 늦추지 말아야 하고, 끊임없는 탐구를 위해 준비되어 있어야 할 것이다.

결국, 이상의 논의를 종합해 보면, 퍼스가 바라보는 탐구란 어떤 대상이나 현상이 갖는 실제적 효과를 접하면서 이에 대해 진정성 있는 의심이 드는 순간 시작되어 가설을 이용해 다시 믿음의 상태를 향해 가는 일련의 과정으로서, '진정한 의심', '실제적 효과', '오류가능성', '가설', '믿음' 등을 핵심으로 하고 있는 과정이다(정용재, 2014, p. 306). 그리고 이러한 탐구는, 다음 절에서 상세히 논의하겠지만, 끊임없이 탐구하는 공동체를 전제한다.

2.2 퍼스의 공동체에 대한 관점

앞서 살펴보았듯이, 퍼스는 탐구를 의심의 자극(irritation of doubt)에 의해 일어난 것으로서 믿음의 상태(state of belief)를 획득하려는 투쟁(struggle)으로 보았다(CP 5.374). 그리고 이 과정에서 핵심적인 역할을 하는 추리가 가설 생성의 추리인 귀추법이다(CP 7.202-207). 이러한 탐구를 통해 우리는 진리에 도달할 가능성을 높이게 된다.

그렇다면, 한 개인이 가설을 세움으로써 의심스러운 상황을 당연한 상황으로 느끼게 되었다면, 이 사람은 진리에 도달한 것인가? 정용재와 송진웅(2006a)이 던졌던 의문과 유사하게, 만약 논문을 왜 쓰는지 의심스러워진 사람이 돈을 벌기 위해서 논문을 쓴다고 생각함으로써 의심의 상태를 벗어났다면, 이 역시 진리에 이른 것으로 봐야하는가? 어느 학자(Paavola, 2004)의 주장처럼 귀추법은 지나치게 '허용적(permissive)'인 것은 아닐까?

한 개인의 고립적인 탐구와 관련하여 포퍼(Popper, 1963)는 흥미로운 논의를 전개한다(임병갑, 1999). 무인도에 표류한 로빈슨 크루소가 실험실을 차려놓고 실험을 통해 수많은 논문을 썼다고 가정해 보자. 물론 로빈슨 크루소는 외부의 어느 누구와도 그 논문에 대해 얘기할 수 없다. 하지만 오랜 시간에 걸쳐 우연히도 현대 과학과 일치하는 이론을 세웠다고 가정해보자. 과연 로빈슨 크루소는 참된 과학을 한 것일까? 이에 대해서 포퍼는 과학적 객관성이란 사회적이고 공적인 산물이기 때문에 로빈슨 크루소는 참된 과학을 한 것이 아니라고 대답한다. 설혹 어느 한 개인이 관찰과 실험을 통해 탐구를 수행했고 그 결과가 현대 과학의 결과와 동일하다고 하더라도 그것은 여전히 한 개인에 의해 수행된 결과에 지나지 않으며 어떠한 사회적이고 공적인 의미를 가질 수 없다는 것이다. 다시 말해서 탐구의 객관성과 타당성은 과학자 공동체에 의해 사회적으로 확보될 수 있다는 것이다(Popper, 1963).

퍼스 역시 진리는 개인의 사사로운 믿음이 아니라 공동체의 인식을 전제한다고 주장한다. 퍼스는 유명론(normalism)을 강하게 비판하면서 실재의 존재를 인정한다(Potter, 1996, p.4). 유명론에서는 우리가 믿고 있는 세계에 대한 지식과 법칙은 마음이 꾸며낸 허구(figments)일 뿐이라고 주장한다. 물론 유명론에서도 우리의 지각을 가능하게 하는 원천으로서 어떤 세계가 존재함을 인정한다. 그러나 그 세계를 온전히 우리가 인식하고 이해하는 것은 불가능하다고 본다. 우리가 인식하는 것은 그 세계에 대해 우리 스스로가 부여한 질서일 뿐이라는 것이다. 그러나 퍼스는 이러한 주장에 반대한다. 그는 우리가 이해 가능한 세계가 실제로 존재한다고 주장한다. 여기에는 모든 의미는 기호의 연쇄로부터 발생한다는 그의 기호론적 관점이 전제되어 있다. 즉, 기호는, 앞서 언급하였듯이, 자명한 질적 가능성(being of positive qualitative possibility)으로서 제1성(Firstness), 실제 사실(being of actual fact)로서 제2성(Secondness), 그리고 미래를 예견하는 법칙(the being of law that will govern facts in the future)으로서 제3성(Thirdness)이라는 세 가지 양태를 가지는데(CP 1.23-1.25; 정해창, 2015, pp. 251-252), 모든 의미는 이러한 기호의 연쇄로부터 발생한다. 따라서 우리가 어떤 대상에 대해서 지식을 가지고 있다는 것은 대상이 가지고 있는 자명한 질적 가능성과 실제 관찰 사실이 연쇄되고 그것이 대상의 습관을 규정짓는 법칙으로 연쇄되었기 때문이다. 즉, 지식은 일반적 범주(general category)나 보편자들(universals)에 의해서 존재하는데, 만약 우리가 세계나 어떤 대상에 관한 어떤 지식을 가지고 있다면, 그 지식의 범주나 보편자들은 반드시 그 세계가 나타내는 제1성과 제2성에도 기반을 두고 있어야 한다. 결국, 우리가 인식하고 의미 지은 세계는 반드시 어떤 종류의 법칙에 따르는 이해 가능한 합리적인 구조로서의 모습을 드러낸다는 것이다(Potter, 1996, p.6). 다시 말해서, 우리는 세계에 우리 마음대로 질서를 부여하는 것이 아니라 그 세계가 나타내는 기호들의 연쇄로 질서를 인식한다는 것이다. 그렇게 때문에 퍼스에게 있어서 실재는 어느 한 개인이 사사로이 부여한 이름뿐인 질서가 아니라 본래부터 그러한 있는 그대로의 존재이다.

> 실재는 어떤 생각(mind) 또는 한정된 생각의 모음이 실재하는 것(real thing)은 이렇다고 표상하는 것과는 상관없이, 있는 그대로의 존재 양상이다. (CP 5.565)

이러한 퍼스의 주장을 수용한다면, 개인의 사사로운 믿음이 곧 진리임을 보장하지는 않는다. 그 믿음은 진리일 수도 있지만 그렇지 않을 수도 있다. 어느 한 개인이 어떤 믿음을 가지고 있다는 것이 실재의 본래 모습을 강제로 바꾸지는 못하기 때문이다. 오히려 그 개인의 믿음이 진리인가는 실재에 비추어서 판단되어야 한다.

나아가서 퍼스는 우리의 사고가 제1성, 제2성, 제3성의 3항 관계에 따라 끊임없이 일어나는 기호 작용에 의해서만 가능하다고 주장한다(정용재와 송진웅, 2006a). 그런데, 모든 기호는 기호를 사용하고 이해하는 공동체 속에서 상호주관적(intersubjective)으로 해석될 수 있을 때만 기호로서 기능할 수 있기 때문에, 완전히 개인적이고 내적인 앎과 같은 것은 있을 수 없다고 주장한다(정해창, 2005). 그렇기 때문에 퍼스는 진리에 이르는 길은 나 혼자의 경험이 아니라 반드시 우리의 공동 경험을 전제로 한다고 주장한다.

> 개인주의(individualism)와 오류는 동일한 것이다. 사람은 홀로 있을 경우에 전체성을 갖지 못한다. 그는 본질적으로 사회의 구성원이다. 한 개인의 경험이 홀로 존재한다면, 그것은 아무것도 아니다. 그가 다른 사람들이 볼 수 없는 것을 본다면 우리는 그것을 환영(hallucination)이라고 부를 뿐이다. 사고의 대상은 '나'의 경험이 아니라 '우리'의 경험이다; 그리고 이 '우리'는 무한한 가능성을 갖는다. (CP 5.402 주2)

그렇다면 '우리'가 갖는 공동의 경험은 어떤 의미일까? 여기에서 '우리'란 실제적인 효과를 오감으로 관찰하면서, 그 대상이 갖는 습관을 확립시켜나가는 것을 목적으로, 끊임없이 그리고 충분히 추론하고 경험하는 일단의 사람들을 말한다(정용재, 2014). 퍼스는 어떤 것이 실제하는지 실제하지 않는지는 보편적이고 불변하는 토대로부터 단 한 번에 결정되어 출현하지 않는다고 보았다(CP 5.311; 정용재와 송진웅, 2006a). 앞서 언급하였듯이, 모든 의미는 기호의 연쇄에 의해 발생하며, 모든 인식은 그 이전의 인식으로부터 무한한 귀추와 귀납의 반복을 통해 추리된다(CP 5.265). 즉, 우리의 인식과 사고, 의미는 아무런 선행 전제도 없이 툭 튀어나는 것이 아니라 그 이전의 어떤 기호 작용으로 연쇄되어 나온다. 그런 점에서 어떤 것이 실재한다는 것 역시 아무런 선행 전제 없이 갑자기 튀어나오는 인식이 아니라, 기호의 연쇄 속에서 실재하지 않는 어떤 것들에 대한 기호작용이 수정(correct)되면서 나타난다. 즉, 개인적이고 내적인 결정들에 의해 상대적으로 존재하는 어떤 것과 종국에 가서까지도 존재하게 될 어떤 것 사이에 일어나는 특유의(idiosyncrasy) 교섭(negotiation) 과정을 거치면서 수정된다(CP 5.311; 정용재와 송진웅, 2006a). 이러한 과정을 거치면서 한 번 수정된 실재에 대한 우리의 인식은 또 다른 기호작용과 만나면서 서로 교섭하게 되고 다시 수정되며, 단 한 번의 직관에 의해서가 아니라, 무수한 교섭과 수정 과정을 거치면서 우리는 어떤 것이 실재 하고 그 모습은 어떠한지에 대해 점점 진리에 근접하게 된다. 따라서 퍼스에게 있어서 진리에 이르는 길은 수많은 교섭의 과정을 거칠 수 있는 공동체를 전제한다. 즉, 어느 한 개인이 단지 스스로하고만 나누는 교섭은 그의 인식을 수정하는 데에 한계가 있을 수밖에 없으므로, 실제적인 효과를 오감으로 관찰하면서 끊임없이 그리고 충분히 추론하고 경험하는 일단의 사람들로 구성된 공동체와의 교섭을 통해서만 진리에 도달할 수 있는 가능성을 키울 수 있다.

이와 같이 '우리'가 끊임없이 탐구하게 되면, 그리고 충분한 시간이 주어진다면, 개개인의 사사롭고 편협한 의견을 넘어서서 모든 사람의 의견 즉 전체로서의 공동체 의견이 한 곳으로 수렴되어 궁극적 결론에 이르게 되는데, 퍼스는 바로 그 결론의 대상을 실재라고 보았고(CP 5.407), '진리는 실재에 대한 바로 그 궁극적 의견(opinion), 즉 탐구하는 사람 모두에 의해서 궁극적으로 동의될 운명(fated to be ultimately agreed)인 의견(CP 5.407)'으로 보았다. 그렇기 때문에 아래의 인용문에서 볼 수 있듯이 실재와 진리에 이르는 길은 '정해진 한계를 가지지 않으면서 지식의 확정적인 증가가 가능한 공동체(COMMUNITY)'를 전제한다고 주장한다.

> 외적 영구성이 한 개인에게만 국한되어 있다면 그것은 외적인 것이 아닐 것이다. 외적 영구성은 모든 사람에게 영향을 미치거나 영향을 미칠 수 있는 어떤 것이어야 한다. (중략) 더 친숙한 언어로 다시 진술한다면, 그것의 근본 가설은 이렇다: 실재하는 것들(Real things)이 있고, 그것들의 성질들은 우리의 의견과 전적으로 독립적이다; 그 실재들은 규칙적인 법칙들에 따라 우리의 감각(sensations)에 영향을 미친다. 비록 대상들에 대한 우리의 관계들이 다른 만큼 우리의 감각들이 상이하더라도, 지각 법칙들의 이득을 취함으로써 우리는 사물들이 실제로(really), 그리고 진실로(truly) 어떠한가를 추론(reasoning)에 의해 확정(ascertain)할 수 있다. 그래서 누구나 그것에 관해 충분한 경험을 지니고 충분히 추론한다면 하나의 참된(True) 결론으로 인도될 것이다. 여기에서 포함된 개념이 실재의 개념이다. (CP 5.384)

> 실재(real)는, 조금 더 빠르건 늦건, 정보와 추리가 궁극적으로 도달(result in)하게 되는 것이고, 그래서 너와 나의 변덕과는 무관한 것이다. 따라서 실재성(reality)이라는 개념의 본질은

이 개념 속에는 정해진 한계를 가지지 않으면서 지식의 확정적인 증가가 가능한 공동체(COMMUNITY)의 관념이 필수적으로 포함됨을 보여준다. (CP 5.311)

결국, 퍼스에게 있어서 진리에 이르는 길은 끊임없이 탐구하는 공동체 속에서 무수한 교섭의 과정을 거쳐 실재에 대한 궁극적 의견에 도달하는 것이다. 단, 이때의 공동체는, 실재는 이러한 무한한 탐구를 수행하는 공동체에 의해서만 참되게 탐구될 수 있으므로, 단지 여러 사람이 모여 있다는 의미의 공동체이기 보다는 현재 탐구의 결과가 미래에 누군가에 의해서 오류로 드러날 수도 있다는 생각을 견지하게끔 만드는 감시자로서의 공동체이며, 그래서 현재의 결론에 쉽게 만족하지 않고 끊임없이 그리고 제한 없이 탐구하는 공동체를 말한다(정용재, 2014).

한편, 퍼스는 이러한 공동체를 전제하는 탐구의 전형을 과학자들의 탐구에서 찾는다. 다시 말해서 믿음에 이르기 위해서는 공동체를 전제하는 과학적 방법을 사용해야 한다는 것이다. 과학 지식은 다른 분야의 지식에 비해 매우 빠르게 성장하여 왔다. 이러한 과학 지식의 빠른 성장에 대한 관심은 16, 17세기 과학 혁명기를 거치면서 과학에서 사용되는 독특한 방법론, 즉 과학적 탐구에 대한 관심으로 이어져왔다(Lamprecht, 1955). 과학자이기도 했던 퍼스 역시 과학적 방법의 우수성에 주목하였다.

퍼스는 믿음에 이르는 방법으로서 과학적 방법의 우수성을 우리를 믿음에 이르게 하는 또 다른 세 가지 방법, 즉 고집(tenacity)의 방법, 권위(authority)의 방법, 선험(a priory)의 방법과 비교하면서 논의하였다(김동식, 2002; 정해창, 2005; 정용재와 송진웅, 2006a). 첫 번째, 고집의 방법은 자신의 대답에 대해 합리적인 근거 없이 자신에게 그 대답을 반복하고 자신의 대답과 상충하는 어떠한 것에 대해서도 허용하지 않는 것을 말한다(CP 5.377). 고집의 방법 역시 우리를 믿음에 이르렀다고 느끼게 한다. 자신의 대답이 옳다고 생각하고 다른 어떠한 것에도 눈길을 주지 않기 때문에 적어도 내 안에서는 불안함을 못 느낄 수 있기 때문이다. 마치, 사자를 만난 타조가 모래 속에 머리를 파묻고 사자가 없다고 생각하면서 안전함을 느끼는 것처럼 혼자만의 믿음을 고집하는 방법이다. 고집의 방법으로도 우리는 잠깐의 믿음과 안정감을 느낄 수 있겠지만, 이것은 어디까지는 순간적일 뿐이다. 그가 스스로를 완벽한 외톨이로 만들어버리지 않는 한, 사회적 자극(impulse)이 그로 하여금 자신이 믿고 있는 바가 다른 사람의 믿음과 다르며, 나의 믿음뿐만 아니라 다른 사람의 믿음을 고려하게할 것이기 때문이다(CP 5.378). 고집에 의해 믿음에 이르는 것은 단지 그가 공동체로부터 완벽히 홀로된 경우에 한 할 뿐이며, 이는 극히 드물거나 불가능한 경우일 것이다.

두 번째, 권위의 방법은 국가와 같이 권위 혹은 권력을 가진 집단의 의견에 비판 없이 순종함으로써 믿음에 이르는 방법이다(CP 5.379). 예를 들어, 국가는 특정한 가치나 사상을 교육함으로써 국민들의 의식을 특정한 방향으로 의식화할 수 있다. 또, 제도나 법으로 특정한 가치나 사상을 강요할 수도 있다. 이러한 교육과 의식화, 제도화 등이 성공적으로 이루어지면 국민들은 그 특정한 가치나 사상을 추구할 때 안정감을 느끼게 된다. 다른 가치나 사상을 추구하게 되면 불안감을 느끼게 되고, 때로는 막강한 국가 권력에 의해 침묵을 강요받거나 형벌에 처해지기도 하지만, 반면, 국가가 추구하는 바를 훌륭히 따르면 사회적으로 편안한 삶과 인정받는 삶을 보장 받는다. 이는 국민들로 하여금 국가의 권력과 권위에 순종할 때 안정감을 느끼게 하고 믿음에 이르렀다고 느끼게 한다. 그렇기 때문에 권위에 의한 방법은 고집에 의한 방법보다 조금 더 강력하다. 내 주변에 있는 사람들도 나와 같이 순종하는 사람들일 가능성이 크므로 사회적 자극도 나의 믿음을 강화시켜 줄 것이기 때문이다. 그러나 권위에 의한 방법 역시 한계를 갖는다. 그 어떤 교육이나 제도도 모든 분야와 주제에 대한 생각을 통제할 수는 없기 때문이다. 990명이 현재의 교육과 제도에 순종한다고 하더라도 10명은 좀 더 큰 세계의 존재에 대해 알고 있을 수 있다. 그들은 다른 국가들과 다른 시대에는 그들 자신이 믿도록 교육된 것들과 아주 다른 주장들이 있어 왔다는 것을 알고 있을 수 있다(CP 5.381). 이들 10명에 의해 국가의 권력과 권위에 의한 의견이 가능한 의견의 전부가 아님이 밝혀질 것이며, 이는 당장에 국가의 지향점을 바꾸지는 못하더라도 최소한 구성원들의 안정감이 흔들릴 수 있는 여지를 제공할 것이며, 믿음에 실금을 가게 할 것이다. 결국, 권위의 방법은 특정한 시대의 특정한 공동체에 국한된 믿음에 이르게 한다는 한계를 가진다.

세 번째, 선험의 방법은 '이성에 부합함(agreeable to reason)'을 통해 믿음에 이르는 방법이다(CP 5.382). 이성에 부합하는지 그렇지 않은지를 따지기 때문에 선험의 방법은 어느 한 개인이나 집단의 의견과는 무관하다. 그리고 실제 경험과 일치하는지와도 무관하다. 물론 '이성'이 무엇이고 '합리성'이 무엇인지에 대해 어떤 관점을 가지느냐에 따라 선험의 방법은 다른 모습을 띨 수 있다. 그러나 선험의 방법으로 믿음에 이르고자 하는 이들은 대부분 그 '이성'이 본래부터 자명한 진리로 선험적으로 주어지기 때문에 우리의 의견이나 경험과는 무관하게 그에 따라야 한다고 주장한다. 선험의 방법은 고집이나 권위에 의한 방법보다 훨씬 지적이다. 때때로 우리는 합리성을 무기로 어떤 사람의 고집이나 국가의 권위에 맞서기도 한다. 그러나 이성에 부합하는가의 전제가 되는 그 '이성'은 역사적으로 일관되지 않았고, 좀 더 유물론적인 철학에서부터 좀 더 관념론적인 철학 사이를 왔다 갔다 했다(정해창, 2005; CP 5.383). 그것이 정말 '이성'에 해당하는지를 확인할 방법이 없기 때문이다. 다시 말해서, 선험의 방법이 갖는 한계는 누군가 제시하는 '이성에 부합함'이 경험적 증거에 의해서 뒷받침되는지 확인할 수 없다는 점이다(정용재와 송진웅, 2006a; 정해창, 2005; CP 5.383).

믿음에 이르는 네 번째 방법은 과학적 방법(scientific method)이다. 과학적 방법은 관찰과 실험 등을 통해 어떤 대상이 갖는 실제적 효과를 지각함으로써 해당 의견이 실재에 부합하는지를 판단하여 믿음에 이르는 방법으로, 어떤 의견이 사실에 부합하는가를 따져 믿음에 이르는 방법이다(CP 5.384). 과학적 방법은 어떤 의견이 사실에 부합하는지를 따지기 때문에 올바름과 올바르지 않음에 대한 판단이 가능하다(정용재와 송진웅, 2006a).

> 과학적 방법의 경우는 다르다. 나는 알려진 것과 관찰된 사실들에서 출발하여 알려지지 않은 것으로 나아갈 수 있을 것이다. 이때 내가 따르는 규칙들은 탐구가 인정하는 것이 아닐 수도 있다. 내가 진실로 그 방법을 따르고 있는가에 대한 테스트는 나의 감정과 목적들에 직접 호소함으로써가 아니라, 테스트 자체에 그 방법의 적용을 포함함으로서 이뤄진다. 따라서 좋은 추론(reasoning)뿐만 아니라 나쁜 추론도 가능하다; 그리고 이 사실이 논리학의 실천적(practical) 측면의 토대이다. (CP 5.385)

과학적 방법이 어떤 믿음이 실재에 부합하는지 여부를 판단할 수 있는 방법인 반면, 앞서 살펴본 고집, 권위, 선험의 방법은 그렇지 않다. 이들 세 방법은 실재가 어떠하다는 것을 개인의 고집에 의존하거나 특정 집단의 권위에 의존하고, 혹은 경험적인 증거가 뒷받침 되지 않은 선험적인 주장에 의존하기 때문에 실패한다(정용재와 송진웅, 2006a; 정해창, 2005). 물론 이 세 가지 방법들도 개인이 갖는 잠깐의 행복이나 국가 발전, 혹은 학문적 유희를 위해서 나름대로 유용하다(CP 5.386). 하지만 퍼스는 우리가 믿음에 이르는 길은 그 믿음이 실제로 사실에 부합하는지를 따지고 확인하는 것이 필요함을 주장한다.

> 의견(opinion)을 정착시키는 다른 방법들이 과학적 탐구(investigation)에 대해서 갖는 유리한 점들이 있다. 하지만, 누군가 그러한 것들에 대해 심사숙고 한다면, 결국 그는 자신의 의견이 사실(fact)에 부합하기를 스스로가 희망하고 있음을 알게 될 것이다. (CP 5.387)

그렇다면 과학적 방법은 어떤 의견이 실재와 부합하는지 여부를 어떻게 판단할 수 있을까? 이에 대해서 퍼스는 과학적 방법은 어떤 대상이 갖는 실제적인 효과를 관찰과 실험을 통해 지각하는 과정을 기본으로 하면서, 동시에 한 개인이 아니고 공동체의 협력적 노력을 통해 수행되며(CP 2.175), '과학적 과정들은 충분히 밀고 나가면 이것들이 적용될 수 있는 모든 문제들에 어떤 해결책을 제공할 것(CP 5.407)' 것이어서 그 방법과 과정을 점차 완벽하게 만들어감에 따라 결과는 하나의 중심점을 향해 움직여 가고, 동일한 결론에 이르게 될 것(CP 5.407)이라고 주장한다(정용재와 송진웅, 2006a). 예를 들어, 빛의 속도를 측정하기 위해서는 행성의 움직임을 관찰하는 방법, 광행차를 측정하는 방법 등 다양한 방법으로 빛의 속도가 보이게 되는 실제적 효과가 탐색될 터인데, 어느 일정 기간 동안에는 서로 다른 방법이나 결과가 존재하고 경쟁할 수 있지만, 그 방법을 좀 더 적절하고 완벽하게 보완해 나감에 따라 결국 하나의 궁극적인 결과와 결론에 이르게 될 것이라는 것이다(CP 5.407). 결국, 이러한 과정을 거쳐서 최종적으로 도달한 의견은 개인의 사사로운 믿음이나 집단의 권위, 선험적 이론이 아니다. 대상이 갖는 실제적 효과를 공동체 내의 충분한 교섭 과정을 거쳐 확인하는 것이기 때문에 이것은 어느 한 개인이 거짓으로 꾸민 의견이나 권위적인 집단의 독단적인 의견, 경험과 무관하게 선험적으로 주어지는 의견일 수 없다. 이러한 퍼스의 관점은 베이컨(F. Bacon)이나 갈릴레오 등이 갖고 있었던 과학의 객관적 정당성(validity)에 대한 관점과도 유사하다. 즉, 자연 세계는 개인이 임의대로 질서를 부과한 내적인 세계가 아니라 외부에 실제로 존재하는 세계이며, 스스로 따르고 있는 법칙이 있고 그 법칙을 우리가 발견할 수 있다는 관점(Cushing, 1998, p. 30)과 유사하다(정용재와 송진웅, 2006a). 과학적 방법은 이와 같이 실제적인 효과의 지각과 공동체 내에서의 끊임없는 교섭 과정을 통해 어떤 의견이 실재와 부합하는 지를 따질 수 있게 된다.

이상에서 살펴본 바와 같이 퍼스는 참된 믿음에 이르기 위해서는 과학적 방법을 사용해야 한다고 주장한다. 단, 이때의 과학적 방법은 끊임없는 탐구를 수행하는 공동체를 전제한다. 몇몇 사람에 의해 적당히 합의된 결론을 얻고 멈추는 것은 진정한 의미의 과학적 방법이 아니다. 아래의 인용문에서도 볼 수 있듯이, 실재는 몇몇 사람들의 의견으로 규정될 수 있는 것이 아니다. 충분한 시간 동안 무수한 교섭과 끊임없는 탐구가 이뤄질 때 공동체의 의견은 실재의 모습에 의해 인도될 수 있고 그렇게 해서 실재에 부합하는 의견으로 귀결될 수 있다.

> 실재가 일반성을 띤 사고에 대해서도 항상 그렇다는 것은 아니다. 단지 당신이나 나, 혹은

> 어떤 유한한 수의 사람들이 그것에 관해 생각하는 것으로부터 독립적이라는 것이다. (중략) 참된 의견은 탐구(investigation)하려는 성향과 능력을 가진 이들이 궁극적으로 도달할 의견임에 틀림없다. "진리는 땅에 뭉개져도 다시 일어날 것"이고, 탐구로부터 마침내 귀결될 의견은 누군가가 실제로(actually) 어떻게 생각하느냐에 의존하지 않는다. 실재(real)하는 것의 실재성(reality)은, 충분히 오래 기간 계속 수행된다면, 탐구가 결국 그것의 본질에 관한 믿음으로 인도하도록 운명 지어진 실재하는 사실(real fact)에 의존한다. (CP 5.408)

한편, 이와 같이 진리에 이르기 위해서는 충분한 시간 동안 끊임없이 탐구하면서 실제적 효과를 검증하는 공동체가 전제되어야 한다는 퍼스의 관점은 현재 검증된 의견이 항상 오류 가능할 수 있다는 태도를 견지할 것을 요구하는 것이기도 하다. 어떤 의견은 그 의견으로부터 연역적으로 도출되는 예측(CP 7.203)이 실제로 나타나는지를 귀납적 과정을 통해 확인함으로써 검증될 필요가 있다(CP 7.206)고 주장한다. 그러나 앞서 귀납법이 갖는 한계를 논의하면서 언급하였듯이, 귀납적 과정은 지금 이 순간 어떤 현상이 일어난다는 사실 이외의 어떠한 필연성도 주장할 수 없다(CP 7.207). 다시 말해서 현재 관찰을 통해 검증되었다고 하는 의견은 현재 그러하다는 것을 보여줄 뿐이다. 몇몇 사람들에 의해 현재 검증된 의견을 수용하고 탐구를 멈추는 것은 오히려 개인주의적이며 순간적이기 때문에 항상 오류가능하다는 입장을 퍼스는 견지한다(정용재와 송진웅, 2006a). 다시 말해서, 어떤 의견이 실재와 부합하는지를 판단하는 것은 현재 몇몇 개인들에 의해서 이뤄지는 실험을 통해 달성되고 끝나는 것이 아니라 충분한 시간 동안 끊임없이 탐구하는 공동체에 의해서 상호주관적으로 이뤄지는 실험을 통해 가능하다(Apel, 1981, p.179).

결국, 실재와 진리에 이르기 위한 전제로 퍼스가 제안한 공동체는 실제적인 효과를 검증하되 오류가능성을 견지하면서 충분한 시간 동안 끊임없이 탐구하는 다분히 이상적인 공동체를 말한다(정용재, 2014).

03 듀이의 탐구와 공동체에 대한 관점

3.1 듀이의 탐구에 대한 관점

퍼스가 제안한 탐구공동체의 개념은 듀이의 이론 속에서 교육의 장으로 확장되었다(Splitter & Sharp, 1995). 앞으로 좀 더 상세히 논의하겠지만, 가설과 검증을 주요 절차로 하는 그의 탐구 이론은 의심에서 믿음으로 향하는 퍼스의 탐구 개념과 상당히 유사한 구조를 가지고 있다(정용재, 2014). 그리고 사회를 벗어날 수 없는 개인을 상정하고 민주적인 의사결정의 중요성을 강조한 그의 공동체에 대한 관점 역시 퍼스의 끊임없는 탐구를 수행하는 공동체 개념과 유사한 측면을 볼 수 있다(정용재, 2014). 다시 말해서, 듀이는 퍼스가 제시한 과학적 방법을 심리학과 사회철학, 교육의 장까지 적용시켜, 탐구공동체를 일상적 문제 상황에서 가장 적절한 해결방법을 도출하는 공동체적 활동이라는 의미로 폭을 넓혔다(박선영과 김회용, 2009).

널리 알려진 바와 같이 진보주의 교육자인 듀이는 경험중심, 아동중심의 교육을 강조하면서 문제해결력과 반성적 사고에 바탕을 둔 사회와 연계된 교육 이론을 주장하였다(Dewey, 1916). 그 과정에서 듀이는 문제해결의 방식으로 민주주의적인 방식, 지성적인 방식과 더불어 과학적인 방법을 강조하였고, 이를 생활의 모든 측면에 적용하고자 하는 실험주의를 제창하기도 하였다(김동식, 2002). 그리고 이러한 과학적인 방법의 핵심이자 문제해결의 방법으로 탐구에 주목하였다. 문제해결방법과 탐구의 역할에 대한 이러한 듀이의 관점을 김동식(2002)은 아래와 같이 정리한 바 있다.

> 문제해결의 방식 중에서 듀이가 특히 강조한 것은 과학적인 방법, 민주적인 방식, 지성적인 방식 등이다. 얼핏 보아 상당히 차이나 보이는 이 세 가지 문제해결 방식을 듀이는 거의 일맥상통하는 것이라고 파악한다. 그래서 때때로 이 세 가지 즉 과학, 민주주의, 지성을 거의 동의어인 것처럼 활용하기도 한다. 그가 이렇게 하는 핵심적인 이유는 가설연역적인 예측과 실험을 통한 확인·검증 등의 절차를 문제해결을 위해 보장된 언명가능성을 얻게 해주는 주요한 수단이자 절차로 여기기 때문이고, 그러한 수단과 절차가 사회적인 문제들의 해결을 위해 적용될 때에 민주적인 방식으로 나타난다고 믿기 때문이다. 또 그러한 제 과정이 지성적인 문제해결의 방식이며 진보를 이루는 첩경이라고 믿기 때문이다. 따라서 그에게 있어서 경험, 즉 유기체가 환경에 적응해 가는 모든 과정이 지향하는 바는 성장이요, 진보이며, 진보란 우리가 가진 도구들을 활용하는 탐구의 논리를 통해서 문제해결 능력의 증대를 꾀함으로써 달성될 수 있는 것이다. (김동식, 2002, p. 160)

즉, 듀이는 과학적 방법을 유기체가 환경에 적응해 가는 과정에서 가설과 검증을 주요 절차로 하는 탐구를 통해 문제를 해결하는 방법으로 보았고, 이는 곧 민주적인 방식으로 연결되며, 이를 통해 유기체의 전반적인 성장과 진보가 가능할 것이라고 보았다.

그렇다면 구체적으로 듀이가 생각하는 탐구는 어떤 것일까? 듀이는 탐구를 다음과 같이 정의하였다(정용재, 2014).

> 처음의 불확정적인 상황을 이루고 있던 구성 요소들과의 관계들을 하나의 통합된 전체(a unified whole)로 바꿔줌으로써 불확정적인 상황(indeterminate situation)을 확정적인 상황(determinate situation)으로 바꿔주는 통제되거나 방향 지어진(controlled or directed) 전환(transformation) (Dewey, 1938, p. 108)

위의 정의에서 볼 수 있듯이, 듀이는 탐구를 '불확정적인 상황'을 '확정적인 상황'으로 바꿔주는 전환으로 보았다. 따라서 듀이의 탐구에 대한 관점에 대해 논의하기 위해서는 그의 '상황'에 대한 관점이 무엇인지를 우선 알아볼 필요가 있다. 듀이에게 있어서 상황(situation)은 어떤 하나의 대상이나 사건을 가리키는 것도, 혹은 대상들이나 사건들의 단순한 모음을 가리키는 것도 아니다. 개인이나 대상은 고립되어 독립적으로 존재할 수 없으며, 아래의 인용문에서 보이듯이, 그들을 의미 짓게 하는 모종의 바탕을 전제한다.

> 우리는 고립된 대상들과 사건들에 대해서는 어떠한 판단이나 경험도 할 수 없고, 오직 맥락 전체(contextual whole) 속에서 연결되어 있는 대상들과 사건들에 대해서만 판단하고 경험할 수 있다. (Dewey, 1938, p. 72)

위의 인용문에서 나타나듯이, 듀이는 대상과 사건을 의미 짓는 '맥락 전체'를 '상황'이라고 보았다(Dewey, 1938, p. 72). 이때 대상과 사건을 인식하는 주체로서 인간 역시 이 맥락 전체 속에서 사건과 대상을 인식하고 나아가 그 자신도 맥락 전체 속에서 자극받고 의미 지어진다고 보았다(박선영과 김회용, 2009). 즉, 자연 환경에 적응해가는 유기체(a organism)는 단순히 주어진 환경 속에서 환경과 무관하게 사는 것이 아니라 환경과 끊임없이 상호작용 하면서 살 수 밖에 없고, 결국, 유기체와 환경은 서로 통합(integration)되어서 "삶의 과정은 그 한 유기체에 의해서 뿐만 아니라 환경에 의해서도 규정"(Dewey, 1938, p. 32)되는 것과 같이, 인간과 상황 역시 서로가 서로를 의미 짓는 통합된 전체이고, 그렇기 때문에 인간 역시 그 통합된 전체의 일부라는 것이다(정용재, 2014).

상황에 대한 이러한 듀이의 관점은 그의 경험(experience)에 대한 관점과도 맥을 같이 한다(정용재, 2014). 듀이에 있어서 경험은 "능동적인 요소인 '해보는 것'(trying)과 수동적인 요소인 '겪는 것'(undergoing) 사이의 특유한(peculiar) 결합"(Dewey, 1916, p. 133)이다. 즉, '해보는 것'과 그에 따라 '겪는 것' 사이에 어떤 의미 있는 특유의 결합이 생기는 것이 경험이며, 이 특유의 결합이 형성되지 않으면 이는 단순한 조작활동에 불과하며 경험이 아니라는 것이다. 예를 들어, 아이가 잘못해서 손가락을 불에 넣었다고 해보자. 이때 불에 손을 넣는 행위 자체는 아직 경험이 아니다. 끔직한 예가 되겠지만, 불에 손을 넣은 아이가 고통을 느끼는 것도 아직 경험이 아니다. 아이가 자신이 겪은 그 고통을 자신이 불에 손을 넣었다는 행위 때문이라고 의식하고 앞으로 또 그러한 행위를 하면 역시 고통을 겪게 되리라고 생각하는 순간, '해보는 것', 즉, 불에 손을 넣는 것과 '겪는 것', 즉, 고통을 느끼는 것의 연결이 일어나고, 비로소 아이는 경험을 한다는 것이다(Dewey, 1916). 그리고 이 과정에서 아이는 불의 색깔이나 온도 등을 어떤 맥락과도 무관하게 존재하는 고립된 성질로서 받아들이지 않는다. 아이는 자신의 행동이 가져오는 변화와 그에 따라 자신에게 부과되는 변화에 관련된 어떤 것으로서 불의 색깔이나 온도를 능동적으로 의미 짓게 된다. 다시 말해서, 우리는 우리가 대상에 '해보는 것'에 의해 나와 대상이 겪게 되는 전체적인 변화와 관련지어 대상을 의미 짓게 된다.

> 아이는 감각적인 자극에 대한 운동반응에서 어떤 결과들이 나오는지 보기 위해, 만진다든가 손을 뻗는다든가 하는 활동을 함으로써 자극에 반응하는 것으로 보인다. 아이가 배우는 것은 고립된 성질(isolated qualities)이 아니다. 아이는 사물(things)이 보여주는 전체적인 행태(behavior)와 그 사물과 우리에게 일어나는 변화를 배운다. 다시 말해서, 아이가 배우는 것은 관계(connections)이다. (중략) 우리는 무엇이 단단하고 부드러운가를 알아보고자 할 때, 각각의 물건이 무슨 일을 할 수 있는지, 우리가 그것으로 무엇을 할 수 있으며 무엇을 할 수 없는지를 능동적인 실험을 통해서 알아본다. (중략) 사물이 우리의 행동에 변화를 주기위해(단순히 우리의 수동적인 마음속에 인상을 남기는 것이 아니라) '우리에게' 하는 일과, 그 사물에 변화를 일으키기 위하여 우리가 그 '사물에게' 할 수 있는 일, 이 둘의 결합이 경험을 이룬다. (Dewey, 1916, pp. 260-261)

이와 같이 듀이는 경험을 개인과 대상, 혹은 유기체와 환경이 끊임없는 상호작용을 통해 특유의 결합을 이루게 되는 상호교섭(transaction)의 과정으로 보았다(김동식, 2002; 정용재, 2014). 그리고 이러한 상호교섭의 과정에서 개인과 대상, 혹은 유기체와 환경은 각자가 고립되고 분리되어서 존재하는 것이 아니라, 맥락 전체, 즉, 상황 속에서 관계를 맺고 다른 구성원들과 통합된 상태에서 의미를 가진 상태로 존재하고, 또 교섭하게 된다. 결국, 듀이에게 있어서 경험은 '해보는 것'과 '겪는 것'을 연결하여 경험의 대상이 되는 사물과 경험의 주체가 되는 개인이 어떤 관계를 맺고 있는지를 파악하게 되는 과정인데, 이 관계는 개인과 사물이라는 분리된 둘 사이의 관계라기보다는 맥락 전체, 즉 상황 속에서 통합되어 있는 구성원들 사이의 관계라고 볼 수 있다.

이제 '불확정적인 상황'을 '확정적인 상황'으로 바꿔주는 전환이라는 듀이의 탐구에 대해 다시 살펴보자. 듀이가 탐구를 정의하면서 언급한 '확정적인 상황'이란 위에서 언급한 바와 같이 맥락 전체 속에서 개인과 대상이 관계를 맺어 안정적인 통합된 전체를 구성하고 있는 상황을 말한다. 그런데 이렇게 안정적이고 통합된 전체에 새로운 개인이나 대상이 들어오게 되면, 혹은 기존에 있던 관계에 낯선 변화가 생기게 되면 통합된 전체가 가지고 있던 균형이 흔들리게 되고, 이 통합된 전체는 더 이상 확정적이지 못한 상태가 된다. 이러한 상태가 '불확정적인 상황'이다. 이러한 상황은 이를 인식한 주체에게 불안함과 당황스러움을 느끼게 한다(김무길, 2004). 이는 마치 기존의 환경에 적응하여 안정적인 생존을 하고 있는 어느 한 유기체가 변화된 환경을 겪으면서 기존의 판단이나 행위들이 더 이상 환경에 적용하는 데에 유용하지 않음을 느끼면서 어찌할 바를 모르게 되는 상황과 유사하다. 아마도 이러한 상황에 직면한 유기체는 다시금 생존을 위한 다양한 시도를 할 것이고, 새로운 행동과 그 결과에 따르는 관계를 모색하면서 전체적인 균형을 회복하기 위해 노력하게 될 것이다(Dewey, 1938). 이와 유사하게 불확정적이 된 상황에 직면한 우리도 다양한 노력을 하게 될 것인데, 이러한 전환을 위한 노력, 즉, 불확정적인 상황의 구성 요소와 그들 간의 관계를 다시금 안정적이고 통합된 전체로 바꾸어줌으로써 확정적인 상황으로 전환하기 위한 일련의 행위와 노력이 바로 듀이가 바라보는 탐구이다(정용재, 2014; Dewey, 1938).

한편, 이러한 탐구가 수행되는 과정에 대해 듀이는 불확정적 상황(indeterminate situation)에 직면, 문제 설정(institution of a problem), 문제 해결책 결정(determination of a problem-solution), 추론(reasoning)의 4가지 과정을 제안하고 있다(Dewey, 1938, pp. 109- 122; 정용재, 2014). 우선, 첫째, '불확정적 상황에 직면'은 당황스러움과 불안을 유발하는 어떤 문제 상황(problematic situation)에 직면하는 과정이다(Dewey, 1938). 이때 문제 상황이란 앞서 언급했던 통합된 전체로서 기대되었던 상황과 현재 상황이 충돌함으로써 당황스러움과 불안을 느끼는 상황이다. 문제 상황의 예와 관련해서 듀이(Dewey, 1910, pp. 68-71)는 배의 깃대는 항상 수직으로 세워져 있다고 생각했는데 어느 날 분명 깃대라고 생각되는 봉이 수평으로 눕혀진 채 앞으로 툭 튀어 나와 있는 것을 보았을 때, 혹은 비누를 푼 뜨거운 물에 컵을 넣어 놓았는데 비누 거품이 컵 밖으로 부풀어 올라왔다가는 다시 컵 안으로 빨려 들어가는 것을 봤을 때 등을 예로 들어 설명한다. 이런 문제 상황에 직면하게 되면 우리는 평소와 같지 않은 상황에 불안함과 당황스러움을 느끼게 되고, 다음의 인용문에서 볼 수 있는 바와 같이, 해소하는 설명을 찾기 위해 탐구를 시작한다는 것이다.

> 내가 매일 지나가는 강가의 나룻배(ferryboat)에는 상판 근처에서 수평으로 툭 튀어 나와 있는 것이 있다. 끝에 금색의 작은 공(ball)이 붙어있는 흰 색의 긴 봉이다. 이것을 처음 봤을 때 나는 그것이 깃대(flagpole)라고 생각했다. 그 색깔이나 모양, 금색의 작은 공이 그렇게 생각하게 했다. 그런데 곧 어려움에 부딪쳤다. 우선 일반적인 깃대하고는 달리 그 봉은 거의 수평으로 누워있었다. 또, 깃발을 걸 때 사용하는 도르래, 고리, 줄이 없었다.
>
> (중략)
>
> 나는 그 봉의 가능한 모든 용도(purpose)를 생각해봤고(imagine), 또 어느 생각이 가장 적절한지 따져 보았다. (a) 단순한 장식용일 수 있다. 그런데, 모든 나룻배, 심지어는 끌배(tugboats)도 동일한 형태의 봉을 가지고 있었다. 이 가설은 기각하였다. (b) 무선통신을 위한 안테나(terminal of a wireless telegraph)일 수 있다. 그러나 이 역시 기각하였다. 만약 안테나라면 조종실 위에와 같이 배의 가장 높은 곳에 있는 것이 좀 더 자연스럽기 때문이다. (c) 배가 나아가는 방향을 지시하기 위한 것일 수 있다.
>
> 결론을 지지하는 증거를 찾는 과정에서, 나는 그 봉이 조종실보다 아래에 위치하고 있고, 그래서 배의 조종사가 쉽게 볼 수 있도록 되어 있다는 것을 발견하였다. 또, 봉의 끝이 바닥보다는 충분히 높이 있어서 조종사의 위치에서 보면 배의 전면을 가리키는 것으로 보이는 것을 발견하였다. 배의 앞쪽 가까이에 있는 조종사는 배가 나아가는 방향을 알려줄 수 있는 것이 필요할 것이다. 이러한 것은 끌배도 역시 마찬가지로 필요하다. 이 가설은 다른 것들에 비해서 내가 받아들이기에 더 그럴듯한 것이었다. 결국, 나는 이 봉이 조종사에게 배가 나아가는 방향을 알려주어서 배를 정확히 조종하기 위해 설치된 것이라고 결론 내렸다. (Dewey, 1910, pp. 69-70)

위의 인용문의 화자는 나룻배에 있는 흰색 봉이 처음에는 깃대인줄 알았지만, 그 흰색 봉이 거의 수평으로 누워있고, 깃발을 걸 때 사용하는 도르래나 줄이 없다는 것을 발견하고는 당황스러워 한다. 자신이 알고 있었던 것들과 배치되기 때문이다. 이러한 당황스러움을 해소하기 위해서 그는 몇 가지 가설을 세워 그 해소를 시도한다. 그리고 그 과정에서 그 가설이 참이라면 자신이 알고 있는 다른 것들과 또다시 상충하게 되는 두 가지 가설, 즉, 단순한 장식용이라는 가설과 무선 통신을 위한 안테나 역할이라는 가설은 폐기한다. 그리고 그 위치나 필요성을 감안할 때 그가 알고 있는 것들이나 다른 상황들과도 조화롭게 연결되면서 설명이 가능해진 세 번째 가설, 즉, 배가 나아가는 방향을 안내해서 조종사의 조종을 도와주는 역할이라는 가설을 수용하게 된다. 즉, 문제 상황에 직면하면서 그 문제를 해결하기 위해 탐구가 시작되었고, 자신이 알고 있는 다른 상황들과 상충되지 않는 설명을 하면서 탐구는 종료되었다.

단, 이때의 문제 혹은 문제 상황은 수학 교과서에 제시된 계산 문제와 같이 어떠한 전체적인 맥락도 없이 단순하게 부과된 과제(task)를 말하는 것이 아니다(Dewey, 1938). 앞서 얘기한 바와 같이, 문제 상황은 확정적인 관계들로 구성되어 있던 '통합된 전체'로서의 상황이 어떤 사건이나 어떤 요인으로 인해 불확정적이 되면서 의문(question)이 제기되는 상황이다. 따라서 이러한 문제 상황의 해결은 다시금 통합된 전체의 확정적인 관계의 복원이 이뤄질 때 가능하다. 즉, 학교 수학 시간에 그 문제가 통합된 전체와 갖는 어떠한 관계에 대한 고민도 없이 단순히 계산만 하는 문제 풀이 과제와 그 수행은 듀이가 말하는 문제 상황의 제시도, 또 그 문제 상황을 해결하는 것도 아니다. 문제 상황은 그 문제가 터해 있는 통합된 전체로서의 상황이 갖는 확정적인 관계가 불확정적이 되면서 의문이 유발되는 상황이고, 따라서 그 문제 상황의 해결은 통합된 전체를 구성하고 있는 주체와 대상들, 그리고 그들의 행위, 사건들, 환경 사이의 확정적인 관계의 복원이다(정용재, 2014; Dewey, 1910).

그런데 이러한 확정적 관계를 복원하고자 하는 의지는 주체의 흥미와 관심에 관련되어 있다(박선영과 김희용, 2009). 흥미와 관심은 나와 아무런 상관없는 대상에 대해서는 일어나지 않는다. 흥미와 관심은 어떤 대상과 관련하여 내가 특정한 작용을 함으로써 나와 대상을 포함하는 전체에 영향을 미치게 되고, 그래서 앞으로 나에게 일어날 일에도 영향을 미칠 수 있는 경우에 일어난다(Dewey, 1916). 흥미와 관심의 이와 같은 특징과 관련하여 듀이는 다음과 같은 예를 들어 그 조건을 이야기 한다(정용재, 2014).

> 전자(관람자)는 교도소 방 안에 갇혀 있으면서 창밖에 비가 오는 것을 보는 사람과 같다. 그에게는 비가 오든 안 오든 아무 상관이 없으며 이는 동일한 것이다. 후자(참여자)는 내일 야외로 소풍을 갈 계획을 세워 놓고는 계속 오는 비를 보면서 안절부절못하는 사람과 같다. 비록 그가 날씨 자체를 바꾸지는 못하겠지만, 소풍을 미뤄야 하나 생각하면서 어떻게든 미래의 일에 영향을 줄 무언가를 하게 될 것이다. (Dewey, 1916, p. 119)

위의 인용문에서 볼 수 있듯이, 교도소 방 안에 갇혀 있는 사람에게 밖에 비가 오는 것은 그가 속해 있는 통합된 전체로서의 상황에 별다른 영향을 미치지 못한다. 밖으로 나가고 싶어도 나갈 수 없는 수감자에게 밖에 비가 온다는 것은 그의 앞으로의 상황에 어떠한 영향도 못 미칠 것이며, 미래를 대비하고자 하는 그의 어떠한 행위에도 영향을 못 미칠 것이다. 그런 점에서 교도소 방 안에 갇혀 있으면서 비가 오는 것을 보고 있는 사람은 단순히 외부자적 관점에서 비를 구경하는 관람자일 뿐이며, 그에게 비는 흥미와 관심의 대상이 아니다. 그러나 내일 소풍을 가기로 계획을 세웠던 이의 경우는 다르다. 그에게 있어서 밖에 비가 온다는 것은 내일 소풍을 예정대로 가야하는지 말아야 하는지를 비롯하여 내일도 비가 계속 된다면 어떠한 대책을 세워야 하는지, 같이 가기로 한 사람에게는 어떻게 연락을 해야 하는지 등등, 그와 그를 둘러싸고 있는 전체적인 상황에 영향을 미치는 요인이 된다. 그는 비가 오고 있다는 상황 속에 하나의 구성원으로 일부를 담당하고 있는 참여자이며, 그렇기 때문에 비는 그에게 흥미와 관심을 유발하게 된다. 결국, 흥미와 관심은 관람자(spectator)의 입장에서는 일어나지 않고, 오직 참여자(participant)의 입장에서만 일어난다(Dewey, 1916). 그리고 이러한 점에서, 통합된 전체의 확정적 관계를 복원하고자 하는 의지는 그 자체가 곧 주체의 흥미와 관심을 수반한다. 통합된 전체의 확정적 관계 복원은 그 자체에 나와 대상의 변화, 혹은 나와 대상 사이의 관계 변화가 포함하기 때문이다.

요컨대, 듀이가 얘기하는 탐구의 첫 번째 과정, 즉, '불확정적 상황에 직면'하는 것은 통합된 전체로서의 어떤 상황이 그 구조와 구성원들의 관계가 허물어져서 불안해진 상황에 직면하는 것, 그래서 당황스러움과 불안을 유발하게 하고 이를 해결하기 위하여 흥미와 관심을 불러일으키는 어떤 문제 상황(problematic situation)에 직면하는 것을 말한다. 이러한 문제 상황에 직면하면서 우리는 탐구를 시작하게 된다(Dewey, 1938).

둘째, 듀이가 얘기하는 탐구의 두 번째 과정인 문제 설정(institution of a problem) 과정은 문제 상황을 특징짓고 그 상황에서 발행하는 어려움을 정의함으로써 무엇이 문제인지를 명확히 하는 과정이다(Dewey, 1938). 탐구의 첫 번째 과정에서 문제 상황에 직면하는 것은 주체로 하여금 불안함과 당황스러움을 유발하게 해 탐구를 시작하도록 하지만, 아래 인용문에서 듀이가 밝히고 있듯이 아직은 정확히 무엇이 문제인지를 인식하지 못한 상태이다.

> 현저한 새로움(novelty) 혹은 흔치 않은 당혹감(perplexity)은 처음에는 그 자체가 충격과 심리적 장애(emotional disturbance)로 다가오며, 예기치 못한(unexpected) 느낌과, 기묘함(queer), 이상함(strange), 기이함(funny), 당황스러움(disconcerting) 등의 다소 모호한 느낌으로 다가온다. 이런 경우에는 무엇이 문젯거리(trouble)인지를 드러내고 그 문제의 성격이 무엇인지를 명확히 하기 위해 정교하게 계산된 관찰이 필요하다. 크게 봤을 때, 이러한 단계가 있고 없음은 적절한 반성(reflection)이나 안전장치가 마련되어 있는(safeguarded) 비판적 추리가 일어나는지, 아니면 통제되지 않은(uncontrolled) 사고가 일어나는지에 영향을 미친다. 해당 어려움의 특징에 대해 충분한 주의가 기울어지지 않으면, 제안된 해결책은 틀림없이 무작위적인(random) 것일 것이다. (Dewey, 1910, pp. 73-74)

따라서 이렇게 모호한 감정을 유발하는 문제 상황을 해결하려면, 위의 인용문에서도 언급되어 있듯이, 그러한 느낌이 어떠한 문젯거리와 어려움 때문에 유발되는 것인지, 그리고 그 특징은 무엇인지 살펴보고 문제의 성격을 명확히 하는 것이 필요하다. 그래야만 문제 상황을 해결하기 위해 어떤 부분을 어떤 방법으로 건드려야 하는지 적절한 제안을 할 수 있기 때문이다.

이렇게 문제 상황을 특징짓고 그 상황에서 발행하는 어려움의 특징과 구조를 명확히 드러내는 것이 탐구의 두 번째 과정인 '문제 설정' 과정이다. 예를 들어, 몸이 아파 병원에 온 환자가 분명 아프긴 한데 뭐가 문제여서 그런 것인지 모르겠다고 호소한다면, 처방을 하기 위해 의사는 어디가 안 좋고 무엇 때문에 아픈 것인지를 진단해야 한다. "병원에서 의사가 내리는 이러한 진단 과정은 마구잡이로 결론을 향해 달려가는 것을 막기 위해 모든 새롭고 복잡한 상황에서도 필요"(Dewey, 1910, p. 74)하다. 이러한 진단과정이 문제 설정 과정이다. 그리고 문제 설정이 어떻게 이뤄지느냐는 문제 상황을 어떻게 진단하느냐에 해당하므로, 해당 문제를 해결해 가는 데 있어서 어디에 초점을 두어야 하는지, 어떤 것을 관찰해야 하는지, 그리고 어떤 정보를 수집해야 하는지 등에 영향을 미칠 수밖에 없다(Dewey, 1910). 또, 문제의 해결은 문제 설정에서 진단한 어려움의 요인들을 해결하는 것을 의미하므로, 문제 해결 과정에서 제시한 가설의 적절성을 판단하는 기준에도 영향을 미치게 된다(Dewey, 1938). 결국, 듀이가 제안한 탐구의 두 번째 과정인 문제 설정 과정은 문제 상황을 특징화 하고 어려움의 특징과 구조를 명료하게 드러나는 과정으로서, 앞으로 문제를 해결하기 위해 수행되는 탐구의 방향과 내용 결정에 바탕을 제공하는 과정이다.

셋째, 듀이가 얘기하는 탐구의 세 번째 과정인 문제 해결책 결정(determination of a problem-solution) 과정은 말 그대로 문제의 해결책을 결정하여 제안하는 단계이다(Dewey, 1938). 문제 해결책의 결정은, 앞서 언급한 바와 같이, 관찰을 통해 문제 설정을 함으로써 문제 속에 포함되어 있는 문젯거리와 어려움 등 문제 상황의 구성요소(constituents)를 명확히 드러낸 결과에 바탕을 둔다. 이때 문제 해결책은 어떤 조건 하에서 이 구성요소들에게 특정한 조작을 가했을 때 이에 따라 어떤 결과가 초래할 것인지를 예측하고 결정함으로써, 문제 상황 속 구성요소들 사이의 관계, 즉, 예를 들어, 조건과 조작, 그리고 그 결과 사이의 관계를 다시금 확정적이게 만드는 방안이다(정용재, 2014; Dewey, 1938). 그런 점에서 문제 해결책의 결정 과정은 일종의 가설을 제안하는 과정이기도 하다(박선영과 김회용, 2009). 흔히 이러한 문제 해결책의 결정과 제안은 단 한번으로 이뤄지지 않는다. 즉, 흔히 탐구의 초기에 제안된 다분히 모호하고 비논리적인 문제 해결책이 탐구가 진행되어 가면서 지속적인 예측과 관찰에 의해 조금씩 더 정교화 되어 성공적인 해결책으로 발전하게 된다(Dewey, 1938).

이러한 문제 해결책 결정 과정과 관련하여, 앞서 살펴보았던 갈릴레오의 예(Galileo, 1638, pp. 167-169)를 다시 살펴보자. '자유낙하 하는 물체의 속력은 낙하하는 거리에 비례하여 증가한다.'라는 주장에 대해 갈릴레오는 이 주장이 자신의 생각 및 관찰 결과와 정합적이지 않다는 느낌을 갖게 된 것으로 보인다. 문제 상황에 봉착하게 된 갈릴레오는 그 상황의 어떤 부분이 문제인지, 어떤 부분에 초점을 두어야 이 문제 상황을 다시 확정적인 상황으로 되돌릴 수 있는지를 고민하였을 것이다. 그 결과, 아래와 같이, 낙하하는 거리에 비례하여 물체의 속력이 증가하는 것이라면 거리가 두 배가 되어도 여전히 동일한 시간 안에 지면에 떨어져야 한다는 점에 주목하게 된다.

> SALV. 여전히 이 주장들은 운동(motion)이 순식간에(instantaneously) 일어나야 한다는 주장만큼 오류투성이고 불가능한 주장이네. 아주 명확한 설명을 해 보이겠네. 만약 속도(velocities)가 지나간 혹은 지나갈 공간에 비례해서 증가한다면, 이 공간들을 (물체는) 동일한 시간 동안 지나가야 할 것이네. (Galileo, 1638, p. 168)

갈릴레오는 '자유낙하 하는 물체의 속력은 낙하하는 거리에 비례하여 증가한다.'라는 주장이 참인지 거짓인지 검증하기 위해서, 물체의 속력과 거리, 걸린 시간이라는 세 가지 요소의 관계를 설정한 것이고, 이것이 문제의 초점이 된 것이다. 이것이 문제 설정과 문제 해결책 결정 과정의 한 예이다. 즉, 갈릴레오는 거리가 두 배가 되어도 동일한 시간 안에 지면에 도달하는지 확인하는 것을 문제 해결책의 한 가지로 제안한 것이고, 이제 그는 탐구의 과정에서 "정말 거리가 두 배가 되어도 동일한 시간 안에 지면에 도달하는가?"라는 것에 초점을 두어 실제 그러한 현상이 나타나는지 확인해 보면 된다.

넷째, 듀이가 얘기하는 탐구의 네 번째 과정인 추론(reasoning) 과정은 문제 해결책을 논리적으로 검토하고, 관찰을 통해 검증해나가는 과정이다(Dewey, 1938). 이는 흔히 얘기하는 가설 검증 과정에 해당한다. 어느 한 가설은 다른 개념들과 비교되거나 뒷받침되면서 전개되고, 가설로부터 도출된 특정한 예측이 실제 일어나는지를 관찰함으로써 지지되거나 기각된다. 이때 이러한 과정 전체, 즉, 가설에 포함되어 있거나 가설을 둘러싸고 있는 여러 개념들 사이의 관계가 적절히 설정되었는지를 예측과 관찰을 통해 확인함으로써 그 의미를 검증(examination)하는 과정이 추론이다(정용재, 2014).

그런데, 이러한 추론 과정에서는 '사실-의미의 조작적 성격(operational character of facts-meaning)'(Dewey, 1938, pp. 116)이 중요하다(정용재, 2014). 어떤 주장이 참인지 가리기 위해서는 그 주장에 포함되어 있는 개념들과 그에 따른 예측이 실제로 관찰 가능한지가 뒷받침되어야 한다. 그렇기 때문에 주장과 개념은 조작 가능한 형태, 즉, 특정한 조작을 가했을 때 어떤 실제적인 결과를 초래하는지를 알아볼 수 있는 형태로 전환되어야 한다는 것이다. 이러한 듀이의 관점은 "어떤 개념(conception)의 대상이 가지고 있을 것으로 생각되는 실제적인 효과들(practical effects)을 숙고(consider)하라. 이러한 효과들에 대한 우리의 개념이 그 대상에 대한 우리의 개념 전체이다(CP 5.402)."라는 말로 대표되는 퍼스의 개념에 대한 관점과도 맥락을 같이하는 것으로 보인다. 한편, '사실' 역시 그 자체가 고립되어 존재할 때는 특별한 의미를 가지기 어렵다. 그것은 그저 현재 그렇다는 것 밖에는 다른 의미를 가지지 않는다. 그 '사실'이 사실이라는 것은 문제 상황 속에서 그 문제를 해결하는 데에 어떤 역할을 하는지에 의해서 의미를 부여 받는다. 즉, 사실은 전체 상황 속에서 다른 구성 요소들과 특정한 관계를 맺고 있을 때에만 증거로서 의미를 갖는다는 것이다. 결국, 문제 해결책 혹은 문제 해결을 위한 가설이 추론 과정을 통해 검증되는 것은 어떤 조작을 가했을 때 해당 가설이 예측하고 있는 사실들이 관찰 되는지, 그리고 그 관찰 결과가 다른 개념들이나 사실들과 하나의 정합된 전체(a coherent whole)를 형성할 수 있는지에 따라 결정되게 된다(임병갑, 1999; 정용재, 2014).

이러한 추론 과정과 관련하여, 갈릴레오의 예를 다시 살펴보자. 그는 실제로 낙하하는 물체의 낙하 거리가 달라져도 지면에 도달하는 시간은 동일한지 알아보기 위하여, 다음과 같이 물체가 8피트와 4피트 거리를 떨어질 때 걸리는 시간을 측정해볼 것을 제안한다. '자유낙하 하는 물체의 속력은 낙하하는 거리에 비례하여 증가한다.'가 참이라면, 8피트를 떨어지는 물체의 속력이 4피트를 떨어지는 물체의 속력 보다 두 배 클 것이고, 이는 두 배 빠르다는 의미이므로, 결국 8피트를 떨어지는 데 걸리는 시간이나 4피트를 떨어지는 걸리는 시간이 동일하게 측정되어야 할 것이기 때문이다.

> SALV. (전략) 다시 말해서, 만약 8피트(feet)의 공간을 지나 떨어진 물체는 4피트의 공간을 지나 떨어진 물체의 속도보다 두 배 빨라야하고(전자가 후자의 두 배이므로), 따라서 이 두 공간을 지나가는 데 걸리는 시간은 동일해야 하네. 그런데 동일한 한 물체가 8피트를 떨어질 때나 4피트를 떨어질 때나 동일한 시간이 걸려야 한다면, 이것은 오직 순식간의 [불연속적인]

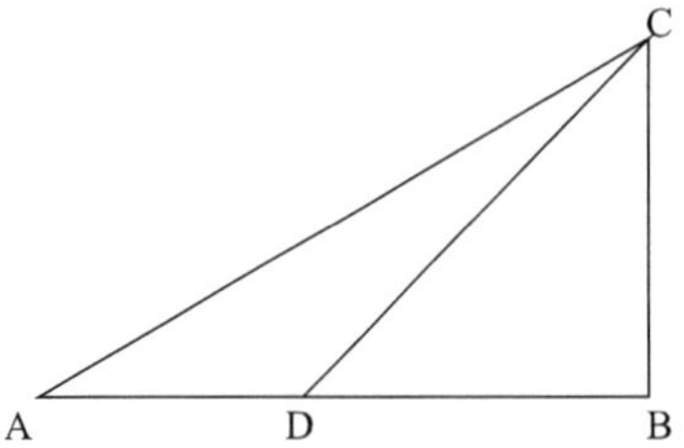

그림 2.2 서로 다른 경사면과 물체의 속력 (Galileo, 1638, p. 170)

> 운동(instantaneously [discontinuous] motion)의 경우에만 가능할 것이네. 그러나 우리의 관찰은 낙하는 물체의 운동에는 시간이 소요되고, 4피트의 거리를 떨어지는 데 걸리는 시간은 8피트를 떨어지는 데 걸리는 시간보다 작다는 것을 보여주지. 따라서 지나간 공간에 비례해서 속도가 증가한다는 것은 진실(true)이 아니네. (Galileo, 1638, p. 168)

위의 인용문에서 보이듯이, 갈릴레오는 우리의 관찰 결과는 4피트를 떨어지는 물체가 8피트를 떨어지는 물체보다 더 빨리 떨어짐을 보여 준다고 제시한다. 그리고 이러한 관찰에 근거하여 '자유낙하 하는 물체의 속력은 낙하하는 거리에 비례하여 증가한다.'라는 주장은 참일 수 없다고 결론 내린다. 갈릴레오의 추론은 속력, 거리, 걸린 시간의 관계를 가설의 참 거짓을 판명할 수 있도록 조작이 가능한 형태로 구조화하여 진행된 것이다.

또 다른 예를 살펴보자. 갈릴레오는 동일한 물체가 서로 다른 기울기의 경사면을 내려오는 상황과 관련하여, 다음과 같이 살비아티의 입을 빌려 수직 높이가 같다면 결국 그 물체가 얻게 되는 속력은 동일하다고 가정을 한다.

> SALV. 이제 정의는 내려졌고, 우리의 저자는 하나의 가정을 하네. 즉, 다음과 같은 가정을 하지.
>
> 서로 다른 기울기의 경사면을 동일한 물체가 내려오고 있을 때, 경사면의 수직 높이(height)가 같다면, 서로 다른 기울기를 내려온 물체가 얻는 속력 역시 동일하다. (Galileo, 1638, p. 169)

즉, <그림 2.2>와 같이 수직 높이가 동일한 곳에서 서로 다른 기울기의 경사면을 내려오는 물체의 최종 속력은 동일하다는 것이다(Galileo, 1638).

<그림 2.2>에서 볼 수 있듯이, CA, CD, CB는 모두 기울기가 다르지만 수직 높이는 CB로 동일하다. 이때 점 C에서 각각 점 A, 점 D, 점 B로 경사면을 따라 물체를 내려 보낼 때, 각각의 경우에 물체가 얻게 되는 최종 속력은 어떻게 될 것인가를 문제로 설정한 것이고, 이에 대해서, 갈릴레오는 결국 지면에 도달할 때 갖게 되는 물체의 최종 속력은

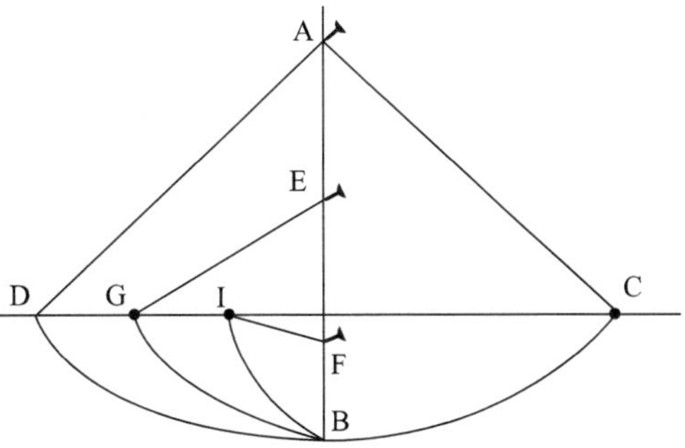

그림 2.3 동일한 높이에서 떨어진 물체의 운동량 비교 실험 방법 (Galileo, 1638, p. 171)

세 경우 모두 동일하다고 가정한 것이다.

이러한 가정에 대해서 또 다른 등장인물인 사그레도는 이 가정이 매우 합리적이어서, 저항이 없어야 하고 경사면이 단단해야 하며 물체가 완전히 구형이어야 한다는 등의 몇 가지 조건만 만족된다면, 의문(question)의 여지없이 동의하게 될 것이라고 얘기한다. 즉, 운동을 방해하거나 저항할 수 있는 모든 요인들을 제거한다면, 완전히 둥근 무거운 공이 굴러 내려가 지면에 도달하여 최종적으로 얻게 되는 운동량(momenta)은 세 경우 모두 동일한 것이 당연하다는 것이다.

그러나 갈릴레오는 살비아티의 입을 빌려 그것이 정말 그러한지 실험을 통해 알아볼 필요가 있음을 주장하고, <그림 2.3>과 같은 실험을 제안한다(Galileo, 1638).

<그림 2.3>의 실험 장치는 점 A를 중심으로 흔들리는 일종의 진자이다. 실험방법은 다음과 같다. 우선, 수직으로 된 벽의 A 지점에 못을 박고, 실을 매단 후, 실의 다른 한쪽 끝에 무거운 추를 매달아 진자 형태로 만든다. 그다음 진자를 그냥 두었을 때 자연스럽게 추가 늘어지는 경로, 즉, 지구 중심을 향한 경로를 따라 수직선 AB를 그리고, 이 선에 대해 수직인 수평선 DC를 그린다.

이렇게 실험장치가 완성되면, 이제 진자의 추를 C의 위치까지 끌어올린다. 즉, <그림 2.3>에서 AC의 위치에 오도록 한 다음 손을 놓아 진자가 반대편의 어느 위치까지 올라가는지를 관찰한다.

그리고 이번에는 <그림 2.3>에서 보이는 바와 같이 점 E의 위치에 못을 박는다. 즉, 수직선 AB 선상이면서 수평선 DC보다는 위에 못을 박는다. 이 못은 진자가 흔들릴 때 실이 걸릴 수 있도록 한 것이다. 이제 마찬가지로 진자의 추를 C의 위치까지 끌어올렸다가 손을 놓아 진자가 흔들리게 하고, 역시 반대편의 어느 위치까지 올라가는지를 관찰한다.

그런 후에, 이번에는 점 E에 박은 못을 뺀 후 점 F, 즉, 수직선 AB 선상이면서 수평선 DC보다는 아래이지만 수평선 DC와 점 B 사이 거리의 절반보다는 위쪽에 못을 박고 동일한 방법으로 실험하여 반대편의 어느 위치까지 올라가는지를 관찰한다.

이 실험은 동일한 높이에서 떨어지기 시작한 물체는 경로가 달라지더라도 최종 속력이 동일하다는 검증하기 위한 실험이다. CB 경로를 따라 내려오면서 얻게 된 추의 최종 운동량[11)]은 고스란히 반대편으로 올라가게 하는 운동을 유발할 것이고, DB 경로를 따라 D의 지점에 도달하게 되면 운동량은 다시 0이 될 것이다. 만약 그렇게 된다면, 역으로 생각해봤을 때, DB 경로를 거쳐 내려오면서 최종적으로 얻은 운동량과 CB 경로를 거쳐 내려오면서 최종적으로 얻은 운동량은 동일하다고 봐야 할 것이다.

비슷하게, 점 E 위치에 박힌 못에 걸리면서 추의 운동 경로가 BG와 같이 변했을 때, 만약, 이 경우에도 수평선 DC 선상의 점 G의 위치에서 진자가 멈추었다가 다시 되돌아오게 되면, GB 경로를 거쳐 내려오면서 최종적으로 얻은 운동량과 CB 경로를 거쳐 내려오면서 최종적으로 얻은 운동량은 동일하다고 봐야 할 것이다. 또, 같은 방법으로 점 F에 못을 박고 실험 해봤을 때, 만약, 이 경우에도 수평선 DC 선상의 점 I의 위치에서 진자가 멈추었다가 다시 되돌아오게 되면, IB 경로를 거쳐 내려오면서 최종적으로 얻은 운동량이나 CB 경로를 거쳐 내려오면서 최종적으로 얻은 운동량이나 동일하다고 봐야 할 것이다.

그리고 마지막으로 이번에는 못을 점 F보다도 아래쪽에, 즉, 수직선 AB 선상이면서 수평선 DC와 점 B 사이 거리의 절반보다는 아래쪽에 못을 박고 동일한 방법으로 실험하여 반대편의 어느 위치까지 올라가는지를 관찰한다. 아마도 이때에는 실이 못에 걸리면서 원운동의 반경이 매우 짧아져 진자의 추가 수평선 DC의 높이까지 올라가지 못할 것이므로, 앞서의 상황처럼 수평선 DC의 높이에서 멈추는 것이 아니라(즉, 운동량이 0이 되는 것이 아니라) 못을 휘감으며 진자의 추가 돌아가게 될 것이다.

이제 실제 실험을 통해 위와 같은 현상이 관찰되는지를 확인해 보면 된다. 직접 실험을 해보게 되면, 물론 마찰력 등으로 인해 이상적인 결과를 얻기는 쉽지 않으나, 대체로 위와 같은 현상을 관찰할 수 있다. 즉, CB 경로를 거쳐 내려온 진자는 대체로 점 D, 점

---

11) 운동량(momentum)은 물체의 질량과 속력을 곱한 값이다. 따라서 질량이 동일한 물체라면 운동량은 속력에만 의존한다. 결국, 동일한 물체의 경우에 '운동량이 같다.'는 의미와 '속력이 같다.'라는 의미는 동일한 의미가 된다. 그런 점에서 갈릴레오는 해당 부분을 서술하면서 '운동량이 같다.'라는 말과 '속력이 같다.'라는 말을 혼용한다.

G, 점 I의 위치에서 멈추었다가가 되돌아가게 되고, 못을 F보다 더 많이 아래쪽에 박은 경우에는 진자의 추가 못을 휘감아 돌아가는 것을 관찰 할 수 있다.

이를 바탕으로 갈릴레오는 다음과 같이 자신의 가정이 옳았음을 주장한다.

> SALV. (전략) 이 실험은 우리의 가정이 옳다는 것을 의심의 여지없이 보여주네. (중략) 따라서 DB, GB, IB 경로를 따라 떨어질 때 얻은 운동량은 모두 동일하다네. (Galileo, 1638, pp. 171-172)

결국, 위에서 살펴본 갈릴레오의 사례는 서로 다른 경로를 움직이더라도 동일한 높이에서 떨어진 동일한 물체는 모두 동일한 최종 속력을 얻는다는 자신의 가정을 검증하기 위해, 진자 운동, 높이, 이동 경로의 관계를 구조화하고, 조작이 가능한 형태로 변형하여 실험을 통해 검증을 시도한 사례라고 볼 수 있다. 이러한 점에서 갈릴레오의 탐구 과정은 듀이가 언급한 탐구의 네 번째 과정, 즉, 추론 과정의 한 사례로 볼 수 있을 것이다.

한편, 이렇게 해서 검증된 탐구의 결과물을 듀이는 '보장된 주장'(warranted assertion)이라고 명명하였다(Dewey, 1938, p. 16). 보장된 주장이라는 용어를 듀이가 사용한 이유는 그것이 믿음(belief)이나 지식(knowledge)처럼 모호하지 않으면서 탐구의 결과로 얻게 되는 것은 보편적인 어떤 것이 아니라 현재 문제 상황을 해결했다는 한에서 주장을 보장받은 어떤 것임을 잘 나타내기 때문이다(Dewey, 1938). 다시 말해서, 탐구가 어떤 의심(doubt)의 상태에서 시작되어 그 의심을 유발하는 요인을 제거하도록 일련의 조건들(conditions)을 구성(institution)함으로써 종결되는 것이라면, 탐구의 결과물은 의심의 여지가 없는 믿음(belief)이나 지식(knowledge)이 될 것이다. 그런데 탐구의 결과로 믿음이나 지식을 얻게 된다는 것은 모두 모호한 측면이 있다. 믿음은 의심을 유발하는 요인들이 제거되면서 이르게 되는 상태이지만, 적어도 두 가지 종류의 믿음이 있을 수 있다. 한 종류의 믿음은 좀 더 객관적인 의미의 믿음으로 '믿어지는 것(what is believed)'을 말한다(Dewey, 1938, p. 15). 이러한 의미의 믿음을 탐구의 결과로 본다는 것은 곧 탐구를 통해 문제를 해결함으로써 그 결과로 객관적인 어떤 것(objective subjective-matter)을 정착(settlement)시켰다는 것을 의미한다. 그런데 또 다른 종류의 믿음이 있다. 이는 좀 더 일상적인 의미의 믿음으로 개인이 갖게 되는 믿음이고, 개인의 심리적이고 정신적인 상태와 관련된 믿음이다. 이러한 의미의 믿음을 탐구의 결과로 본다는 것은 곧 탐구를 통해 문제의 해결 결과로 개인적인 어떤 것을 정착시켰다는 것을 의미한다. 믿음이라는 용어는 이와 같이 두 가지 서로 상충하는 의미가 공존하는 모호한 용어이므로 탐구의 결과로 믿음에 도달하게 된다는 말 역시 모호한 측면을 갖게 된다(Dewey, 1938).

유사하게 탐구의 결과로 지식에 도달하게 된다는 말 역시 모호한 측면이 있다(Dewey, 1938). 우선 지식이 탐구의 결과라는 것은 너무도 당연한 말이다. 지식이라는 것 자체가 어떤 탐구의 결과로 얻게 된, 특히 능숙하고(competent) 통제된(controlled) 탐구의 결과로 얻게 된 진리(truth)라고 볼 수 있으므로, 탐구의 결과로 지식을 얻게 된다는 말은 동어반복적인 당연한 말일 뿐이다. 그런데 한 편으로 지식은 그 자체의 의미를 가지고 있다. 이 때의 지식은 어떤 특정한 탐구의 결과가 어떤 것인지와는 상관없이 이미 사실로서의 의미를 가진다. 이 경우에 지식은 탐구의 결과로 얻게 되는 것이기 보다는 이미 고정되어 있는 목표로서 존재하고, 오히려 적절한 탐구와 그렇지 않은 탐구를 판단하는 잣대로 보일 수 있다. 이런 점에서 탐구의 결과로 지식에 도달하게 된다는 말 역시 서로 상충하는 상태를 포함하고 있는 모호한 말이 된다.

반면에 탐구의 결과로 '보장된 주장'에 도달하게 된다는 말은, 아래의 인용문에서도 나타나 있듯이, 믿음이나 지식에 이른다는 말과 달리 모호함이 없으며, 도달한 결과를 다시금 끊임없이 검토하는 탐구의 본성을 좀 더 잘 나타낼 수 있는 말이라고 듀이는 밝히고 있다.

> 특정한 탐구를 통해 특정한 상황을 "정착(settlement)"시켰다는 것이 그 정착된 결론이 항상 정착된 상태로 남아 있을 것이라고 약속(guarantee)하지는 않는다. 정착된 믿음의 획득은 점진적으로 변화하는(progressive) 것이다. 뒤이어 오는 추가적인 탐구에 노출되지 않을 정도로 정착된 믿음은 없다. 유사하게, 일반적인 의미에서 지식을 규정하는 것은 지속적인 탐구의 수렴적이고 누적적인 결과들이다. 과학적 탐구에서 어떤 것을 정착시킬 것인지, 즉 지식으로 볼 것인지의 기준은 그것이 정착되어서 뒤이어 오는 추가적인 탐구의 자원(resource)으로 적절한 지이지, 그것이 정착되었다고 추가적인 탐구의 검토 대상이 되지 않은 그런 것은 아니다.
>
> 이러한 측면에서 믿음이나 지식보다 "보장된 주장"을 왜 선호하는지 설명이 가능할 것이다. 보장된 주장은 믿음이나 지식이 가지고 있는 모호성으로 부터 벗어나, 탐구를 어떤 주장을 보장해주는 것으로 성격 짓는다. 지식이 탐구의 결과로 얻게 되는 보편적이고 추상화된 용어로 채택된다면 이는 '보장된 주장가능성'(warranted assertibility)을 의미한다. 이렇게 현실성(actuality) 보다는 가능성(potentiality)을 나타내는 용어를 사용한다는 것은 특정한 탐구의 모든 특정한 결론들은 지속적으로 갱신되고(renewed) 여전히 활동 중인(going concern) 모험적 사업(enterprise)의 일부라는 인식을 포함한다. (Dewey, 1938, pp. 16-17)

다시 말해서, 우리는 탐구의 결과로 어떤 주장을 할 수 있도록 보장 받게 되는데, 이 주장은 모든 일반적인 상황과 문제에 항상 올바른 것으로 통용되는 주장이라기보다는, 탐구를 통해 현재의 문제 상황을 해결한다는 전제 하에서 '보장받은 주장'이라는 것이다. 따라서 탐구의 결과로 우리는 보장받은 주장을 얻게 되지만, 이렇게 보장받은 주장과 확정된 상황이 끝까지 유지될지는 어느 누구도 약속할 수 없으며, 그렇기 때문에 탐구는 끊임없이 진행 중인 과정(continuing process)이어야 한다는 것이다(Dewey, 1938). 즉, 듀이 역시 퍼스와 유사하게 탐구의 결과는 항상 '오류가능성'이 있다고 보았으며 그렇기 때문에 끊임없이 탐구하는 것이 필요하다고 보았다(김동식, 2002; 정용재, 2014). 실제로 듀이는 그의 이러한 관점이 퍼스의 이론에 큰 빚(great indebtedness)을 지고 있음을 밝히기도 하였다(Dewey, 1938, p. 17, 각주 1).

이와 같은 탐구의 특성은 앞서 살펴본 갈릴레오의 사례에서도 유사하게 발견된다. 예를 들어, 갈릴레오는 그의 실험이 가설을 명쾌하게 증명되었다고 얘기하는 사그레도에게 살비아티의 입을 빌려 다음과 같이 얘기한다.

> SALV. 사그레도, 나는 이 문제를 너무 많이 다루고 싶지는 않네. 왜냐하면, 이 원리는 주로 평면에서 일어나는 운동에 적용될 것이고, 매우 다른 가속 운동이 일어나는 곡선 운동에서는 우리의 가정이 맞지 않을 수도 있기 때문이네. (중략) 지금은 이것을 가정(postulate)으로서 받아들이세. (Galileo, 1638, pp. 172)

살비아티의 입을 빌려 갈릴레오는 자신의 실험과 가정은 어느 특정한 조건 하에서 이뤄졌다는 점에서 한계가 있기 때문에 단지 가정으로 생각해줄 것을 요청한다. 즉, 모든 일반적인 상황과 문제에 항상 진리로 통용되는 일반적 지식으로서가 아니라, 현재 문제 상황을 해결할 수 있을 것으로 보장받은 주장으로서 그의 결론을 성격 짓고 있는 것이다. 이는 탐구는 끊임없이 진행 중인 과정으로 봐야 하며, 한 번 확정되었다고 해서 끝까지 확정된 상황이 유지되는 것은 아닐 수 있으므로 항상 오류 가능함을 견지하고 지속적인 탐구를 할 필요가 있다는 듀이의 관점과 맥을 같이 한다고 볼 수 있다.

이상의 논의를 종합해볼 때, 듀이에게 있어서 탐구란 확정적인 상황이 깨지면서 불확정적인 상황, 즉, 문제 상황에 직면했을 때 다시금 확정적인 상황으로 이르도록 문제를 해결해가는 끊임없는 활동이다. 이러한 듀이의 탐구에 대한 관점을 정용재(2014)는 다음과 같이 정리한 바 있다.

요컨대, Dewey에게 있어서 탐구란 문제 상황에 직면했을 때 문제를 해결할 수 있는 최선의 해결책을 찾는 활동으로, 실질적으로 당황스러움과 흥미를 유발하는 문제 상황에 직면할 때 시작되는 것으로서, 문제를 명료하게 설정하여 문제의 해결책을 제안하고, 이를 관찰 등의 조작적 활동과 사실적 증거에 의해 검증하는 과정을 거침으로써, 처음의 불확정적인 상황을 이루고 있던 구성 요소들과 관계들을 하나의 통합된 전체로 바꿔주어, 불확정적인 상황을 확정적인 상황으로 바꿔주는 통제되거나 방향 지어진 전환"이다. (정용재, 2014, p. 308)

한편, 이상에서 살펴본 탐구에 대한 듀이의 관점은 퍼스의 탐구에 대한 관점과 유사한 측면이 있다. 앞 절에서 논의한 것처럼 퍼스는 탐구를 의심의 자극(irritation of doubt)에 의해 일어난 것으로서 믿음의 상태(state of belief)를 획득하려는 투쟁(struggle)으로 보았다(CP 5.374). 그런데 그 의미를 따져보면 퍼스가 얘기하는 '의심'과 '믿음'은 각각 듀이의 '불확정적인 상황'과 '확정적인 상황'에 유사한 개념을 보인다. 실제로 듀이는 "탐구가 어떤 의심(doubt)의 상태에서 시작되어 그 의심을 유발하는 요인을 제거하도록 일련의 조건들을 구성함으로써 종결되는 것"(Dewey, 1938, p. 15)으로 서술하기도 하였다. 물론 듀이는 '믿음'이라는 용어의 모호성에 대해 비판하고, 믿음이나 지식 대신에 '보장된 주장' 혹은 '보장된 주장가능성'을 제안하고 있지만(Dewey, 1938, p. 15), 그 스스로도 퍼스의 이론에 큰 영향을 받았음을 밝히고 있기도 하다(예를 들어, Dewey, 1938, p. 17, 각주 1).

아울러서, 역시 앞 절에서 살펴본 바와 같이, 퍼스는 탐구를 통해 믿음에 이르는 과정에 대해 이상한 상황을 이상하지 않도록 설명하는 귀추법에 의해 가설을 설정하고 그 가설에 의해 연역적으로 도출되는 예측이 실제로 관찰되는지 귀납적으로 검증해 가되, 그렇게 검증된 가설은 항상 오류 가능하므로 끊임없이 탐구되어야 한다고 주장하였는데, 이는 불확정적인 상황에 직면해서 그 상황 속에 포함되어 있는 문젯거리와 어려움을 명확히 드러내고 이를 해결할 수 있는 해결책을 가설로 제시한 후, 가설과 개념을 실제적인 효과를 검증할 수 있도록 전환하여 실제로 그 실제적 효과가 관찰되는지를 확인함으로써 가설을 검증해 가되, 이렇게 해서 얻은 '보장된 주장'은 여전히 오류 가능함으로 탐구는 끊임없이 지속되어야 한다는 듀이의 탐구와 탐구과정에 대한 관점과 유사하다.

결국, 탐구에 대한 듀이의 관점은 '실질적으로 당황스러움과 흥미를 유발하는 문제 상황', '조작적 활동과 사실적 증거', '오류가능성', '문제 해결책의 제안', '추론', '확정적인 상황' 등을 핵심으로 하여(정용재, 2014), 불확정적인 상황을 다시 확정적인 상황으로 만들어줌으로써 문제를 해결하고 그 결과로 보장된 주장을 가능하게 해주는 과정이다.

3.2 듀이의 공동체에 대한 관점

듀이에게 있어서 공동체는 탐구가 수행되기 위한 기본적인 전제 중 하나이다. 앞서 살펴보았듯이 듀이는 탐구를 '처음의 불확정적인 상황을 이루고 있던 구성 요소들과의 관계들을 하나의 통합된 전체로 바꿔줌으로써 불확정적인 상황을 확정적인 상황으로 바꿔주는 통제되거나 방향 지어진 전환'(Dewey, 1938, p. 108)으로 보았고, 그 주요 과정으로 불확정적 상황 직면, 문제 설정, 문제 해결책 결정, 추론의 4가지 과정을 제안하였다(Dewey, 1938, pp. 109-122). 그런데 그의 탐구에 대한 정의에는 맥락 전체로서의 '상황'이라는 개념이 포함되어 있고, 그 상황은, 역시 앞 절에서 논의하였듯이, 그의 '경험'에 대한 관점과 연결되어 있다. 듀이는 경험을 주체와 대상, 유기체와 환경이 상호교섭(transaction)의 과정을 통해 역동적으로 상호작용함으로써 특유의 결합에 이르게 되는 것으로 보았다(정용재, 2014). 즉, 경험은 '해보는 것'과 '겪는 것'을 연결하여 경험의 대상이 되는 사물과 경험의 주체가 되는 개인, 혹은 환경과 유기체가 상호교섭을 통해 어떤 관계를 맺는 것이다(Dewey, 1916). 여기에서 상호교섭이란 '보는 것'이라기보다는 '먹는 것'에 비유될 수 있는데, 보는 것이 '보는 이'와 '보이는 것'의 변화를 수반하지 않는 반면, 먹는 것은 '먹는 이'와 '먹히는 것' 모두의 변화를 가져오는 것처럼, 상호교섭은 주체와 대상, 유기체와 환경 모두의 변화를 가져온다는 점을 비유하기 위한 것이다(Dewey, 1916). 그리고 이러한 상호교섭은 평면적이 아니라 입체적인 상호작용이다(김무길, 2005). 평면적인 상호작용이 하나와 하나가 일 대 일로 상호작용하는 것이라면, 입체적인 상호작용은 맥락 전체 속에서 그 맥락 전체와 하는 상호작용을 말한다. 예를 들어, 교사가 체벌을 하는 상황은 교사와 학생 사이에 일 대 일로 일어나는 상호작용이 아니라, 체벌 이전에 형성되어 있었던 교사와 학생의 관계, 그 관계를 둘러싸고 있는 체벌에 대한 사회적 인식, 둘 사이의 관계와 행위에 영향을 미치는 학교의 제도와 문화 등 교사와 학생을 둘러 싼 맥락 전체와의 상호작용이다(김무길, 2005). 다시 말해서, 교사가 체벌을 하는 상황은 때리고 맞는다는 물리적 상호교섭 뿐만 아니라 교사와 학생 개인의 내적 감정 변화를 수반하는 심리적 상호교섭, 교사와 학생의 인식과 행위가 터해 있는 사회적 제도와 문화를 포함하는 사회적 상호교섭이 전방위적으로 맞물려 일어나는 것이다(임병갑, 1999). 요컨대, 경험은 맥락 전체로서의 상황 속에서 사회적 상호작용을 포함하는 입체적인 상호작용을 통해 그 상황과 주체가 특유한 관계를 맺는 것이고, 이 관계는 개인과 대상이라는 분리된 둘 사이의 관계라기보다는 그 상황 속에서 통합되어 있는 개인과 대상, 그리고 다른 구성원들 사이의 전체적 관계라고 볼 수 있다. 따라서 '처음의 불확정적인 상황을 맥락 전체로서의 확정적인 상황으로 바꿔주는 통제되거나 방향 지어진 전환'이라는 듀이의 탐구에 대한 관점은 맥락 전체로서의 상황을 구성하는 한 축이자 사회적 상호작용의 토대가 되는 '공동체'의 전제를 이미 내포하고 있다. 이러한 그의 관점은 우리는 이미 사회라는 공동체 속에 살고 있고, 그 공동체 속에서 사고하고 성장할 수밖에 없음을 강조한 다음의 인용문에서도 나타난다(정용재, 2014).

> 개인은 사회 속에서 살고 있으며 또 살 수 밖에 없다. 그의 반응(responses)들이 지적으로 성장하거나(grow intelligent) 의미를 얻는(gain meaning) 것은, 그가 사회적으로 용인된 의미와 가치들 속에서 살고 있고 행동(act)하고 있기 때문이다. 사회적 교류(intercourse)를 통해서, 그리고 믿음을 형성하는 활동들을 공유함으로써, 개인은 점차 자신의 정신(mind)을 형성하게 된다. 정신이 완전히 독립적으로 형성된다는 개념은 진리에 정면으로 배치된다. (Dewey, 1916, p. 283)

결국, 듀이의 관점에서 볼 때 제대로 된 탐구가 수행되기 위해서는 공동체를 기반으로 탐구가 전제되어야 한다. 위의 인용문에서도 언급되어 있듯이, 개인의 경험은 이미 사회와 같은 공동체를 전제하고 있으며, 공동체 속에서 다른 구성원들과의 교류에 의해 풍부해지고 보완되지 않으면 개인의 경험과 사고는 편협 될 수밖에 없기 때문이다(정용재, 2014; Dewey, 1916).

한편, 퍼스가 진리에 이르는 탐구의 전제로서 다분히 이상적인 공동체를 가정한 반면, 듀이는 조금 더 현실적인 공동체를 전제한다(정용재, 2014). 듀이는 공동의 공동의 목적이 있고 참여와 협력 등의 "공유된 활동"(shared activity)이 있을 때 공동체가 형성된다고 보았다(권오왕, 2008). 그리고 그 공동체 속에서 제대로 된 탐구가 수행되기 위해서는 그 공동체가 민주적어야 한다고 주장한다(정용재, 2014). 여기에서 그가 얘기하는 '민주적인 공동체'(Dewey, 1916, pp. 83-84)란 "구성원들이 공동 관심사를 가지고 어떤 권력에 의해서가 아니라 그 관심에 의해 공동체가 움직이며, 구성원 사이에 상호작용이 자유롭고 공평하게 활발히 일어나면서, 동시에 그 공동체 자체도 하나의 모습을 고수하기 보다는 상황의 변화에 따라 적응해가는 공동체"(정용재, 2014, p. 309)를 말한다. 따라서 제대로 된 탐구는 민주적인 공동체를 전제한다는 의미는 공통의 문제 상황에 직면하여 그 문제 상황의 해결을 공동의 목적으로 하되, 어떠한 일방적인 권력으로부터도 벗어나 구성원 사이의 자유롭고 공평한 상호작용이 가능한 의사소통과 의사결정이 일어나는 공동체를 전제함을 말한다. 이러한 공동체이어야 구성원들 상호 간에 교섭과 합의를 통하여 밀접한 관계를 맺을 수 있으며(김무길, 2010), 사고와 감정을 자유롭게 발휘하여 개인의 편협한 판단을 보완함으로써 최선의 판단에 도달 할 수 있기 때문이다(박선영과 김회용, 2009). 이와 같이 듀이는, 퍼스에 비해 조금 더 현실적인 공동체로서, 개방적인 의사소통과 의사결정 구조가 갖추어진 민주적인 공동체를 탐구의 전제로 제안한다.

탐구는 민주적인 공동체를 전제해야 한다는 듀이의 관점은 이후 탐구공동체에서 공동체가 가져야할 조건에 대한 여러 주장에도 영향을 미치게 된다(정용재, 2014). 예를 들어, 쉴즈(Shields, 2003)는 참여민주주의(participatory democracy)를 탐구공동체가 가져야할 공동체적 속성으로 보고, 자유, 평등, 효율(efficiency)을 지향하면서, 경청하기와 상호책임(mutual responsibility)을 바탕으로 상호 협력적 실험을 수행하는 공동체를 탐구공동체의 특징으로 제안하였다. 스플리터와 샤프(Splitter & Sharp, 1995)는 탐구공동체의 구성원이 갖추어야할 덕목으로 겸손(humility)과 관용(tolerance), 공정함(fair-mindedness), 압력에 굴하지 않고 자신의 의견을 주장할 수 있는 용기 등을 제안하면서, 협력과 배려(care), 믿음, 안전을 추구하는 공동체를 탐구공동체의 공동체적 특성으로 제안하였다. 또, 게리슨과 아르바우(Garrison & Arbaugh, 2007)는 온라인에서 탐구공동체를 구현하기 위한 조건의 하나로 어떠한 위험도 염려할 필요 없는 열린 의사소통을 공동체적 요소로 제안하기도 하였다. 이들의 제안들은, 구체적인 덕목이나 요소에서는 약간의 차이를 보이지만, 공통적으로 구성원들의 적극적인 참여와 협력, 그리고 개방적인 의사소통 및 의사결정 구조를 강조하고 있다는 점에서 탐구는 민주적인 공동체를 전제해야 한다는 듀이의 관점과 맥을 같이 한다고 볼 수 있다.

한편, 탐구는 민주적인 공동체를 전제해야 한다는 듀이의 관점은, 최근의 우리나라 과학과 교육과정에서 추구하는 바와도 맥을 같이 하는 부분이 있다. 앞서 1장에서 언급한 바와 같이 2015개정 과학과 교육과정(교육부, 2015a)에서는 '과학과 기술 및 사회의 상호 관계를 인식하고, 이를 바탕으로 민주 시민으로서의 소양을 기른다.'(p. 4)가 '과학'의 목표 중 하나로 명시되었고, "'과학'에서는 일상의 경험과 관련이 있는 상황을 통해 과학 지식과 탐구 방법을 즐겁게 학습하고 과학적 소양을 함양하여 과학과 사회의 올바른 상호 관계를 인식하며 바람직한 민주 시민으로 성장할 수 있도록 한다."(p. 3)가 '과학'의 성격으로 명시되었다. 물론, 이러한 서술들은 과학 교육이 추구해야할 도달점으로 명시된 것이다. 그렇다면, 어떻게 과학 교육을 통해 민주 시민으로서의 소양을 기를 수 있을까?

교육과정에 명시된 것처럼 과학과 사회의 올바른 상호 관계를 인식하게 하는 것이 한 가지 방안이 될 수 있을 것이고, 학생들로 하여금 '민주적인 과학 탐구'를 경험하게 하는 것 역시 한 가지 방안이 될 수 있을 것이다(정용재, 2016a). 그런데 이들은 모두, 과학과 사회의 관계를 인식하거나 민주사회의 특징을 반영한 과학 탐구를 수행하게 한다는 점에서, 민주적인 공동체를 전제하는 듀이의 관점과 맥을 같이한다.

그렇다면, 이른바 '민주적인 과학 탐구'가 가능할까? 그리고 가능하다면 어떤 모습으로 가능할까? 초등 교사를 대상으로 민주적인 과학 탐구의 모습과 과학 수업을 통해 민주 시민으로서의 소양을 증진시키는 방안에 대한 인식을 조사한 연구(정용재, 2016a)에 따르면, 조사 대상 교사의 75%는 '민주적인 과학 탐구'가 있을 수 있다고 응답하였고, 이들 중 약 47%의 교사가 '의사소통과 협력에 바탕을 둔 과학 탐구'를, 약 43%의 교사가 '인류와 사회의 이익에 기여하는 과학 탐구'를 언급하였다. 이는 적어도 교사들이 보기에는 민주적인 과학탐구가 가능하며, 의사소통과 협력에 바탕을 둔 탐구의 모습으로 가능하다고 생각하고 있음을 보여준다.

특히, '의사소통과 협력에 바탕을 둔 활동/탐구'는 과학 수업을 통해 민주 시민으로서의 소양을 증진시키는 방안으로도 가장 많이 응답되었다(정용재(2016a). 즉, 교사들은 토론이나 토의 중심의 수업, 프로젝트 수업 등 구성원들의 다양한 의견을 종합하면서 서로 협력하여 수행하는 활동이나 탐구가 과학 수업을 통해 민주 시민으로서의 소양을 증진시키는 가장 적절한 방안으로 생각하고 있었다. 예를 들어, 다음과 같은 응답이다.

> **(응답자 5)** 조별 탐구 및 토론. 서로 자유로운 결과에 대한 열린 토론 및 합의 도달을 통해 다양성 존중, 합리적인 판단능력, 관용을 모두 함양할 수 있다고 본다.
>
> **(응답자 20)** 협동해서 과학실험을 하고, 서로 자유롭게 토론하며, 함께 실험 정리를 하는 것. 협동과 토론을 통해 민주시민의 소양인 협동, 배려, 의사소통능력 등이 증진될 것이다.
>
> (정용재, 2016a, p. 142)

응답자 중 약 80%가 위와 같은 방안을 과학 수업을 통해 민주 시민으로서의 소양을 증진시키는 방안으로 언급하였는데(정용재, 2016a), 이는 과학 수업을 통해 민주 시민의 소양을 증진시키기 위해서는 탐구 자체가 공동체 내 의사소통과 협력을 기반으로 하여 수행되어야 한다고 이미 많은 교사들이 인식하고 있음을 보여준다. 이러한 교사들의 인식은 과학 역시 인간의 산물로서 사회문화적 전통의 일부이며(McComas, Clough, & Almazroa,

1998), 공동체 내에서 합의를 통해 과학 지식이 형성(Driver, 1983)된다는 과학에 대한 현대적인 관점과도 맥을 같이 하고 있으며, 듀이가 주장하는 민주적인 공동체에 기반 한 탐구와도 맥을 같이 한다. 아울러서, 이러한 인식이 비교적 많은 교사들에게서 나타난다는 것은 듀이가 제안하는 민주적 공동체에 기반 한 탐구가 실제 과학교실에서도 실효성 있게 논의될 수 있음을 보여주는 것이기도 하다.

이상의 논의들을 종합해 볼 때, 탐구 혹은 탐구공동체의 기반으로 듀이가 제안하는 공동체는 입체적인 상호교섭의 한 축으로서 문제 상황의 해결이라는 공동의 목적 하에 참여와 협력 등의 공유된 활동이 일어나고 개방적인 의사소통과 의사결정 구조를 가진 민주적 공동체이다. 그리고 이러한 공동체의 강조는 최근의 우리나라 과학교육과정에서 추구하는 바와도 일면 맥을 같이 하는 것이기도 하다.

04 탐구공동체의 재정의 및 특징

이상의 논의를 요약해 보면, 퍼스에게 있어서 탐구란 어떤 대상이나 현상이 갖는 실제적 효과를 접하면서 이에 대해 진정성 있는 의심이 드는 순간 시작되어 가설을 이용해 다시 믿음의 상태를 향해 가는 일련의 과정으로서, '진정한 의심', '실제적 효과', '오류가능성', '가설', '믿음' 등을 핵심으로 하고 있는 과정이다. 그리고 듀이에게 있어서 탐구는 '실질적으로 당황스러움과 흥미를 유발하는 문제 상황', '조작적 활동과 사실적 증거', '오류가능성', '문제 해결책의 제안', '추론', '확정적인 상황' 등을 핵심으로 하여, 불확정적인 상황을 다시 확정적인 상황으로 만들어줌으로써 문제를 해결하고 그 결과로 보장된 주장을 가능하게 해주는 과정이다.

한편, 퍼스가 제안한 탐구공동체에서 공동체는 실재와 진리에 이르기 위한 전제로서, 실제적인 효과를 관찰하면서 대상의 실재와 진리에 이르기 위해 오류가능성을 견지하면서 끊임없이 그리고 충분히 탐구하는, 다분히 이상적인 공동체를 말한다. 그리고 조금 더 현실적인 의미에서 공동체의 성격을 제안한 듀이는 탐구공동체에서 공동체는 '실재와 진리에 이르기 위한 전제로서, 실제적인 효과를 관찰하면서, 대상의 실재와 진리에 이르기 위해 끊임없이 그리고 충분히 탐구하는 공동체'라는 이상을 추구하면서, 구성원들이 공동의 목적과 관심을 가지고, 자유, 평등, 효율, 협력과 배려 등의 민주적 가치를 중시하면서, 문제 상황을 해결하기 위해 구성원들이 참여자로서 끊임없이 탐구하는 공동체로 바라본다.

이상의 논의를 종합하여, 정용재(2014)는 탐구공동체를 "진정한 의심의 상태나 문제 상황을 믿음의 상태나 확정적 상황으로 바꾸는 것을 목적으로, 구성원들이 목적을 공유하고 적극적인 참여자로서, 자유로우면서도 서로를 배려하면서 실제적 효과에 대한 관찰과 오류가능성을 견지하여, 최선의 설명과 해결책에 이르고자 끊임없이 노력하는 공동체"(p. 310)로 다시 정의한 바 있다. 그리고 이러한 정의 속에는 탐구공동체의 몇 가지 특징이 내포되어 있다(정용재, 2014). 첫째, 탐구공동체에서 탐구는 진정한 의심이나 의문의 상태를 유발하는 맥락 전체로서의 불확정적인 문제 상황에 직면할 때 시작된다. 불확정적 상황은, 앞서 언급하였듯이, 맥락 전체로서의 상황 속 구성원들의 관계가 어떤 이유에서 본래의 관계에서 벗어나 안정적이지 않게 된 상황을 말한다. 이러한 상황은 "왜 그렇지?"와 같은 의심이나 의문의 상태를 유발하게 되고, 당황스러움과 불안함을 느끼게 한다. 탐구는 이러한 당황스러움과 불안함을 벗어나기 끊임없는 노력이다. 그렇기 때문에 탐구는 의심과 의문의 상태로부터 자연스럽게 시작된다. 이는, 거꾸로 얘기하면, 누군가에 의해서 문제 상황이 주어졌다고 해도 그것이 의심이나 의문의 상태를 유발하지 않는다면, 그래서 진정한 의미의 문제 상황이 아니라면 자연스러운 탐구는 시작되지 않을 수 있음을 의미한다. 나의 진정한 상태와는 상관없이 거짓으로 의심스러운 척 하거나 의심스럽지 않음에도 해결을 강요받을 때는 설사 탐구와 유사한 활동이 나타난다고 해도 그것은 흥미를 불러일으키지 못하며, 탐구의 결과로 다시금 믿음의 상태에 이르렀을 때의 해소감과 안정감을 가져오지도 못한다. 따라서 진정한 의심이나 의문을 전제하지 않는 탐구는 탐구의 동력을 갖지 못할 것이고, 탐구와 유사한 활동이 나타나더라도 그 자체를 진정한 탐구라고 보기 어려울 것이다.

둘째, 탐구공동체에서 탐구가 일시적으로나마 종료되게 되는 경우는 다시금 상황이 확정적 관계를 가지게 되어 진정한 믿음의 상태에 이르렀을 때이다. 앞서 언급하였듯이 탐구는 진정한 의심의 상태를 유발하는 불확정적인 상황에 직면했을 때 이를 해소하기 위하여 시작된다. 그리고 다시 믿음의 상태에 이르렀을 때 탐구는 일시적으로나마 종료된다. 이는 의심의 상태가 해소되지 않으면 탐구는 그것의 목적을 달성하지 못했다는 의미이다. 이때 믿음의 상태란, 앞 절들에서 논의하였듯이, 의심을 불러일으킨 대상이나 현상의 습관적 행태가 기존의 다른 믿음이나 다른 현상의 습관적 행태들과 부합하게 되어 맥락 전체로서의 상황 속 구성원들이 안정적인 관계를 가지게 된 상태를 말한다. 그런데 누군가의 압력이나 시간적 제한 때문에 탐구가 종료된다면, 혹은 믿음의 상태에 이르렀다고 거짓으로 꾸며 탐구를 종료한다면, 이는 탐구의 목적을 감안할 때 탐구가 그 역할을 제대로 수행했다고 보기 어려우며, 그런 점에서 진정한 탐구로 보기 어렵다. 따라서 탐구공동체에서 수행되는 탐구가 진정한 탐구라면 그 탐구가 일시적으로나 종료되는 시점은 진정한 믿음의 상태에 이르렀을 때이어야 한다.

셋째, 탐구공동체에서 탐구는 실제적 효과에 기반 하여 문제 상황을 해결하는 최선의 설명과 해결책을 찾는 활동이며, 그 과정과 결과에 항상 오류가 있을 수 있음을 견지한다. 앞선 절 들에서 논의하였듯이, 진리는 감각 세계와는 무관하게 관념 속에서만 존재하지 않으며, 그렇다고 관념과 무관하게 감각적으로 관찰되는 것 자체만도 아니다. 퍼스의 관점을 수용한다면, 진리는 3항 관계 속에서, 즉, 첫째, 그 자체가 갖는 실제적 효과로 개념화되는 대상과, 둘째, 그러한 실제적 효과의 관찰 결과와, 셋째, 대상과 관찰 결과를 연결하는 관계에 대한 해석이라는 3항 관계 속에서 그 대상의 습관이 온전하게 그리고 안정적으로 드러나 있는 믿음의 상태이다. 그리고 듀이의 관점을 수용한다면, 이러한 상태는 대상과 주체, 공동체, 환경 등이 통합된 맥락 속에서 온전하게 그리고 안정적으로 관계를 짓고 있는 상태이다. 따라서 탐구공동체에서 탐구를 통해 진리에 이르고자 한다는 것은 실제적 효과의 관찰을 기반으로 하여 통합된 맥락 전체에서 온전하고 안정적인 3항 관계를 복원하는 것이다. 이는, 거꾸로 얘기하면, 탐구공동체에서 탐구를 통해 제시한 문제 상황의 해결책은 그 문제 상황을 다시금 확정적인 관계로 설명하여 복원시키는 해결책이며, 그렇기 때문에 현재 직면하고 있는 상황 속에서의 최선의 해결책일 뿐이다. 즉, 탐구공동체에서 탐구의 결과로 제시되고 검증된 설명은 현재 상황 속에서의 최선의 설명이고 해결책이지만, 새로운 관찰 결과나 대상, 새로운 관계나 새로운 해석 등이 출현하면 언제든 변화될 수 있는 설명과 해결책이다. 따라서 탐구공동체에서 수행되는 탐구는 현재 직면하고 있는 상황에서 최선의 설명과 해결책을 제시하기 위해 노력하지만, 동시에 항상 오류가능성이 있을 수 있음을 견지하는 활동이다.

넷째, 좀 더 이상적으로 봤을 때, 탐구공동체는 어떠한 제한도 없이 무한히, 그리고 끊임없이 탐구하는 공동체를 전제한다. 앞선 절들에서 논의하였듯이, 탐구공동체는 충분한 시간이 주어진다면, 개개인의 사사롭고 편협한 의견을 넘어서서 모든 사람의 의견 즉 전체로서의 공동체의 의견이 한 곳으로 수렴되어 궁극적 결론에 이르게 될 것이라고 전제한다. 그리고 이때의 궁극적으로 동의될 의견이 진리라고 본다. 이는 공동체를 기반으로 한 탐구를 통해 언젠가는 진리에 도달할 수 있음을 전제하는 것이지만, 동시에 현재 몇몇 개인의 합의에 의해 도달한 의견은 진리가 아닐 수도 있음을 의미한다. 그렇기 때문에 현재 개인이 가지고 있는 의견이나 혹은 공동체가 수용한 의견은 항상 오류가능하다는 것을 전제로 하여 탐구를 통해 무한히 그리고 끊임없이 다시 검토 되고 검증되어야 한다. 그리고 이를 위해서 탐구공동체는, 다분히 이상적이지만, 어떠한 제한도 없이 지속적이고 무한하게 탐구하는 공동체가 전제되어야 한다.

다섯째, 좀 더 현실적으로 봤을 때, 탐구공동체는 개방적인 의사소통과 의사결정 구조를 가진 민주적 공동체이다. 즉, 탐구공동체는 공통의 문제 상황에 직면하여 그 문제 상황의 해결을 공동의 목적으로 하되, 어떠한 일방적인 권력으로부터도 벗어나 구성원 사이의 자유롭고 공평한 상호작용이 가능한 의사소통과 의사결정이 일어나는 공동체이며, 동시에 그 공동체 자체도 하나의 모습을 계속해서 고수하기 보다는 상황의 변화에 따라 적응해가는 공동체를 전제한다. 듀이의 관점을 논의하면서 살펴보았지만, 어떤 것의 의미는 대상과 주체, 공동체, 환경 등이 통합된 맥락 속에서 의미 지어진다. 따라서 탐구는 이러한 맥락 전체로서의 상황이 충분히 고려되면서 이뤄질 필요가 있다. 이때 맥락 전체로서의 상황에 대한 충분한 고려가 이뤄지기 위해서는 탐구를 수행하는 공동체 속 구성원 누구에게나 탐구와 의사결정에 참여할 수 있는 기회가 주어져야 하고, 누구에게나 동등하게 의견 개진의 기회와 다른 사람의 의견을 경청해야하는 의무가 주어져야 한다. 이러한 개방적인 의사소통과 의사결정을 가진 공동체가 전제될 때, 탐구공동체에서의 탐구는 편협되지 않은 최선의 해결책에 도달할 수 있다.

이러한 탐구공동체의 정의와 특징을 바탕으로 2장 1절에서 제기했던 두 가지 의문, 즉, "과학 수업 시간에서 흔히 이뤄지고 있는 모둠별 실험활동이나 과제 수행을 하는 학생들의 모둠도 탐구공동체인가?"와 "과연 여러 사람이 서로의 의견을 주고받으면서 공동으로 탐구만 한다면 대상의 진짜 모습을 알게 될까?"라는 두 가지 의문에 대해서, 정용재(2014)에서 논의된 바와 같이, 다음과 같은 논의가 가능할 것이다.

첫째, 본래적인 이상적 의미의 탐구공동체를 가정한다면, 두 경우는 모두 탐구공동체가 아니다. 퍼스가 제안한 이상적인 의미에서 탐구공동체는 어떠한 제한도 없이 무한히 그리고 끊임없이 탐구하는 공동체다. 즉, 이상적인 의미의 탐구공동체는 유한한 수의 구성원들로 구성되어 현재 유한한 시간 동안 존재하고 있는 공동체라기보다는 오류가능성을 견지하면서 끊임없이 검토하고 검증을 시도하는, 그래서 그것이 정말 궁극적인 의견인지 항상 의심하면서 공동체의 합의된 궁극적 의견에 도달할 때까지 탐구를 멈추지 않는 다분히 이상적인 공동체이다. 그러나 앞선 두 가지 경우의 공동체들은 모두 몇몇의 구성원이 제한된 시간 내에 탐구하여 결론에 이르렀으며, 그 결론이 정말 궁극적인 공동체의 합의된 의견인지에 대한 고민 없이 탐구를 멈추었으므로 이상적인 의미에서는 탐구공동체로 볼 수 없다.

둘째, 좀 더 현실적인 의미에서라도 이 두 경우를 탐구공동체로 볼 수 있는지 판단하고자 한다면, 이 두 경우에 구성원들이 과연 진정한 의심이나 의문의 상태에 직면해서 탐구하고 있는가를 우선 따져봐야 할 것이다. 만약 그렇지 않다면, 이들이 탐구와 유사한 활동을 하는 것처럼 보이더라도 탐구공동체라고 볼 수 없을 것이다. 예를 들어, 교과서에 제시된 전구의 직렬과 병렬연결에 따른 불의 밝기를 비교하는 실험을 모둠별로 하고 있는데, 탐구하고 있는 구성원들이 이미 학원에서 그 결과를 배웠고, 어떠한 의심의 상태도 없이 교과서와 교사의 지시에 따라 조작하고 관찰하여 기록하는 활동만 수행한다면, 이는 탐구공동체가 추구하는 탐구로 보기 어렵다. 거짓으로 의심스러운 척 하거나 의심스럽지 않음에도 해결을 강요받을 때는, 그 해결이 의심의 상태를 해결했거나 불확정적인 상황을 해결한 것이 아니므로 진정한 의미의 탐구가 일어났다고 보기 어렵기 때문이다. 비슷하게, 이 두 경우가 탐구공동체에 해당하는지 판단하기 위해서는 이들이 과연 진정한 믿음의 상태에 도달할 때까지, 혹은 맥락 전체로서 확정적인 상황에 도달할 때까지 탐구를 수행하였는가를 따져보는 것이 필요할 것이다.

셋째, 역시 좀 더 현실적인 의미에서라도 이 두 경우를 탐구공동체로 볼 수 있는지 판단하고자 한다면, 이 두 공동체가 최선의 설명이나 해결책을 얻기 위해 탐구하는 과정에서 구성원 모두에게 탐구에 참여할 수 있는 기회가 제공되고, 오류 가능성의 견지를 바탕으로 개방적인 의사소통과 의사결정이 이루어졌는지를 따져 봐야 할 것이다. 만약 그렇지 않다면 이 두 경우는 역시 탐구공동체라고 볼 수 없을 것이다. 예를 들어, '장님 코끼리 만지기'에서 코끼리를 만진 시각장애인들이 그들이 관찰한 결과를 얘기하면서 나이가 많은 사람이나 힘이 센 사람의 관찰 결과에 특별히 비중을 두고 관찰결과를 종합한다면, 코끼리의 전체 모습은 이상한 모습이 될 가능성이 크다. 예를 들어, 코끼리의 다리를 만진 사람이 코끼리의 다리는 한 팔로 다 안 감길 정도로 두껍고 항상 일자로 뻗어있다고 주장하고, 이들 공동체가 그의 주장은 항상 옳다고 수용하고 탐구를 마친다면, 이들은 나중에 앉아있는 아기 코끼리는 코끼리라고 하지 못할 수도 있다. 반면, 구성원 누구에게나 참여와 의견 개진의 기회가 주어지고, 오류가능성을 바탕으로 한 자유로운 의사소통과 의사결정의 기회가 주어졌다면, 아마도 이들은 적어도 세상에 존재하지 않는 괴상한 코끼리의 모습을 탐구의 결과로 내놓는 일은 없을 것이다. 탐구를 통해 진리에 이르기 위해서는 편협 되고 섣부르게 탐구가 종료되어서는 안 되며, 이를 위해서는 구성원 누구에게나 참여와 의견 개진의 기회가 주어져야 하고 자유로운 의사소통과 배려가 전제되어야 한다. 그리고 이러한 개방성과 배려는 나의 주장이 오류를 내포할 수도 있다는 인식과 태도를 기반으로 한다. 이러한 과정과 분위기의 탐구가 수행되지 않았다면, 이는 탐구공동체에서 추구하는 탐구로 볼 수 없을 것이고, 이들 두 공동체를 탐구공동체라고 볼 수 없을 것이다.

3

CHAPTER

과학교실 탐구공동체

개인은 사회 속에서 살고 있으며 또 살 수 밖에 없다. (중략) 사회적 교류(intercourse)를 통해서, 그리고 믿음을 형성하는 활동들을 공유함으로써, 개인은 점차 자신의 정신(mind)을 형성하게 된다. 정신이 완전히 독립적으로 형성된다는 개념은 진리에 정면으로 배치된다. (Dewey, 1916, p.283)

01 탐구공동체에서 과학교실 탐구공동체로

탐구가 무엇인지 한 마디로 정의하기는 어렵지만, 여러 학자들의 탐구에 대한 정의를 검토한 조희형(1992)에 따르면, 탐구는 '자연에 대한 과학 지식 및 진리를 획득 검증하는 방법, 절차와 과정, 규정 또는 규칙, 기능과 기술, 그리고 그 활동 등'(조희형, 1992, p. 63)으로 정의 내릴 수 있다. 그리고 우리나라 과학과 교육과정에서는 이러한 탐구의 수행 과정에 관찰, 분류, 측정, 예상, 추리 등의 기초 탐구과정과 문제 인식, 가설설정, 변인 통제, 자료 해석, 결론 도출, 일반화 등의 통합 탐구과정이 포함되는 것으로 제시하고 있다(교육부, 2011).

물론, 이러한 탐구에 대한 정의와 구성 요소, 혹은 과정이 모두에 의해 합의된 단 하나의 것은 아니다. 과학적 탐구는 지식의 출처, 과학적 방법, 과정 또는 절차, 기능과 기술 등의 분야로 나뉘어져 논의되고 있으며, 학자나 학파들의 접근 방식과 대상, 또는 관심 영역에 따라 다양하게 논의되고 있고 있다(조희형, 1992). 이는 과학의 본성에 대한 과학 철학적 관점이 단 하나의 관점으로 합의되어 있다기보다는 여전히 다양한 관점이 존재하고 있음(송진웅 등, 1997)에도 기인한다.

이러한 다양한 관점들이 존재하지만, 분명한 것은 20세기 중반 이후로 과학적 탐구는 과학 교육의 중요한 목적으로 자리매김해 왔다는 것이다(Bybee & DeBoer, 1994; DeBoer, 1991). 이는 다른 분야의 지식에 비해서 매우 빠르게 성장한 과학 지식에 대한 관심이 16

세기와 17세기 과학 혁명기를 거치면서 과학에서 사용되는 독특한 방법론, 즉 과학적 탐구에 대한 관심으로 이어져왔다(Lamprecht, 1955)는 데에 한 원인이 있을 것이다. 이러한 탐구에 대한 강조는 우리나라 학교 과학 교육에서도 계속해서 이어져왔다(정용재, 2014; 조희형, 1992). 특히 2007 개정 과학과 교육과정부터 도입된 자유탐구는 상대적으로 장기간 동안 학생이 주도적으로 수행하는 통합적인 탐구(교육부, 2007)로서, 단편적인 탐구를 넘어서서 기초 탐구과정과 통합 탐구과정을 바탕으로 자연 현상과 그 원리를 학생 주도로 통합적으로 수행하는 탐구가 교육과정 수준에서 강조되고 있음을 보여준다(정용재, 2014).

그러나 탐구에 대한 이러한 강조에도 불구하고, 실제 학교에서 이뤄지는 탐구와 관련하여 여러 문제점들이 보고되어 왔다(정용재, 2014). 예를 들어, 드라이버(R. Driver)(1983)는 과학 수업 시간에 학생들은 그들 스스로가 진정으로 궁금해 하는 현상에 대해 탐구하기 보다는 교사에 의해서 주어지는 과제에 대해 탐구하는 경우가 대부분이고, 그래서 교사가 기대하는 정답을 추측하고 이에 맞는 탐구를 수행하는 경우가 대부분이라고 비판한 바 있다. 또, 바라브와 더피(Barab & Duffy, 2000)는 학교 과학 수업에서 이뤄지는 탐구의 많은 경우가 학생들이 접하는 실제 상황과 동떨어져 있으며, 그렇기 때문에 수업 시간 중에 이뤄지는 탐구는 그 수행 정도나 활용 정도, 실용적 지식의 습득 등에서 그다지 효과를 거두지 못하고 있다고 비판한 바 있다. 과학 수업에서 탐구가 수행될 때 교사가 어떤 역할을 해야 하는가와 관련해서도 학생들 스스로 탐구와 관련된 생각을 할 수 있도록 기회를 제공해야 하지만 많은 교사들이 이러한 역할을 잘 수행하지 못하고 있다는 비판도 있어 왔다(Roth *et al*., 1999). 학습에 대한 공동체적 접근들에서는 학교에서 이뤄지는 탐구의 결과가 인지적인 측면에 집중되어 있다는 비판을 제기하기도 하였다. 즉, 학습은 기존의 지식을 단순히 머릿속에 습득하는 과정이 아니라 공동체 속 참여를 통해 실행 능력을 기르고 이에 따라 학습자의 정체성 변화가 이어지는 통합적인 과정으로 봐야 할 텐데, 학교 과학 수업에서 이뤄지는 탐구는 많은 경우에 이러한 학습의 의미를 제대로 반영하지 못하고 있다는 비판(Lave & Wenger, 1991) 등이 있어 왔다.

요컨대, 학교 과학에서도 탐구가 꾸준히 강조되어 왔음에도 불구하고, 학교 과학 수업에서 수행되는 탐구가 과학자 공동체의 특징, 즉, 공동체 속에서 실제적인 문제를 해결해 가는 과학자 공동체 모습(Roth, 1995)을 제대로 반영하지 못하고 있다는 비판이 제기되어 온 것이다(정용재, 2014). 이러한 비판들과 관련하여, 다음의 일화를 살펴보자.

2005년 6월 말. 서울00초등학교 6학년 3반 교실. 6교시 창의적 재량활동 시간.

교실 곳곳이 물바다를 이룬다. 4명이 한 모둠을 이룬 아이들의 책상에는 물을 담을 수 있는 그릇 대용품들이 즐비하다. 운 좋게 수조를 가져간 모둠도 있는가 하면, 자신이 먹던 물병이나 물병에 딸린 컵을 꺼내 놓은 모둠이 가장 많다. 작은 클립 통을 이용하는 아이들도 있다. 대부분의 모둠에서는 흰색 안개가 오르고 있다. 가지각색의 통을 넘실거리는 안개에 박수를 치거나 소리를 지르는 아이들도 있다.

학생1: 선생님, 조금만 더 주실 수 없어요?
교 사: 이제 정말 조금이야. 이 부스러기라도 쓸래?
학생1: 네. 그거라도 주세요.

얼른 드라이아이스를 받아들고는 뛰어 들어가는 광훈이 옆으로, 광규네 모둠은 드라이아이스를 넣고 뚜껑을 닫은 필름 통이 튀어 오르기를 기다리고 있다.

학생2, 학생3 : 꺄악!
학생1: 히히히. 놀랐지? 야, 이거 잘 되는데.
학생4: 선생님 우리 모둠 거는 왜 안 돼요?

이윽고 필름 통이 천정이 부서져라 튀어 오르자 여기저기서 비명 소리가 난다. 다운이네 모둠은 뚜껑이 헐거워진 필름 통을 들고 와서는 왜 안 되냐고 자꾸 물어댄다.

정신없이 10분 정도가 흘렀을까? 끼이이이이이. 시끌벅적한 아이들 속에서 이상한 금속음이 났다. 무슨 소리였을까? 잠시 끊겼던 소리는 다시금 이어진다. 끼이이이이이. 1분단 쪽 아이들의 시선이 순간 학생4의 모둠 쪽으로 쏠렸다.

학생4: 선생님, 이거 봐요. 이거 왜 이래요?
교 사: 뭐?
학생4: 이렇게 못 위에 놓으면요.
학생5: 야, 야, 저거 좀 봐. 소리가 난다.
교 사: 어, 신기하네. 소리가 나네.
학생6: 야, 우리도 해보자.

책상 위에 튀어나와 있는 금속 못 머리에 드라이아이스가 얹히자 작지만 뚜렷한 소리가 난다. 몇몇 아이들은 손으로 살짝 눌러보기도 했다. 소리는 조금 작아지면서 높아지는 듯이 들린다. 금속 이외의 물건에 놓아 보이는 아이들도 생겼다.

학생5: 선생님, 이게 왜 소리가 나는 거예요?
교 사: 글쎄. 왜 그렇지? 뭔가 떨리는 게 있다는 건데.

학생5: 이산화탄소가 발생하니까, 어, 그러니까, 이산화탄소가 새면서 나는 건가?

야단법석은 6교시가 끝나는 종이 치고 나서도 이어졌다. 집에 가자고 하는 아이들의 목소리는 들리지 않았다. 여전히 책상 위의 한 편에서는 부글부글 안개가 피어오르고 있었고, 필름 통 튀어 오르는 소리, 아이들 비명 소리, 그리고 끼이이이 대는 금속성 소리들이 교실을 가득 메우고 있었다. 드라이아이스를 깨보는 아이, 드라이아이스 무더기 속에 연필을 집어넣은 아이, 물 컵 주변에 얼음이 얼었다고 호들갑을 떠는 아이….

간신히 정리하고 집에 갈 준비를 모두 마쳤을 때는 이미 20분 정도나 시간을 넘긴 후였다. 그리고 아직도 몇몇은 컵에 드라이아이스를 들고 있었다.

(정용재, 2005).

위의 일화는 7차 과학과 교육과정(교육부, 1997)에서 6학년에 제시되어 있던 여러 가지 기체의 발생과 그 성질에 대해 알아보는 '여러 가지 기체' 단원 수업 중 벌어진 일을 기록한 것이다. 본래 교과서에서 제시된 이 수업의 주된 과정은 염산과 석회석을 반응시켜 이산화탄소를 발생시키는 것이지만, 드라이아이스에서 발생하는 이산화탄소도 경험하도록 되어 있다. 예를 들어 수조 안에 드라이아이스를 넣고 그 주변에 촛불을 켜 놓아 촛불이 꺼지는 것을 관찰하는 것 등이다. 이날 과학 수업은 원래 2교시에 배정되어 있었다. 그런데 드라이아이스가 늦게 도착하는 바람에 이산화탄소가 촛불을 꺼뜨리는지에 대한 실험은 2교시에 했지만 드라이아이스를 활용한 실험은 6교시 '창의적 재량' 시간에서야 할 수 있었다. 위의 일화는 6교시 수업 중에 벌어진 일이다. 교과서에 있는 촛불 관련 실험은 이미 한 상태였기 때문에, 일화 속 교사는 학생들에게 그냥 마음껏 드라이아이스를 갖고 놀아보라고 시간을 주었다. 교사는 주의사항을 일러준 후, 아이들에게 드라이아이스를 나누어 주었다. 학생들이 드라이아이스로 이런저런 활동을 하는 동안, 일화 속 교사는 아무 말 없이 드라이아이스를 물이 담긴 수조 속에 넣어 보이거나. 필름 통 안에 넣어서 튀어 오르게 해 보이거나 하였다. 일화 속에서 나타나듯이 신기한 표정으로 지켜보던 아이들은 이런저런 활동들을 매우 적극적으로 수행 하였다.

이 일화를 통해 생각해볼 수 있는 실제 과학 수업 속 탐구의 어려움은 어떤 것이 있을까? 그 하나는 학생들로 하여금 능동적이고 적극적으로 탐구를 하게 하는 것이 쉽지 않다는 것이다. 앞선 논의에서 살펴보았듯이, 듀이에 의하면, 경험은 삶 자체, 즉 인간이 하나의 유기체로서 환경에 적응해 가는 모든 과정이다. 그런데 그 경험은 자연과 대비되는 정신이 객관적인 대상을 일방적으로 파악한 결과라기보다는 유기체가 자연과 교섭하는 일련의 상호작용(interaction)과 상호교섭(transaction)의 과정이다. 여기에서 상호작용은 유기체와 환경 간에 맺어지는 통일된 행동의 작용을 말하고, 상호교섭은 상호작용이 완전히 처리되어 통합된 인식의 과정을 말한다(김동식, 2002). 듀이에게 있어서 경험은 '보는 것'이라기보다는 '먹는 것'이다. 즉, 멀리 떨어져서 자연이나 환경을 파악하는 '보는' 과정이 아니라, 자연을 '먹음'으로서 하나로 통합되면서 적응해가는 과정이 경험이다.

이러한 듀이의 경험에 관점을 수용한다면, 사실 교사가 학생들에게 제공해줘야 할 것은 체계적으로 잘 짜여진 '경험의 순서'가 아니라, 스스로 적응의 기쁨을 느낄 수 있도록 하는 '경험의 기회'일 것이다. 교과서에서 제시하고 있는 내용을 빠듯한 시간 안에 급하게 다루는 그 자체로는 아이들에게 경험의 기회를 제공했다고 보기 어려울 것이다. 교과서의 내용은 학생들 스스로가 아니라 다른 사람이 '경험의 기회'를 통해 얻은 내용이기 때문이다. 교과서에 제시된 것을 잘 가르치는 것은 물론 매우 중요한 일이지만, 어쩌면 이를 배우는 학생들은 그 내용을 '보는 것'에 그칠 수 있다. 학생들이 '먹는 것'으로서 경험을 하기 위해서는 자신이 속해 있는 자연 혹은 환경과 직접 소통할 수 있는 기회가 있어야 할 것이다. 그리고 이러한 기회 속에서 학생들의 탐구는 그들의 흥미와 연결될 것이고 그들의 장래에 미칠 영향과 연결될 것이다. 이렇게 될 때, 탐구는 능동적이고 적극적으로 수행될 것이다.

그러나 이러한 탐구가 학교 과학 수업 속에서 일어나기는 쉽지 않다. 그것은 교과서의 내용을 다룰 수밖에 없다는 한계와 40분이라는 시간을 지켜야 한다는 현실적 한계 등에 기인한 것일 수 있다. 상대적으로 능동적이고 적극적인 탐구가 일어났던 위의 일화는 창의적 재량활동이라는 수업의 특성과 학생들이 스스로 찾아낸 신기한 현상, 그리고 40분의 시간이 지났어도 계속 더 주어진 시간 등의 몇 가지 요인 덕분에 가능했던 것일 수 있다.

위 사례를 통해 생각해볼 수 있는 또 한 가지 어려움은 실제 과학 수업 속 탐구에서는 탐구 과정과 그 결과를 반추해보면서 그 의미를 찾는 것이 쉽지 않다는 것이다. 드라이버(Driver, 1983)는 과학수업 시간에 그 활동을 왜 하는지, 그리고 그 활동의 결과가 갖는 의미는 무엇인지 등에 대한 고민 없이 단지 수많은 활동들만 난무하고 있다고 우려한 바 있다. 즉, 과학 수업에서 학생들은 실험을 하기 위해 장치를 꾸미고 그 장치를 사용해서 무엇인가를 관찰하고 그렇게 해서 나온 결과를 적는 등, 끊임없이 무언가를 하고 있지만, 정작 그 활동이 어떤 맥락에서 이뤄지고 있는 것이고 어떤 의미를 가지고 있는지에 대해서는 주목하지 않는다는 것이다. 학생들은 현상을 있는 그대로 관찰 할 수 없으며 기존에 가지고 있던 선개념들에 의해 걸러지거나 새로이 구성된 상태로 관찰하게 된다(Driver, 1983). 다시 말해서, 과학자들이 하는 것과 동일한 실험을 한다고 학생들이 그 실험의 목적과 결과의 의미를 과학자들과 동일하게 이해하고 있으리라고는 보기 어렵다. 따라서 지식 혹은 개념의 형성은 과학자들이 밝혀 놓은 바를 머릿속에 단순히 습득하는 과정에 의하기 보다는 학생들 스스로에 의해서 상상되고 발명되어야 한다는 것이다. 그렇기 때문에 학생들에게는 더 많은 관찰과 더 많은 활동이 필요하다기보다는 그 활동의 의미를 따져보고 스스로 구성할 수 있는 기회와 시간이 필요하다는 것이다.

이러한 시간의 필요성은 퍼스의 주장에서도 찾아볼 수 있다. 앞서 논의한 바와 같이, 퍼스에게 있어서 탐구는 자신이 믿고 있는 바와 상충하는 의심스러운 현상에 직면하여 '의심스러움을 느끼는 순간' 시작된다. 학생들은 이러한 순간을 과연 얼마나 많이 가져봤을까? 만약 그러한 순간을 가져본 적이 많지 않다면, 그것은 적어도 두 가지 원인, 즉 첫째, 기존의 믿음과 불일치하는 상황이 적게 제공되었거나, 둘째, 혹시 제공되었을지도 모를 불일치 상황을 미처 감지하지 못하거나 감지했어도 깊게 느낄 겨를이 없이 지나갔기 때문일 것이다. 다시 말해서, 내가 관찰한 것과 그 관찰의 의미에 대해서 생각해 보았다면 발견하거나 느낄 수 있었던 의심의 순간을 그냥 지나쳤을 수 있다는 것이다. 그리고 이러한 돌이켜 봄의 순간은 탐구를 시작하게 하는 의심의 순간뿐만 아니라, 탐구가 일시적으로 종료되었을 때에도 탐구의 결과가 갖는 의미는 무엇이고, 그로부터 내가 갖게 된 주장은 타당한 것인지 등을 토론하고 생각해보는 데에도 필요하다.

결국, 학생들이 자칫 무의미하게 흘려보냈을 감각적 경험에 의미를 부여하고, 의심의 느낌을 자각하게 되면서 지식의 구성과 성장을 이뤄내기 위해서는, 탐구와 그 결과를 돌이켜 보면서 그 의미를 찾는 활동과 시간이 필요하다. 그러나 실제 과학 수업 혹은 과학교실에서 일어나는 탐구에서 이러한 활동과 시간을 갖기는 쉽지 않다. 이것은 여전히 반드시 습득해야만 하는 지식이 있고 이를 주어진 시간 안에 교사가 가르쳐야 한다는 현실적 한계에 기인할 것일 수 있다. 이런 점에서 볼 때, 위의 일화 역시, 비록 "이산화탄소가 발생하니까, 어, 그러니까, 이산화탄소가 새면서 나는 건가?"라면서 자신의 관찰 결과가 갖는 의미를 생각해보는 장면이 한 곳에서 보이기는 하지만, 전체적으로는 여전히 탐구와 그 결과가 갖는 의미를 찾아보는 활동이 충분하지 않게 전개된 수업의 사례로 볼 수 있을 것이다.

그렇다면, 이러한 학교 과학 수업 속 탐구의 어려움을 어떻게 극복하거나 감소시킬 수 있을까? 물론 다양한 방안이 있을 수 있고, 또 지속적으로 시도되어 왔지만, 앞서 논의한 탐구공동체의 의미와 특징에 대한 고찰은, 이러한 학교 과학 수업 속 탐구의 문제점들을 극복하기 위한 하나의 방안으로서, 과학 수업이 이루어지는 과학교실 역시 탐구공동체가 되어야 함을 시사 하고 있다.

2장에서 살펴본 바와 같이, 탐구공동체는 "진정한 의심의 상태나 문제 상황을 믿음의 상태나 확정적 상황으로 바꾸는 것을 목적으로, 구성원들이 목적을 공유하고 적극적인 참여자로서, 자유로우면서도 서로를 배려하면서 실제적 효과에 대한 관찰과 오류가능성을 견지하여, 최선의 설명과 해결책에 이르고자 끊임없이 노력하는 공동체"(정용재, 2014, p. 310)이다. 이러한 탐구공동체가 과학교실에서 구현된다면, 그 정의에 비추어 볼 때, 실제적인 문제나 학생 스스로에 의해 제기된 문제로부터 진정한 의심이나 의문의 상태에 직면해서 탐구가 시작될 수 있을 것이다. 또, 구성원들이 적극적인 참여자로서 개방적인 의사소통과 의사결정을 하면서 최선의 설명과 해결책에 이르고자 끊임없이 노력한다면, 아마도 단순히 교육과정과 교과서에 제시된 실험을 의미 없이 수행하는 탐구나 주어진 지식을 단순히 머릿속에 입력하기 위한 탐구보다는 실제 과학자 공동체의 특징과 모습이 반영된 탐구가 가능할 수 있을 것이다.

이에 따라, 지금까지의 논의들을 바탕으로, 학교 과학 교육의 장에서 탐구공동체의 구현을 지향하는 '과학교실 탐구공동체'에 대한 논의를 이어가고자 한다. 아울러서, 이어지는 절의 내용들은 정용재(2014)의 연구를 심화 발전시킨 것이며, 정용재와 장진아(2018)에서도 일부를 요약하여 논의된 바 있음을 밝힌다.

02 과학교실 탐구공동체의 정의와 목적

2.1 과학교실 탐구공동체의 정의

'과학교실 탐구공동체'(Community of Inquiry in Science Classroom: CoI-SC)는 학교 과학 교육에서 탐구공동체의 구현을 지향하고자 제안된 것으로서, "자연 현상이나 사물과 관련하여 진정한 의심의 상태를 믿음의 상태로 바꾸는 것을 목적으로, 참여자로서 목적을 공유한 구성원들이 실제적 효과에 대한 관찰과 오류가능성을 견지하면서 자유로운 의사소통을 통해 최선의 설명과 해결책에 이르고자 끊임없이 노력하는 교실 공동체"(정용재, 2014, p. 311)를 말한다.

과학교실 탐구공동체라는 명칭에서 '과학교실'은 단순히 물리적인 의미의 교실을 의미한다기보다는 이를 포함하여 과학 수업이나 과학 학습, 과학 탐구, 그리고 일반적인 과학 관련 경험이 이루어지고 있는 학교 교육의 장(場)이라는 의미에서의 과학교실을 말한다. 즉, 과학교실은 과학 수업이 이뤄지고 있는 물리적 환경으로서 교실을 이르는 말이기도 하지만, 학생과 교사의 상호작용이 일어나고 있는 과학 수업 시간, 과학 수업 시간이 아니더라도 학생과 학생 사이의 상호작용이 일어나고 있는 수업 외 학교의 시공간 등, 과학 수업이나 과학 학습, 혹은 과학 수업 시간 외의 과학 탐구와 관련된 모든 학교 시공간을 이르는 말이다.

또한, 과학교실 탐구공동체는 과학과 관련된 주제나 대상을 탐구하는 탐구공동체의 한 양상이므로, '자연현상과 사물'을 탐구의 주된 대상으로 하는 탐구공동체이다. 이러한 탐구 대상은 최근의 2015개정 과학과 교육과정의 목표, 즉, "자연 현상과 사물에 대하여 호기심과 흥미를 가지고, 과학의 핵심 개념에 대한 이해와 탐구 능력의 함양을 통하여, 개인과 사회의 문제를 과학적이고 창의적으로 해결하기 위한 과학적 소양을 기른다."(교육부, 2015a)에서 명시된 과학 학습의 대상과 맥을 같이 하는 것이기도 하다. 그러나 누군가 '사회현상'을 탐구의 주 대상으로 하는 탐구공동체를 주장할 수 있을 것이고, 그렇다면 아마도 '사회과교실 탐구공동체'로 명명할 수 있을 것이다. 물론, 앞서 살펴보았듯이, 탐구공동체의 탐구는 '맥락 전체' 속에서 의미 지어지므로 그 대상 역시 그것을 둘러싸고 있는 맥락 전체와 관계할 것이다. 따라서 과학교실 탐구공동체에서 이뤄지는 탐구의 주 대상이 자연현상과 사물이라고 해서 이들이 맥락 전체와 따로 떨어져서 독립적 존재하는 어떤 것으로 취급되어서는 안 될 것이다(정용재, 2014).

아울러서, 과학교실 탐구공동체는 학생과 교사를 포함하는 학급 전체를 구성원으로 한다(정용재, 2014). 물론 소수의 학생들로 이루어진 모둠이 탐구공동체가 될 수도 있을 것이다. 그러나 이 모둠 역시 교실을 이루고 있는 다른 구성원들과 관계를 맺고 있으며 그러한 관계 속에서 정체성을 갖는다. 그런 점에서 그 모둠 역시 교실 공동체의 한 구성원으로 봐야 할 것이다. 예를 들어, 어떤 한 모둠이 진정한 의심이나 의문에 기반 하고 개방적이고 민주적인 성격의 공동체를 형성하고 있다고 하더라도, 만약 그 모둠을 둘러싸고 있는 전체 교실 공동체가 그와는 다른 문화와 성격을 가진다면, 그 한 모둠의 탐구는 공동체 속에서 제대로 인정받을 수 없을 것이며 탐구의 동력이 약화될 수밖에 없다. 이는,

예를 들어, 지식의 습득을 가장 중시하는 학교 교실 문화에서는 시험 성적이 우수한 학생은 우대 받고 성적이 나쁜 학생은 낙오자로 취급되듯이, 공동체가 중시하는 가치나 문화가 전체 구성원들의 활동 방향이나 정체성에 영향을 미치기 때문이다(정용재, 2014; Barab & Duffy, 2000).

이러한 점들을 고려하면, 학교 과학 교육의 장에서 참된 탐구가 수행되기 위해서는, 진정한 의심이나 의문, 실제적 효과의 관찰, 오류가능성의 견지, 개방적인 의사소통과 의사결정 구조, 최선의 설명과 해결책에 이르고자 끊임없이 노력 등을 가치 있게 바라보는 학급 전체의 문화가 형성되어야 할 것이다. 유사한 이유에서, 좀 더 넓게 보면, 과학교실 탐구공동체를 둘러싸고 있는 학교 전체, 지역 사회 등도 이러한 문화를 가지고 있을 때 과학교실 탐구공동체는 좀 더 큰 동력을 얻게 될 것이다(정용재, 2014). 더불어서 이러한 과학교실 탐구공동체에서는 교사 역시 교실 공동체의 구성원 중 한 명으로 봐야 할 것이므로, 교사는 지시하고 평가하는 감독자로서의 역할보다는 상대적으로 뛰어난 역량을 바탕으로 탐구에 진정성 있게 참여하여 그 탐구의 수준을 높일 수 있는 한 명의 구성원으로서의 역할을 수행해야 할 것이다.

2.2 과학교실 탐구공동체의 목적

과학교실 탐구공동체는 자연 현상이나 사물과 관련하여 진정한 의심의 상태를 믿음의 상태로 바꾸는 것을 목적으로 한다(정용재, 2014). 이는 퍼스와 듀이의 탐구에 대한 관점에 기반을 두고 설정된 것인데, 이에 대해서 정용재(2014)는 다음과 같이 과학교실 탐구공동체의 목적과 두 학자의 관점 사이의 관계에 대해서 설명하고 있다.

> 여기에서 의심의 상태란, 앞서 살펴본 바와 같이, 상황을 이루고 있는 구성원들의 확정적인 관계가 깨진 불확정적인 상황이고(Dewey, 1938), 믿음이 깨져서 불안하고 불만족스러움을 느끼는 상태(CP 5.372)이다. 그리고 믿음의 상태란 다시금 구성원들의 관계가 명료하고 안정화된 확정적 상황이고(Dewey, 1938), 현상과 사물의 습관이 온전히 드러나 안정적이 된 상태이다. 강요나 거짓으로 꾸미는 의심이 아닌 한, 의심은 우리로 하여금 믿음으로 가도록 투쟁하게 만들 것이다. 단, 이렇게 도달한 믿음은 항상 또 다른 의심을 배태하고 있다(CP 5.397). (정용재, 2014, p. 311)

즉, 과학교실 탐구공동체는 맥락 전체로서의 상황이 내부적으로 부정합 한 관계를 가지면서 유발하게 되는 의심이나 의문을 다시 확정적인 관계를 갖는 안정적인 상황 혹은 믿음의 상태에 도달하도록 하는 것을 목적으로 한다. 단, 탐구공동체가 한 번 믿음의 상태에 이르렀다고 해서 탐구가 영원히 종료되는 것은 아니며, 언제든 새로운 의심이나 의문에 직면하면 탐구는 다시 시작된다. 예를 들어 보자. 은행나무 잎에 단풍이 들 때, 아래 <그림 3.1>과 같이, 잎의 가장자리부터 노랗게 단풍이 들것이라고 생각하는 학생이 있다고 가정해보자.

그림 3.1 잎의 바깥쪽부터 노랗게 물든 은행나무 잎

그런데 이 학생에게 <그림 3.2>와 같이 잎의 안쪽부터 노랗게 물든 은행나무 잎을 보여주면 어떻게 될까?

그림 3.2 잎의 안쪽부터 노랗게 물든 은행나무 잎

아마도 이 학생은 의심의 상태에 빠지게 될 것이다. 기존에 생각하고 있었던 은행나무 잎, 단풍, 줄기에서 먼 쪽부터 드는 단풍 등과 같은 관련된 요소들 사이의 관계가 불확정

그림 3.3 각각 잎의 바깥쪽과 안쪽부터 노랗게 물든 은행나무 잎

적인 상황에 놓이게 되었기 때문이다.

실제로 은행나무 잎은 <그림 3.3>에서 보이는 바와 같이 어떤 경우에는 잎의 바깥쪽부터, 어떤 경우에는 잎의 안쪽부터 노랗게 물든다. 이 두 경우를 모두 '단풍'이라는 자연현상으로 동일하게 설명해야 할지는 명확하지 않으나, 분명한 것은 이러한 두 가지 현상 모두를 우리는 직접 관찰할 수 있다.

이제 이 학생은 불안한 의심 상태를 벗어나고자 노력하게 될 것이다. 즉, 예를 들어, 잎의 안쪽부터 노랗게 단풍이 든 은행나무 잎이 정말 단풍이 든 것인지 따져볼 수도 있고, 그 은행나무가 보통의 은행나무와 다른 특별한 종류의 은행나무인지 살펴볼 수도 있을 것이며, 또, 그 은행나무가 있는 곳이 시멘트 바닥과 같이 물의 공급이 매우 원활하지 않은 곳은 아닌지 확인해볼 수도 있을 것이다. 어떤 시도를 하건, 그리고 그것이 과학적인 증거를 제시할 수 있을지는 명확하지 않지만, 적어도 이 학생은 의심 상태에서 믿음 상태에 이르기 위해 다양한 시도와 노력을 할 것이고, 이때의 이 노력은 과학교실 탐구공동체에서 목적으로 하고 있는 바를 달성하기 위한 노력으로 볼 수 있을 것이다.

정용재(2014, pp. 311-312)가 제시한 바 있는 또 다른 예를 살펴보자. 과학 수업 시간에 다음 <그림 3.4>와 같이 페트리접시 위에 촛불을 켜고 물을 담은 다음, 촛불 위에 비커를 덮었을 때 어떤 현상이 나타나는지 알아보고 있다고 해 보자.

위와 같이 실험 장치를 꾸민 후 비커를 덮으면 초가 연소하다가 조금 후에 꺼지게 되고, 그러면서 비커 속으로 물이 차오르는 것을 관찰할 수 있다. 그런데 수면이 상승하는 현상을 관찰하던 학생 A가 의심의 상태에 빠졌다고 해보자. A가 지금까지 경험하기로는 접시 위에 있던 물에 유리컵을 덮었다고 해서 그 물이 유리컵 안으로 더 차오르는 것을

그림 3.4 촛불 연소와 수면 상승 실험

본 적이 없기 때문이다. 다시 말해서, 그러한 관계, 즉, 물, 접시, 유리컵, 수면 상승, 덮는다는 행위 사이의 관계를 유리컵을 덮어도 물이 차오르지 않는다는 관계로 확정적으로 인식하고 있었기 때문이다. 그런데 촛불이라는 새로운 대상이 그 관계 속에 들어오면서 확정적으로 인식하고 있던 관계가 불확정적이 되었고, 이에 따라 "이게 왜 이럴까?"라는 의문과 함께 의심의 상태에 놓이게 된 것이다. 이제 A는 이러한 의심의 상태를 벗어나 다시금 믿음의 상태에 이르기 위해 여러 가지 설명을 시도하면서 탐구하게 된다.

이 과정에서 A는 새로운 대상인 촛불이 비커를 덮자 꺼졌다는 관찰 사실에 주목하게 되고 이것이 수면을 상승시키는 원인과 관련이 있을 것이라고 생각하게 되면서, "비커 속의 수면 상승은 초가 연소하면서 산소가 없어지면서 생긴 빈 공간 때문이다."라고 임시적인 설명을 했다고 가정해보자. 이러한 설명은 "초는 연소하면서 산소를 소모한다.", "일정한 공간 속에서 무엇인가가 없어지면 그만큼 공간이 생긴다.", "자연은 빈 공간을 싫어하므로 주변의 것들이 그 빈 공간을 채운다."와 같이 A가 기존에 가지고 있던 생각들과, 결이 맞는 설명이라고 가정해 보자. A는 기존에 가지고 있던 생각과 비커를 덮었을 때 수면이 상승하는 현상을 관계 지은 것이고, 이러한 관계가 형성되는 순간 A는 다시금 맥락 전체로서 확정적인 상황에 이르게 되면 믿음의 상태에 도달하게 된다. 다시 믿음의 상태에 도달한 A는 이제 탐구를 일시적으로나 멈추게 될 것이다.

한편, 옆에 있던 학생 B는 동일한 현상을 보고도 A와 달리 의심의 상태에 빠지지 않았다고 가정해 보자. B는 예전에 이미 <그림 3.4>와 같은 실험을 했고, 그때 이미 수면이 상승한 이유는 연소로 인해 산소가 없어졌기 때문이라고 설명함으로써 문제를 해결했다고 생각하고 있었기 때문이다. 그렇다면 B는 여전히 믿음 상태에 있는 것이고, 탐구는 시작되지 않을 것이다. 만약, 누군가 강제로 B에게 왜 수면이 상승하는지 탐구해보라고 한다면, 아마도 억지로 탐구하는 시늉을 할 수는 있겠지만, 그것은 시늉일 뿐 진정한 의미의 탐구라고 할 수 없을 것이다.

그런데 탐구하는 시늉만 하던 B가 어느 순간 수면의 상승하는 속도가 일정하지 않다는 것을 관찰하게 되면서 실제로 의심의 상태에 빠졌다고 해보자. 실제로 <그림 3.4>의 상황에서 비커 속으로 물이 차오르는 속도는 일정하지 않다. 초가 연소하고 있는 동안은 수면은 거의 상승하지 않는다. 그러다가 초가 꺼지는 순간 수면이 빠르게 상승한다. 이러한 관찰은 B가 인식하고 있던 확정적인 관계를 흔들어 놓게 된다. 만약 초가 연소할 때 일어나는 산소의 소모 때문에 수면이 상승하는 것이라면, 수면은 초가 연소하는 동안 꾸준히 그리고 일정한 속도로 상승해야 할 것이다. 연소에 의한 산소 소모는 일정한 비율로 이뤄질 것이기 때문이다. 그런데 실제 관찰 결과는 이와 다르다. B가 기존에 인식하고 있었던 확정정인 관계로는 이 관찰 결과가 설명되지 않는다. 이러한 관찰 결과는 초가 연소할 때 산소가 소모되는 양이 촛불이 꺼지는 순간 갑자기 크게 늘어난다고 관계를 수정하지 않는 한, 수명 상승의 원인에 대한 새로운 설명을 필요로 하게 된다. 어느 쪽이건, 이제 B 역시 진정한 의심의 상태에 이르게 된 것이고, 의심의 상태를 벗어나 다시금 믿음의 상태에 이르기 위해 탐구를 시작하게 된다.

이 과정에서 학생 B가 “비커 속에 물이 차오르는 것은 촛불이 꺼지는 순간 주변의 온도가 내려가게 되고, 그로 인한 비커 속의 기압이 외부의 기압보다 낮아지기 때문이다.”라고 새로운 임시적인 설명을 생각해 냈다고 가정해보자. 실제로 촛불이 꺼지면서 수면이 상승하는 주된 원인은 온도변화에 따른 기체 분자 운동의 변화와 이에 따른 기압의 변화로 알려져 있다(김영철과 이형철, 1999). 이러한 B의 임시적인 설명은 ‘초가 꺼지는 순간 비커 속의 수면이 빠르게 상승’한다는 신기했던 관찰 결과를 이제 B가 이미 가지고 있던 기존 지식들과 잘 연결 해준다. 비커 속의 온도 변화는 촛불이 꺼지는 순간 급격히 일어날 것이기 때문이다. 혼란스러웠던 관계가 ‘온도 변화’라는 연결 고리가 생기면서 다시 확정적인 관계로 전환된 된 것이다. 이제 B는 다시 믿음의 상태에 이르게 되고, 탐구는 일시적으로나 종료된다. 물론, 언제가 또 다른 새로운 관찰 결과나 대상의 출현에 따라 또 다른 의심의 상태에 놓이게 되고 새로운 탐구가 일어날 가능성은 항상 존재할 것이다.

<그림 3.5>는 이러한 과학교실 탐구공동체의 목적을 도식화 한 것이다. <그림 3.5>에서 약간 뒤편에 위치하는 부정형의 도형은 불확정적인 상황에 직면하면서 의심의 상태에 놓인 것을 나타낸 것이고, 직사각형은 맥락 전체로서의 확정적인 상황을 복원하여 다시금

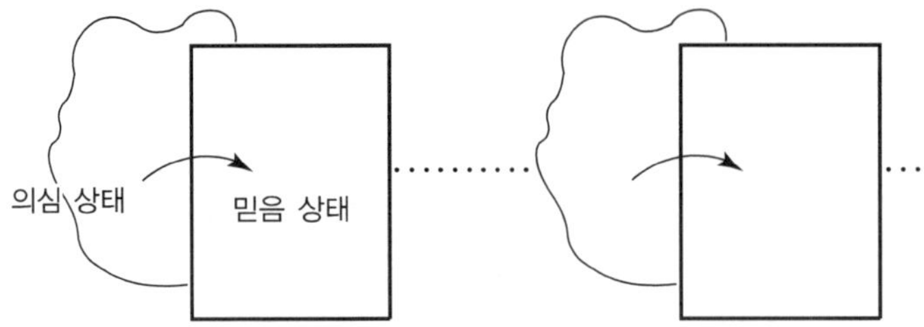

그림 3.5 **과학교실** 탐구공동체의 목적 (정용재, 2014, p. 312)

믿음의 상태에 도달한 것을 나타낸 것이다. 의심의 상태와 믿음의 상태를 연결하는 반원의 화살표는 의심의 상태에서 다시금 믿음의 상태에 도달하고자 하는 노력, 즉 탐구를 나타낸 것이다. 이 반원의 화살표에 어떠한 과정들이 포함되는 지는 다음 절에서 좀 더 상세하게 논의할 것이다. 한편, '…'는 탐구를 통해 한 번 믿음의 상태에 도달했다고 하더라도 언제든 새로운 의심의 상태에 놓일 수 있고 새로운 탐구가 시작될 수 있음을 나타낸 것이다.

03 과학교실 탐구공동체의 탐구 과정

3.1 개요

과학교실 탐구공동체의 탐구 과정은 <그림 3.6>과 같이 문제인식, 가설설정, 가설검증, 문제해결의 4가지 과정을 중심으로 이루어져 있다(정용재, 2014). <그림 3.6>은 과학교실 탐구공동체의 목적을 도식화 한 <그림 3.5>에서 의심의 상태에서 믿음의 상태에 다시 이르게 되는 과정을 나타낸 반원 모양의 화살표 부분을 각 과정별, 각 구성 요인별로 좀 더 상세히 나타낸 것에 해당한다.

<그림 3.6>에서 원의 중심은 과학교실 탐구공동체의 주요 탐구 대상, 즉, '자연현상과 사물'을 대표하여 '자연현상'으로 나타낸 것이다. 탐구가 이뤄지는 과정을 순차적으로 나타내기 위하여 원 모양의 화살표를 사용하였는데, 위쪽 반원은 실선 화살표, 아래 반원은 점선 화살표를 사용하였다. 실선 화살표는 문제를 인식하고, 이를 해결하기 위한 가설을 설정한 후, 이를 검증하여 문제를 해결하는 4가지 주요 탐구 과정을 나타낸 것이다. 이 4가지 주요 탐구 과정을 부채꼴 형태의 사분면으로 구분하여 나타내었고, 각 사분면에는

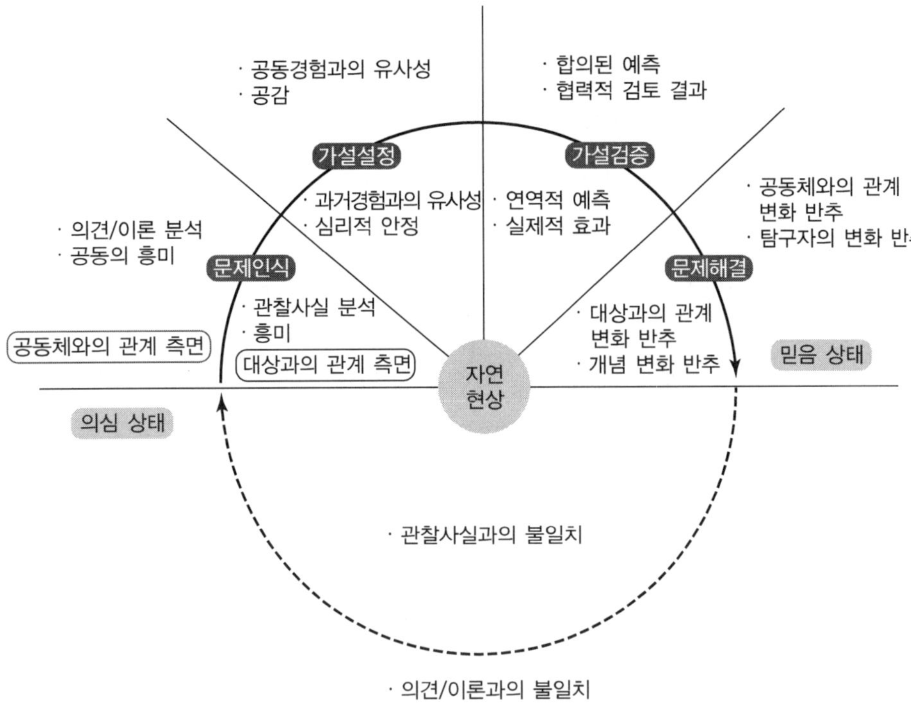

그림 3.6 과학교실 탐구공동체의 탐구 과정 (정용재, 2014, p. 313)

해당 탐구 과정에 관련된 요소들을 표기하였다. 아래쪽 반원을 이루고 있는 점선 화살표는 믿음의 상태에서 의심의 상태에 이르는 것을 나타낸 것이다. 그리고 두 개의 반원 화살표가 만나 전체적인 순환을 하고 있는 것은 언제든 새로운 의심의 상태가 출현하여 끊임없이 탐구가 반복하여 일어남을 나타낸 것이다. 한편, 커다란 원형 화살표에 의해 안쪽 영역과 바깥쪽 영역으로 나눠지게 되는데, 안쪽 영역에는 탐구의 대상과의 관계에 영향을 미치는 요소들을 서술하였고, 바깥쪽 영역에는 공동체와의 관계에 영향을 미치는 요소들을 서술하였다. 물론 탐구의 과정은 '맥락 전체' 속에서 가능하므로(Dewey, 1938), 대상과의 관계와 공동체와의 관계는 서로 상호작용을 주고받는 통합적인 전체 속에서 이해되어야 할 것이다. 아울러서 각각의 요소들은 추후 연구를 통해 수정되거나 추가될 수 있을 것이다.

<그림 3.6>에서 볼 수 있는 바와 같이, 과학교실 탐구공동체의 탐구 과정은 '문제인식', '가설설정', '가설검증', '문제해결'의 4가지 주요 과정으로 구성되어 있다. 이들 네 개의 주요 탐구 과정은 우리나라 과학과 교육과정에서 제시하고 있는 통합 탐구 과정, 즉, 문제인식, 가설설정, 변인통제, 자료변환, 자료해석, 결론 도출, 일반화(교육부, 2011; 교육

부, 2015a)의 주요 탐구 과정과 크게 다르지 않다. 예를 들어, 2009개정 과학과 교육과정에 의거한 초등학교 과학과 교사용 지도서에는 통합 탐구 과정을 설명하면서, "해결해야 할 문제를 발견하거나 제시된 문제를 파악하고, 기존 지식과 경험을 활용하여 문제를 해석하고 자신의 언어로 문제를 재구성하는 과정"(교육부, 2014, p. 54)으로 '문제인식'을 제시하고 있다. 또, "이미 알고 있는 사실과 개념이나 관찰을 근거로 하여 문제에 대한 잠정적인 답을 검증 가능한 형태로 진술하는 과정"(교육부, 2014, p. 54)이라는 설명과 함께 '가설설정'을 통합 탐구 과정의 하나로 제시하고 있다. 그러나 과학교실 탐구공동체의 주요 탐구과정과 교육과정에서 제시하고 있는 통합 탐구 과정이 동일한 것은 아니다. 과학교실 탐구공동체의 주요 탐구 과정은 전체 과정이 모두 공동체와의 관계 속에서 이뤄진다. 즉, 교육과정에서는 기초 탐구과정의 '의사소통' 기능이 공동체적 관점을 대변하고 있지만, 과학교실 탐구공동체서는 공동체적 관점을 탐구 과정 전체로 확장하고 있다(정용재, 2014). 이와 같이 공동체적 탐구에 대한 강조 수준에서 과학교실 탐구공동체의 탐구 과정과 교육과정에서 제시하고 있는 통합 탐구 과정은 탐구 과정은 차이를 보인다.

3.2 단계별 탐구 과정: 문제인식, 가설설정, 가설검증, 문제해결

(1) 문제인식

과학교실 탐구공동체에서 일어나는 탐구의 첫 번째 단계는 문제인식 과정이다. 문제인식 과정에 대해서 정용재(2014)는 다음과 같이 설명하고 있다.

> 문제인식 단계는 문제에 직면하여 의심 상태가 되는 단계이다. 이는 Dewey의 '불확정적 상황에 직면'과 '문제 설정' 단계에 해당한다. '불확정적 상황에 직면'하는 것은 당황스러움과 불안을 느끼는 문제 상황에 직면하는 것이고(Dewey, 1938), 설명의 필요성을 느끼는 상황으로(Dewey, 1910), 의심의 상태가 되었음을 의미한다. '문제 설정'은 무엇이 문제인지를 명확히 하는 과정으로 문제를 진단하는 단계이다(Dewey, 1938). 문제 상황에 직면한 사람은 자연스럽게 이 불안한 상황을 유발한 것이 무엇인지 명확히 하고자 하며, 이렇게 함으로써 해결의 계획을 세우는 토대가 마련된다. 그런 의미에서 Dewey가 제안한 이 두 과정은 동시에 일어나기도 한다(Dewey, 1910). (정용재, 2014, p. 312)

위의 인용문에서 서술되어 있듯이, 문제인식 과정은 어떤 의심스러운 상황에 직면하여 당황스러움과 불안함을 느껴 탐구를 시작하게 되는 단계이고, 그 과정에서 해당 상황의 어떤 점이 당황스러움과 불안함을 느끼게 되었는지를 명확히 하는 단계이다. 다만, 무엇이 문제인지를 명확히 분석하는 과정은 문제인식 단계에서 뿐만 아니라, 가설을 설정하는 단계에서도 중요하게 이뤄져야 할 것이다. 가설을 설정하기 위해서는 문제가 되는 있는 현상이나 상황에서 특별히 어떤 요소와 측면이 문제를 유발한 것인지를 분석할 필요가 있기 때문이다.

문제인식 과정은 <그림 3.6>의 커다란 원형 화살표의 안쪽 영역, 즉, 대상과의 관계 측면에서 '관찰 사실과의 불일치', '관찰 사실에 대한 분석', '흥미'에 영향을 받으며, <그림 3.6>의 커다란 원형 화살표 바깥쪽 영역, 즉, 공동체와의 관계 측면에서 '의견/이론과의 불일치', '의견/이론에 대한 분석', '공동의 흥미'에 영향을 받는다(정용재, 2014).

우선, 문제인식 과정은 대상과의 관계 측면에서 '관찰 사실과의 불일치'와, 공동체와의 관계 측면에서 '의견/이론과의 불일치'에 영향을 받는다. 믿음의 상태가 무너지고 의심의 상태에 이르게 되는 한 가지 원인은 관찰 사실이 기존에 확정되어 있는 관계들에서 벗어날 때이다. 즉, 기존의 지식이나 경험과 현재 '관찰 사실과의 불일치'가 일어날 때이다. 앞선 수면 상승 과제에서 수면이 상승하거나, 상승의 속도가 일정하지 않다는 관찰 사실이 한 예이다. 또, 은행나무 잎은 잎의 바깥쪽부터 노랗게 물든다고 생각한 사람이 <그림 3.2>와 같이 잎의 안쪽부터 노래지는 은행나무 잎을 관찰한 경우이다.

그런데 알려진 바와 같이 관찰은 이론에 의존한다(Hanson, 1958). 다시 말해서, 관찰자가 보는 것은 망막에 맺힌 상에 의해 결정되지 않고, 관찰자의 경험, 지식, 기대 등에 의해 결정된다(Chalmers, 1982). 예를 들어, 동일한 실험기구를 관찰하여도 물리학을 전공한 전문가가 바라보는 것과 초보자가 바라보는 것은 다를 수밖에 없다(Duhem, 1906). 또, 프리즘을 통과한 빛이 무지개 색깔의 빛으로 분산되는 실험 결과를 기록할 때, 실제 관찰 사실과는 별도로 빛이 무지개처럼 휘어지게 그리는 경우가 있는데, 이는 무지개를 본 기존의 경험이 관찰에 영향을 미친 것으로 해석되기도 한다(Driver, 1983).

그렇다면 이러한 관찰의 이론 의존성은 문제인식 과정에서 어떤 영향을 미칠 수 있을까? 초등학교 5학년 학생들을 대상으로 물에 '떠 있다'와 '가라앉아 있다'에 관한 전형적 인식상황[12]을 조사한 연구(Joung, 2009)를 예로 들어보자. 이 연구에서 연구자는 전형적

12) 전형적 인식상황(Typically-Perceived-Situation)은 '사물, 개념, 상황 등과 같은 어떤 대상에 대해서 혹은 그와 관련해서 생각할 때 즉시적이고 자동적으로 떠오르는 상황'(정용재, 2004)을 의미한다. 정용재와 송진웅(2004), 강태욱 등(2008), Joung & Gustone (2010) 등에서 전형적 인식상황을 통한 개념

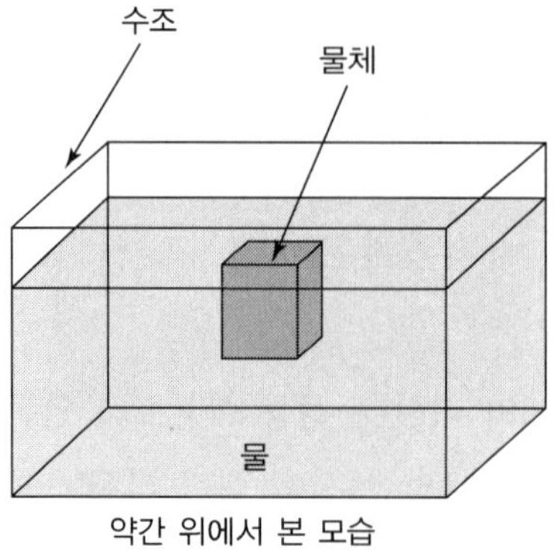

그림 3.7 뜨고 가라앉음에 대한 판단 문제 (Joung, 2009, p. 109)

인식상황이 현상에 대한 초기 판단에 미치는 영향을 알아보기 위해 <그림 3.7>과 같이 수면 바로 아래에 잠겨 물에 떠 있는 물체 그림을 제시하고 이 그림 속 물체가 물에 떠 있는 것인지 가라앉아 있는 것인지를 5학년 학생들에게 물었다.

조사 결과, 총 148명의 학생 중, 그림 속 물체가 '떠 있다'고 응답한 학생이 48.6%였고, '가라앉아 있다'라고 응답한 학생이 35.8%였다. 즉, 응답자의 1/3 이상의 학생들이 위의 상황을 물체가 떠 있는 상황이라고 응답한 것이다.

이와 같이 동일한 현상을 관찰하고도 서로 다른 판단을 내린 학생들은 문제인식 과정에서도 서로 다른 모습을 보일 것이다. 예를 들어, 얼음이 물에 거의 잠긴 상태에서 떠 있는 현상을 관찰했을 때, <그림 3.7>의 상황을 물에 뜬 상황으로 판단한 학생은 얼음이 물에 떠 있다고 얘기할 가능성이 크고, 가라앉은 상황으로 판단한 학생은 얼음이 물에 가라앉아 있다고 얘기할 가능성이 클 것이다. 이는 똑같이 책을 통해서 얼음이 물에 뜬다고 알고 있는 학생이라도 실제 얼음이 물에 뜨는 현상에 대해 의심의 상태에 이를 수도, 그렇지 않을 수도 있음을 보여준다.

문제인식 과정은 공동체와의 관계 측면에서 '의견/이론과의 불일치', '의견/이론에 대한 분석'에도 영향을 받는다(정용재, 2014). 관찰이 의존하고 있는 이론은 공동체의 영향을 받는다. 즉, "망막에 맺힌 상이 우리가 보는 것의 원인의 일부이지만, 우리가 보는 것의

조사가 이뤄진 바 있으며, 전형적 인식상황을 통한 개념 조사는 개념과 관련된 상황을 기술하기 때문에 장면, 배경, 인과관계, 이야기를 포함하는 '사건과 같은 모습'을 파악할 수 있고, 기존의 선택형 개념검사 도구에 비해 좀 더 풍부한 생각을 파악할 수 있음이 보고된 바 있다(Joung, 2009).

(a) (b)

그림 3.8 '물체에 힘이 작용하고 있다'에 대해 호주 학생들(a)과 우리나라 학생들(b)이 가장 많이 떠올린 전형적 인식상황 (Joung & Gunstone, 2011, p. 1603)과 유사한 상황

다른 주요 원인은 우리들의 마음이나 의식 상태에 의해 구성된다. 그리고 마음이나 의식 상태는 분명히 우리가 자란 문화적 풍토, 지식, 기대 등과 밀접한 관계를 맺고"(Chalmers, 1982, p. 62)있기 때문이다.

이론에 미치는 이러한 공동체의 영향은 '물체에 힘이 작용하고 있다'와 '물체에 힘이 작용하고 있지 않다'에 대한 우리나라 초등학생과 호주 초등학생의 전형적 인식상황을 비교한 연구(Joung & Gunstone, 2010)에서도 나타난다. 조사 결과, <그림 3.8>의 (a)와 같이, 힘이 작용하고 있는 상황으로 호주 학생들이 가장 많이 떠올린 상황은 사람이 물체를 밀고 있는 상황으로 전체 응답자(145명)의 21.4%이 이러한 상황을 떠올렸다. 반면, 우리나라 학생들의 경우에는 가장 많이 떠올린 상황이 <그림 3.8>의 (b)와 같이 일종의 에너지가 공급되어서 사람이나 물체가 활동하거나 작동하는 상황으로 전체 응답자(150명)의 22.0%가 이런 상황을 떠올렸다.

이러한 두 나라 학생들의 차이에 대해서 연구자들은 각 나라의 언어적 특징에 따른 차이가 한 원인이라고 해석하였다. 즉, 우리나라의 경우 '힘'이라는 말은 '기운'이라는 말과 혼용되는 경향이 있으며, 이는 곧 힘과 에너지를 개념적으로 혼용할 수 있음을 의미한다. 예를 들어, 우리가 흔히 하는 "밥을 먹어서 힘이 났다."라는 말은 힘과 에너지의 개념이 혼용되고 있는 사례이다. 이러한 언어적 특징이 '물체에 힘이 작용하고 있다.'라는 말을 들었을 때, 에너지가 공급되어 작동하게 되는 상황을 떠올리는데 영향을 미쳤을 것이라는 것이다. 이와 같은 차이는 호주 학생들이 <그림 3.9>와 같이 다른 사람과 싸우거나 전쟁하는 상황을 두 번째로 많이(전체 응답자의 10.3%) 떠올렸다는 결과에서도 나타난다. 이

그림 3.9 '물체에 힘이 작용하고 있다'에 대해 호주 학생들(a)이 두 번째로 많이 떠올린 전형적 인식상황 (Joung & Gunstone, 2011, p. 1603)과 유사한 상황

역시 두 나라의 언어적 특징에 따른 차이로 연구자들은 해석하였는데, 즉, 영어의 'force'에는 강제로 무엇을 시키거나 전쟁과 관련된 의미가 포함되어 있으므로, 이러한 문화적 특징이 영향을 미쳤을 것이라는 것이다.

이와 같이 관찰 자체 역시 이론을 거쳐 공동체와 관련되어 있게 된다. 아울러서, 이론을 공동체에 의해 합의된 설명 체계라고 할 때, 나의 믿음과 다른 이들의 믿음에 차이가 크다는 것을 아는 순간 우리는 나의 믿음에 문제가 있는 것은 아닌지 생각하게 된다. 이는 이론으로서 공동체의 합의된 의견뿐만 아니라, 일상적인 공동체의 의견 역시 의심을 유발 시키거나, 혹은 의심을 억제시킬 수 있음을 의미한다. 예를 들어, <그림 3.10>과 같이 동일한 전압의 건전지에 꼬마전구를 한 개 연결했을 때(전구 A)와, 동일한 규격의 전구 두 개를 병렬로 연결했을 때(전구 B), 두 경우에 전구의 밝기를 비교하는 실험(Joung, 2015)을 생각해 보자. 각 연결에 따라 전구의 밝기는 어떻게 될까?

이 실험은 2009 개정 과학과 교육과정에 따른 초등학교 6학년 교과서에도 제시되어 있

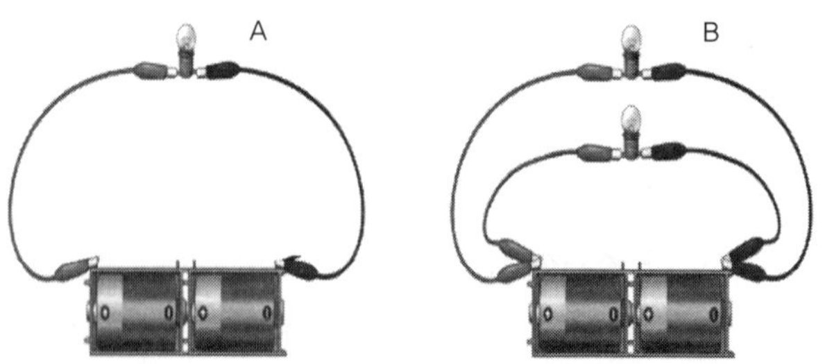

그림 3.10 전구 하나와 병렬로 전구 두 개를 연결했을 때 불의 밝기 변화 실험

는 실험이다. 간단한 실험이므로 결과는 금방 확인할 수 있을 것이다. 전구 A가 더 밝은가, 아니면 전구 B가 더 밝은가? 혹은 두 전구의 밝기는 동일한가?

아마도 학창 시절에 했었던 과학 수업의 내용을 기억하고 있는 사람이라면, 두 전구의 밝기는 동일하다고 기억하고 있을 것이다. 과학 수업에서 우리는 이론적으로 두 전구의 밝기는 동일하다고 가르친다. 전구의 밝기는 전구에서 단위 시간 동안에 소비되는 에너지, 즉, 전력(P)에 비례하고, 전력은 전압(V)과 전류(I)의 곱이다. 그리고 옴의 법칙(V=IR)에 따라 전압이 동일할 때 전류의 세기는 도선에 걸려있는 저항(그림 3.10에서는 꼬마전구의 저항)에 반비례한다. 그런데 저항의 크기는 단면적에 반비례하므로, 동일한 저항(꼬마전구) 두 개를 병렬로 연결하면, 전체 회로에 작용하는 저항은 1/2로 줄어들게 되어, 전체 회로에 흐르는 전류의 세기는 두 배가 된다. 그렇다면 <그림 3.10>에서 전구 B에 흐르는 전류의 세기는 전구 A에 흐르는 전류의 세기보다 두 배 클까? 그렇지 않다. 전기 회로에서 도선이 갈라져 전류가 흐르는 길이 나뉘게 되면, 전류 역시 각각의 길로 나뉘어 흐른다. 즉, <그림 3.10>의 오른쪽 그림과 같이 동일한 규격(저항)의 두 꼬마전구를 병렬로 연결하면, 전체 회로에 흐르는 전류의 세기는 꼬마전구를 한 개 연결했을 때에 비해 두 배 늘어나지만, 그 길이 두 갈래로 나뉘어져 있기 때문에, 각각의 길에 흐르는 전류의 세기는 다시 1/2로 줄게 된다. 결국, <그림 3.10>에서 병렬로 연결되어 있는 전구 B에 흐르는 전류의 세기는 전구 A에 흐르는 전류의 세기와 동일하게 된다. 그렇기 때문에 우리는 과학수업에서 두 전구의 밝기는 동일하다고 가르친다.

그런데 실제로 두 전구의 밝기를 관찰해보면, 미세하나마 차이를 관찰할 수 있다. 전구 A에 비해서 전구 B의 밝기가 미세하나마 어두워지는 것을 관찰할 수 있다. 이것은 우리가 흔히 사용하는 화학전지는 전지의 내부에 내부저항이 존재하고, 이로 인해 흐르는 전류의 양에 한계가 있게 된다. 즉, 회로에 걸리는 저항이 1/2, 1/10, 1/100로 줄어든다고 해서 전류가 2배, 10배, 100배 많이 흐르지는 않는다. 실제로 <그림 3.10>에서 두 경우에 건전지의 단자전압을 측정해보면, 전구 두 개를 병렬로 연결했을 때는 전구 하나를 연결했을 때에 비해 그 크기가 작게 측정된다. 이러한 원인이 실제로는 전구 B의 밝기가 미세하나마 조금 더 어둡게 관찰되는 주요 원인이다.

하지만, 실제 수업에서 두 전구의 미세한 밝기 차이를 관찰하여 발표하는 경우는 보기 쉽지 않다. 이는 위에서 설명한 것과 같이 A에 흐르는 전류와 B에 흐르는 전류의 세기가 이론적으로 동일하다는 이론을 관찰자가 가지고 있기에 관찰 자체가 왜곡된 것일 수도 있고, 학생의 눈에는 미세하나마 밝기 차이가 보였지만 이론적으로 동일하다고 알고 있는 교사에 의해 그 관찰 결과가 드러나지 않게 된 것일 수도 있을 것이다(Joung, 2015). 다시 얘기하면, 의심의 상태에 이르러 문제인식에 이를 수 있었던 경험이 공동체에 의해 수면 아래로 가라앉게 된 것일 수 있다는 것이다.

한편, '관찰 사실에 대한 분석'과 '의견/이론에 대한 분석'은 현재의 관찰 결과가 기존의 나의 생각이나 공동체의 생각 혹은 이론과 어떤 점에서 불일치를 일으키고 있는지 분석하는 것이다. 얼음이 물에 떠있는 것을 관찰했고, 이에 대해서 의심스러움을 느꼈다면, 나의 어떤 기존 생각이나 경험과 불일치하는 것인지 분석해 보는 것이다. 또, 전구 하나와 병렬로 연결된 전구 두 개의 밝기에 미세한 차이가 있다는 관찰을 하고 의심의 상태에 빠졌다면, 도대체 내가 알고 있는 바는 무엇이고 공동체에 의해 수용되고 있는 이론은 무엇이며, 이들 중 어떤 측면이 지금의 관찰과 충돌하고 있는지를 분석하는 것이다. 다시 말해서, '관찰 사실에 대한 분석'과 '의견/이론에 대한 분석'은 의심의 상태에 이르게 한 지금의 관찰이 기존의 경험이나 이론과 어떤 측면에서 어떻게 다른지 명확히 하는 것으로, 듀이의 '문제 설정' 단계에서 주로 이루어지는 과정들이다. 다만, 앞서 언급한 바와 같이, 무엇이 문제인지를 명확히 분석하는 과정에 해당하는 '관찰사실 분석'과 '의견/이론 분석'은 가설의 설정에도 영향을 미치므로, 정용재와 장진아(2017)의 연구에서는 요인분석 결과를 바탕으로 해서 '관찰사실 분석'과 '의견/이론 분석'을 '가설설정' 단계에 포함시켜 과학교실 탐구과정에 대한 수정 모형을 제안하기도 하였다.

문제인식 과정은 대상과의 관계 측면에서 '흥미'와, 공동체와의 관계 측면에서 '공동의 흥미'에도 영향을 받는다(정용재, 2014). 앞서 논의한 바와 같이 '흥미'는 '관람자'로서가 아니라 '참여자'로서 참여할 때 일어난다. 다시 말해서, 흥미는 어떤 현상 자체나 그 현상을 설명하는 것이 장차 다가올 자신의 행동이나 상태에 영향을 미치는 경우에, 혹은 영향을 미친다고 인식하는 경우에 때 유발된다(Dewey, 1916). 따라서 어떤 현상이나 현상을 설명하는 것에 흥미를 갖는다는 것은 그 의미상 탐구의 대상이나 결과가 나의 미래에 영향을 미친다고 인식하고 있는 상태이므로 탐구는 나와 깊은 관련이 있는 행위가 되고, 그렇게 흥미로운 문제가 인식 될 때 탐구는 큰 동력을 얻게 된다. 이러한 점을 고려한다면, 과학교실 탐구공동체의 문제인식 과정은 학생 스스로 흥미로운 문제를 인식하는 과정이어야 할 것이다. 그리고 만약 교사가 탐구의 주제와 대상을 제시할 수밖에 없는 상황이라면, 적어도 학생의 흥미를 고려한 주제 혹은 대상의 선정이 필요할 것이다.

그렇다면, 학생의 흥미를 고려한 주제 혹은 대상은 어떠한 특징을 가지고 있는 것들일까? 물론, 기존의 우리나라 과학과 교육과정에서도 흥미는 꾸준히 강조되어 왔다. 특히 2015 개정 과학과 교육과정에서(교육부, 2015a)는 과학과 목표를 진술하면서 기존의 인지적 영역, 기능적 영역, 정의적 영역의 순서를 뒤집어 "가. 자연 현상에 대한 호기심과 흥미를 갖고, 문제를 과학적으로 해결하려는 태도를 갖는다."(p. 4)라는 정의적 영역의 목표를 가장 먼저 진술하고 있다. 그만큼 흥미와 과학 관련 태도를 강조하겠다는 취지이다(신영준, 2015). 그렇다면 어떤 주제나 대상이 이러한 흥미를 유발할 수 있을까? 흔히 흥미 유발을 위해 친근한 소재, 일상생활 소재, 최근의 소재 등을 도입하곤 한다. 예를 들어, 2009 개정 과학과 교육과정(교육부, 2011)에서도 흥미를 유발할 수 있는 소재로 '생활 주변'(p. 67), '첨단 과학'(p. 67), '시사성 있는 과학'(p. 68) 등을 제시하고 있다. 그러나 친근한 소재, 일상생활 소재, 최근의 소재라고 해서 모두 학생의 흥미를 유발하는 것은 아니다(정용재, 2014). 예를 들어, 백성혜 등(2011)의 연구에 따르면 일상생활의 소재였기 때문에 오히려 흥미가 감소되었다는 결과가 나타나기도 하였다. 이들은 용해 단원 수업을 진행하면서 학생들의 흥미를 유발하기 위해 물, 소금, 설탕 등 일상생활에서 쉽게 접하는 소재들을 사용했는데, 오히려 학생들은 일상실생활에서 이미 많이 접한 소재와 현상이었기 때문에 흥미를 느끼지 못했다고 보고하였다. 결국, 흥미를 유발하는 주제나 대상 혹은 소재는 그것이 친근한 소재냐 일상생활 소재냐 최근의 소재냐의 문제가 아니라 어떤 특징을 가지고 있느냐의 문제라고 볼 수 있다. 이와 관련하여 흥미에 대한 듀이의 관점은 우리에게 시사점을 던져주고 있다. 앞서 논의하였듯이 듀이는 흥미를 맥락 전체 속에서 발생하는 것으로 보았고, 관람자가 아니라 참여자로서 참여할 때 발생하는 것으로 보았다. 다시 말해서 흥미는 어떤 특정한 주제나 대상에 내재되어 있는 것이라기보다는 어떤 상황에 직면한 사람과 대상, 그들의 행동, 사건들, 환경 사이의 전체적인 관계에서 유발되며, 특히 그 관계가 나와 나의 미래에 직접적인 관련이 있을 때에 발생한다(Dewey, 1916). 따라서 흥미가 유발되어 힘 있는 탐구가 이뤄지기 위해서는 학생 스스로 흥미로운 주제나 대상을 선정하거나, 혹 교사에 의해 제시되어야 할 때에도, 단순히 생활 주변의 친근한 주제나 대상이 아니라 학생들의 미래 행동과 상태에 영향을 미치는, 그래서 학생들과 깊게 관련되어 있는 주제나 대상이 제시되어야 할 것이다.

아울러서, 공동체가 갖는 '공동의 흥미' 역시 문제인식 과정에 영향을 미친다. 앞서 살펴본 흥미의 의미를 감안한다면, 공동체가 공동의 흥미를 가진다는 것 역시 탐구를 통해 문제를 해결하는 것이 공동체의 미래에 영향을 미칠 것이라고 공동체 구성원들이 인식하고 있음을 말한다. 이러한 인식이 공동체 구성원 전체에게 널리 공유될수록 공동의 흥미는 더욱 강해질 것이고, 이렇게 공동체 차원에서 흥미로운 문제를 인식했을 때 탐구는 좀 더 힘 있게 수행될 수 있을 것이다.

한편, 위와 같은 문제인식 과정이 제대로 수행되고 힘 있는 탐구가 수행되기 위해서는 '진정성'이 전제되어야 한다(정용재, 2014). 앞서 논의하였듯이, 탐구는 의심의 상태에서 갖게 되는 불편과 불만족스러움을 벗어나 다시 편안하고 만족스러운 믿음의 상태에 이르고자 하는 투쟁이고(CP 5.372), 의심의 자극은 믿음을 획득하고자 투쟁하게 되는 직접적인 동기이다(CP 5.375). 그런데 이때의 의심의 상태가 작위적이거나 강제적이라면 어떤 일이 벌어질까? 실제로는 의심의 상태에 이르지 않았는데 거짓으로 그런 척하거나, 혹은 그렇게 하기를 강요받는다면, 불안함과 당황스러움은 일어나지 않을 것이며, 이를 벗어나고자 하는 노력도 일어나지 않을 것이다. 이런 상태에서 탐구와 유사한 행위를 한다고 해도, 그래서 설혹 문제를 해결했다고 하더라도 이것은 단지 어떤 작위적인 행위를 하는 것일 뿐 진정한 의미의 탐구가 일어났다고 볼 수 없을 것이다. 탐구를 유발하는 의심은 진정성이 있어야 한다(CP 5.265). 다시 말해서 의심스러운 상황에 직면에서 스스로 느끼는 불안함과 당황스러움의 느낌에 솔직하고 충실하게 임하는 진정성이 기반이 될 때, 탐구는 자연스럽고 힘 있게 수행될 수 있을 것이다.

이러한 진정성은 탐구가 수행되는 공동체에게도 요구되는 조건이다(정용재, 2014). 개인은 공동체의 일원으로서 공동체의 문화와 지향하는 가치에 영향을 받을 수밖에 없다. 진정성에 기반 한 탐구를 장려하지 않는 공동체 속에서 어떤 개인이 홀로 탐구에서 진정성을 추구하기는 쉽지 않다. 공동체 전체적으로도 진정성에 기반 한 탐구를 수행해야 할 것이다. 이는 과학교실 탐구공동체가 교사가 어떤 역할을 해야 하는가에 대한 문제와도 연결된다(정용재, 2014). 교사는 교실 공동체에서 중요한 역할을 하는 구성원으로 볼 수 있을 것이다. 그런데 만약 교사가 자신은 전혀 의문이나 의심스러움을 느끼지 않은 상태에서 모든 것을 이미 다 알고 있는 감독자로서 탐구를 지휘 감독하고 있다면, 그리고 학생들 역시 교사의 역할을 그러한 것으로 인식하고 있다면 학생들의 탐구는 진정성 있는 의심 상태를 해결하는 탐구가 아니라, 드라이버(Driver, 1983)가 지적한 바와 같이, 교사가 원하는 것을 파악하여 그 원하는 것에 탐구 결과를 맞추고자 하는 작위적인 탐구에 지나지 않을 것이다. 교사는 분명 학생들에 비해서 더 많은 지식과 기능을 갖춘 구성원이지만, 공동체 전체가 진정성에 기반 한 탐구를 수행해야 한다는 점에서, 과학교실 탐구공동체에서 교사는 탐구공동체의 일원으로서 그 역시 진정성 있게 탐구에 참여할 수 있어야 할 것이다.

(2) 가설설정

과학교실 탐구공동체에서 일어나는 탐구의 두 번째 단계는 가설설정 과정이다. 가설설정 과정에 대해서 정용재(2014)는 다음과 같이 설명하고 있다.

> 가설설정 단계는 인식된 문제의 임시적인 설명과 해결 방안을 제안하는 단계이다. 앞서 논의했듯이, 가설의 설정은 귀추법에 의해 이뤄지는 것으로 알려져 있다. 그리고 귀추법은 모든 과학의 아이디어들이 생성되는 방법이며(CP 5.145), 연역법이나 귀납법과 다르게 새로운 진리에 도달할 수 있는 방법이다(CP 7.219). 이는 Dewey의 '문제 해결책의 결정' 단계에 해당되기도 한다(Dewey, 1938; 박선영과 김희용, 2009). 즉, 가설을 설정함으로써 무엇을 확인하면 문제 상황을 해결하여 의심의 상태를 벗어날 수 있는지 결정하게 되는 단계이다. (정용재, 2014, p. 314)

위의 인용문에서 서술되어 있듯이, 가설설정 과정은 불확정적인 상황에 직면하면서 불안함고 당황스러움을 느끼는 의심의 상태에서 다시금 믿음의 상태에 도달하기 위해 임시적인 설명을 제안함으로써 문제의 해결책을 제안하는 단계이다.

이러한 가설설정 과정은 <그림 3.6>에서 나타낸 바와 같이 대상과의 관계 측면에서 '과거 경험과의 유사성'과 '심리적 안정'에 영향을 받으며, 공동체와의 관계 측면에서 '공동 경험과의 유사성'과 '공감'에 영향을 받는다(정용재, 2014).

우선, 가설설정 과정은 대상과의 관계 측면에서 '과거 경험과의 유사성'과 '심리적 안정'에 영향을 받는다. 가설의 설정에 관여하는 추리로 알려져 있는 귀추법은, 2장에서 논의하였듯이, 현재 직면하고 있는 이상하고 의심스러운 현상과, 기존의 지식이나 이론처럼 이미 밝혀져 있고 알고 있는 것 사이의 유사성에 기인하여 이상함을 해소하기 위한 임시적 설명을 제안하는 추리이다. 즉, 귀추법은 둘 사이에 있는 일부의 유사성에 근거하여 둘 사이의 나머지 부분도 유사할 것이라는 추리이다(CP 2.623). 따라서 이상하고 의심스러운 현상을 설명하는 가설은 그 현상과 내가 겪은 경험과의 유사성에 영향을 받을 수밖에 없다. 현재 직면하고 있는 의심스러운 현상과 일부라도 유사한 경험을 내가 얼마나 많이 했고 또 그 유사한 정도가 얼마나 큰 지, 그리고 무엇보다도 그 둘 사이의 유사성을 내가 인식하고 있는지에 따라 세워질 수 있는 가설의 양이나 질이 영향을 받게 되기 때문이다. 이와 같이 과거의 경험이 가설설정에 중요한 역할을 담당한다는 것은 권용주 등 (2000)의 연구 결과에서도 보고된 바 있다. 그리고 이렇게 설정한 가설의 역할은 이상한 상황을 기존에 알려진 규칙 속 하나의 사례로 제안함으로써 이상하지 않은 상황으로 만들어주는 것이기 때문에(CP 2.624), 설정한 가설의 그럴듯한 정도가 얼마나 만족스러운가에 따라 개인이 느끼는 이상함의 해소 정도가 달라질 것이고, 그에 따라 개인이 느끼는 심리적 안정 정도가 달라질 것이다. 이는, 거꾸로 얘기하면, 가설을 설정함으로써 심리적 안정이 유발되는지, 그리고 그 정도가 어떠한 지 등이 설정한 가설을 얼마나 그럴듯하게 받아들이는 지에 영향을 미칠 수 있음을 말해준다(정용재, 2014).

그런데, 앞서 퍼스와 듀이의 공동체에 대한 관점을 살펴보면서 논의하였듯이, 개인적인 믿음이 곧 진리를 보장해 주는 것은 아니다. 공동체와 떨어져서 완전히 개인적이고 내적인 앎과 같은 것은 있을 수 없기 때문이다(정해창, 2005). 한 개인의 경험이 홀로 존재한다면, 그것은 아무 것도 아니며, 그가 다른 사람들이 볼 수 없는 것을 본다면 우리는 그것을 단지 환영(hallucination)이라고 할 뿐이다(CP 5.402 주2). 공동체와 동떨어져 있는 개인 혼자만의 믿음을 회복했다고 해서 올바른 가설이 설정되고 검증되었다고 보기는 어렵다.

이러한 개인과 공동체의 관계를 감안하면, 과거 경험과의 유사성과 심리적 안정은 공동체 차원으로 확대될 필요가 있다. 즉, 공동체의 '공동의 경험과의 유사성'과 '공감'으로 확대될 필요가 있다(정용재, 2014). 우선 '공동의 경험과의 유사성'에 대한 검토는 개인의 경험이 가질 수 있는 편협성을 보완할 수 있다. 퍼스가 얘기한 것처럼, 사고의 대상은 '나'의 경험이 아니라 '우리'의 경험이고, 이 '우리'는 무한한 가능성을 갖는다(CP 5.402 주2). 여기에서 '우리'란 실제적인 효과를 오감으로 관찰하면서, 그 대상이 갖는 습관을 확립시켜나가는 것을 목적으로, 끊임없이 그리고 충분히 추론하고 경험하는 일단의 사람들을 말한다. 이러한 공동체의 경험은 구성원의 편협 되고 왜곡된 경험을 차단하거나 보완할 수 있을 것이다.

'공감'은, 가설설정 과정과 관련해서 말하자면, 개인이 제안한 가설에 대해 구성원들이 그럴듯하다고 함께 느끼는 감정으로, 가설로 인해 공동체 구성원들이 공동으로 가지는 심리적 안정이다(정용재, 2014). '공감'은 심리적 안정을 개인에서 공동체 차원으로 확장함에 따라 개인의 가질 수 있는 편협 되거나 왜곡된 느낌을 보완할 수 있다.

'공동의 경험과의 유사성'과 '공감'이 미치는 영향과 관련하여 앞서 살펴본 초의 연소와 수면 상승 현상을 다시 예로 들어보자. 어떤 한 학생이 페트리접시 위의 물이 비커 안으로 차오르면서 상승하는 현상을 보고, 수면이 상승하는 원인을 초가 연소함에 따른 산소 소모 때문이라고 가설을 세웠다고 해보자. 그런데 같이 탐구하고 있는 다른 학생들은 연소에 따라 산소가 소모되는 것은 맞지만 그 대신에 이산화탄소가 발생하고 그 이산화탄소가 생각처럼 쉽게 물에 녹지 않는다는 것을 다른 실험을 직접 해봤거나 인터넷이나 책 등을 통해 간접적으로 경험함으로써 이미 알고 있다고 가정해보자. 만약 그렇다면, 산소 소모 때문이라고 가설을 세운 학생과 그 외에 다른 학생들은 서로 다른 과거 경험을 가지고 있는 것으로 '공동의 경험'을 갖고 있지 못한 상태가 된다. 그리고 이에 따라 '공감' 역시 느끼지 못하는 상태가 된다. 이러한 상태에서는 아마도 이 가설은 공동체 구성원 전체로부터 그럴듯한 가설로 인정받기 어려울 것이다.

또 다른 예를 들어보자. 앞선 <그림 3.10>의 꼬마전구 하나와 병렬된 연결된 꼬마전구 두 개의 밝기를 비교하는 실험에서, 병렬로 연결된 꼬마전구의 밝기가 왜 미세하나마 어두운지를 설명하는 가설을 전선의 문제하고만 관련지으려는 학생이 있다고 해보자. 이때 건전지의 내부저항이나 용량 문제를 알고 있는 다른 구성원이 있다면, 그가 교사이든 친구이든, 해당 학생이 가설을 설정하는 폭을 넓혀 줄 수 있을 것이다. 물론, 반대로 왜 병렬로 연결된 꼬마전구의 밝기가 미세하나마 어두운지를 설명하기 위해 건전지의 내부저항이나 용량 때문이라는 가설을 세운 학생이 있는데, 마침 그가 속해 있는 공동체 구성원들이 두 전구의 밝기에 대해 학원이나 다른 책을 통해 두 전구의 밝기가 동일하다고 믿고 있는 경우라면, 이 학생의 가설은 공동체의 공감을 얻지 못할 것이고, 어쩌면 관찰 자체가 무시됨으로써, 가설이 폐기될 가능성이 클 것이다. 가설의 폭을 넓혀 더욱 세련된 가설을 설정하도록 도움을 주든, 아니면 가설을 폐기하도록 영향을 미치든, 어느 쪽이든 공동체의 공동의 경험과 공감은 가설을 설정하는 데에 영향을 미칠 것이므로, 이를 고려하는 것이 필요하다. 이렇게 '공동의 경험과의 유사성'이나 '공감'을 검토하면서 가설을 세워야 한다는 주장은 좀 더 그럴듯한 가설을 세우기 위해서는 탐구에 참여하는 구성원들이 공동으로 가설을 생성할 필요가 있다는 주장(Joung, 2008b)과도 맥을 같이 하는 것이다.

한편, '과거 경험과의 유사성'과 '심리적 안정', '공동 경험과의 유사성'과 '공감'을 고려하면서 최선의 가설을 설정하기 위해서는 개방성이 담보된 공동체의 문화나 분위기가 필요하다. 공동체 구성원 서로에게 관심을 가지고 있으면서도(Dewey, 1916), 어느 한 개인이 자신의 의견과 느낌을 표현함에 있어서 강압이나 위험부담을 느끼지 않으면서(Garrison & Arbaugh, 2007), 자신의 의견을 명확하고도 치열하게 주장하면서 한편으로는 서로를 배려하는 분위기(Lipman, 2003)가 담보된 개방성이 전제 될 때, '과거 경험과의 유사성'과 '심리적 안정', '공동 경험과의 유사성'과 '공감'이 충분히 표출되고 검토될 수 있기 때문이다(정용재, 2014).

아울러서 개방성은 과학교실 탐구공동체에서 이뤄지는 탐구 과정 전체에 걸쳐서 요구되는 조건이기도 하다. 전체적으로 탐구의 방향이나 내용이 편협 되거나 왜곡되지 않도록 하는 데에 기여할 수 있기 때문이다(정용재, 2014). 예를 들어, 장진아와 송진웅(2015)의 연구에서는 다음과 같이 자신이 궁금해 하는 것에 대해 학생들이 교사와 대화를 나누는 장면이 제시되어 있다.

> 영철: 지구가 자전을 안 하면 어떻게 돼요?
> 교사: 낮과 밤이...?
> 학생들: 안 바뀌어요.
> 은선: 그러면, 달도 움직이나요? ...(중략)...
> 진희: 선생님, 그럼 겨울에는 자전이 더 빨리 돼요?
> 교사: 겨울에 자전이 더 빨리 되냐고?
> 진희: 낮이 금방 가잖아요.
> 철우: (고개를 끄덕이며) 맞아. 밤은 길고, 낮이 없어지잖아.
> 교사: 아, 그렇지만! 하루가 24시간인건 겨울, 여름 똑같잖아.(A학급-수업3, 전사자료)
>
> (장진아와 송진웅, 2015, p. 307)

위 장면은 학생들이 지구본을 이용하여 낮인 지역과 밤인 지역의 특징을 관찰하고 '자전'과 '공전'이라는 개념을 배운 뒤, 여러 질문들을 하고 있는 장면이다. 위에서 볼 수 있듯이, 학생들은 "지구가 자전을 안 하면 어떻게 돼요?", "그러면, 달도 움직이나요?", "선생님, 그럼 겨울에는 자전이 더 빨리 돼요?" 등의 질문을 하고 있고, 어떤 학생은 다른 학생의 설명에 고개를 끄덕이며 동조하기도 한다. 짧은 장면이긴 하지만, 이 장면 속에는 의심의 상태에서 시작하는 탐구의 모습이 나타나 있고, 다른 사람의 의견과 비교하는 모습이 나타나 있으며, 겨울에 낮이 짧아지는 원인에 대해 자전이 빨라서 그렇다는 나름대로의 가설을 세우는 모습도 나타나 있다. 이러한 모습이 나타날 수 있었던 데에는 위의 인용문에서 보이듯이 교사와 학생이 모두 개방적인 자세로 대화하고 있기 때문일 것이다.

물론, 이 장면 역시 학생들의 궁금증이 끊임없는 탐구로 이어지고 있는지 까지는 보여주지 못하고 있으므로, 과학교실 탐구공동체의 전형적인 특징이 종합적으로 나타나고 있다고 보긴 어렵다. 하지만, 적어도 가설설정 과정에서 개방성이 확보되는 경우에 좀 더 다양한 문제인식과 가설설정이 이뤄질 수 있음을 보여주는 사례라고 할 수 있을 것이다.

(3) 가설검증

과학교실 탐구공동체에서 일어나는 탐구의 세 번째 단계는 가설검증 과정이다(정용재, 2014). 가설검증 과정은 임시적 설명인 가설을 검증하는 과정으로 과학 교육에서 이미 활용되고 있는 가설-연역적 방법(권용주 등, 2003b)의 가설검증 과정과 크게 다르지 않으며, 문제 해결책을 논리적으로 검토하고 관찰을 통해 검증해나가는 듀이의 추론(reasoning) 과정에 해당하기도 한다.

가설검증 과정은, <그림 3.6>에서 볼 수 있는 바와 같이, 대상과의 관계 측면에서 '연역적 예측'과 '실제적 효과'에 영향을 받고, 공동체와의 관계 측면에서 '합의된 예측'과 '협력적 검토 결과'에 영향을 받는다(정용재, 2014).

우선, 가설검증 과정은 대상과의 관계 측면에서 '연역적 예측'과 '실제적 효과'에 영향을 받는다. '연역적 예측'은 가설에 대한 논리적 검토를 전제로 하는 것으로 가설이 맞는다면 연역적으로 나타날 수밖에 없는 현상이나, 혹은 반대로 절대 나타나서는 안 되는 관찰 가능한 현상을 제시하는 것을 말한다. 가설로부터 연역적으로 도출된 예측이어야만, 그 예측이 실제 관찰되느냐 안 되느냐가 가설을 수용하느냐 마느냐에 타당하게 기여할 수 있기 때문이다. 즉, 만약 가설로부터 연역적으로 도출된 예측이 아니라면 예측은 그 기능을 다 할 수 없게 된다. 실제로 이러한 예측의 속성을 충분히 이해하지 못하는 경우가 많으며, 이로 인해 탐구학습을 지도하는 데에도 어려움을 겪는다는 결과가 보고되기도 하였다(Yoon, Joung, & Kim, 2012).

그렇다면, 이와 같은 연역적 예측이 실제 나타나는지 어떻게 확인할 수 있을까? 이때 고려되어야 하는 것이 '실제적 효과'이다. 실제적 효과를 고려한다는 것은 어떤 대상이 그것이 존재한다면 본질적으로 드러내게 되는 관찰 가능한 현상을 고려한다는 것을 의미한다(정용재, 2014). 가설은 그 자체로 검증될 수 없다. 연역적 예측을 고리로 해야 하며, 이 연역적 예측은 실제적 효과를 내포하고 있어야 한다. 그래야 우리는 관찰을 통해 연역적 예측이 실제로 나타나는지 확인할 수 있고, 그로부터 논리적으로 가설을 수용할 것인지 말 것인지 판단할 수 있다. 즉, 가설로부터 '실제적 효과'를 내포하는 '연역적 예측'을 이끌어낸 다음, 그 예측이 갖는 '실제적 효과'가 실제로 관찰되는지를 확인함으로써 가설의 검증 여부에 대한 판단이 가능해 진다.

'연역적 예측'과 '실제적 효과'를 고려한 가설검증 과정은 다음과 같은 박종원 등(2001)의 설명에서도 나타난다.

> 가설의 검증 과정은, 첫째 가설을 통해 실제 관찰/실험 가능한 상황을 예측하는 과정과, 둘째 예측된 현상이 실제로 일어나는지를 직접 관찰/실험함으로써 가설을 검증하는 두 단계 과정으로 되어 있다. (중략) 예를 들면, 다음과 같은 두 개의 전제가 있다고 하자.
>
> · 전제 1: 모든 중성자는 입자이다(가설).
> · 전제 2: 모든 입자는 슬릿을 지날 때 간섭을 일으키지 않는다(실험적 사실).
>
> 위 전제로부터 얻을 수 있는 옳은 결론은 다음과 같다.
>
> · 결 론: 따라서, 모든 중성자는 슬릿을 지날 때 간섭을 일으키지 않는다(가설에 의한 실험적 예측)
>
> 첫 단계에서 예측된 실험 상황은 가설 검증의 두 번째 단계에서 전제 1로 사용된다. 그리고 전제 2에서는 실제 실험 결과가 제시되면 전체 1과 전체 2로부터 가설을 검증하게 된다. 예를 들면 다음과 같다.
>
> · 전제 1: 모든 중성자가 입자라면, 중성자가 슬릿을 날 때에는 간섭을 일으키지 않을 것이다.
> · 전제 2: 실험에 의하면, 중성자가 슬릿을 지날 때 간섭을 일으킨다.
> · 결 론: 험에 의하면, 중성자는 입자가 아니다.
>
> (박종원 등, 2001, pp. 85-86)

위의 설명 속에서 가설은 '모든 중성자는 입자이다.'이다. 그런데 이 가설은 그 자체로 검증될 수 없다. 가설에 따른 실제적 효과를 관찰할 수 있어야 검증 가능하다. 이때 이 실제적 효과는 가설이 맞는다면 반드시 관찰되어야 하는 현상이거나, 가설이 맞지 않다면, 절대로 관찰되어서는 안 되는 현상이어야 한다. 그런 점에서 이 실제적 효과는 가설로부터 연역적으로 도출된 예측이어야 한다.

특히, 이러한 연역적 예측에 의한 가설의 검증은, 아래와 같은 포퍼의 얘기처럼, 확증보다는 반증의 역할을 담당한다.

> 그러나 나는 계(system)를 오직 경험에 의해 검사되는(tested) 경험적 혹은 과학적인 것으로서

> 받아들일 것이다. 이러한 고려들은 그 계의 확증가능성(verifiability)이 아니라 반증가능성(falsifiability)을 경계 지음의 기준으로 삼을 것을 제안한다. 다시 말해서, 나는 긍정적인 의미에서(in a positive sense) 최종적으로 추려낼 수 있는(singled out) 과학적 계를 요구하지 않을 것이다. 대신, 부정적인 의미에서(in a negative sense) 경험적 검사를 통해 추려낼 수 있는 그런 논리적 형식을 요구할 것이다. 그것은 반드시 경험에 의해서 기각(refused)될 수 있는 경험적인 과학적 계(a empirical scientific system)에서만 가능할 것이다. (Popper, 1959, pp. 40-41)

위의 인용문은 과학과 비과학의 경계와 관련하여 어떤 관찰 사실에 의해 반증이 가능하도록 논리적 구조를 갖춘 경우에만 과학으로 볼 수 있다는 주장을 담고 있다. 그리고 그 바탕에는 소박한 귀납주의자들의 생각과 다르게 가설은 관찰을 통해 확증될 수 없으며, 단지 반증될 수 있을 뿐이라는 생각이 깔려있다. 즉, 가설로부터 연역적으로 예측한 현상이 관찰된다고 해서 그 가설을 확증할 수는 없다. 가설이 맞는다면 절대 관찰되어서는 안 되는 현상이 언젠가는 관찰될 수 있는 가능성을 완벽한 0으로 볼 수 없기 때문이다. 단지, 연역적으로 예측한 현상이 관찰되었다면, 아직까지는 그 가설이 반증되지 않은 것으로 판단하여 잠시 가설의 기각을 유보하고, 현재로서는 가설을 지지하는 것이다. 이는 "그것은 여전히 사실들로 이뤄진 단단한 암석(bedrock of fact) 위에 서 있지 않다. 그저 습지 위를 걷고 있는 것이며, 발밑의 땅은 단지 현재(present)를 지지하고 있다고 말할 수 있을 뿐이다. 나는 이 땅이 무너지기 시작하기 전까지만 여기에 머물러 있을 것이다(CP 5.589)."라고 한 퍼스의 관점과 맥을 같이 하는 것이기도 하다.

이와 같은 관점을 수용한다면, 가설의 검증은 가설로부터 연역적으로 도출되는 실제적 효과, 즉, 예측을 제안하고, 그 예측이 실제로 관찰되는지를 검사함으로써, 가설의 반증 여부를 확인하는 것이다. 예를 들어, 다음 <그림 3.11>과 같이 주름이 져 있는 파이프를 살펴보자. 이 파이프의 한쪽 끝을 손으로 쥐고 힘껏 돌리면, 피리소리와 유사한 소리가 나는 것을 관찰 할 수 있다. 천천히 돌리면 상대적으로 낮은 소리가 나고, 빨리 돌리면 상대적으로 높은 소리가 난다. 이 소리는 왜 발생하는 것일까? 이에 대해서 한 학생이

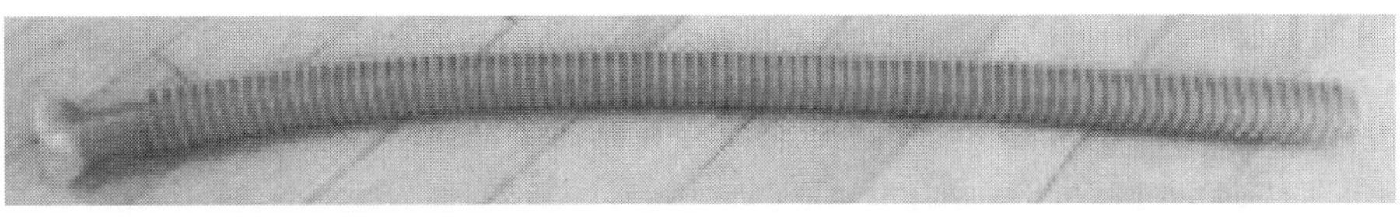

그림 3.11 소리 나는 주름진 파이프

"파이프를 돌리면 파이프 속을 공기가 통과하면서 소리가 난다."고 가설을 세웠다고 가정해 보자. 이 가설을 검증하기 위해서는 어떤 예측이 가능할까? 매우 간단한 예측이지만, "동일하게 파이프를 돌리면서도 파이프의 입구를 막아 파이프 속으로 공기가 통과하지 못하게 한다면 소리는 발생하지 않을 것이다."라는 것이 한 예일 것이다. 이제 이러한 현상이 발생하는지 관찰을 통해 확인해보면 된다. 실제로 파이프의 입구를 손이나 다른 물체를 이용해 막은 후 돌리게 되면, 줄넘기 줄을 돌릴 때처럼 윙윙거리는 소리가 날 뿐, 처음 들렸던 피리 소리와 같은 소리는 나지 않는다. 이렇게 예측한 현상이 일어난 것을 확인한 학생은 가설을 기각하지 않은 채로 유지하게 된다.

이번에는 다른 학생이 "파이프 속을 통과하는 공기가 파이프의 주름진 벽 때문에 진동하게 되어 소리가 난다."라고 가설을 세웠다고 해보자. 역시 간단한 예측이지만, 이 학생은 "파이프의 주름을 없앤다면 소리가 나지 않을 것이다."라고 예측을 제안할 수 있을 것이다. 실제로 파이프의 주름을 없애거나, 동일한 크기와 재질의 파이프이면서 주름이 없는 파이프를 구해 실험을 해볼 수 있을 것이다. 이때 주름이 없는 파이프에서도 유사한 소리가 난다면, 이 학생의 가설은 반증될 것이다. 그런데 실제로 실험을 해보면, 주름이 없는 파이프에서는 처음의 소리와 유사한 소리는 발생하지 않는다. 이 학생 역시 자신의 가설을 기각하지 않은 채로 유지하게 될 것이다. 그리고 이 학생이 만약 공기가 진동하는 빠르기가 소리의 높낮이에 영향을 미친다는 것을 알고 있었다면, "돌리는 속도를 더 빠르게 하면 더 높은 소리가 날 것이다."라거나, "주름의 간격을 더 좁게 하면 동일한 속력으로 돌려도 높은 소리가 날 것이다."라는 예측을 추가로 제안하고, 그러한 현상이 일어나는지 여부를 역시 관찰을 통해 확인해 볼 수 있을 것이다. 이러한 과정을 반복하면서 처음 설정된 가설은 기각되거나, 좀 더 오랜 시간 지지될 것이다. 가설검증 단계는 이러한 과정을 수행하는 단계이다.

그런데 이러한 개인적인 가설검증 과정은 공동체 측면으로까지 확대될 필요가 있다. 즉, 가설검증 과정은 탐구를 수행하고 있는 공동체에 의한 '합의된 예측'과 '협력적 검토 결과'를 고려하여 수행될 필요가 있다. 이러한 필요성에 대해 정용재(2014)는 다음과 같이 서술하고 있다.

> 연역적 예측에서 '연역적'의 의미는 자명하게 참인 대전제로부터 그 속에 이미 포함되어 있는 사례를 끄집어내어 명시하는 추리이다(CP 2.620). 즉, 모든 사람은 죽는다는 대전제 하에, 소크라테스는 사람이니 소크라테스도 죽는다는 식의 추리이다. 문제는 이러한 대전제가 자명한

> 참이라는 것이 현실적으로 검증 불가능하다는 것이다. 현실적으로 연역법의 대전제로 사용되는 명제들은 지금까지 그렇다고 공동체의 검증을 통해 밝혀져 있는 것들이다. 과학 지식을 포함하여, 이들은 현재까지의 최선의 보장된 주장이지, 항상 오류 가능한 것이다(Dewey, 1938). 따라서 연역적 예측의 타당성은 논리적으로 검토되는 동시에, 대전제의 타당성을 포함하여 공동체에 의해서도 합의될 필요가 있다. 즉, '합의된 예측'일 필요가 있다. 그리고 이러한 합의된 예측의 필요성은 자연스럽게 공동체에 의한 '협력적 검토 결과'를 요청한다. 아울러서, 협력적 검토 결과는 예측뿐만 아니라, 검증 과정에서 실제적 효과가 올바르게 고려되었는지, 또, 충분히 반복하여 관찰 결과가 제시되었는지 등, 검증 절차 전반에서 고려될 필요가 있다. (정용재, 2014, pp. 314-315)

즉, 연역적 예측이 타당하기 위해서는 논리적 타당성의 확보와 더불어 대전제가 되는 기존의 지식의 이론이 자명한 참이어야 하는데, 이를 완벽히 검증하는 것은 현재로서는 불가능에 가까우며, 그나마 그 타당성을 높이기 위해서는 최소한 공동체 내에서의 합의가 필요하다는 것이다. 물론 합의된 예측 역시 여전히 오류 가능하지만, 개인 홀로 내린 판단에 비해서는 논리적 타당성과 대전제에 대한 검토가 공동체의 합의에 의해 수행된다는 점에서 '최선의 보장된 주장'에 도달할 가능성이 높기 때문이다. 그리고 이러한 '합의된 예측'의 그 합의 여부를 검토하기 위해서는 '합의'라는 말의 의미상 공동체 구성원들의 '협력적 검토 결과'가 고려될 수밖에 없다는 것이다. 물론 공동체 구성원들의 협력적 검토는 합의된 예측을 위해서 뿐만 아니라, 그 예측이 갖는 실제적 효과가 실제로 나타나는지 검사하는 과정에서도 혹시 있을 수 있는 왜곡된 관찰의 최소화를 위해 필요하다는 것이다.

'합의된 예측'과 '협력적 검토 결과'의 필요성과 관련하여, 페트리접시 위에 촛불을 켜고 물을 담은 다음 촛불 위에 비커를 덮어보는 <그림 3.4>의 상황을 다시 생각해보자. 비커로 촛불을 덮자 촛불이 꺼지면서 수면이 상승하는 것을 관찰한 한 학생이 "수면이 상승하는 것은 촛불이 연소하면서 산소가 줄어들고, 그 줄어든 만큼 수면이 상승하기 때문이다."라고 가설을 세웠다고 해 보자. 이 가설로부터 연역적으로 할 수 있는 예측에는 어떤 것이 있을지 고민하던 이 학생은 "두 개, 세 개, 네 개로 촛불의 개수를 늘리면, 이에 따라 수면이 상승하는 높이도 증가할 것이다."라는 예측을 제안했다고 해보자. 그리고 이러한 현상이 실제로 일어나는지 실험을 해 본 결과, 실제로 촛불의 개수를 늘릴수록 수면이 상승하는 높이가 올라가는 것을 관찰했다고 해보자. 그리고는 그 결과를 바탕으로 이 학생은 자신의 가설이 아직까지는 기각될 필요가 없다고 결론 내렸다고 해보자.

이 학생의 결론은 타당한가? 그렇지 않다. 이 학생은 예측을 제안하는 과정에서 실수를 범하였다. 언뜻 생각하기에 촛불의 개수를 늘리면 연소로 인해 소모되는 산소의 양도 많아질 것이고, 그렇기 때문에 수면이 더 많이 상승할 것으로 생각할 될 수 있다. 그러나 비커는 제한된 크기를 가지고 있기 때문에 비커 속의 공기의 양과 산소의 양은 일정하게 제한되어 있다. 따라서 초를 한 개 켜든, 두 개 켜든 초가 꺼질 때까지 연소한 산소의 양은 동일하다. 다시 말해서 비커 속에서 더 이상 연소가 일어나지 않게 되려면 일정한 수준까지 산소의 양이 줄어들어야 할 텐데, 비커 속에서 그 일정한 수준의 양이 정해져 있고, 그 일정한 수준까지 산소의 양이 줄어들 때까지는 초가 한 개든, 두 개든 계속 연소할 것이기 때문이다. 결국, 이 학생이 제안한 예측, 즉, "두 개, 세 개, 네 개로 촛불의 개수를 늘리면, 이에 따라 수면이 상승하는 높이도 증가할 것이다."라는 예측은, 그 현상이 일어나면 자신의 가설을 지지해주는 예측이 아니라, 오히려 반증하는 예측에 가깝다. 물론, 촛불의 개수가 증가함에 따라 엄밀히 봤을 때 비커 속의 빈 공간의 크기가 달라지고, 연소와 대류의 과정에서 산소의 분포가 균일하지 않게 되는 등 여러 가지 변수가 있을 수 있지만, 주요한 현상을 봤을 때, 이 예측이 실제로 관찰된다면 그것은 오히려 "수면이 상승하는 것은 촛불이 연소하면서 산소가 줄어들고, 그 줄어든 만큼 수면이 상승하기 때문이다."라는 자신의 가설을 반증하게 되는 예측에 가깝다. 그런데, 만약, 이 학생이 가설 검증을 위해 예측을 제안 하는 과정에서 공동체 구성원과의 합의된 예측과 협력적 검토를 시도했다면, 그래서 누군가 이 학생의 예측이 논리적 오류를 포함하고 있다는 것을 지적하였다면, 가설 검증 과정은 좀 더 타당하게 진행될 수 있었을 것이다. 가설의 검증 과정에서 공동체의 합의된 예측과 협력적 검토가 필요한 것은 이러한 이유에서다.

한편, 가설검증 과정이 올바르게 이뤄지기 위해서는 '엄격성의 견지'와 '오류가능성의 견지'가 필요하다(정용재, 2014). '엄격성의 견지'는 탐구를 수행하는 과정에서 주장을 뒷받침하는 증거와 그 논리에 대한 엄격성을 견지하고, 실험과정의 타당성에 대한 엄격성을 견지하는 것을 말한다. 예를 들어, 예측의 논리성, 변인통제의 적절성, 실험 절차와 자료 수집 과정의 엄밀성, 자료해석과 결론 도출의 합당성 등의 견지를 말한다. 이러한 엄격성을 견지함으로써 우리는 가설의 검증 과정에서 있을 수 있는 왜곡이나 오류, 실수 등을 최소화 할 수 있으며, 그에 따라 가설검증의 타당성을 제고할 수 있다.

'오류가능성의 견지'는 현재의 탐구 과정과 그 결과가 항상 오류 가능할 수 있음을 인지하고 이에 따라 끊임없이 비판적인 검토를 하고자 하는 태도를 말한다. 오류가능성을 견지하는 것은 앞서 논의한 '개방성'의 담보나 '엄격성의 견지'와도 관련되어 있다. 나의 주장을 마음껏 펼치면서도 다른 사람에게도 동등한 기회를 허용하는 것은 나의 주장과 다른 사람의 주장 모두 오류 가능하다는 것을 전제 할 때 가능하기 때문이다. 그리고 이러한 오류 가능성을 견지할 때, 현재의 탐구과정이나 결과에 어떤 오류가 있는지 엄격하게 검토하는 것이 가능해지 때문이다. 이러한 점에서 볼 때, '엄격성의 견지'와 '오류가능성의 견지'는 탐구과정이나 결과의 오류를 최소화하고 결과 해석이나 결론의 왜곡, 지나친 일반화 등을 최소화할 수 있다는 측면에서 가설검증 과정은 물론 탐구의 전체 과정에서 요구되는 조건이기도 하다.

(4) 문제해결

과학교실 탐구공동체에서 일어나는 탐구의 네 번째 단계는 문제해결 과정이다. 문제해결 과정은 탐구자가 직면했던 불확정적인 상황이 가설이 검증됨으로써 다시금 확정정인 상황으로 전환된(Dewey, 1938) 단계이며, 이에 따라 불확정적인 상황에 직면하여 유발된 의심의 상태가 다시금 믿음의 상태(CP 5.375)에 도달하게 된 단계를 말한다(정용재, 2014). 물론, 앞서 논의한 바와 같이, 문제해결 과정에서 도달한 믿음의 상태는 영원히 탐구가 종료되는 최종적인 상태라기보다는 또 다른 의심의 상태를 배태한 잠정적인 최선의 상태이다(CP 5.397; Dewey, 1938).

문제해결 과정은 <그림 3.6>에 나타나 있는 바와 같이, 대상과의 관계 측면에서 '대상과의 관계 변화 반추'와 '개념 변화 반추'에 영향을 받고, 공동체와의 관계 측면에서 '공동체와의 관계 변화 반추'와 '탐구자의 변화 반추'에 영향을 받는다(정용재, 2014).

우선, 문제해결 과정은 대상과의 관계 측면에서 '대상과의 관계 변화 반추'와 '개념 변화 반추'에 영향을 받는다. 문제해결 단계는 불확정적인 상황에 직면하여 야기된 의심의 상태가 해소되어 다시금 새로운 믿음의 상태에 도달하는 단계이다. 그런데 이러한 문제해결 과정에서, 아래의 인용문에서 볼 수 있듯이, 대상과의 관계가 어떻게 변화했는지 반추하고, 개념이 어떻게 변화했는지 반추하는 것이 필요하다.

> 새로운 믿음의 상태는 '맥락 전체' 속에서 대상과의 관계가 한 번 혼란스러워졌다가 다시 확정적인 된 상태(Dewey, 1938)이므로 어떤 관계가 다시 명확해진 것인지, 아니면 어떤 새로운 관계가 추가 된 것인지 반추해보는 것이 필요하다. 반추 결과, 새로운 관계가 이전의 관계보다 유용성이 높거나 적용의 범위가 넓어졌다고 판단되면, 새로운 믿음의 상태는 좀 더 공고해

> 질 것이다. 유사하게 '개념 변화 반추' 역시 믿음의 상태를 좀 더 공고히 해 줄 것이다. 이러한 과정은 Posner et al. (1982)에 의해 제시된 네 가지 개념 변화의 조건 중 유용성(fruitfulness) 여부와도 맥을 같이하는 과정이다. 또, 실험이 끝난 후 실험실 정리에 시간을 보낼 것이 아니라 실험 결과의 의미에 대해 기존에 가지고 있던 개념과 관련지어 토론하는 시간이 필요하다는 Driver (1983)의 주장과도 맥을 같이 하는 과정이다. (정용재, 2014, p. 315)

위의 인용문에서 볼 수 있듯이, 문제해결 과정에서 '대상과의 관계 변화 반추'와 '개념 변화 반추'가 필요하다는 주장은, 믿음의 상태는 특정 대상에 본질적으로 내포되어 있는 것이 아니라, 그 대상과 주체, 그리고 그 둘을 이어주는 '해석'이 통합적으로 안정성을 이루고 있는 상태라는 퍼스와 듀이의 관점에 기반 한다. 즉, 대상과 주체, 그리고 대상과 다른 대상이 갖는 관계를 반추함으로써 이러한 통합적인 안정성과 유용성에 대한 판단이 가능할 것이고, 그 판단 결과가 믿음을 더욱 공고히 하는 데에 영향을 미칠 것이라는 것이다. 또한, 그러한 관계의 총합인 개념이 기존과 어떻게 변화되었는지를 반추하는 것은 문제해결 결과를 맥락 전체와의 관계 속에서 파악하고 판단하게 함으로써, 탐구의 결과가 갖는 의미를 통합적으로 판단할 수 있게 해주며, 이 역시 믿음을 더욱 공고히 하는 데에 영향을 미칠 것이라는 것이다.

문제해결 과정은 공동체와의 관계 측면에서 '공동체와의 관계 변화 반추'와 '탐구자의 변화 반추'에도 영향을 받는다(정용재, 2014). 앞서 살펴보았듯이, 어느 한 개인이 갖게 된 사사로운 믿음이 곧 진리를 담보하는 것은 아니며(CP 5.407), 문제를 해결함으로써 다시금 도달한 확정적인 상황이란 주체와 대상, 그리고 공동체의 관계가 명확하고 온전히 드러나는 것(Dewey, 1938)이다. 따라서 어느 한 개인에 의해 수행된 대상과의 관계에 대한 반추나 개념 변화 반추는 맥락 전체로서의 통합적 상황을 인식하고 전체적 맥락에서의 믿음을 공고히 하는 데에 한계가 있을 수밖에 없다. 이러한 한계점은 앞서 논의한 과학교실 탐구공동체의 세 가지 탐구과정, 즉, 문제인식, 가설설정, 가설검증 과정부터 이미 예견되어 있다. 즉, 과학교실 탐구공동체에서 탐구를 통해 다시금 도달하게 된 믿음의 상태는, 앞서 논의한 것처럼, 개인적인 탐구 과정뿐만 아니라 공동체의 의견/이론, 공동의 흥미, 공동의 경험, 공감, 공동의 경험, 합의된 예측, 그리고 협력적 검토 결과 등 공동체와의 관계 측면과 항상 결부되어 이루어진 탐구이므로, 이러한 탐구 과정에서 어떤 변화가 생겼다는 것은 곧 탐구자와 공동체의 관계가 변화했다는 것을 의미한다. 따라서 '공동체와의 관계 변화 반추'와 '탐구자의 변화 반추' 없이 대상과의 관계 측면에서 개인적 반추에 그치는 것은 변화된 결과와 그 양상을 온전히 파악하는 데에 한계를 가지게 된다. 아울러서, 어느 한 개인의 정체성 역시 그 개인 속에 본래부터 존재해 있는 어떤 것이라기보다는 공동체 구성원들과의 관계나 공동체 속 위치 등에 의해 결정된다는 점(Lave & Wenger, 1991)을 감안하면, 탐구의 과정이나 결과로 탐구자와 공동체와의 관계가 변화했다는 것은 곧 탐구자가 변화했음을 의미한다. 결국, 문제해결 과정은 개인적이고 대상과 관련된 반추뿐만 아니라 공동체와의 관계 측면에서 '공동체와의 관계 변화 반추'와 '탐구자의 변화 반추'가 필요하며, 그 결과에 따라 다시 회복된 믿음의 상태가 얼마나 만족스럽고 안정적인 상태인지가 영향을 받게 될 것이다.

문제해결 과정에서 '공동체와의 관계 변화 반추'와 '탐구자의 변화 반추'가 어떻게 영향을 미칠 수 있는지와 관련하여, 앞서 <그림 3.4>의 촛불 연소와 수면 상승 과제의 예를 다시 들어보자. 여러 번 실험을 해보던 한 학생이 촛불이 연소함에 따른 수면 상승이 일정한 속도로 일어나지 않는다는 것을 관찰했다고 가정해보자. 그리고 이 학생의 관찰로 인해 그 이전까지는 공동체 내에서 "연소로 인해 산소가 소모되어서 수면이 상승한다."는 가설이 지지를 받고 있었지만 가설이 흔들리기 시작했다고 해보자. 왜냐하면 만약 기존의 가설이 맞는다면 연소에 의한 산소 소모는 처음부터 끝까지 거의 동일한 속도로 이뤄질 것이므로 수면의 상승 또한 처음부터 끝까지 거의 동일한 속도로 일어나야 할 것이기 때문이다. 결국, 이 학생의 관찰이 다른 친구들과의 공동의 흥미를 끌어 다시 탐구가 수행되었고, 그 과정에서 이 학생의 제안과 공동체의 협력적 검토를 거쳐 "촛불이 꺼지면서 온도가 낮아지고, 온도가 낮아지면서 비커 안쪽의 기압이 상대적으로 작아지기 때문에 수면이 상승한다."라는 새로운 가설을 세웠다고 해보자. 그런 후에, 이 새로운 가설에 따라 "수면의 상승은 촛불이 꺼지는 순간 빠르게 일어날 것이다."라는 예측을 협력적으로 세운 후, 실제 관찰과 협력적 검토를 통해 그 예측이 맞는다는 것을 확인했다고 해보자. 이제 처음 수면 상승의 속도가 일정하지 않다는 것을 관찰한 학생과 그와 함께 탐구를 수행한 공동체는 다시금 안정적인 믿음의 상태를 회복하게 될 것이고, 문제를 해결하게 된다.

이상의 문제해결 과정 사례에서 우리는 이 한 학생이 공동체의 탐구에 기여하는 정도가 변화하고 있음을 볼 수 있다. 특히, 이 학생이 그 이전까지는 과학에 별로 소질이 없다고 공동체 내에서 여겨지고 있었다면 더더욱 그럴 것이다. 즉, 그 이전까지는 특별히 존재감을 드러내지 못하던 학생이었지만, 새로운 관찰과 가설을 제안하고 그것이 검증되어 문제가 해결되는 과정에서 이 학생에 대한 공동체 구성원들의 인식이 바뀔 것이며, 이는 이 학생과 공동체의 관계가 변화했음을 의미한다. 아울러서 어느 한 개인의 정체성은 그를 둘러싸고 있는 공동체 속 관계와 무관하지 않음을 감안할 때, 이 학생은 그 스스로도 작은 변화를 한 셈이다. 다시 말해서 과학에 흥미를 전혀 느끼지 못했었지만 약간의 흥미를 느끼게 될 수도 있고, 이전에 없던 과학과 탐구에 대한 자신감이 생겼을 수도 있다. 나아가서 이러한 탐구자 개인의 변화는, 이 탐구자 역시 공동체의 한 구성원이라는 점을 감안하면, 공동체 자체에도 변화를 일으킨다. 아마도 이 공동체는 훌륭한 또 한 명의 탐구자를 구성원으로 재인식 하게 되었을 것이며, 성공적인 탐구의 경험으로 인해 또 다른 탐구의 시작을 반겨하게 되었을 수 있다. 이제 이러한 변화들을 탐구자와 공동체가 반추를 통해 공유 한다면, 탐구의 결과로 얻게 된 "촛불이 꺼지면서 온도가 낮아지고, 온도가 낮아지면서 비커 안쪽의 기압이 상대적으로 작아지기 때문에 수면이 상승한다."라는 설명으로 도달한 믿음의 상태는 더욱 만족스럽고 안정된 믿음의 상태가 될 것이고, 탐구자와 공동체는 탐구자와 공동체의 탐구의 기쁨과 유용성을 더욱 크게 인식하게 될 것이다.

이와 같이 탐구자의 변화 및 공동체와의 관계 변화에 대한 반추는 탐구자의 정체성의 변화와도 관계되는데, 다음의 인용문(Lemke, 2001, p. 301)에서 주장하고 있는 바와 같이, 과학 학습 역시 학생의 개념 변화에 그치는 것이 아니라 학생의 정체성 변화와도 관계되어 있다는 점을 감안하면, 정체성의 변화는 과학교실에서 일어나는 탐구에서도 중요하게 고려해야할 사항이다.

> 과학 교육에서 개념 변화 관점의 명확한 가정은 사람들이 그들의 삶과 정체성에 대한 어떠한 변화의 필요성도 느끼지 못한 상태에서도 과학적 영역이나 주제에 대한 그들의 관점을 간단히 바꿀 수 있다는 가정이다. 이러한 모듈주의(modularism)는 사회문화적 연구 경험과는 대조적이다. 진화론자와 창조론자의 예를 들어 보자. 창조론자에게 있어서 인류의 근원에 대해 진화론적 관점을 수용한다는 것은 단순히 사실에 대한 그의 생각을 바꾸는 것이 아니다. (중략) 그것은 성서주의자(Bivle-believing (fundamentalist) Christian)로서 당신의 정체성의 핵심요소를 바꾼다는 의미가 될 것이다. (Lemke, 2001, p. 301)

한편, 탐구가 잘 수행되어서 문제해결 단계까지 성공적으로 이뤄지기 위해서는 '참여', '끊임없는 탐구 지향', '충분한 시간'이 필요하다(정용재, 2014). 우선, '참여'는 탐구가 활발하게 일어날 수 있게 하는 조건이다. 참여의 국어사전적 의미는 '어떤 일에 끼어들어 관계함'이고, 뜻풀이에 들어 있는 '관계'의 사전적 의미는 '둘 이상의 사람, 사물, 현상 따위가 서로 관련을 맺거나 관련이 있음. 또는 그런 관련'이다(국립국어원, 2017). 또, 참여는 "어떤 일의 한 부분에 끼어들어 다른 사람들과 특정한 관계를 맺는 것으로, 어떤 행동(action)과 연결(connection) 둘 다 요구하는 것"(Wenger, 1998, p. 55)으로 정의되기도 한다. 이들을 종합해 보면, '탐구에 참여한다.'는 것의 의미는 탐구에 끼어들어 탐구의 대상, 탐구를 수행하는 공동체 등과 관련을 맺는 것이고 그에 따라 어떤 행동과 연결을 하게 되는 것이라고 볼 수 있다. 결국 참여는 탐구를 수행함에 있어서 탐구 대상과 더불어 공동체와도 적극적으로 상호교섭 하는 것을 말하므로, 활발한 탐구가 수행되는 조건이 된다.

'끊임없는 탐구 지향'은 과학교실 탐구공동체의 조건이자 탐구공동체가 지향해야 할 가치이기도 하다(정용재, 2014). 앞서 2장에서 논의하였듯이, 퍼스는 진리를 '실재에 대한 바로 그 궁극적 의견(opinion), 즉 탐구하는 사람 모두에 의해서 궁극적으로 동의될 운명(fated to be ultimately agreed)인 의견'(CP 5.407)이며, 이러한 의견에 도달하기 위해서는 "정해진 한계를 가지지 않으면서 지식의 확정적인 증가가 가능한 공동체(COMMUNITY)"(CP 5.311)가 전제되어야 한다고 보았다. 과학교실 탐구공동체는 이러한 퍼스의 관점에 기반하고 있다. 다시 말해서 과학교실 탐구공동체에서 추구하는 탐구는 교육과정과 교과서에 제시되어 있는 실험의 결과를 확인하기 위한 탐구이거나 교육과정에서 제시하고 있는 기존 지식을 학습하기 위한 탐구가 아니라, 궁극적으로 동의될 의견을 향해 가는 무한 시간 동안의 끊임없는 탐구 그 자체이다. 물론 이러한 끊임없는 탐구는 다분히 이상적인 것이어서 실제로 그러한 탐구를 수행하기는 어려울 수 있다. 그러나 최소한 그러한 끊임없는 탐구를 '지향'하는 것이 과학교실 탐구공동체가 탐구공동체답게 되는 조건이며, 추구해야 할 가치이다.

'충분한 시간'은 과학교실 탐구공동체에서 위와 같은 끊임없는 탐구를 지향하기 위한 조건이다. 물론, 무한한 시간 동안 끊임없는 탐구가 수행되는 것은 현실적으로 어렵겠지만, 최소한, 시간에 쫓겨 탐구하는 시늉만 내고 그치거나, 친구들과 함께 생각해보고 토론하면서 탐구 결과의 의미에 대해 반추할 시간은커녕 실험기구를 정리하고 주변을 청소하느라 정신없이 탐구를 끝내거나 해서는 안 될 것이다. 다시 말해서, 실행 가능한 수준에서라도 과학교실에서 이러한 끊임없는 탐구를 추구하기 위해서는 탐구를 위한 '충분한 시간'이 주어져야 할 것이다.

3.3 종합

이상에서 논의한 과학교실 탐구공동체에서 일어나는 탐구의 과정과 그 특징을 요약하면, 과학교실 탐구공동체의 탐구는 자연 현상이나 사물과 관련하여 의심의 상태를 믿음의 상태로 바꾸는 것을 목적으로 수행되는 것으로서, 총 4개의 과정이 순환적으로 이뤄지는 탐구이다. 첫 번째 과정은 '문제인식'으로, 대상과의 관계 측면에서 관찰사실과의 불일치, 관찰사실 분석, 흥미에 대한 고려가 필요하고, 공동체와의 관계 측면에서 의견/이론과의 불일치, 의견/이론 분석, 공동의 흥미에 대한 고려가 필요한 과정이다. 두 번째 과정은 '가설설정'으로, 대상과의 관계 측면에서 과학경험과의 유사성과 심리적 안정에 대한 고려가 필요하고, 공동체와의 관계 측면에서 공공경험과의 유사성과 공감에 대한 고려가 필요한 과정이다. 세 번째 과정은 '가설검증'으로, 대상과의 관계 측면에서 연역적 예측과 실제적 효과에 대한 고려가 필요하고, 공동체와의 관계 측면에서 합의된 예측과 협력적 검토 결과에 대한 고려한 필요한 과정이다. 네 번째 과정은 '문제해결'로, 대상과의 관계 측면에서 대상과의 관계 변화 반추와 개념 변화 반추에 대한 고려가 필요하고, 공동체와의 관계 측면에서 공동체와의 관계 반추와 탐구자의 변화 반추에 대한 고려가 필요한 과정이다. 과학교실 탐구공동체에서 일어나는 탐구의 과정은 이와 같은 4개의 과정이 순환적으로 수행되면서 불확정적인 의심의 상태에서 다시 확정적인 믿음의 상태에 도달하는 과정이다.

종합적인 예시를 위해, <그림 3.4>에서 제시하였던 촛불의 연소와 수면 상승에 대한 과제에서 다음과 같이 한 학생의 활동에 대한 가상적 사례를 다시 한 번 살펴보자. 비커를 덮었을 때 불이 꺼지면서 수면이 올라오는 것을 관찰한 한 학생이, 평소 자신의 생각과 다른 관찰 결과로 인해 의심의 상태에 빠지게 되었다. 평소 일상생활에서 접시 위의 물에 유리컵을 덮어보는 경험을 통해, 보통의 상태에서는 물이 스스로 올라오지 않는다고 물과 유리컵, 접시, 덮는다는 행위 사이의 관계를 확정적으로 인식하고 있었는데, 이들의 관계를 불확정적으로 만드는 현상을 관찰한 것이다. 그 과정에는 촛불이라는 새로운 요소가 결정적인 역할을 하고 있는 것으로 이 학생은 느꼈다. 이 학생은 의심의 상태를 해소하고 다시금 확정적인 관계를 짓고자 적극적으로 여러 가지 설명을 시도하며 탐구를 수행하였다. 그 과정에서 연소로 인한 산소 소모로 내부의 기압이 떨어져 수면이 상승했다고 가설을 세워 설명하게 되면, 기압 차에 의한 수면 상승이라는 기존의 또 다른 개념의 도움과 연계되어 혼란스러웠던 의심의 상태가 해소되고 기존 생각과의 관계가 다시금 안정적으로 명확해짐을 느꼈다. 이 학생은 자신의 가설이 아직까지는 최선이라고 생각하고 탐구를 종료하였다.

위의 가상적 사례 속 학생은 과학교실 탐구공동체에서 추구하는 탐구를 수행한 것일까? 우선, 위의 사례에서 “연소로 인한 산소 소모로 내부의 기압이 떨어져 수면이 상승했다고 설명”하는 것은 과학적으로 올바르지 않다. 보통 공기 중에 산소는 20% 정도 있지만 대략 4% 정도의 산소가 소모되면 촛불이 꺼진다(김영철과 이형철, 1999). 그러나 상승한 수면은 비커 전체의 4%를 훨씬 넘는다. 또, 촛불을 여러 개 켠 후 비커를 덮으면 촛불을 한 개 켰을 때 보다 더 많이 수면이 상승한다. 만약 연소로 인한 산소 소모에 의해 수면이 올라가는 것이라면, 앞서 논의했듯이, 촛불을 한 개 켜든, 여러 개 켜든 수면은 비슷한 높이까지 올라갈 것이다. 비커 속 산소의 양은 일정하기 때문이다. 이러한 여러 가지 현상은 수면의 상승이 산소 소모로 인한 것이 아님을 보여준다. 오히려, 촛불을 켬에 따라 온도가 상승하게 되고 이로 인해 열을 전달받은 주변 기체 분자의 운동이 활발해지면서 밀도가 작아진 상태가 되는데, 이때 비커를 덮으면 촛불이 꺼지면서 온도가 내려가고 주변 기체 분자의 운동 정도 역시 줄어들게 되면서 비커 속의 기압이 유리컵 바깥의 기압보다 낮아지게 되는 것이 주된 원인으로 알려져 있다(김영철과 이형철, 1999). 다시 말해서, 위의 사례 속 학생은 과학적이지 않은 설명을 한 것이고, 그러나 그럼에도 불구하고 탐구를 종료한 것이다.

물론, 위의 가상적 사례가 잘못된 탐구를 예시하고 있는 것은 아니다. 위의 사례 속 학생은 촛불이 꺼지면서 비커 안의 수면이 상승하는 이전에 보지 못했던 현상을 관찰하고 진정한 의심 상태에 빠졌으며, <그림 3.6>에서 제시된 바와 같이, 문제인식, 가설설정, 가설검증, 문제해결이라는 과학교실 탐구공동체의 탐구 과정을 나름대로 거쳤다. 즉, 촛불이 꺼지면서 비커 안의 수면이 상승한다는 관찰 사실을 분석하여 무엇이 이상하게 느껴지는 것인지 명료화하고, 이러한 현상이 도대체 왜 일어나는지에 대해 흥미를 느끼면서 문제를 인식하였다.

이렇게 이상한 현상의 원인을 밝히기 위해서 이 학생은 기존에 가지고 있었던 ‘연소를 하면 산소가 소모된다.’라는 지식과 ‘공기 중에는 일정한 양의 산소가 포함되어 있으며, 이 산소가 소모되면 주변보다 기압이 낮아진다.’라는 지식, 그리고 아마도 예전 언제가 경험했을 ‘유리컵과 같이 단단한 용기의 입구를 풍선으로 막아놓았을 경우에, 용기 안의 압력이 주변보다 낮아지게 되면 용기의 입구를 감싼 풍선이 용기 안쪽으로 빨려 들어간다.'는 경험과의 유사성에 기초하여, "연소로 인한 산소 소모로 내부의 기압이 떨어져 수면이 상승했다고 설명"함으로써 심리적 안정에 이르는 가설을 설정한 것으로 볼 수 있을 것이다.

그런 후에, 위의 사례에서 명시되어 있지는 않지만, '만약 초가 연소하지 않는다면, 수면이 상승하는 현상은 일어나지 않을 것이다.'라는 예측을 하고, 실제로 그 예측이 맞는지 실험을 통해 실제적 효과를 검증했을 것이다. 물론 이러한 예측은 매우 소박한 연역적 예측이고, 실험 설계 역시 충분히 타당한 것은 아니지만, 이 학생은 나름대로는 가설검증의 과정을 거친 것이다. 이러한 가설 검증을 통해 결국 사례 속 학생은 '비커 안의 수면이 상승한 것은 연소로 인해 산소가 소모되어 내부의 기압이 떨어졌기 때문이다.'라고 결론을 내렸을 것이다.

이러한 과정은 '보통의 상태에서는 물이 스스로 올라오지 않는다고 물과 유리컵, 접시, 덮는다는 행위의 관계를 확정적으로 인식'하고 있었던 학생이 '새로운 촛불이라는 대상이 그들 사이의 관계를 불확정적'으로 만들어 버림으로써 의심의 상태에 빠진 후, '비커 안의 수면이 상승한 것은 연소로 인해 산소가 소모되어 내부의 기압이 떨어졌기 때문이다.'라는 결론을 내림으로써 다시금 관련 요소들 사이의 관계를 확정적으로 인식하여 믿음의 상태에 이르렀음을 보여준다. 다시 말해서, 사례 속 학생은 나름대로 과학교실 탐구공동체에서 제안하고 있는 탐구를 수행한 것으로 볼 수 있다는 것이다.

하지만, 위와 같은 사례를 과학교실 탐구공동체에서 추구하는 탐구를 충실하게 수행한 예시로 보기에는 여전히 불편한 측면이 있다. 첫째, 사례 속 학생은 문제를 인식하면서 다른 사람들의 의견이나 기존에 공동체에 의해서 공인된 이론을 분석하는 과정을 거치지 않았다. 앞서 언급하였듯이 공기 중의 산소가 4% 정도만 소모되어도 촛불은 꺼지게 되지만, 이 학생은 기존에 자신이 가지고 있었던 개인적인 지식에만 의존했을 뿐, 그 외에 다른 구성원들의 의견이나 이론들을 고려하고 분석하는 시도를 하지 않았다.

둘째, 사례 속 학생은 공동체 구성원들의 공동의 경험이나 공감과는 무관하게 탐구를 진행하였다. 아마도 구성원 중 누군가는 연소 현상이 없이도 유리컵 안의 수면이 상승하는 경험을 해봤을 수 있고, 혹은, 적어도 연소 현상 없이도 어떤 용기를 막아놓은 뚜껑이 용기 안쪽으로 빨려 들어가거나 용기 자체가 안쪽으로 찌그러지는 현상을 경험해봤을 수 있다. 예를 들어, 상온에 있던 PET 병을 냉장고 속에 넣어두게 되면 PET 병이 찌그러지는 현상을 경험해 본 구성원이 있을 수 있다. 이러한 경험은 유리컵 안의 수면이 상승하는 원인에 대한 새로운 가설을 제안하게 할 수도 있는 경험이지만, 사례 속 학생은 이러한 공동체 구성원들의 경험을 탐색하는 과정을 거치지 않았다. 아울러서, 이 학생은 '연소로 인한 산소 소모로 내부의 기압이 떨어져 수면이 상승했다고 설명'함으로써 개인적인 심리적 안정에 이를 수 있었지만, 이러한 설명이 공동체 구성원들의 공감을 불러일으키고 있는지에 대해서도 확인해 보지 않았다. 만약 이러한 과정을 거쳤다면, 연소로 인한 산소 소모로 유리컵 안의 수면 상승을 설명하는 것은 여전히 의심 상태를 벗어나기에 충분하지 않다는 것을 이 학생도 알 수 있었을 것이다.

셋째, 사례 속 학생은 가설을 검증하는 과정에서 합의된 예측과 협력적 검토 결과를 반영하지 않았다. 아마도 사례 속 학생이 했을 것으로 보이는 '만약 초가 연소하지 않는다면, 수면이 상승하는 현상은 일어나지 않을 것이다.'라는 예측은, 앞서 논의했듯이, 표면적으로는 '연소로 인한 산소 소모로 내부의 기압이 떨어져 수면이 상승한다.'라는 가설로부터 연역적으로 도출된 예측으로 보인다. 그러나 이 예측은 '연소'라는 현상이 오로지 '산소 소모'라는 현상만을 일으키는 것은 아니라는 점에서 가설을 검증할 수 있게 할 정도로 충분히 타당한 예측이라고 보기 어렵다. 다시 말해서, 연소는 당연히 산소의 소모를 동반하지만, 동시에 주변 온도의 변화와 같이 다른 현상도 가져온다. 그런데 위의 예측은 '만약 초가 연소하지 않는다면'이라고 가정함으로써, 그 가정에 포함되어 있는 산소 소모 이외의 다른 현상도 일어나지 않음을 가정한 것이고, 따라서 위 예측이 관찰된다고 해도 그것이 산소 소모로 인해 수면이 상승했다는 가설을 지지해주는 근거로 사용되기는 어렵다.

그러나 만약 사례 속 학생이 합의된 예측과 협력적 검토 결과를 반영하는 과정을 거쳤다면 그의 탐구는 결과가 달라질 수도 있었을 것이다. 예를 들어, 공동체 구성원 중 누군가가 그의 예측에 한계가 있음을 인지하고 이에 대해서 사례 속 학생과 의사소통 했더라면, 그리고 그 과정에서 '만약 산소 소모로 인해 수면이 상승한 것이라면, 촛불을 한 개, 두 개, 세 개로 늘려도 수면이 상승하는 정도에는 변화가 없을 것이다.'라는 새로운 예측을 제안하고 이에 대해서 사례 속 학생도 동의하여 이 새로운 합의된 예측을 협력적으로 확인해보는 과정을 거쳤다면, 그는 본인이 세운 '연소로 인한 산소 소모로 내부의 기압이 떨어져 수면이 상승한다.'라는 가설이 더 이상 지지받기 어렵다는 것을 알 수 있었을 것이다. 왜냐하면, 앞서 언급했듯이, 촛불의 개수를 늘리면 비커 속 수면의 상승 폭이 더 커지는 것을 관찰할 수 있었을 것이기 때문이다. 이러한 관찰은 '비커 안의 산소의 양은 일정할 텐데, 왜 촛불의 개수를 늘리면 수면의 상승 폭이 더 커지는 것이지?'라는 새로운 의심의 상태를 가져오게 될 것이고, 아마도 이러한 새로운 의심의 상태는 '촛불을 켬으로써 활발해졌던 주변 기체 분자들의 운동이 촛불이 꺼지면서 활동이 줄어들게 되고, 이로 인해 주변보다 유리컵 안의 기압이 내려가서 수면이 상승한다.'와 같은 새로운 가설을 제안하게끔 했을 수 있다. 이는 합의된 예측과 협력적 검토 결과를 반영하였다면, 사례 속 학생의 탐구가 좀 더 타당한 방향으로 진행되었을 수도 있었음을 의미하는 것이다.

넷째, 사례 속 학생은 가설검증의 결과가 가져오는 공동체와의 관계 변화와 탐구자의 변화를 반추하는 과정을 거치지 않았다. 탐구와 학습은 공동체 속 참여를 전제하고, 그로 인한 공동체와 탐구자의 변화를 수반한다. 예를 들어, 실행공동체에서 학습은 새로이 공동체 들어온 구성원이 합법적인 주변적 참여(legitimate peripheral participation)를 통해 공동 업무, 호혜적 관여, 공유 자산을 수행하고 습득하면서 점차 공동체의 핵심적인 구성원으로 성장하고, 그 과정에서 공동체 속 정체성의 변화가 일어날 때 학습이 일어난 것으로 본다(Lave & Wenger, 1991). 유사하게 사례 속 학생 역시 공동체와의 관계 변화와 탐구자의 변화를 반추했다면, 위의 예시에 나온 가설설정과 가설검증의 결과가 공동체에서 인정받는 성공적인 관계 변화를 가져오지 못하고 있음을 알 수 있었을 것이고, 이는 새로운 탐구가 필요하다는 느낌을 유발할 수 있었을 것이다. 그러나 사례 속 학생은 이러한 과정을 거치지 않았다.

요컨대, 위의 사례 속 학생의 탐구가 과학교실 탐구공동체에서 추구하는 탐구를 충실히 수행했다고 보기 어렵게 하는 한 가지 중요한 이유는, 그의 탐구가 <그림 3.6>의 '대상과의 관계 측면'과 관련해서는 어느 정도 타당한 탐구를 수행했지만, '공동체와의 관계 측면'과 관련해서는 타당한 과정을 거치지 못했다는 것이다. 다시 말해서 공동체와의 관계 측면에서 공동체 구성원들과 협력적으로 탐구를 수행하지 못했다는 것이다. 바꿔 말하면, 과학교실 탐구공동체에서 추구하는 탐구는 의심의 상태를 믿음의 상태로 바꾸는 것을 목적으로, 대상과의 관계 측면과 공동체와의 관계 측면을 모두 고려하면서 문제인식, 가설설정, 가설검증, 문제해결의 과정을 통해 수행되는 탐구이다.

이제 이어지는 절에서는 이러한 과학교실 탐구공동체가 구현되기 위해서는 어떠한 기본적인 조건들과 토대가 필요한지에 대해서 좀 더 상세히 논의하고자 한다.

04 과학교실 탐구공동체의 토대

4.1 탐구실행 의지

(1) 끊임없는 탐구 지향

과학교실 탐구공동체, 즉, "자연 현상이나 사물과 관련하여 진정한 의심의 상태를 믿음의 상태로 바꾸는 것을 목적으로, 참여자로서 목적을 공유한 구성원들이 실제적 효과에 대한 관찰과 오류가능성을 견지하면서 자유로운 의사소통을 통해 최선의 설명과 해결책에 이르고자 끊임없이 노력하는 교실 공동체"(정용재, 2014, p. 311)가 구현되기 위해서는 어떠한 기본적인 조건과 토대가 필요할까? 이에 대해서 정용재(2014)는, 앞서 '과학교실 탐구공동체의 탐구과정' 절의 문제인식, 가설설정, 가설검증, 문제해결 과정별 논의에서 부분적으로 언급하였듯이, 진정성, 개방성, 엄격성의 견지, 오류가능성의 견지, 참여, 끊임없는 탐구 지향, 충분한 시간 등을 기본적인 조건과 토대로 언급한 바 있다. 그리고 정용재와 장진아(2017)의 연구에 따르면, 위와 같은 과학교실 탐구공동체의 토대는 크게 '탐구실행 의지', '탐구수행 태도', '의사소통 구조'로 다시 범주화 될 수 있었다.

이에 따라 본 절에서는 과학교실 탐구공동체의 토대를 '탐구실행 의지', '탐구수행 태도', '의사소통 구조' 별로 논의하고, 이에 더하여 과학교실 탐구공동체의 구현을 위해 필요한 또 하나의 종합적인 토대인 '공유'에 대해 논의하고자 한다.

우선, '탐구실행 의지'는 얼마나 적극적이고 충분하게 탐구를 실행하고자 하는가와 관련된 것으로 '끊임없는 탐구 지향', '참여', '충분한 시간' 등의 토대를 포함한다.

이중에서 '끊임없는 탐구지향'은 과학교실 탐구공동체의 기본적인 조건이자 지향해야 할 가치이기도 하다(정용재, 2014). 다시 얘기해서 과학교실에서 가장 중요하게 추구해야 하는 바가 무엇인가라는 질문을 던졌을 때, 과학교실 탐구공동체 관점에서의 대답은 교과서에 제시되어 있는 과학 지식의 습득이 아니라 '끊임없는 탐구'이다. 이는 탐구공동체를 제안한 퍼스가 바라보는 진리와 실재, 탐구에 대한 관점과도 맥을 같이 한다. 앞서 언급하였듯이, 퍼스는 진리를 '실재에 대한 바로 그 궁극적 의견(opinion), 즉 탐구하는 사람 모두에 의해서 궁극적으로 동의될 운명(fated to be ultimately agreed)인 의견'(CP 5.407)으로 보았다. 그리고 이때 실재는 탐구공동체에 의한 끊임없는 탐구를 통해 도달하게 되는 어떤 것이라고 보았다. 즉, 실재는 "그것이 언제이든, 정보와 추리가 궁극적으로 도달

(result in)하게 되는 곳이고, 그래서 너와 나의 변덕과는 무관한 것으로서, 그렇기 때문에, 실재라는 개념 속에는 정해진 한계를 가지지 않으면서 지식의 확정적인 증가가 가능한 공동체(COMMUNITY)의 관념이 본질적으로 포함"(CP 5.311)된다는 것이다.

그런데 퍼스에게 있어서 탐구란 의심 상태에서 갖게 되는 불편함과 불만족스러움을 벗어나 다시 편안하고 만족스러운 상태에 이르고자 하는 투쟁이고(CP 5.372), 의심의 자극은 믿음을 획득하고자 투쟁하게 되는 유일한 직접적인 동기이다CP 5.375). 그리고 이때의 의심은 진실성이 있어야 한다(CP 5.265). 진정성 있는 의심의 상태는 자연스럽게 탐구를 유도하게 되지만, 진정성이 없이 시늉만 내는 의심은 그러하지 못하다. 이런 점에서 퍼스는 데카르트의 방법론적 회의를 모든 믿음을 걷어내고 완벽한 회의에서 시작한다는 점에서 단순한 자기기만이거나 자기모순적인 것으로 비판한다(정해창, 2005).

이러한 퍼스의 관점들과 유사하게, 과학교실 탐구공동체에서 가장 추구해야할 바는 이상한 현상에 직면하여 생기는 진정한 의심을 해소하기 위해 어떠한 정해진 한계도 없이 끊임없이 탐구하는 것이다. 이렇게 될 때, 과학교실의 구성원들은 탐구의 기쁨을 느낄 수 있을 것이며, 지식의 성장을 가져올 수 있을 것이고, 나아가 진리에 도달할 가능성을 키워나갈 수 있을 것이다.

다만, 과학교실 탐구공동체의 현실적인 모습은 퍼스의 관점과 다소 다른 차원일 수 있다. '공동체에 의해서 언젠가는 도달하게 될 것'을 전제한 퍼스의 관점은 그 언제가 도달하게 될 것을 현재 알 수 있는 방법이 없고, 그렇게 될 것이라는 것을 보장할 방법도 없다는 점에서 비판 받기도 한다(정해창, 2005). 이러한 비판은 다분히 이상적인 공동체를 상정하고 있는 퍼스의 이론의 한계에 대한 것으로 보인다.

그러나 과학교실 탐구공동체는 이상을 추구하더라도 현실적인 모습을 갖추지 않을 수 없다. 이러한 점에서 퍼스의 관점으로부터 과학교실 탐구공동체의 토대로 가져온 것은 언젠가 도달하게 될 의견의 실재 여부나 보장 여부라기보다는, 이러한 의견을 끊임없이 추구하는 자세에 있다. 퍼스의 탐구공동체는 유한한 수의 공동체를 의미 하지 않는다. 이때의 공동체는 다분히 이상적인 공동체로서 현재 존재하는 몇몇 사람들의 공동체가 아니라, 아주 먼 미래가 되더라도 끊임없는 탐구를 통해 결국 구성원들의 동의하게 되는 의견을 찾아가는 공동체를 말한다. 그리고 설혹 현재 공동체의 구성원들이 모두 동의한 의견이 나타났더라도 그것이 미래에 다시 오류로 밝혀질 수 있음을 감안하여 다시금 새로운 탐구를 시작할 준비가 항상 되어 있는 공동체이다. 그런데 이러한 다분히 이상적인 공동체가 과학교실에서 실제 구현될 수 있을 것으로 기대하는 것은 무리가 있을 수 있다. 현재 과학교실은 유한한 수의 구성원들로 구성되며, 유한한 시간 동안 활동할 수밖에 없는 공동체이기 때문이다.

'끊임없는 탐구 지향'에 '지향'이라는 용어를 포함시킨 것은 위와 같이 현실적인 교실 공동체로서 과학교실 탐구공동체가 갖는 한계를 감안하면서, 그러나 동시에 이상적인 탐구공동체와 동일한 방향을 추구한다는 의미를 포함한다. 즉, 완벽한 그리고 이상적인 탐구공동체를 실제로 구현하는 것은 유한한 수와 유한한 시간으로 한정된 실제 과학교실에서는 무리한 일이겠지만, 적어도 이를 위해 최선의 노력을 다하는 것이 필요하다는 의미이다. 좀 더 구체적으로는, 예를 들어, 과학 수업이나 교실에서 당면한 문제를 끝까지 해결하려고 노력하거나, 문제 해결에 여러 번 실패해도 다시 도전하는 것을 가치 있게 생각하고, 또 실제 그렇게 하려는 자세가 필요하다는 것이다. 또, 문제가 한 번 해결되었다고 생각되어서 그 순간 탐구를 모두 종료하기 보다는 다시 한 번 되짚어 탐구하는 것을 가치 있게 생각하고 또 실제 그렇게 하려는 자세가 필요하다는 것이다. 이렇게 될 때 단순히 교육과정에서 제시하는 지식을 암기하고 끝나는 과학교실이 아니라 자신의 의심과 의문을 해결하기 위한 투쟁이 일어나게 되고, 이를 다른 사람의 의견과 비교하면서 끊임없이 검토할 수 있게 되어, 좀 더 참된 의미의 지식의 성장과 진리 탐구가 일어나는 과학교실이 가능할 것이기 때문이다. 이러한 점에서 '끊임없는 탐구 지향'은 과학교실 탐구공동체의 기본적인 토대이자 추구해야할 핵심적인 가치이다.

'끊임없는 탐구 지향'을 핵심적인 가치로 하고 있다는 점에서 과학교실 탐구공동체는 과학 수업에서 일어나는 보통의 모둠별 공동 탐구와는 구분된다. 물론, 모둠별 공동 탐구라도 구성원들의 끊임없는 탐구 지향을 바탕으로 수행된다면 이는 과학교실 탐구공동체 속 탐구로 볼 수 있겠지만, 단순히 주어진 문제를 해결하기 위해 협력적인 탐구가 일어나는 정도라면, 그리고 구성원들이 지향하는 핵심 가치 역시 주어진 해당 문제를 해결하는 것에 한정되어 있다면, 이는 과학교실 탐구공동체 속 탐구로 보기 어렵다. 끊임없는 탐구 그 자체에 가치를 두는 것, 이것이 과학교실 탐구공동체의 기본적인 조건이자 토대이다.

(2) 참여

과학교실 탐구공동체의 토대로서 '참여'는 '공동의 목표를 공유한 상태에서 개인과 개인 혹은 개인과 공동체가 서로 영향을 주고받으면서 활발한 상호교섭이 일어나는 것'을 말한다.

'참여'의 국어사전적 의미는 '어떤 일에 끼어들어 관계함'인데, 이때 '관계'의 사전적 의미는 '둘 이상의 사람, 사물, 현상 따위가 서로 관련을 맺거나 관련이 있음. 또는 그런 관련'이다(국립국어원, 2017). 여기에서 다시 '관련'의 사전적 의미를 보면, '둘 이상의 사람, 사물, 현상 따위가 서로 관계를 맺어 매여 있음. 또는 그 관계'이다(국립국어원, 2017). 이들을 종합해 보면, '참여'의 국어사전적 의미는 '어떤 일에 끼어들어 둘 이상의 사람, 사물, 현상 따위가 서로 관계를 맺어 매여 있음'을 의미한다. 다시 말해서, 참여는 '어떤 일에 끼어드는 행위'와 '관계맺음'이라는 행위 혹은 결과를 조건으로 한다.

긍정적 의미에서 '어떤 일에 끼어드는 행위'는 그 일이 이미 진행 중이건 현재 시작되고 있는 일이건 간에 그 일의 목적과 목표를 공유하고 이의 달성에 기여하는 것을 전제한다. 물론 부정적 의미에서 어떤 일에 끼어드는 행위는 그 일의 성공적인 수행을 방해하는 것이겠지만, 과학교실 탐구공동체의 토대로서 참여는 긍정적인 의미의 '어떤 일에 끼어드는 행위'에 바탕을 둔다. 예를 들어, 과학교실 탐구공동체의 일원으로서 참여한다는 것은 과학교실 탐구공동체의 핵심적인 가치인 '끊임없는 탐구 지향'에 동의하고 공유한 상태에서 이를 달성하기 위해 행위 하는 경우이다. 좀 더 구체적인 예로 앞서 논의한 '촛불 연소에 따른 수면 상승의 이유'를 해결하기 위해 탐구가 일어나고 있다면, 이때 이 탐구에 참여한다는 것은 촛불이 연소하면 왜 수면이 상승하는가라는 의문을 공유하고, 이러한 상태에서 그 의문을 해결하기 위한 다양한 시도를 같이 하는 경우이다. 그 시도가 실제로 촛불을 켜고 비커를 덮는 행위이건, 왜 그런 현상이 나타나는지에 대해 행위에 공동의 토론을 하는 행위이건, 혹은, 직접 함께하는 행위는 아닐지라도 왜 그런 현상이 나타나는지를 골똘히 생각하는 행위이건, 그 의문을 해결하기 위한 다양한 시도를 하고 있다면 이는 참여의 한 부분이 충족된 것으로 봐야 할 것이다. 반면, 설혹 다른 구성원들과 함께 과학교실에 자리를 하고 있더라도, '촛불 연소에 따른 수면 상승의 이유'라는 문제를 전혀 공유하지 못하고, 그 문제를 해결하기 위한 어떠한 시도도 하고 있지 않다면, 이는 참여로 보기 어려울 것이다.

'관계맺음'은, 사전적 의미에서도 나타나듯이, 관계, 즉, '둘 이상의 사람, 사물, 현상 따위가 서로 관련을 맺거나 관련이 있음. 또는 그런 관련'을 맺는 것을 말한다. 국어사전 뜻풀이의 특성상 순환적인 용어가 중첩되어 서술되어 있긴 하지만, 분명한 것은 '관계맺음'은 둘 이상의 대상을 전제하고 그 둘 이상의 대상이 상호 영향을 주고받음을 전제한다는 것이다. 예를 들어, '촛불 연소에 따라 수면이 상승하는 까닭은 무엇인가?'라는 문제의 해결에 참여한다는 것은 이전에는 나의 문제로 인식하고 있지 않았던 문제를 나의 문제로 인식한다는 것을 의미하고 이는 그 현상과 나의 새로운 관계맺음을 의미한다. 또, '촛불 연소에 따른 수면 상승의 이유'라는 문제를 해결해가는 과정에서 연소는 산소의 소모를 수반한다거나, 산소의 소모만으로 설명하기에는 촛불의 개수를 늘렸을 때 더 높이 수면이 상승하는 것을 설명하기 어렵다거나, 촛불에 의해 주변의 공기 분자들의 운동이 활발해지고 서로의 간격이 넓어진 상태에서 비커를 덮어 촛불이 꺼지면 비커 속의 기압이 떨어진다거나 하는 새로운 지식을 형성하게 되었다면, 이 역시 전술한 여러 현상들과 나, 혹은 이러한 현상들끼리, 그리고 혹은 이러한 현상들과 다른 개념 사이의 관계가 새로이 형성되었음을 의미한다.

더욱이 '촛불 연소에 따라 수면이 상승하는 까닭은 무엇인가?'라는 문제를 해결하기 위해 다른 친구들과 함께 다양한 시도를 한다는 것은 나와 친구들, 혹은 나와 공동체와의 관계가 새로이 형성되었음을 의미한다. 즉, 예전에는, 적어도 탐구와 관련해서는, 나와 상호 영향을 주고받지 않았던 친구들과 이제는 서로 영향을 미치는 관계가 되었음을 의미하고, 이는 공동체 속에서 나의 위치와 정체성에도 변화가 있음을 의미하므로 나와 공동체의 관계 역시 새로운 관계맺음을 했음을 의미한다.

이러한 점에서 참여는 '관계맺음'을 전제한다. 과학교실 탐구공동체의 탐구 과정 중 '문제해결' 단계에서 '대상과의 관계 변화 반추', '공동체와의 관계 변화 반추', '탐구자의 변화 반추' 등이 포함된 것은 이러한 참여의 특성이 반영된 것이기도 하다.

위의 두 가지를 종합해볼 때, 앞서 언급하였듯이, 과학교실 탐구공동체의 토대로서 '참여'는 '공동의 목표를 공유한 상태에서 개인과 개인 혹은 개인과 공동체가 서로 영향을 주고받으면서 활발한 상호교섭이 일어나는 것'을 말한다.

참여에 대한 이러한 의미는 실행공동체(community of practice)와 관련하여 웽거(Wenger, 1998)가 정의 내린 의미와도 유사한 측면이 있다. 앞서 언급하였듯이, 그는 참여를 "어떤 일의 한 부분에 끼어들어 다른 사람들과 특정한 관계를 맺는 것으로, 어떤 행동(action)과 연결(connection) 둘 다 요구하는 것"(Wenger, 1998, p. 55)으로 정의한 바 있다. 그러면서 그는 다음과 같이 부가적인 설명을 덧붙인다.

> 이 책에서 나는 참여라는 용어를 사회적 공동체의 멤버십(membership)을 갖고 사회적 활동(enterprises)에 능동적으로 관여(involvement)한다는 점에서 세상에서 살아가는 것에 대한 사회적 경험을 기술하는 데에 사용하고자 한다. 이러한 의미에서 참여는 개인적이기도 하고 사회

적이기도 하다. 참여는 행동하기, 말하기, 생각하기, 느끼기, 소속감 등이 결합된 복잡한 과정이다. 그것은 우리의 몸, 마음, 감정, 그리고 사회적 관계를 포괄하는 전체로서 우리(our whole person)를 포함하고 있다. (Wenger, 1998 pp. 55-56)

즉, 참여는 어떤 공동체의 활동에 능동적으로 관여함으로서 말하기, 생각하기, 느끼기 등의 다양한 행위와 몸, 마음, 사회적 관계 등 다양한 요소들이 종합적으로 관계되어 있는 삶에 대한 사회적 경험이라는 것이다. 이러한 이유로 웽거(Wenger, 1988)는 참여의 구성 요소로 '세상에서 살기'(living in the world), '멤버십', '작용'(acting), '상호작용'(interacting), '상호관계'(mutuality)를 제안한다. 결국 실행공동체에서의 참여 역시 어떤 일에 끼어들어서 사회적 경험을 하고 그 과정에서 다양한 관계맺음이 일어나는 행위임을 알 수 있는데, 이는 '어떤 일에 끼어들기'와 '관계맺음'에 바탕을 두고 있는 과학교실 탐구공동체의 참여와 핵심적인 부분에서 유사한 측면이 있다.

한편, 이러한 참여의 의미는 앞선 언급한 듀이의 참여자로서의 흥미 개념에서도 나타난다. 듀이는 흥미와 관심은 관람자(spectator)의 입장에서는 일어나지 않고, 오직 참여자(participant)의 입장에서만 일어난다고 하였다(Dewey, 1916). 예를 들어, 교도소에 갇혀 있는 사람에게 창밖에 비가 오는 것은 관람자로서 겪게 되는 현상이지만, 내일 소풍을 가야하는 사람에게 오늘 밤에 비가 오는 것은 참여자로서 겪게 되는 현상이라는 것이다(Dewey, 1916, p. 119). 즉, 흥미와 관심은 내가 어떤 일이나 사고를 함으로써 통합된 전체에 영향을 미치게 되고, 장차 일어날 일과 나에게 영향을 미칠 수 있는 경우에 일어난다는 것인데, 이때 장차 일어날 일과 나에게 영향을 미칠 수 있는 일을 겪고 있는 사람을 '참여자'로 본 것이다. 결국, 듀이에게 있어서 참여는 어떤 일에 끼어들어서 그 일이 나와 나의 미래에 영향을 미치게 되는 경우를 말하는 것으로, 이 역시 '어떤 일에 끼어들기'와 '관계맺음'을 강조하고 있는 과학교실 탐구공동체의 참여와 유사한 의미로 볼 수 있을 것이다.

이와 같이 과학교실 탐구공동체에서 참여는 해결하고자 하는 문제를 공유한 상태에서 개인과 개인 혹은 개인과 공동체가 서로 활발하게 영향을 주고받으면서 관계맺음이 일어나는 것을 의미 하는 것으로, 구성원들의 활발한 상호교섭을 바탕으로 탐구를 수행할 수 있고, 이 과정에서 구성원들 사이의 관계맺음이 더욱 공고히 형성될 수 있다는 점에서 과학교실 탐구공동체에서 수행되는 탐구의 전체 과정에서 필요한 기본적인 조건이자 토대가 된다.

(3) 충분한 시간

과학교실 탐구공동체의 토대로서 '충분한 시간'은 또 다른 토대인 '끊임없는 탐구 지향'과 밀접히 관계된 것으로, 끊임없는 탐구를 위한 충분한 시간의 확보를 말한다. 즉, '충분한 시간'은 끊임없는 탐구가 이뤄지기 위해서는 물리적으로 충분한 시간의 확보가 필요하다는 점에서 제안된 기본적인 조건이자 토대이다.

앞서 언급하였듯이, 퍼스의 탐구공동체는 다분히 이상적인 공동체로서 현실적인 구현은 매우 어려워 보이지만, 이 이상적인 모습은 과학교실 탐구공동체가 지향해야할 모습을 지시하고 있다. 즉, "탐구의 길을 막지 말라."(CP 1.135)는 퍼스의 말처럼, 진리에 도달하기 위해 무한한 그리고 끊임없는 탐구를 수행하는 것, 이것이 곧 과학교실 탐구공동체에서 지향해야 할 중요한 가치이다.

그런데, 이러한 끊임없는 탐구를 수행하기 위해서는 충분한 시간의 확보가 전제되어야 한다. 다만, 여기서 얘기하는 충분한 시간이란 탐구를 수행하기 위한 시간이다. 즉, 문제를 인식하고 가설을 세워 검증하기 위한 충분한 시간의 확보가 필요하고, 이 과정에서 서로 간에 토론할 수 있는 충분한 시간이 필요하며, 아울러서 탐구를 통해 무엇이 변화했는지 검토하고 그 의미를 생각할 수 있는 충분한 시간이 필요하다.

우선, 첫째, 문제를 인식하고 가설을 세워 검증하기 위한 충분한 시간이 필요하다. 앞서 논의하였듯이 문제인식은 '관찰 사실과의 불일치', '의견/이론과의 불일치', '흥미', '공동의 흥미' 등에 영향을 받는다. 즉, 문제의 인식은 퍼스에게 있어서는 나의 믿음 상태를 깨뜨리는 이상하고 의심스러운 상황과 마주하여 불안하고 불만족스러움을 느끼는 상태(CP 5.374)이고, 듀이에게 있어서는 불확정적인 상황에 직면하여 설명의 필요성을 느끼는 상황(Dewey, 1910)을 전제한다. 예를 들어, 문제의 인식은, 3장에서 제시한 다음의 일화(정용재, 2005)에서와 같이, 기존의 자기 생각으로는 설명이 되지 않아 무언가 새로운 설명이 필요함을 느끼는 경우를 전제한다.

학생4: 선생님, 이거 봐요. 이거 왜 이래요?
교 사: 뭐?
학생4: 이렇게 못 위에 놓으면요.
학생5: 야, 야, 저거 좀 봐. 소리가 난다.
교 사: 어, 신기하네. 소리가 나네.
학생6: 야, 우리도 해보자.

책상 위에 튀어나와 있는 금속 못 머리에 드라이아이스가 얹히자 작지만 뚜렷한 소리가 난다. 몇몇 아이들은 손으로 살짝 눌러보기도 했다. 소리는 조금 작아지면서 높아지는 듯이 들린다. 금속 이외의 물건에 놓아 보이는 아이들도 생겼다.

학생5: 선생님, 이게 왜 소리가 나는 거예요?
교 사: 글쎄. 왜 그렇지? 뭔가 떨리는 게 있다는 건데.
학생5: 이산화탄소가 발생하니까, 어, 그러니까, 이산화탄소가 새면서 나는 건가?
(정용재, 2005)

위 사례는 드라이아이스를 책상 위에 튀어나와 있는 금속 못 위에 닿자 금속성의 소리가 났고, 이를 신기하게 여긴 아이들의 대화이다. 학생4가 처음 왜 소리가 나는지에 대해 의문을 던졌고, 뒤이어 학생5와 학생6이 동일한 의문을 던지면서 직접 해보기로 한다. 처음 학생4가 평소에 관찰할 수 없었던 현상을 접하고 설명할 수 없는 의문을 가진 후, 이것이 학생5와 학생6 등 다른 친구들의 공동의 흥미를 유발한 경우이다. 학생들은 설명이 필요한 문제를 인식하기 시작한 것이다. 물론, 문제인식 과정은 단순히 의문을 느끼는 과정을 넘어서 그 문제가 어떤 요소로 구성되어 있고 나의 생각과 어떤 점에서 차이가 있었던 건지를 명료화하는 과정을 포함한다. 위의 사례에서는 "글쎄. 왜 그렇지? 뭔가 떨리는 게 있다는 건데."라는 교사의 도움이 문제의 명료화 과정에 도움을 주고 있는 것으로 보인다. 다만, 문제를 명료화하는 과정은 문제인식이 일어난 후에 가설을 설정하는 과정에서 나타날 수 있는 과정으로, 문제인식에서 조금 더 핵심적인 요소는 나의 생각으로는 설명이 되지 않는 이상하고 의심스러운 상태에 직면하여 그에 대한 탐구가 시작하게 되는 과정이라고 봐야 할 것이다.

그런데 이러한 문제인식 과정은 시간을 필요로 할 수밖에 없다. 퍼스에 따르면 의심의 자극은 믿음을 획득하고자 투쟁하게 되는 유일한 직접적인 동기인데(CP 5.375), 이때의 의심은 진실성이 있어야 한다(CP 5.265). 교사로부터 주어져서 학습을 해야 할 대상이지만 나에게는 진정한 의심의 상태를 유발하지 않는 어떤 현상이라면, 그것은 의무적으로 습득해야하는 지식일 뿐 나를 다시금 믿음의 상태에 이르게 하는 탐구를 유발할 수 없다. 이는 문제를 인식하는 주체가 탐구자이어야 한다는 것을 의미한다. 그리고 이를 위해서는 탐구자가 마주하면서 의심의 상태에 놓이게 되는 현상이 필요하고, 그 현상을 마주할 수 있는 시간이 필요하다. 교과서를 읽고 그 교과서에 있는 지식을 습득할 시간에 앞서, 그 현상을 마주하면서 의심의 상태를 경험할 시간이 필요하다는 것이다.

이와 같은 시간의 확보는 가설을 설정하고 검증하는 과정에서도 유사하게 필요하다. 앞서 언급하였듯이 일반적으로 과학교육에서 가설은 “이미 알고 있는 사실과 개념이나 관찰을 근거로 하여 문제에 대한 잠정적인 답을 검증 가능한 형태로 진술하는 과정”(교육부, 2014, p. 54)으로 통용된다. 그리고 좀 더 본래적으로는 의심의 상태에 놓였을 때, ‘이미 설명이 된 현상 사이의 일부 유사성에 기인하여 나머지도 유사할 것이라는 추리’(CP 2.623)를 통해 다시금 믿음의 상태에 이르게 하는 것이다. 그리고 가설의 검증은 그러한 가설에 따라 연역적으로 그럴 수밖에 없는, 혹은 그 가설에 맞는다면 절대 일어나서는 현상을 예측하고 이를 귀납적으로 검증하는 과정이 수반된다(박종원 등, 2001).

따라서 가설의 설정과 검증 과정에는 과거 경험과의 유사성, 공동경험과의 유사성 등의 분석이 필요하고, 연역적 예측과 실제적 효과의 검증, 그리고 협력적인 검토 결과 등이 필요하다. 예를 들어, 위의 사례에서 학생5는 “이산화탄소가 발생하니까, 어, 그러니까, 이산화탄소가 새면서 나는 건가?”라고 나름대로의 임시적인 원인 설명, 즉, 가설을 세운다. 명시적으로 이러한 가설에 이르게 되는 과정을 분석한 결과는 아니지만, 학생5가 예전에 풍선에서 공기가 빠져나가거나 입으로 종이를 불었을 때 소리가 났던 경험이 있었고, 이것이 새로운 임시적 설명으로 이어졌을 것으로 추축해볼 수 있다. 이는 기존의 경험이 가설설정에서 중요한 역할을 한다는 연구결과(권용주 등, 2000)와도 맥을 같이 하는 것이다. 그렇다면, 가설을 설정하는 과정에서 탐구자는 과거의 경험이나 기존에 자신이 가지고 있던 지식으로 현재 의심의 상태를 유발하고 있는 현상을 바라보고 연결 짓는 시간이 필요할 것이다.

이제 학생5가 자신의 가설을 검증하기 위해서는 어떤 예측을 해야 할까? 아마도 이산화탄소가 기화되지 않도록 온도를 섭씨 영하 100도까지 낮추면 똑같이 책상 위에 튀어나온 못에 드라이아이스를 올려놓더라도 소리가 나지 않을 것이라고 예측해볼 수 있을 것이다. 물론 이러한 예측은 당장에 초등학교 교실에서 검증하기 어려운 예측이다. 그렇다면 초등학교 교실에서도 검증할 수 있는 예측에는 어떤 것들이 있을까? 아마도 학생5는 드라이아이스의 일부를 감싸거나 하는 방법으로 기화에 의한 효과를 드라이아이스의 부분에 따라 다르게 한 다음 각 부분별로 소리를 나게 하는 정도를 비교하는 방법을 생각해 볼 수도 있을 것이다. 그런 후에 정말 그러한지 실제적인 효과를 검증해보면 될 것이다. 그런데 이 과정 역시 시간을 필요로 한다. 우선 어떤 예측이 가능한지 따져보는 데에 시간이 필요하고, 그러한 예측과 검증 과정이 잘 이루어졌는지에 대해 다른 친구들과 협력적으로 검토하는 데에도 시간이 필요하다. 결국, 위와 같은 점들을 종합적으로 고려할 때,

과학교실 탐구공동체에서 탐구가 일어나는 전 과정에서 충분한 시간의 확보는 기본적인 조건이자 토대가 되어야 할 것이다.

둘째, 탐구 과정에서 서로 간에 토론할 수 있는 충분한 시간이 필요하며, 탐구를 통해 무엇이 변화했는지 검토하고 그 의미를 생각할 수 있는 충분한 시간이 필요하다. 과학교실 탐구공동체는 기본적으로 공동체적 접근을 표방한다. 즉, 학습을 개인의 머릿속에서만 일어나는 지식의 습득에만 한정 짓지 않고 공동체 속에서 참여를 통해 실천 능력을 기르고 이에 따른 학습자의 정체성 변화에 주목하는 관점(Lave & Wenger, 1991)과 맥을 같이 하는 탐구를 지향한다. 따라서 이러한 탐구는 기본적으로 공동체 구성원들과의 지속적인 의사소통과 상호교섭을 필요로 하게 되는데, 앞 절에서 논의한 '참여'가 그러한 과학교실 탐구공동체의 기본적인 조건과 토대를 대표하고 있다고 보면 될 것이다.

그런데, 이를 위해서는 단순히 반복적인 현상에 노출되는 경험이 아니라 계속적인 성장이 있는 경험(Dewey, 1916)이 필요하고, 다시 이를 위해서는 스스로를 돌이켜 보는 반성적 사고와 함께 공동체 속 자신의 관계와 정체성을 돌이켜보는 것이 필요하다. 이러한 것들은 좀 더 구체적으로는 구성원들과의 활발한 토론이 필요할 것이고, 자신의 생각, 자신의 총체적인 모습, 자신과 공동체와의 관계 등의 변화를 생각하는 것이 필요할 것이다. 그리고 이를 위해서는 역시 충분한 시간이 필요하다.

과학 수업에서 단순한 활동을 넘어서서 그 의미를 되새기는 시간이 확보될 필요가 있음은 이미 오래 전부터 주장되어 왔다. 예를 들어, 드라이버(Driver, 1983)는 그의 책 "과학자로서 아동?(The pupils as scientist?)"에서 과학 수업 시간에는 실험을 위한 시간 뿐만 아니라 학생들이 생각하고 토론할 시간이 확보될 필요가 있음을 다음과 같이 주장한 바 있다.

> 우리에게 공통적으로 요구되는 것이 하나 있다. 바로 '시간'이다. 생각을 동반하는 토론을 위해 시간이 필요하고, 경쟁적인 생각을 좇아가고 스스로 연구하기 위해서는 더 많은 시간이 필요하다. 필요한 시간을 확보하기 위해서는 교육과정에서 제시하고 있는 내용의 필요성에 대해 주의 깊은 검토가 필수적이다. 물론, 어떤 주제는 포함시키고 어떤 주제는 제외시킬 것인가는 힘든 결정일 것이다. 그러나 결과적으로 아동들이 자기 자신의 이해에 확신을 가지게 되고, 더불어서 그들 스스로 탐구할 수 있는 시간을 가지게 된다면, 내용을 축소시키는 것은 그다지 비싼 지불은 아닐 것이다. (중략) 단순히 아동들의 감각적인 경험을 확장할 수 있게 도와주는 것이 과학수업에서의 교사의 역할이 아니라고 제안하고 있다. 교사는 아동들이 과학 공동체의 전통적인 이론과 형식주의를 이해하고, 이것들을 그들의 경험과 유의미하게 관련지을 수 있도록

도와주어야 한다. 즉, 아동들의 경험과 이해와, 과학 공동체의 경험과 이해 사이의 중재자 역할을 해야 한다고 제안하고 있는 것이다. (Driver, 1983, p.84)

즉, 우리에게는 "생각을 동반하는 토론"을 위한 시간이 필요하고, "경쟁적인 생각을 좇아가고 스스로 연구하기 위해서는 더 많은 시간"이 필요하며, "아동들이 자기 자신의 이해에 확신을 가지게 되고, 더불어서 그들 스스로 탐구할 수 있는 시간"이 필요하다는 것이다. 이를 위해서라면 기존의 교육과정 내용을 축소하는 것조차도 그다지 비싼 지불은 아닐 것이라는 것이 드라이버의 생각이다. 과학교실 탐구공동체 역시 이러한 관점과 맥을 같이 한다.

한편, 위의 드라이버의 주장에서도 일부 나타나 있듯이, 시간의 확보는 이상적인 필요성과 현실적인 제한성이 맞물리는 과학교실 탐구공동체의 토대이다. 즉, 위에서 논의한 바와 같이 과학교실 탐구공동체는 끊임없는 탐구를 수행하기 위해 충분한 시간의 확보를 필요로 한다. 그러나 현실적으로 우리는 교육과정에서 명시하고 제한된 시수를 준수해야 하며, 동시에 교육과정에서 명시하고 있는 개념과 활동을 가르쳐야만 한다. 실제로 기존의 교육과정을 운영하는데 있어서도 이미 주어진 시간에 비해 해야 할 학습의 내용이 과다하다는 지적이 지속적으로 있어왔다(이양락, 박재근, 이봉우, 2006; 이재봉, 2013; 정은영, 2006). 이러한 비판적 시각을 감안하여 우리나라 교육과정은 개정이 될 때마다 내용의 적정성 확보를 개정의 주안점으로 시도해 왔다. 예를 들어, 2009 개정 교육과정(교육부, 2011)에서 시도한 교과군과 학년군의 통합, 집중이수제 등이 그 한 시도로 볼 수 있으며, 2015개정 과학과 교육과정(교육부, 2015a)에서 시도한 핵심개념 중심의 위계화 역시 같은 맥락으로 볼 수 있을 것이다. 그러나 여전히 우리는 제한된 시수와 필수 학습 내용으로 인해 끊임없는 탐구를 위한 충분한 시간의 확보에 현실적인 어려움을 겪을 것으로 예상된다.

이러한 어려움을 극복하기 위해서는 기본적으로는 교육과정 차원에서 지속적인 학습량 감축이 필요할 것이고, 한편으로는 과학을 위한 시수의 확보가 필요할 것이다. 그러나 이러한 노력들은 어떤 내용을 줄여야 하는지에 대한 연구가 전제되어야 하고, 과학 영역 간에, 그리고 교과 간에 이해의 상충을 해결할 수 있는 합의가 전제되어야 할 것이다.

다만, 차선적인 방법의 하나로, 주어져 있는 교과 시간 외의 다른 시간을 탐구에 활용하는 방안을 생각해 볼 수 있다. 예를 들어, 2007 개정 과학과 교육과정(교육부, 2007)에서 처음 명시된 '자유탐구'를 활용하는 방안이다. 자유탐구는 학생 주도의 탐구로 비교적 장기간 통합적인 탐구를 수행할 수 있도록 도입된 활동이다. 학교 현장에서는 방과 후 시간과 같이 정규 수업 시간 외의 다른 시간을 활용해서도 지도할 수 있는 활동이다. 과학교실 탐구공동체서는 단 한 차례의 문제해결로 탐구를 종료하기 보다는 지속적으로 이러지는 탐구를 지향한다. 그런 점에서 볼 때, 정규 수업 시간과 함께 종료되는 탐구보다는 수업 시간이 종료된 방과 후 시간에도 탐구가 수행될 수 있도록 장려하는 교실 문화가 필요할 것이고, 이는 탐구를 위한 충분한 시간을 확보하는 한 방안으로서도 활용될 수 있을 것이다. 물론 그러한 방법이 자유탐구를 활용한 방법만 있는 것은 아니다. 비단 자유탐구가 아니더라도 수업 중에 탐구가 일시적으로 종료되던 종료되지 않던 그 탐구의 연장선에서 수업 시간 외에도 탐구가 진행될 수 있다면, 그리고 그러한 과학 교실문화가 구축된다면, 이 또한 과학교실 탐구공동체에서 필요한 충분한 시간을 확보하는 한 가지 방법이 될 것이다.

아울러서, 여러 현실적인 제약으로 인해 충분한 시간을 확보하기에 어려움이 있겠지만, 주어진 시간을 어떤 활동에 좀 더 배분하여 활용할 것인가를 결정하는 것도 시간을 확보하는 한 가지 방법이 될 것이다. 즉, 탐구를 위해 좀 더 중요하고 가치 있는 활동에 시간을 안배 한다면, 상대적으로 시간을 확보하는 효과를 가져 올 것이다. 이와 관련하여 드라이버(Driver, 1983)는 우리가 주목해야할 바에 대해 다음과 같이 서술하고 있다.

> 실험을 하고 난 후 청소(cleaning up)를 하면서 과학 수업이 끝나는 것을 우리는 일반적으로 자주 볼 수 있다. 경험한 것들이 어떻게 새로운 개념과 연결되는지에 대해 중요한 토론을 할 시간은 주어지지 않는다. 활동(activity) 그 자체는 중요하지 않다. 중요한 것은 그것을 구성하고 있는 것들이다. 아동들로 하여금 그들의 경험을 의미에 대해 얘기하고 생각해볼 수 있도록 도와주는 교수 전략이 필요하다. 그리고 무엇보다도 교사가 아동들의 경험을 통해 그들과 이야기할 수 있는 시간이 필요하다. (Driver, 1983, p. 49)

위의 인용문에서 볼 수 있듯이 드라이버는 청소를 하면서 끝나는 과학 수업에 대해 아쉬움을 표하고 있다. 즉, 기왕에 제한된 시간을 활용해야 한다면, 청소를 하는 데에 많은 시간이 주어지기 보다는, 대신에 수업 시간에 경험했던 다양한 활동들이 어떤 점에서 의미 있는지, 어떤 점에서 나의 생각과 연결되는지에 대해서 생각하고 서로 토론할 수 있는 시간이 충분히 주어져야 한다는 것이다. "활동 그 자체는 중요하지 않다."라는 문장은 이러한 드라이버의 생각을 단적으로 보여준다.

과학교실 탐구공동체에서 현실적으로 시간을 확보하는 하나의 방안으로 좀 더 가치 있는 활동에 시간을 안배하는 것이 필요하다는 것은 이와 같은 드라이버의 생각과도 맥을 같이한다. 즉, 기왕에 주어진 시간 내에 탐구를 해야 한다면 상대적으로 과학 수업에서 문제를 해결하는 데에, 그리고 실험 결과를 토의하는 데에 시간이 우선 주어져야 할 것이다. 그리고 아울러서, 앞서 언급한 바와 같이, 수업 시간이 부족한 경우에는 정해진 과학 수업 시간이 끝난 후에도 탐구할 수 있는 시간이 주어져야 할 것이다.

4.2 탐구수행 태도

(1) 엄격성의 견지

'탐구수행 태도'는 탐구를 수행하는 과정에서 견지해야할 태도를 말하는 것으로 진리에 이르는 끊임없는 탐구를 지향하기 위해서 어떠한 태도가 기본적으로 필요한가에 대한 응답이다. 과학교실 탐구공동체에서는 특히 '엄격성의 견지'와 '오류가능성의 견지'에 주목한다.

'엄격성의 견지'는 탐구를 수행하는 과정에서 주장을 뒷받침하는 증거와 그 논리에 대한 엄격성, 실험과정의 타당성에 대한 엄격성 등을 포함한다.

과학에서는 일반적으로 어떤 주장이 정당화되는 데에는 그 주장의 근거가 되는 증거가 결정적인 역할을 하고(Mahner & Bunge, 1996), 논리적 일관성과 비판적 시각을 바탕으로 주장과 근거에 대한 치밀한 검토가 중요하다(강석진과 노태희, 2014). 과학에서 자신의 주장을 정당화하기 위해 증거를 엄격하게 제시하는 예를 우리는 패러데이(M. Faraday)가 자기력선을 고안해 내는 과정에서 찾을 수 있다. 패러데이는 1831년 전자기 유도 현상을 발견하였는데, 이 현상에 대한 설명을 시도하는 과정에서 자기력선이라는 용어를 처음 사용한 것으로 알려져 있다(김영민, 2012). 이 과정에서 페러데이는 자석 주변의 철가루들이 늘어선 모양을 여러 차례 실험하고 그림으로 기록하는 과정을 거쳤고, 이를 통해 막대자석에서는 자기력선이 자석의 한쪽 극에서 나와 다른 쪽 극으로 들어가는 곡선 형태를 이루며, 전류가 흐르는 전선 주변에서는 동심원의 형태를 나타낸다고 주장하였다(김영민, 2012).

다음의 <그림 3.12>는 페러데이가 자기력선을 고안해 내는 일련의 과정 속에서 수행한 실험 결과 기록의 한 예로서, 막대자석 주변에 철가루가 늘어선 모양을 그린 것이다(Faraday, 1855, Plate Ⅳ, fig. 2). 그림에서 나타나듯이, 페러데이는 철가루가 늘어선 모양

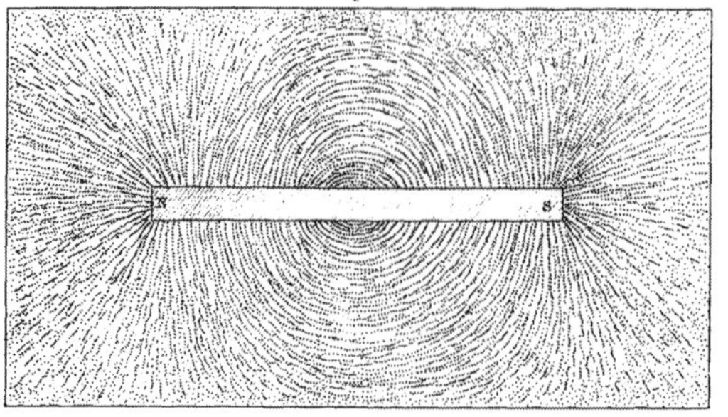

그림 3.12 페러데이가 그린 막대자석 주변의 철가루 (Faraday, 1855, Plate Ⅳ, fig. 2)

을 최대한 정밀하고 엄격하게 기록하고자 애쓴 것으로 보인다. 단적으로 <그림 3.12>에서 찍힌 점의 개수는 어림잡아 1만개 이상이다. 이러한 정교한 작업이 그로 하여금 자기력선이라는 개념적 도구를 고안할 수 있게 하였고, 자기력선은 한쪽 극에서 나와 다른 쪽 극으로 곡선을 이루며 들어간다는 주장을 가능하게 한 것으로 보인다.

반면 <그림 3.13>은 중학교 학생들에게 철가루를 자석 주위에 뿌리고 그 결과를 그리게 한 결과 중 하나이다(Driver, 1983, p. 16, fig. 6). 그림에서 볼 수 있듯이, 자석 주변에 많은 철가루들이 붙어 있는 것이 표현되어 있는 반면, 한쪽 극에서 나와 다른 쪽 극으로 자기력선이 들어간다는 생각을 하기는 어려워 보인다.

물론, 페러데이는 그의 이론을 세워가는 과정에서 은유를 사용하는 등(김영민, 2012), 단순히 관찰에 의해서만 그의 주장을 정당화하지는 않았다. 또, 드라이버(Driver, 1983)가 위 중학생의 그림을 예시로 든 것은 과학자들이 고안해 낸 개념적 도구를 학생들이 관찰을 통해 동일하게 발견할 수 있기를 기대하는 것은 무리가 있다는 점을 주장하기 위한

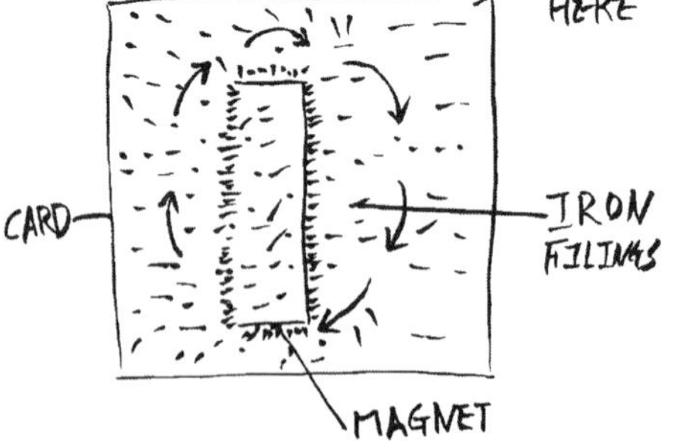

그림 3.13 한 중학생이 그린 막대자석 주변의 철가루 (Driver, 1983, p. 16)와 유사한 그림

것이었다. 그러나 분명한 것으로 두 그림으로부터 우리가 얻을 수 있는 결과의 양이나 수준은 차이가 있다는 것이다. 즉, 탐구에서 엄격성을 견지하는 것이 탐구 수행의 질에 영향을 미칠 수 있음을 두 그림은 단적으로 보여준다. 다음의 <그림 3.14>는 엄격성을 견지

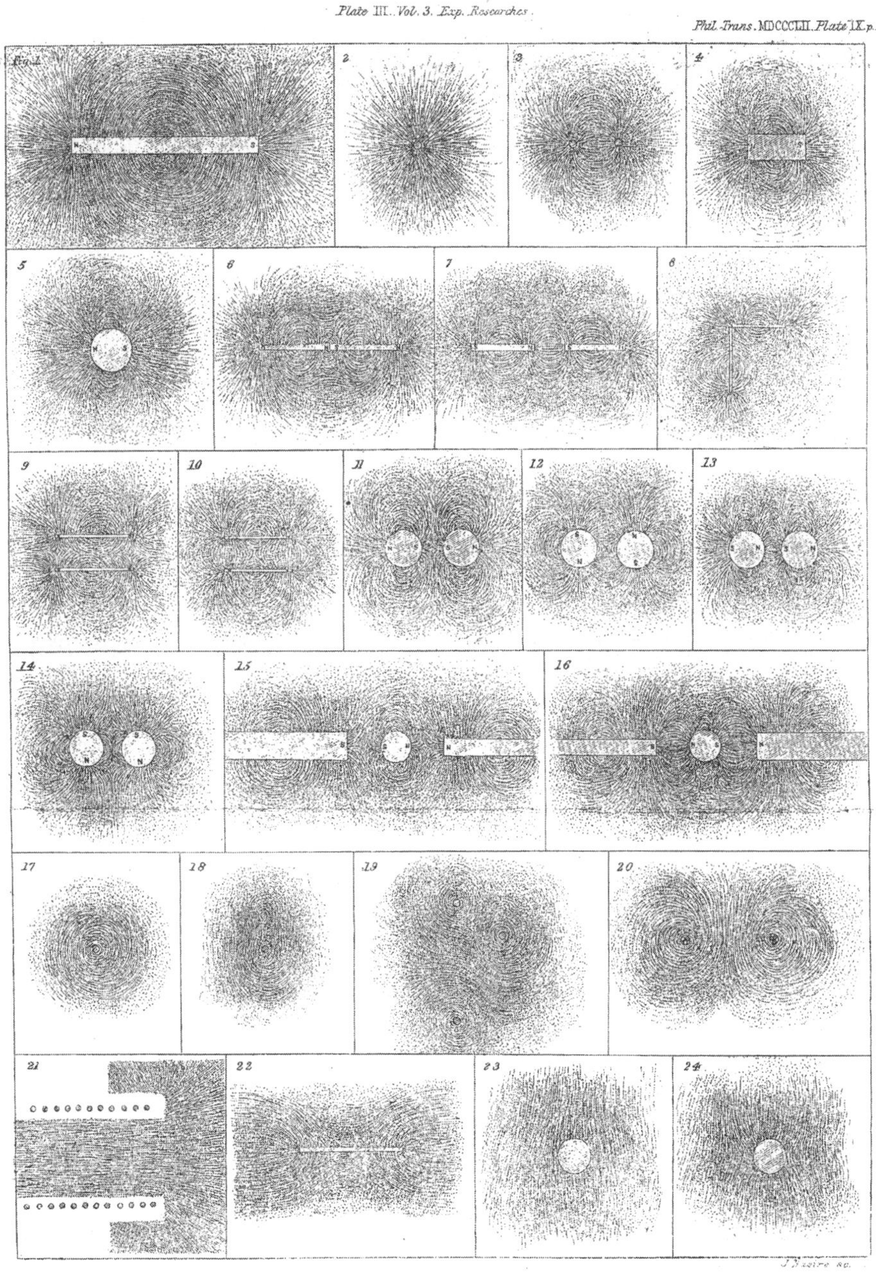

그림 3.14 페러데이의 또 다른 그림들 (Faraday, 1855, Plate Ⅸ, p. 158)

하고자 했던 페러데이의 노력들을 한 번 더 보여준다.

그런데 페러데이가 <그림 3.12>와 <그림 3.14>에서 보여준 엄격성을 위한 노력은 과학교실에서 불가능할 정도로는 보이지 않는다. 물론 쉽지 않겠지만, 엄격성을 견지하고자 하는 태도가 충분히 갖춰져 있고 탐구를 위한 시간이 충분히 주어진다면 과학교실에서도 이 정도의 엄격성을 구현하는 것은 비교적 가능해 보인다. 사실 과학 기술의 발달과 정보처리의 발달에 힘입어 현대 과학은 복잡한 수식과 엄청난 양의 데이터 처리를 바탕으로 일반인들이 상상하기 어려울 정도의 엄격성을 추구하고 있다. 물론, 이런 현대 과학 수준의 엄격성을 과학교실에서 요구하는 것은 당연히 큰 무리가 따를 수밖에 없다. 그러나 앞선 페러데이의 그림과 같이 정교성을 높이기 위한 노력 정도는 그렇게 하고자 하는 태도와 시간이 마련된다면 과학교실에서도 가능할 것이다.

위대한 과학자이면서 과학교실에서도 어느 정도 가능할 만한 엄격성을 우리는 갈릴레오의 탐구에서도 찾아 볼 수 있다. 갈릴레오는 <그림 3.15>와 같은 그림을 통해 정지한 상태에서 출발하여 일정한 비율로 속력이 증가하는 물체가 이동한 거리는 처음 속도와 최종 속력의 절반에 해당하는 속력으로 동일한 시간 동안 움직인 거리와 같다고 증명한다(Galileo, 1638, p. 173).

증명은 다음과 같은 방법으로 이루어졌다. C에 정지해 있던 물체가 일정하게 속력이 빨라지면서 D를 향해 가고 있고, 이때 걸린 시간이 선분 AB라고 하면, 시간 B에 이르렀을 때 물체의 속력은 최대가 될 것이고, 이때의 속력을 선분 EB로 나타내 보자. 속력은 일정한 비율로 증가하고 있으므로, AB 사이의 각 시간대의 속력은 그림에서 볼 수 있는

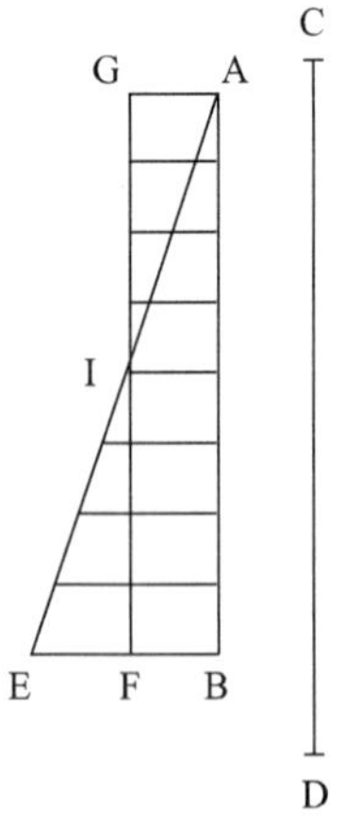

그림 3.15 평균속력에 대한 증명 (Galileo, 1638, p. 173)

바와 같이 선분 AB에서 선분 AE까지의 각각의 짧은 수평의 선분으로 나타낼 수 있다. 이때 일정한 속력으로 물체가 이동한 거리는 속력×시간이므로 거리는 삼각형의 넓이에 비례할 것이다. 결국 속력이 일정하게 증가하면서 이동한 물체의 총 이동거리는 삼각형 AEB의 넓이에 비례할 것인데, AEB의 넓이는 선분 GA, 즉, FB와 선분 AB를 곱한 값과 동일하다. 따라서 정지한 상태에서 출발하여 일정한 비율로 속력이 증가하면서 시간 AB 동안 움직인 물체의 거리는 최종 속력인 EB의 절반에 해당하는 FB의 속력으로 시간 AB 동안 움직인 거리와 동일하다.

물론 많은 사람들은 등가속도 운동을 하고 있는 물체의 거리는 평균속력으로 같은 시간 운동한 거리와 동일하다는 것을 이미 알고 있을 것이다. 그러나 왜 그렇게 되는지를 갈릴레오와 같이 엄밀한 방법으로 증명해 본 적이 있는가? 갈릴레오가 위의 증명에서 사용한 방법은 중학생 정도라면 충분히 이해할 수 있는 정도의 수학을 사용한 것이지만, 그 방법은 논리적이며 엄밀하다. 과학교실 탐구공동체에서 추구하는 엄격성 역시 반드시 어려운 수학이나 복잡한 정보처리가 전제되어야 하는 것은 아니다.

갈릴레오는 위의 증명에 이어서 등가속도 운동을 하고 있는 물체의 이동 거리는 걸린 시간의 제곱에 비례한다는 것을 다음의 <그림 3.16>을 이용해 증명한다(Galileo, 1638, p. 176).

아래 그림에서 각각의 선분의 의미는 앞서 <그림 3.15>와 동일하다. 갈릴레오는 다음과 같은 방법을 주요 과정으로 하여 증명을 시도한다. 우선 선분 AI를 그린 후, 그 절반

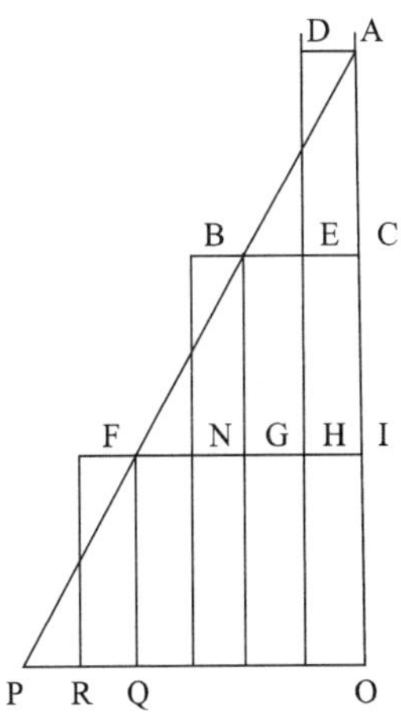

그림 3.16 등가속도 운동과 거리에 대한 증명 (Galileo, 1638, p. 176)

에 해당하는 선분 AC를 그린다. 그리고 선분 AC와 같은 간격으로 선분 IO를 그린다. 이들은 모두 물체가 이동하는 데 걸린 시간이다. 여기에서 앞서 <그림 3.15>에서 증명했던 방식을 동일하게 적용해 보면, 시간 AC 동안 물체가 이동한 거리는 AC 구간의 최종 속력인 BC의 절반에 해당하는 속력 즉, EC와 AC를 곱한 양에 비례할 것이다. 즉, 삼각형 ABC의 넓이, 다시 말해서 사각형 ADEC의 넓이에 비례할 것이다. 이제 다음 구간인 CI 시간동안 물체가 이동한 거리를 구해보자. CI 구간에서는 시점 C에서 물체는 최초의 속력을 나타낼 것이고, 시점 I에서 물체는 최종 속력을 나타낼 것이니, 이는 곧 그 둘 사이의 절반의 속력에 해당은 NI의 속력으로 시간 CI 동안 움직인 거리가 될 것이다. 이는 <그림 3.16>에서 볼 수 있는 바와 같이 처음 AC 시간 동안 움직인 거리인 사각형 ADEC의 세 배에 해당한다. 이 얘기는 결국 시간 AI 동안 물체가 움직인 총 이동거리는 처음 AC 시간 동안 움직인 거리의 네 배에 해당함을 보여준다. 같은 방법으로 시간 IO 동안 움직인 거리를 따져보면 그림과 같이 처음 AC 시간 동안 움직인 거리의 다섯 배가 되는 것을 알 수 있다. 즉, 그림 3.16과 같이 시간이 두 배가 될수록 1, 3, 5 배의 비율로 구간별 이동 거리가 늘어난다는 것을 보여준다. 이는 다시 얘기해서 AO 시간 동안 움직인 총 이동거리는 최초 구간인 AC 시간 동안 이동한 거리의 1+3+5 배, 즉, 아홉 배가 됨을 보여준다. 결국, 시간이 두 배가 되면 총 이동 거리는 네 배, 시간이 세 배가 되면 총 이동거리는 아홉 배로 늘어가게 된다. 따라서 일정한 비율로 속력이 증가하는 물체가 특정한 시간 동안 움직인 총 이동거리는 시간의 제곱에 비례함을 알 수 있다.

위와 같은 갈릴레오의 사례는, 앞서 언급한 바와 같이, 반드시 어려운 수학을 동원하지 않고도 충분히 엄밀성을 추구할 수 있음을 보여준다. 중요한 것은 교육과정과 교과서에 제시되어 있는 과학 지식을 아무 의심 없이 수용하여 습득하는 데에 주목할 것인지, 혹은 교과서에 제시되어 있는 방법대로 실험을 한 후 그 결과가 교과서와 같게 나오면 그 방법의 엄밀성에 대한 검토 없이 탐구를 멈추거나 혹시 결과가 다르게 나와도 교과서 내용을 암기하는 방법으로 비켜갈 것인지, 아니면, 그 지식의 엄밀성을 의심해 보거나 자신이 한 실험 방법의 엄밀성을 검토하면서 최대한 엄격성을 갖추고자 노력하는 자세를 가질 것인지일 것이다. 과학교실 탐구공동체에서 기본적인 조건과 토대로 필요로 하는 것은 바로 세 번째, 즉, 최대한 엄격성을 갖추고자 노력하는 태도이다.

한편, 갈릴레오는 기하학적으로 증명한 위와 같은 법칙, 즉, 등가속도 운동을 하고 있는 물체의 총 이동 거리는 시간의 제곱에 비례한다는 법칙이 실제 현상에서도 관찰되는

지를 검증한다(Galileo, 1638, pp. 178-179). 이 실험을 위해 갈릴레오는 12큐빗의 길이에 폭이 1/2 큐빗인 나무를 준비해 공이 굴러내려 갈 수 있는 홈을 파고는 나무를 기울인 상태에서 완전히 둥근 구리 공을 굴린다. 물론 이때의 홈은 직선으로 했으며 최대한 부드럽게 내려갈 수 있도록 양피지로 표면을 감쌌다고 밝히고 있다. 또 시간을 정확히 재기 위해서 큰 물통과 작은 파이프를 이용한 장치를 만들었으며, 여러 번 연습을 해서 시간 구간을 맥박수의 1/10까지 잴 수 있도록 한 다음 실험을 진행했다고 밝히고 있다. 이렇게 해서 수행한 실험의 결과를 갈릴레오는 살비아티의 입을 빌려 다음과 같이 서술하고 있다.

> 조작에 익숙해지고 우리 스스로 신뢰도를 확보했다고 판단한 후에, 우리는 이동 거리를 1/4로 줄인 후 공을 굴려 도달할 때까지의 시간을 측정했어. 결과는 처음의 절반이 걸리더군. 그다음에 우리는 다른 거리들을 비교해봤어, 그러니까 전체를 내려오는 데 걸리는 시간과 전체의 절반, 전체의 2/3, 전체의 3/4 등등 다양한 거리를 내려오는 데 걸리는 시간을 측정했어. 우리는 이러한 실험을 100번(a full hundred times) 반복했고, 그 결과는 항상 이동 거리는 걸린 시간의 제곱에 비례한다는 것이었고, 이는 공이 내려오는 판의 기울기가 어떤지와 상관없이 항상 그러했다네. (Galileo, 1638, p. 179)

위의 인용문은 갈릴레오가 실험 장치를 꾸미는데 최선을 다해 엄밀성을 확보하고자 노력하였을 뿐만 아니라, 100번의 실험을 통해 실제로 등가속도로 운동하는 물체의 이동거리가 시간의 제곱에 비례하는지를 최대한 엄밀하게 검증하고자 하였음을 보여준다.

이상의 패러데이와 갈릴레오의 사례들은 탐구의 질적인 제고를 위해서는 탐구를 수행하는 과정에서 주장을 뒷받침하는 증거와 그 논리에 대한 엄격성, 실험과정의 타당성에 대한 엄격성 등이 필요함을 보여준다. 아울러서 그 엄격성이 반드시 어려운 수학적 과정이나 대량의 정보 처리를 필요로 하지는 않을 수 있음을 보여준다. 앞서 언급하였듯이, 중요한 것은 탐구의 과정에서 항상 주장을 뒷받침하는 증거 및 그 논리와 실험과정의 타당성에 대해 엄격하게 따지고 검토하려는 태도를 견지하는 것이다.

이러한 자세가 충분히 확립되어 있다면, 과학교실 탐구공동체에서의 탐구는 그 나름대로 엄격성을 확보한 상태로 수행될 수 있을 것이다. 즉, 예측의 논리성, 변인통제의 적절성, 실험 절차와 자료 수집 과정의 엄밀성, 자료해석과 결론 도출의 합당성 등 가설의 검증 과정 전반에서 타당성을 정밀하고 엄격하게 따져 묻고 검토하는 태도가 형성되어 있다면, 이는 과학교실 탐구공동체의 수준에서 그 나름대로 좀 더 충실하고 질 높은 탐구 수행을 가능하게 할 것이다.

(2) 오류가능성의 견지

과학교실 탐구공동체의 토대로서 '오류가능성의 견지'는 현재의 탐구 과정과 그 결과가 항상 오류 가능할 수 있으며 따라서 언제가 새로운 설명이 현재의 설명을 대체할 수 있음을 인지하고 수용하며 이에 따라 스스로에 대해서도 비판적인 검토를 하고자 하는 태도를 말한다.

탐구가 오류가능성을 항상 견지해야 한다는 것은 지속적으로 주장되어 왔다. 예를 들어, 퍼스는 현재의 과학 지식은 현재까지 수용되고 있는 가장 그럴 듯한 가설일 뿐, 영원히 불변하는 진리는 아니라고 하였고(CP 5.589), 듀이는 과학 지식을 포함한 현재의 지식은 현재까지의 최선의 보장된 주장일 뿐, 항상 오류 가능한 것으로 보았다(Dewey, 1938). 지식은 확증이 아니라 오직 반증될 뿐이며 과학과 과학이 아닌 것을 나누는 기준으로 반증가능성(falsifiablity)을 주장한 포퍼 역시, 아래의 인용문에서 단적으로 드러나듯이, 현재의 과학 지식은 아직까지 반증되지 않았을 뿐인 잠정적인 지식이라고 주장한다(Popper, 1959). 즉, 과학은 현재 상태에서 잠정적으로 설명이 되고 있다는 점에 만족하여 그 지식을 수용하는 것일 뿐, 그것이 절대 불변하는 진리에 도달해서가 아니라는 것이다.

> 객관적 과학의 경험적 기초(basis)는 어떠한 절대성도 가지지 않는다. 과학은 단단한 토대 위에 있지 않다. 과학 이론의 대담한 구조물은, 말하자면, 늪(swamp) 위에 있다. 과학은 말뚝 위에 세워진 건물과 같은데, 이 말뚝은 늪 속에 박혀있지만, 어떠한 자연적 혹은 '주어진'(given) 기초(base)와 닿아 있지 않다. 만약 우리가 더 깊이 말뚝을 박는 것을 멈춘다면, 그것은 우리가 단단한 바닥(ground)에 도달해서가 아니다. 우리는 단지, 최소한 당분간은, 건물을 지탱하기에 충분하다고 만족하면서 멈추는 것뿐이다. (Popper, 1959, p. 111)

과학의 오류가능성은 과학자 공동체의 역할을 강조한 라카토스(I. Lakatos)와 쿤(T. Kuhn)의 주장에서도 나타난다. 쿤은 과학 이론의 발전 양상을 설명하면서, 패러다임(paradigm)을 공유하고 있는 과학자 공동체가 정상과학 단계에서 패러다임을 좀 더 정교하게 보완하는 문제풀이(puzzle) 수준으로는 해결되지 않는 문제들이 지속적으로 나타나, 도저히 기존의 패러다임이 유지될 수 없게 되면 상호통약이 불가능한(incommensurable) 다른 패러다임으로 혁명적인 변화를 겪게 된다고 주장하였다(Kuhn, 1970). 그러면서 이러한 과정이 과학자 공동체의 결단을 전제하므로 기본적으로 과학은 사회적 활동임을 주장하였다. 이는 어떤 과학 이론은 특정한 패러다임에 속해 있는 과학자 공동체의 합의에 근거한 것이며, 그러한 점에서 현재의 과학 이론은 절대불변의 진리일 수 없음을 뜻한다.

또, 그 변화가 쉽지는 않지만, 지속적인 위기에 봉착하게 되면 또 다른 패러다임으로 대체될 수 있다는 점에서 과학 이론은 항상 오류 가능함을 말해주고 있다.

한편, 라카토스는 과학을 단순한 명제의 나열이 아닌 종합적인 구조로 보고, 견고한 핵(hard core)과 보호대(protect belt)를 포함하는 이론들이 서로 경쟁하면서 그 경쟁에서 이긴 이론이 선택되면서 과학이 발전한다고 주장하였다(Lakatos, 1974). 이러한 주장은 어떤 하나의 반증 사례가 나타나더라도 특정 연구 프로그램에 소속되어 있는 과학자는 쉽게 견고한 핵을 포기하지 않고, 단지 핵을 둘러싸고 있는 보호대를 좀 더 세련되게 수정함으로써 반증 사례의 공격을 피해 나간다는 역사적 사례에 기초하고 있다. 이러한 그의 주장은 반증 사례가 나타나도 임시방편적인 수정으로 이론이 유지된다는 주장으로서, 포퍼의 주장보다도 한 층 더 나아가서 현재 과학 이론의 오류가능성을 지적하는 주장이다. 라카토스의 이러한 관점은 현재의 이론이 기존의 다른 이론을 대체했다고 해서 현재의 이론이 좀 더 진리에 가까워졌다고 볼 결정적인 이유는 어디에도 없다는 다음과 같은 서술에서 단적으로 나타난다.

> 예를 들어 열이나 자기장에 대한 신념과 같이, 심지어 엘리자베스 1세 시대(Elizabethan)의 신념들이 진보적인 문제이동(problemshifts)의 과정에서 대체되었다고 하더라도, 우리가 진리(Truth)를 향해 가고 있다는 궁극적인 증거는 없다. 우리는 단지 우리가 그렇게 가고 있다고 비이성적으로(non-rationally) 믿고 있거나 희망하고 있는 것일 뿐이다. 희망이 '해결책'(solution)이 아니라면, 흄(Hume)이 제기한 문제에 대한 해결책 역시 없다. (Lakatos, 1978, p. 223)

이와 같이 과학이 기본적으로 오류가능성을 항상 내포하고 있음은 원자모형의 지속적인 변화나 천동설에서 지동설로의 변화와 같은 역사적 사례에서도 쉽게 찾아 볼 수 있다. 예를 들어, 원자모형은 1807년 달톤(J. Dalton)에 의해 물질을 이루고 있는 더 이상 쪼개지지 않는 가장 작은 알갱이로 제안된 이후, 1904년에 톰슨(J. J. Thomson)에 의해 전자가 포함된 푸딩 형태의 모형이 제안되었고, 1911년에는 러더퍼드(E. Rutherford)에 의해 원자핵을 중심으로 전자가 돌고 있는 모형이, 1913년에는 전자의 궤도운동이 특정한 궤도만을 따른다는 보어(N. Bohr)의 모형이 제안되었다. 그리고 현재 우리는 원자핵을 중심으로 전자구름이 형성되어 있는 원자모형을 대체로 수용하고 있다(교육부, 2014; 강석진과 노태희, 2014). 이러한 원자모형의 변화는 하나의 과학 이론이나 모형이 절대불변의 것이 아님을 보여주는 역사적 사례라고 할 것이다.

과학에서 오류가능성의 견지가 중요함을 알 수 있는 예시는 강석진과 노태희(2014)가 제시한 다음과 같은 흥미로운 역사적 사례에서도 볼 수 있다.

> 1916년 일반 상대성 이론 논문을 발표했을 때, 아인슈타인(A. Einstein) 자신도 일반 상대성 이론의 결과를 전부 알지 못했다. (중략)
>
> 네덜란드 천문학자 드 지터(W. De Sitter)는 일반 상대성 이론을 우주 전체에 적용하면 불안정한 풀이가 나온다고 지적했다. 이어 러시아의 수학자인 프리드먼(A. Friedman)이 일반 상대성 이론에 따르면 우주는 팽창해야 한다는 결론을 내렸다. 그러나 우주는 팽창할 리가 없다는 정적인 우주관을 신봉했던 아인슈타인은 여기서 큰 실수를 저지른다. 아인슈타인은 적분 과정에 임의의 상수를 집어넣어 우주가 팽창한다는 결과 나오지 않도록 했다. 이 상수를 '우주 상수'라고 부른다.
>
> 1922년 프리드먼의 이론이 학술지에 실리자, 정적인 우주를 확신한 아인슈타이은 학술지에 프리드먼의 오류를 지적한 편지를 보냈다. 이 소식을 들은 프리드먼은 자신의 계산 과정과 결과가 옳다는 것을 증명하는 설명을 아인슈타인에게 보냈다. (중략) 아인슈타인이 읽지 않았든가 읽고도 무시했던 모양이다.
>
> 그런데 1924년 미국의 천문학자 허블(E. Hubble)이 은하의 후퇴속도(적색편이)를 관측해 우주가 팽창한다는 사실을 발표하면서, 우주 팽창설이 확인되었다. 아인슈타인은 (중략) 우주 상수를 집어넣은 일이 그의 인생에서 최대의 실수라고 인정하고 자신의 주장을 철회할 수밖에 없었다.
>
> 그런데 또 한 번의 반전이 기다리고 있었다. (중략) 1998년, 천문학자들은 우주가 단순 팽창하는 것이 아니라 가속 팽창하고 있다는 사실을 발견했다. (중략) 2003년에는 더욱 정밀한 관측으로, 우주 상수라는 것이 존재하고, 우주가 가속으로 팽창한다는 믿음이 더욱 확고해졌다.
>
> (강석진과 노태희, 2014, p. 38)

이 흥미로운 사례는 과학 탐구에서 오류가능성의 견지가 왜 필요한지를 잘 보여주고 있다. 우선 첫째, 드지터(W. De Sitter)와 프리드만(A. Friedman)의 상대성 이론에 대한 검토는 어떠한 이론도 오류가능성이 있다는 전제 하에 오류의 유무를 엄격하게 검토하고자 하는 시도의 일환으로 볼 수 있다.

둘째, 아인슈타인(A. Einstein)은 자신의 수학적 과정에는 작은 착오가 있을 지라도 우주가 정적이라는 자신의 믿음에는 오류가 없을 것이라고 생각한 나머지 '우주 상수'를 집어넣었고, 프리드만의 변론에도 귀를 기울이지 않았다. 이는 결국 허블(E. Hubble)의 발견에 따라 스스로 인생 최대의 실수라고 인정해야 하는 사태에 이르게 하였다. 물론 결국에는 실수를 인정했다는 점에서 아인슈타인 역시 자신의 이론이 오류 가능함을 인정했다고 볼 수 있겠지만, 특히 프리드만의 변론에 귀를 기울이지 않았다는 점은 오류가능성의 견지가 제대로 이뤄지지 않았음을 보여준다.

셋째, 우주가 가속 팽창하고 있다는 새로운 발견에 의해 다시금 우주 상수의 존재가 필요해졌고, 결국 새로운 관찰을 통해 그 존재에 대한 믿음이 더욱 확고해졌다는 것은 우주 상수를 부인했었던 여러 학자들의 이론 역시 오류가능성을 내포하고 있음을 보여준다.

그리고 넷째, 여전히 우리는 또 다른 새로운 발견이나 이론이 다시 한 번 우주 상수의 존재를 부인하게 될 가능성을 완전히 배제할 수 없다. 이러한 점에서, 퍼스가 탐구공동체를 그것이 언제이든지간에 정보와 추리가 궁극적으로 도달하게 될 때까지 정해진 한계를 가지지 않으면서 지식의 확정적인 증가가 가능한 공동체라는 다분히 이상적인 공동체로 가정한 것은 일면 과학적 탐구의 속성을 반영한 타당한 가정으로 보인다.

이상에서 논의한 바와 같이 '오류가능성의 견지'는 과학 탐구의 특징을 반영한 과학교실 탐구공동체의 기본적인 조건이자 토대이다. 아울러서 '오류가능성의 견지'는 과학교실 탐구공동체의 탐구 과정과 결과에 대해서 끊임없이 그 오류가능성을 검토하고자 하는 태도라는 점에서, 앞선 절에서 논의한 '끊임없는 탐구 지향'과 '엄격성의 견지'와도 밀접히 관련되어 있다. 우선, 첫째, 끊임없는 탐구는 현재 제안된 탐구결과를 다시금 되돌아볼 수 있는 기회가 전제되어야 한다. 지금의 탐구 결과가 언제든 새로운 발견이나 해석으로 인해 그 자리를 내어 줄 수 있음을 인지하고 대비하는 태도를 갖추고 있을 때 끊임없는 탐구가 가능할 것이기 때문이다.

둘째, 나와 다른 사람의 주장 및 그 근거가 오류가능하다는 '오류가능성의 견지' 태도는 나의 주장과 근거, 다른 사람의 주장과 근거를 엄격히 검토하고 최선을 다해 엄밀성을 갖추고자 하는 '엄격성의 견지'의 바탕이 된다. 교육과정이나 교과서에 제시되어 있는 지식을 절대 불변의 지식으로 생각하거나, 교사가 제시한 실험 방법이 절대불변의 타당한 방법이라고 생각하는 순간, 엄격한 검토는 더 이상 진행될 수 없을 것이다. 이런 점에서 과학교실 탐구공동체의 토대로서 오류가능성의 견지는, 좀 더 구체적으로는, 교실에서 일어나는 과학 탐구에서도 현재의 과학 지식이 나중에는 올바르지 않은 것이 될 수도 있음에 대한 강조나, 나의 주장이 틀릴 수도 있다고 생각하는 자세의 강조, 내 생각보다 더 적절한 생각이 있을 수 있다고 생각하는 자세의 강조 등을 포함하는 태도로 나타날 수 있을 것이다.

이러한 점에서 볼 때, 원자모형의 변화에 큰 기여를 한 러더퍼드에 대해서 설명하고 있는 브라이슨(Bryson, 2003)의 다음과 같은 서술은 오류가능성의 견지가 탐구에서 어떤 역할을 할 수 있는 지를 다시 한 번 보여주고 있다.

> 엄청난 성공에도 불구하고, Rutherford는 사실 정말 똑똑한 사람은 아니었다. (중략) 그의 오랜 동료였고 중성자를 발견했던 J. Chadwick에 따르면, Rutherford는 실험을 잘 하지도 못했다고 한다. 다만 그는 끈기가 있었고, 개방적이었다. 그는 총명하다기보다는 약았고, 용감하기도 했다. (중략) 해결하기 어려운 문제에 부딪히면, 그는 대부분의 사람들보다 훨씬 더 오랫동안 더 열심히 노력하고, 정통적인 아닌 설명이라도 수용할 준비가 되어 있었다. (Bryson, 2003, p. 152)

4.3 의사소통 구조: 개방성

개방성을 전제로 하는 의사소통 구조는 과학교실 탐구공동체의 기본적인 조건이자 토대이다. 그렇다면 왜 과학교실 탐구공동체는 개방적인 의사소통 구조를 중시하는가?

첫째는 탐구공동체가 기반하고 있는 진리와 실재에 대한 관점에 기인한다. 앞서 몇 차례 언급하였듯이, 탐구공동체에서 바라보는 진리는 '탐구하는 사람 모두에 의해서 궁극적으로 동의될 운명인 의견'(CP 5.407)이다. 그리고 실재는 "그것이 언제이든, 정보와 추리가 궁극적으로 도달(result in)하게 되는 곳이고 (중략) 정해진 한계를 가지지 않으면서 지식의 확정적인 증가가 가능한 공동체의 관념이 본질적으로 포함"(CP 5.311)되어 있는 어떤 것이다. 탐구공동체에서 바라보는 진리와 실재는 개개인에 의해 아무렇게나 제기되는 것은 아니지만, 그렇다고 주체 혹은 공동의 주체와 무관하게 이미 어딘가에 존재해 있는 절대불변의 어떤 것도 아니다. 다시 말해서, 끊임없는 탐구가 진행된다면 개인의 사사로운 생각과는 무관하게 언젠가는 그곳에 도달하도록 되어 있는 '그곳'이 실재이고 진리이지만, 그 '그곳'은, 퍼스의 기호학적 용어로 말하자면, 공동체에 의해 제1성과 제2성을 관계 지어 해석(제3성)되어져야만 의미를 갖게 된다.

그리고 이때의 해석은 '정해진 한계를 가지지 않고' 끊임없이 탐구될 때 가능할 수 있다. 어느 한 순간 어느 한 개인이나 집단이 내린 해석이 지나친 권위를 가질 때는 탐구는 올바르게 수행될 수 없다. 그것은 마치 국가가 국민들에게 침묵을 강요하고 처벌을 강화하면서 어떤 주의를 밀고 나가는 것과 같은데, 이러한 '권위의 방법'은 좀 더 폭넓은 경험자들에 의해 머지않아 그 부당함이 드러나게 될 수밖에 없는 제한적 방법이며, 그렇기 때문에 진리에 이르는 탐구방법으로 볼 수 없다(CP 5.379-381). 진리는 권위에 의해서가 아니라 다양한 의견이 공존하면서도 끊임없이 그 의견들을 자유롭게 테스트할 수 있는 공동체를 전제할 때 도달할 수 있다(CP 5.385). 이러한 점에서 과학교실 탐구공동체 역시 다양한 의견을 낼 수 있고 동시에 그 의견들을 자유롭게 테스트 할 수 있는 개방적인 분위기와 개방적 의사소통 구조를 기본적인 조건으로 한다.

둘째, 개방적 의사소통 구조의 중요성은 과학교실 탐구공동체가 기반하고 있는 공동체의 특성에 기인 한다. 개방적인 의사소통 구조는 학습에 대한 공동체적 접근에서 공통적으로 중시하고 있는 요소이다(정용재와 천은겸, 2014; 이민주와 김희백, 2014; Lipman, Wenger, 1998). 공동체 내에서 지식을 공유하고 확장해나가기 위해서는 개방적인 의사소통 구조를 토대로 수용과 존중의 분위기를 형성하는 것이 중요하기 때문이다(이민주와 김희백, 2014). 같은 맥락에서, 학습이 공동체 속 참여를 통해 일어나기 위해서는, 그 공동체는 개인의 사고와 감정이 자유롭게 표현되고 소통될 수 있어서 한 개인의 편협적인 판단을 보완할 수 있는 공동체(박선영과 김희용, 2009), 즉, '민주적인 공동체'(Dewey, 1916, p. 83)이어야 한다. 그리고 이는 과학교실 탐구공동체에서도 마찬가지이다(정용재, 2014). 이때 민주적인 공동체는 공동체의 구성원들이 다양하고 많은 수의 공동 관심사를 가지고 있을 뿐만 아니라, 다양한 집단 사이의 상호작용이 일어나고, 공동 관심사 자체에 의해서 감독을 받는 공동체(Dewey, 1916, pp. 83-84)를 말한다. 즉, 어느 한 권력자나 권력 집단에 의해서 방향이 정해지고 활동이 강요되는 공동체가 아니라, 활발한 상호 교섭을 바탕으로 구성원들의 관심사 자체에 의해 방향지어지고 활동이 수행되는 공동체를 말한다. 그런데 이러한 민주적인 공동체가 구성되고 운영되기 위해서는 개방적인 의사소통 구조가 필수적이다. 어느 한 개인이나 특정 집단에 권력이 집중되어 그로 인해 개인이나 다른 집단의 의사표현과 행동의 자유가 제한되는 구조는 구성원들이 스스로의 관심을 발전시켜나가고 그 결과로서 공동체가 지향하는 바를 스스로 결정해나가는 데에 방해가 될 수밖에 없기 때문이다. 즉, 개인이 자신의 의견이나 느낌을 표현하고자 할 때 통제나 위험부담이 없는 분위기(Garrison & Arbaugh, 2007)가 의사소통 구조 자체에 내재되어 있을 필요가 있기 때문이다.

그렇다면, 이러한 개방적 의사소통 구조가 형성되기 위해서는 어떠한 것들이 필요할까? 첫째, 개방적 의사소통 구조가 형성되기 위해서는 외부적 조건으로 구성원들이 의사를 표현할 수 있는 기회의 균등한 제공이 필요하다. 물론, 이에 앞서 '의사표현의 자유'가 더욱 기본적인 민주적인 공동체의 조건이 될 것이다. 다만, 과학교실 탐구공동체 내에서 의사표현의 자유는 가급적 모든 구성원들에게 주어져야 할 것이고, 이는 어느 한 개인의 의사표현의 자유가 다른 사람의 의사 표현의 자유를 억압해서는 안 된다는 규범을 필요로 한다. 이런 점에서 과학교실 탐구공동체 구성원 전체의 의사표현의 자유를 최대한 확보하기 위해서는 구성원들에게 가급적, 특히 그것이 필요하게 되는 상황에서는 항상, 의사표현 기회를 균등하게 제공할 수 있어야 할 것이다.

이러한 의사표현 기회의 균등한 제공은 자연스럽게 어느 한 쪽으로도 편중되지 않은 의사소통 구조가 형성되는 데에 바탕을 제공할 것인데, 이는 과학교실 탐구공동체의 탐구과정에서 편협적인 탐구 수행을 넘어서서 최선의 해결책에 이르는 데에 기여할 수 있을 것이다. 예를 들어, 스플리터와 샤프(Splitter & Sharp, 1995)는 철학교육에서 추구해야하는 교실 탐구공동체는 교사를 포함한 모든 구성원이 편중되지 않은 의사소통을 할 수 있어야 한다고 주장하면서 <그림 3.17>의 오른쪽 그림[13]과 같은 의사소통 구조의 필요성을 주장한 바 있다. 즉, 교사와 학생이 모두 균등한 의사소통의 기회를 갖는 구조가 이뤄질 때 탐구공동체에서 추구하는 탐구가 가능하다는 것이다.

이러한 개방적 의사소통 구조는 특히 과학교실 탐구공동체의 탐구과정에서 공동체와의 관계 측면, 즉, 의견/이론과의 불일치, 공동의 흥미, 의견/이론 분석, 공동경험과의 유사성, 공감, 합의된 예측, 협력적 검토 결과, 공동체와의 관계 변화 반추, 탐구자의 변화 반추 등을 수행 하는 데 있어서 나와 다른 사람의 의견 및 상황을 균형 잡힌 시각에서 분석하고 판단하는 데에 기여하게 될 것이다.

둘째, 개방적 의사소통 구조가 구현되기 위해서는 내부적 조건으로 구성원들의 정직과

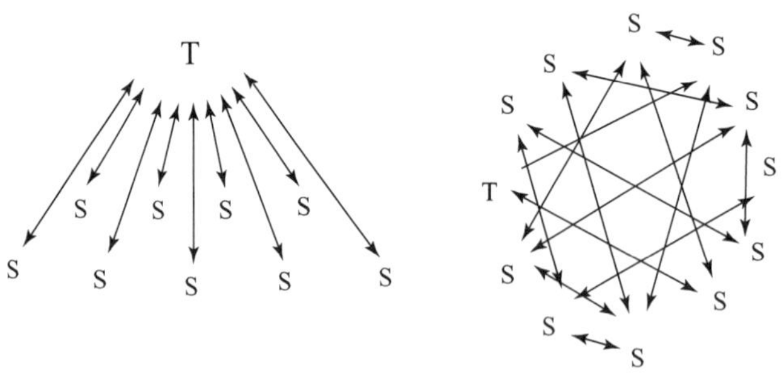

그림 3.17 교실 탐구공동체의 의사소통 구조 예시 (Splitter & Sharp, 1995, 149)

13) <그림 3.17>에서 T는 교사를, S는 학생을 의미한다.

용기, 그리고 구성원 간의 상호존중과 배려가 필요하다. 개방적 의사소통은 적어도 두 가지의 방향성을 갖는다. 하나는 나로부터 타인에게 향하는 방향이고, 다른 하나는 타인으로부터 나에게 향하는 방향이다. 나로부터 타인에게 향하는 방향은 내가 나의 의견을 타인에게 의사 표현하는 것으로, 이 방향의 개방성은 타인으로부터 억압받지 않는 분위기와함께, 다소의 억압이 있더라도 나의 의견을 솔직하고 힘 있게 제시할 수 있는 정직과 용기라는 덕목을 필요로 한다.

또 하나의 방향은 타인으로부터 나에게 향하는 방향으로 이는 타인이 나에게 의사를 표현하는 것과 관계 된 것이다. 이 방향의 개방성은 나의 의견이 틀릴 수도 있다는 오류가능성의 견지와 함께, 타인의 의견, 때로는 타인 그 자체를 존중하고 배려하는 덕목을 필요로 한다.

이 두 가지 방향의 개방성이 모두 확보될 때, 즉, 공동체 구성원들 서로서로가 서로에게 관심을 가지고 있되(Dewey, 1916), 치열하게 자신의 의견을 주장하면서도 서로를 배려하는 분위기(Lipman, 2003)가 조성될 때, 과학교실 탐구공동체에서 개방적 의사소통 구조는 구현될 수 있다.

이러한 구성원들의 덕목과 관련된 주장은, 앞서 언급하였듯이, 탐구공동체와 관련된 기존의 다른 문헌들에서도 제기된 바 있다. 예를 들어, 쉴즈(Shields, 2003)는 자유, 평등과 함께, 듣기, 상호책임 등을 주요 구성요소로 하는 탐구공동체를 제안한 바 있고, 스플리터와 샤프(Splitter & Sharp, 1995)는 비합리적인 반대나 다수의 구성원에 의한 압력 등에 직면했을 때에도 자신의 의견을 주장할 수 있는 용기와 함께, 확실한 진리라고 생각하는 경우에도 겸손과 관용, 공정함을 잃지 않는 덕목을 강조한 바 있다.

아울러서, 구성원 상호 간의 상호존중 덕목은 탐구공동체가 논리적인 탐구와 논쟁을 위한 공동체를 넘어 상호 유대감을 갖는 정서적인 공동체이기도 할 필요가 있음을 시사하는 것이기도 하다. 상호존중은 나와 동일한 의견을 갖고 있기 때문에 일어나는 것이 아니라 나와 다른 의견을 갖고 있어도 그 의견을 가진 사람 자체를 존중하기 때문에 일어나는 것이고, 이는 나와 그가 현재의 문제와 관련해서는 의견 차이가 있어도 같은 공동체의 구성원으로서 기본적으로 추구하는 바탕은 동일하다는 정서적 유대감에 기인하기 때문이다. 이러한 관점은 탐구공동체에서의 공동체는 합리적인 탐구를 위한 공동체이면서 동시에 구성원 사이의 유대감 형성도 중시하고 있음을 강조한 다음과 같은 토마스(Thomas, 1997)의 주장에서도 잘 나타난다.

> 탐구공동체에서의 '공동체'는 그 안에서 사람들 간의 차이점을 알게 될 뿐만 아니라 존중할 수도 있다는 것을 의미한다. 탐구공동체에서는 다른 사람과의 협동적인 활동이 조장되며, 그것을 통해 구성원들 간에 깊은 연대감이 형성될 수 있다. 탐구공동체는 단순히 정신(minds)의 만남뿐만 아니라 마음(heart)의 만남을 포함한 의미 있는 경험을 하게 된다. 그것은 합리성(reasonableness)의 개발이라는 목적을 달성하기 위해 형성되는 것이지만, 자연공동체의 영혼의 요소를 포함하고 있다. (Thomas, 1997, pp. 43-45; 조성민, 2000, 00. 15-16에서 재인용)

이러한 개방적 의사소통 구조가 구현되기 위한 내부적 조건, 즉 구성원들의 정직과 용기, 그리고 구성원 간의 상호존중과 배려는 교실이라는 공동체 속에서 학생과 학생 사이, 학생과 교사 사이를 포함한 모든 구성원 사이에 적용되는 조건이다. 만약 교사와 학생 사이에 이러한 조건이 지켜지지 않는다면 어떠한 일이 벌어질까? 이와 관련하여 장명덕(2014)은 다음과 같은 흥미로운 사례를 들어 교사가 가져야할 덕목에 대해 서술하고 있다.

> 다음 수업은 전기와 전구 단원 중 도체와 부도체의 성질을 이해하고, 여러 가지 물질을 도체와 부도체로 분류해 보는 활동이다. 전기회로에 여러 가지 물질을 연결하여 전기가 통하는지 통하지 않는지 눈으로 확인하면서 도체와 부도체의 성질을 이해하는 것이다. 교사가 먼저 몇 가지 샘플로 시범실험을 하였고 이어서 도체와 부도체에 대한 설명을 하기 시작하였다.
>
> 교사: 쇠처럼 전기가 잘 통하는 물질을 도체라고 해요. 그리고 나무젓가락처럼 전기가 통하지 않는 물질을 부도체라고 합니다.
> (그때 한 아이가 질문을 하였다.)
>
> 학생: 그럼, 반도체는 뭐예요?
>
> 교사: (잠시 머뭇거리다가) 엉뚱한 질문 하지 말고……. 도체와 부도체에 대해서 제대로 이했었어요?
>
> (장명덕, 2014, p. 27)

위 사례 속 교사는 "반도체는 뭐예요?"라는 학생의 질문에 잠시 머뭇거리다가 "엉뚱한 질문 하지 말고……."라는 말을 던지고는 수업을 계속 진행한다. 사례 속 교사는 아마도 40분이라는 수업 시간의 제약 때문에 학생의 질문에 답할 시간이 충분하지 않았다고 판단했었을 수도 있고, 꼭 수업 시간 때문이 아니더라도 학생의 질문이 수업의 흐름에 방해가 된다고 생각했었을 수도 있다. 혹은, 교사 스스로가 반도체에 대해서 충분히 알고 있지 못하거나 최소한 초등학생에게 어떻게 설명해야 할지를 몰랐었을 수도 있다. 전자의 경우라면 교사는 학생에 대한 존중과 배려를 하지 않았던 것이고, 후자의 경우라면 정직하지 못했던 것이다. 분명한 것은 어떤 경우이든지 간에 위 사례는 개방적이지 않은 의사소통 구조에서 일어난 사례이고, 질문을 한 학생의 반도체에 대한 탐구는 더 이상 일어나지 않을 것임을 쉽게 예상할 수 있다.

반면, 교실에서 일어난 예기치 않은 상황으로 인해 교사가 당황했지만 위의 사례와는 조금 다르게 대처한 경우를 다음과 같은 박지선, 장진아, 송진웅(2016)의 연구 속 사례에서 볼 수 있다.

> 나(교사): 켜져 있다고? 아까 세준이가 얘기 했잖아. 조금 더 덧붙일 이야기 없나 해서요. 준우 너 덧붙일 얘기 있었던 거 아니야?
> 준 우: 음…….
> 나(교사): 없나봐. 그럼 조금 더. 어! 여기!
> 지 우: (일어서면서) 빛이 약해졌었어요.
> 나(교사): 빛이 약해졌었어? (같은 모둠의 서영이가 손을 들고 있자) 서영이는 왜?
> 서 영: (일어서면서) 빛이 그대로였는데…….
> 나(교사): 같은 모둠인데 왜 이렇게 다르지? 서영이가 보기에는 그대로 였고, 지우는 조금 약해졌었어?
> 지 우: (고개를 갸우뚱함)
> 나(교사): 아. 그러면 주현이는?
> 주현: 그 뭐지? 하나를 빼면 하나는 꺼지고…….
> 나(교사): 하나를 빼면 하나는 꺼지고 이쪽은 켜진다. 아까 얘기한 거예요. 맞습니다. 불이 한쪽은 이걸 빼더라도 이건 꺼지지 않아요. 불빛의 밝기도 원래는 달라지지 않는데요. 어……. (지우를 한번 바라보며) 여기 있는 친구는 불빛이 흐려지는 것 같다고 했는데……. 다시 한 번 관찰을 해보도록 할게요. 아니면 남아서 할 수 있는 기회를 줄게. 하고 가세요.
> 학 생 들: 반에 안가고 여기서 남아서 하고 가야 한다고요?
> 나(교사): 아니. 이 친구들. 아니면 다음 시간에. 시간이 이렇게 됐구나. 아니면 다음 시간에 선생님이 보여줄게.
>
> (박지선, 장진아, 송진웅, 2016, p. 282)

연구자들이 분석한 수업 중 한 수업은 동일한 규격의 전구를 하나만 연결했을 때와 두 개를 병렬로 연결했을 때 밝기를 비교하는 수업으로, 3장에서 제시한 수업(<그림 3.10>)과 동일한 수업이었다. 위 사례는 두 개의 전구가 병렬로 연결되어 있을 때 한 개의 전구를 빼면 남아 있는 한 개의 전구의 밝기가 어떻게 되는지 알아보는 실험 과정에서 나타난 사례이다.

우선, 사례 속 교사는 "불빛의 밝기도 원래는 달라지지 않는데요. 어……."라고 말하는 것으로 보아 처음에는 병렬로 연결된 두 개의 전구 중 하나를 빼도 나머지 한 개의 전구 밝기는 변함이 없을 것으로 예상했던 것으로 보인다. 그런데 한 학생이 빛이 조금 약해졌다고 말했고, 이에 대해서 교사는 당황하면서도 앞선 장명덕(2014)이 제시한 사례 속 교사와는 다르게 대처한다. 즉, "(지우를 한번 바라보며) 여기 있는 친구는 불빛이 흐려지는 것 같다고 했는데……. 다시 한 번 관찰을 해보도록 할게요. 아니면 남아서 할 수 있는 기회를 줄게. 하고 가세요."라고 대처한다. 다시 말해서 자신의 생각과는 다른 관찰 결과와 의견을 내는 학생에게 사례 속 교사는 학생의 의견을 무시해버리거나 자신의 생각을 강하게 압박하는 대신, 모둠의 다른 학생의 의견은 어떠한지 경청하려고 시도하였고, 한 번 더 관찰해보고 더 탐구해 볼 수 있는 기회를 제공하고자 시도하였다. 이는 교사가 자신의 생각이 틀렸을 수도 있다고 생각했거나, 적어도 학생이 스스로 더 탐구할 수 있는 기회를 제공하고자 했다는 점에서, 상호 존중을 바탕으로 한 개방적 의사소통 구조가 나타난 사례로 볼 수 있을 것이다.

구성원 사이의 개방적 의사소통은 비단 학생과 교사 사이의 경우에만 필요한 것은 아니다. 학생과 학생 사이에서도 개방적인 의사소통은 좀 더 활발하고 균형 잡힌 탐구를 위해 필요하다. 예를 들어, 다음의 사례는 교사가 학생의 의견과 감정에 허용적인 편이이서 수업 중에도 자유롭고 편안한 모습을 보여줌에도 불구하고, 학생들은 왜 수업 중에 침묵하고 있는지에 대해 학생들을 인터뷰한 사례이다(장진아와 송진웅, 2015). 이 사례는 학생과 학생 사이에도 개방적 의사소통 구조가 필요함을 잘 보여주고 있다.

> 연구자: 수업 시간에는 선생님 질문에 B반 친구들이 가만히 있잖아요... (중략) ... 친구들이 왜 말을 안할까요?
> 정 은: 그... 나서는 것처럼 보일까봐.
> 하 영: 그리고 아무 이유 없이. 그냥 기분이 그래서.
> 연구자: 그러면, 3, 4학년 때도 이렇게 친구들이 말을 안하고 그랬어요?
> 정 은: 아니오. 3, 4학년 때는 그래도 많이 얘기도 하고 그랬는데...
> 하 영: 아무래도 학년 낮을 때는 애들이 뒤에서 뒷담화 까고 그런 게 없으니까는... 나선다고 잘난 척한다고 욕하는 애들이 없으니까 그냥 하는데. 요즘에는 조금만 그래도 뒤에서 호박씨 까고 그러니까. (B학급-학생면담4, 전사 자료)
>
> (장진아와 송진웅, 2015, p. 309).

사례에서 볼 수 있듯이, 학생들은 교실침묵의 한 가지 원인으로 학생들 사이에 '수업 시간에 너무 나대고 잘난 척 하면 안 된다.'는 인식과 분위기가 형성되어 있음을 이야기하고 있다. 즉, 구성원 사이에 "나서는 것"은 안 된다는 암묵적인 규칙이 존재하고 있었고, 이로 인해 학생들의 자유로운 의사표현이 제한되어 교실침묵으로 나타나고 있다고 학생들 스스로 인식하고 있는 것이다. 과학수업에서 학생들 간 관계의 중요성은 과학 수업에 가장 많은 영향을 미치는 주체는 학급의 친구, 교사, 자신 순이었다는 박준형 등(2015)의 연구에서도 나타난다. 물론, 침묵이 반드시 탐구를 방해하는 것은 아니다. 그러나 자유로운 의사소통이 강제적으로 억압 받음으로서 나타나는 침묵은 자신의 궁금증을 다른 사람과 의견을 주고받으면서 해결해가는 탐구에 방해가 될 수밖에 없을 것이다. 이러한 점에서 개방적인 의사소통 구조는 교사와 학생 사이뿐만 아니라, 학생과 학생 사이에서도 지켜져야 할 과학교실 탐구공동체의 토대이다.

물론 과학교실에는 매우 역동적이고 다양한 변인들이 포함되어 있으므로, 과학교실에서 일어나는 탐구는 과학 수업 외의 평상시 학급 운영 규범, 탐구의 대상이 되고 있는 문제의 특성, 학생의 발달 수준이나 그에 대한 교사의 인식 등, 다양한 변인에 영향을 받을 수 있다(장진아와 송진웅, 2015). 때로는 사회문화적인 시각이 학교 과학교실에서 이뤄지는 탐구에 영향을 미치기도 한다. 예를 들어, 남학생들이 여학생보다 학교 과학 시간의 탐구에 좀 더 적극적으로 참여한다는 연구 결과들이 보고된 바 있는데(Kim, Fisher, & Fraser, 2000; 홍미영, 강남화, 김주아, 2010), 이는 부모나 교사가 남학생에게는 호기심과 의문이 많은 행동을 장려하지만, 여학생에게는 순응적인 행동을 기대하는 경향이 있는 것(최경희, 신동희, 이향연, 2008; 하민수 등, 2007)과 무관해 보이지 않는다. 따라서 교사가 개방적 의사소통 구조 하에 과학교실을 운영하느냐 아니냐가 과학교실에서 일어나는 탐구의 질을 결정하는 유일한 요인은 아닐 것이다. 다만, 그럼에도 불구하고, 개방적인 의사소통 구조는 나의 생각을 다른 사람의 다양한 생각과 활발히 비교하면서 되짚어 볼 수 있게 함으로써 편협 된 생각을 보완할 수 있고(Splitter & Sharp, 1995), 한편으로는 다른 사람에게 나의 생각을 자유롭고 충분히 전달 할 수 있게 함으로써(Lipman, 2003), 과학교실 탐구공동체가 끊임없는 탐구를 추구할 수 있는 동력과 그 방향성을 제공할 수 있는 기본적 조건이자 토대가 될 것이다.

요컨대, 과학교실 탐구공동체는, 탐구공동체에서 주목하는 진리와 실재에 대한 관점 및 공동체의 특성에 바탕을 두어, 의사소통의 균등한 기회와 구성원들의 정직과 용기, 그리고 구성원 간의 상호존중과 배려를 전제로 하는 개방적 의사소통 구조를 토대로 하고 있다. 즉, 교실에서 관찰될 수 있는 행동 용어로 다시 표현하자면, 과학교실 탐구공동체는 자기 생각을 서로 자유롭게 얘기할 수 있고, 여러 친구들의 다양한 의견을 서로 존중하면서, 서로 다른 생각을 가진 친구들끼리도 활발하게 토의할 수 있는 개방적 의사소통 구조를 기반으로 한다.

4.4 공유

(1) 실공유와 공유감

이상에서 논의한 바와 같이 과학교실 탐구공동체는 '탐구실행 의지'와 관련한 '끊임없는 탐구 지향', '참여', '충분한 시간', '탐구수행 태도'와 관련한 '엄격성의 견지', '오류가능성의 견지', 그리고 '의사소통 구조'와 관련한 '개방성' 등 6가지 토대를 조건으로 한다. 그런데 위와 같은 6가지 토대의 견고성을 확보하기 위해서는 '공유'가 전제될 필요가 있다. 이에 대해 조금 더 상세히 살펴보자.

공유(共有)의 사전적 의미는 "두 사람 이상이 한 물건을 공동으로 소유함"인데, 여기에서 소유란 "가지고 있음. 또는 그 물건. 물건을 전면적 · 일반적으로 지배하는 일"을 말하고, '공동'은 "둘 이상의 사람이나 단체가 함께 일을 하거나, 같은 자격으로 관계를 가짐."을 말한다(국립국어원, 2017). 또, 여기에서 '가지다'의 사전적 의미는 "손이나 몸 따위에 있게 하다. 자기 것으로 하다. 생각, 태도, 사상 따위를 마음에 품다."이다. 이들을 종합해 보면, 사전적 의미에서 공유란 "두 사람 이상이 함께 같은 자격으로 한 물건이나 생각, 태도, 사상 따위를 전면적 · 일반적으로 지배하거나 마음에 품는 것"으로 볼 수 있을 것이다.

이러한 공유의 정의는 얼핏 보면 서로 함께 할 수 없는 두 개의 의미가 포함되어 있는 것으로 보인다. '함께 같은 자격으로'와 '전면적 · 일반적으로 지배하거나 마음에 품는 것'이 그것이다. 여러 사람 모두가 함께 같은 자격을 가지면서 어떻게 전면적 · 일반적으로 지배하거나 마음에 품는 것이 가능할 수 있을까? 다시 말해서 어떻게 여러 사람이 동등한 자격으로 전면적이고 일반적, 즉, 일부에 한정되지 아니하고 전체에 걸쳐서 하나의 물건을 지배를 하는 것이 가능할 수 있을까?

예를 들어, A와 B가 1000 m^2의 땅 공유하기로 했다고 해보자. 위의 정의를 따르게 되면, 서로 땅을 공유하기로 했다는 의미는, A와 B가 동등한 자격으로 그 땅 전부를 소유하기로 했다는 것을 의미한다. 다시 말해서, A도 그 땅의 전부를 소유하고, B도 그 땅의 전부를 소유한다는 것을 의미한다. 어느 날 A가 그 땅의 절반에 고구마를 심겠다고 B에게 말했다고 생각해보자. A는 이 땅은 내 땅이니, 내 마음대로 심겠다고 얘기했고, B는 이 땅은 내 땅이니 내 마음에 들지 않은 고구마는 심지 말라고 하였다. 고구마를 심는 것이 공유지의 의미를 살리는 것인가, 고구마를 심지 않는 것이 공유지의 의미를 살리는 것인가? 만약 A가 고구마를 심었다면, A의 입장에서는 공유지의 의미가 실현된 것이겠지만, B의 입장에서는 아닐 것이다. 만약 A가 고구마를 심지 않았다면, B의 입장에서는 공유지의 의미가 실현된 것이겠지만, A의 입장에서는 아닐 것이다. 그래서 만약, 서로가 하고 싶은 것을 모두 참고 아예 얘기조차 하지 않는다면, 공유지의 의미가 실현된 것일까? 어떤 점에서 이 경우는 두 사람의 공유지로서의 의미가 아니라, 두 사람 중 어느 누구의 땅도 아닌 빈 땅으로서의 의미가 실현된 것일 것이다. 혹은 반대로, 그 땅의 절반은 A 생각대로 고구마를 심고, 나머지 땅의 절반은 B가 하고 싶었던 건물을 세운다면 서로가 땅의 절반에 대해서 자신이 소유권을 충분히 발휘했으니 공유지의 의미가 실현된 것일까? 이 경우는 두 사람의 공유지였던 1000 m^2의 땅 대신에 각자가 전유하는 500 m^2 땅 두 곳이 새로 생겨난 것일 것이다. 결국, A와 B가 동등한 자격으로 그 땅 전부를 소유한다는 것은 얼핏 보면 불가능해 보인다.

그렇다면, A와 B가 1000 m^2의 땅을 공유한다는 것은 절대 불가능한 것일까? 우리는 생활 속에서 수많은 공유를 경험한다. 학교에서 학생들은 화장실을 공유하고 복도와 운동장을 공유한다. 저녁 식사를 같이하고 있는 친구들은 식탁 위의 김치를 공유하고, TV를 함께 보고 있는 가족은 TV와 거실, 소파를 공유한다. 아파트 주민들은 단지 내에 있는 작은 공원을 공유하고, 시민들은 광장을 공유한다. 그뿐인가? 최근 우리는 사회연결망서비스(Social Network Service: SNS)를 통해 우리의 사진을 공유하고, 온라인 커뮤니티를 통해 여행 다녀왔던 경험을 공유하기도 한다. 회사나 공공기관에서는 다른 부서에서 생산된 지식을 서로 교환하고 사용하게 함으로써 조직의 역량을 신장시키는 지식공유(최호진, 2005)가 강조되기도 한다. 더 나아가, 자동차를 공유하는 집카(Zipcar), 자전거를 공유하는 벨리브(Velib), 빈 방을 공유하는 에어비엔비(AirBnB)와 같이 우리는 공유경제(sharing economy), 즉, 대량생산과 대량소비의 자본주의와 달리 한 번 생산된 제품을 여러 사람이 공유해 쓰는 협력 소비의 경제를 생활 곳곳에서 목격하고 있다(김점산, 지우석, 강상준, 2014). 우리는 이미 생활 곳곳에서 공유를 경험하고 있다. 이들은 어떻게 해석해야 하는가?

공유에는 적어도 두 가지 종류가 있는 것으로 보인다. 실공유(實共有)와 공유감(共有感)이다. 실공유는 실제로 공유를 하는 것이고, 공유감은 공유하고 있다고 느끼는 것이다. 즉, 예를 들어, 실제로 A와 B가 동등한 자격으로 그 땅 전부를 소유하고 있는 경우는 실공유를 하고 있는 것이고, 실제로 그러한지 아닌지를 떠나 A와 B가 동등한 자격으로 그 땅 전부를 소유하고 있다고 느끼는 경우는 공유감을 가진 경우이다.

그런데 실공유와 공유감은 쉽게 구분되지 않아 보인다. 이는 '소유'의 의미, 즉, "가지고 있음. 또는 그 물건. 물건을 전면적 · 일반적으로 지배하는 일"이라는 의미에 기인하다. 어떤 물건을 전면적으로 지배한다는 것은 원하는 때는 언제나 그것을 사용하거나 취할 수 있음을 의미할 것이다. 이는 실공유와 공유감의 구분과 유사하게, 실제로 소유하는 실소유와 소유하고 있다고 느끼는 소유감으로 구분될 수 있을 것이다. 이때 소유감은 기존의 심리적 소유감(psychological ownership)과 맥락을 같이한다. 심리적 소유감이란 '소유의 대상을 자신의 것 혹은 자신의 일부분으로 느끼는 심리적 상태'를 의미하는 것으로, 이와 관련하여 피어스, 코스토바, 덕스(Pierce, Kostova, & Dirks, 2003)는 다음과 같이 심리적 소유감의 세 가지 특성을 제시한 바 있다(이봉세, 박경규, 임효창, 2009).

> 첫째, 소유감은 '나의 것' 혹은 '우리의 것'과 관련된 의미와 감정을 표현한 것이다. 즉 심리적 소유감은 특정 대상에 대해 얼마나 나의 것으로 느껴지는가에 관한 것으로 사람들은 특정 상품, 장난감, 집, 토지 등에 대해 개인적으로 소유감을 느끼게 된다.
>
> 둘째, 심리적 소유감은 개인과 대상(유형 혹은 무형) 간의 관계를 반영하는 것으로 특정 대상이 개인의 자아와 밀접하게 관계가 있는 것으로 느껴지고, 궁극적으로 확장된 자아의 일부분으로 이해된다.
>
> 셋째, 심리적 소유감은 인지적이고 감정적 요인들이 복합적으로 구성되어 있는 심리적 상태이다. 이것은 개인의 이지적인 판단에 의해 형성되는 소유 대상에 대한 개인의 인식, 사고, 믿음을 의미한다
>
> (이봉세, 박경규, 임효창, 2009, p. 142).

즉, 심리적 소유감은 개인의 어떤 대상을 소유하고 있다는 인식, 사고, 믿음을 의미하는 것으로 개인의 자아와 밀접히 관계되어 있거나 궁극적으로는 자신아 일부로 느끼게 되는 심리적 상태를 말한다. 본 절에서 논의하고 있는 소유감 역시 이러한 심리적 상태를 말한다.

그런데 실소유, 즉, 실제로 '원하는 때 마다' 그것을 사용하거나 취할 수 있는 것과 소유감, 즉, '원하는 때 마다' 그것을 사용하거나 취할 수 있다고 '느끼는 것'은 쉽게 구분되

지 않는다. ‘원하는 때 마다’라는 것의 제한성 때문이다. 즉, 그 물건을 소유하고 있는 사람이 평생 동안 하루 24시간 내내 1초 1초 마다 그 물건과 관련하여 무언가를 원하고 있다면, 실제로 ‘원할 때 마다’ 그것을 사용하거나 취할 수 있는지 알 수 있겠지만, 우리가 평생 동안 24시간 내내 1초 1초마다 어느 한 물건을 그렇게 원하는 경우가 있는가? 그렇지 않다면, 우리는 우리가 무엇인가를 실제로 소유하고 있다고 얘기하기 어렵다. 반면, 어느 날 어느 한 순간, 예를 들면, 2017년 2월 1일 오전 8시에 출근을 위해 나의 자동차에 올라 타 운전을 시작했고, 저녁 6시에 퇴근을 위해 역시 나의 자동차를 사용했으며, 다음날도 그렇게 했고, 그 다음날도 그렇게 하면, 나는 정말로 내가 ‘원할 때 마다’ 나의 자동차를 사용할 수 있는지는 확인 불가능함에도 불구하고 그럴 수 있다고 믿게 된다. 그리고 우리는 자동차를 소유하고 있다고 생각하고 말하게 된다. 여기에 자동차 등기부등본과 같이 법적으로 나의 소유물임을 인정해주는 장치들은 더욱 이 자동차가 나의 소유물이라는 느낌을 갖도록 하고, 우리는 그 느낌에 근거하여 소유를 확신한다. 그러나 여전히 우리는 정말로 그리고 실제로 ‘원할 때 마다’ 나의 자동차를 사용할 수 있는지는 확인 불가능하다. 그렇지만 그럼에도 불구하고 여전히 우리는 소유하고 있다고 확신하다.

실공유와 공유감 역시 마찬가지이다. 실제로 A와 B가 동등한 자격으로 그 땅 전부를 소유하고 있는 경우인지 우리는 확인이 불가능하다. 하지만 실제로 그러한지 아닌지를 떠나 A와 B가 동등한 자격으로 그 땅 전부를 소유하고 있다고 느끼는 경우가 있을 수 있고, 위의 ‘소유’에서와 마찬가지로, 이 경우에도 A와 B는 그 땅을 공유하고 있다고 확신하게 될 것이다. 물론, A와 B가 모두 1000 m^2의 땅을 평생 매 순간마다 원하고 원할 때마다 A와 B 모두 각자의 마음대로 그 땅을 사용하고 취할 수 있는지를 본다면 실공유 여부를 확인할 수 있을 것이다. 그러나 실공유 여부를 확인하지 않았더라도, 우연히 어느 날은 A가 1000 m^2의 땅을 마음대로 사용할 수 있었고 어느 날은 B가 그 땅을 마음대로 사용할 수 있었는데, 이 우연이 몇 차례 반복되어 앞으로도 그럴 수 있을 것으로 느끼게 되었다면, A와 B는 모두 1000 m^2의 땅을 공유하고 있다고 느끼는 공유감을 가지게 될 것이고, 이렇게 되면 A와 B는 그 땅을 공유하고 있다고 확신하게 된다. 그리고 우리는, 평생을 매 순간 모두를 확인할 수 없기 때문에, 우리가 실제로 공유하는 것인지 아니면 공유하고 있다고 믿고 있는 것인지 알 수 없을 것이다.

결국, A와 B가 1000 m^2의 땅을 공유하고 있다는 것은, 실공유와 공유감 둘 사이의 구분이 쉽지 않으므로, 실공유하고 있는 경우와 공유감을 가지고 있는 경우 모두를 포함해야 할 것이다. 이에 따라 이후 본 저서에서 '공유'는 실공유와 공유감을 모두 포함하는 의미로 사용될 것이다.

한편, 공유의 정도에 대한 논의는 공유감으로서 공유의 의미에 한해 얘기될 수 있을 것이다. 실공유는 그 의미상 실공유이거나 아니면 아니거나 둘 중에 하나가 되겠지만, 공유감은 느낌이라는 특성상 약한 공유감에서 강한 공유감까지 스펙트럼이 존재할 것이기 때문이다. 예를 들어서, 에어비앤비에서 빈 집을 공유해 본 사람 중에도 여러 차례 내 집 같은 경험을 한 사람의 경우에는 강한 공유감을 가지게 될 것이지만, 그렇지 않은 경우에는 공유감을 가지지 못하거나 약한 공유감을 가질 수 있을 것이다.

(2) 공유를 위한 전제들

앞서 논의한 바와 같이 실공유와 공유감을 모두 포함하는 의미로 공유를 바라본다면, 공유를 하기 위해서는, 혹은 상대적으로 강한 공유감을 가지기 위해서는 어떤 것들이 전제되어야 할까? 첫째, 공유는 동일한 지향의 수용을 전제로 한다. 앞서 논의한 것처럼, 공유는 관계된 여러 사람이 하나의 대상을 공동으로 소유하는 것을 말하고, 공유감은 공동으로 소유하고 있다는 소유감을 말한다. 그런데 이때 소유감에 영향을 미치는 요인 중 하나는 주인의식이다(이봉세, 박경규, 임효창, 2009). 주인의식, 혹은 심리적 주인의식은 개인이 특정 대상을 자신의 소유로 느끼는 심리적 상태를 말한다(조영복, 이나영, 2010; Pierce, Rubenfeld, & Morgan, 1991). 즉, 주인의식은 '나의 것' 혹은 '우리의 것'과 연관되는 의도나 감정이고, 심리적 주인의식은 "내가 느끼는 무엇이 내 것인가?"의 질문에 대한 답으로 소유감을 핵심으로 한다(조영복, 이나영, 2010). 이러한 점에서 주인의식 혹은 심리적 주인의식은 소유 혹은 소유감과 관계하고, 앞서 논의한 바와 같이, 더 나아가 실공유 혹은 공유감과 관계한다. 피어스, 코스토바, 덕스(Pierce, Kostova, & Dirks, 2001)는 이러한 심리적 주인의식은 대상에 대한 통제, 대상과의 밀접한 관계, 대상에 대한 중요한 자원의 투자를 통해 가질 수 있다고 제시한 바 있다(윤만영, 2006). 결국, 공유감은 여러 사람이 하나의 대상에 대해 주인의식을 가질 때, 즉, 여러 사람이 한 대상을 통제할 수 있고, 그 대상과 밀접한 관계를 가지며, 그 대상에 자신의 중요한 어떤 것을 투자한 경우 혹은 그렇다고 느끼는 경우에 가지게 된다.

그런데, 위의 통제, 관계, 투자는 모두 어떤 방향성을 가진다. 통제는 어떤 방향으로 통제할 것인가라는 점에서 방향성을 가지고, 관계는 그 관계의 의미와 가치를 어디에 둘 것인가라는 점에서 방향성을 가지며, 투자는 어떤 이익을 취할 것인가라는 점에서 방향성을 가진다. 여러 사람이 공동으로 주인의식을 갖는다는 것은 그 방향성이 동일할 것을 요청한다. 예를 들어, 1000 m^2의 땅에 대해서 A는 고구마를 심기 위해 절반의 땅에 뿌리고, B는 주거용 건물을 짓기 위해 절반의 땅을 단단하게 다진다면, 두 사람은 그 땅을 공유할 수 없을 것이다. 즉, 1000 m^2의 땅에 대한 두 사람의 주인의식이 그 추구하는 방향에 있어서 큰 차이가 난다면 두 사람이 그 땅을 공유하기는 어렵다. 그러나 여전히 A는 고구마를 심기 위해 비료를 뿌리고 B는 건물을 짓기 위해 땅을 단단히 다지지만 이번에는 B가 짓고자 하는 건물이 비료와 각종 농기구를 보관하고 수확한 고구마를 저장하기 위한 용도의 건물이라면, A와 B는 그 땅을 공유하고 있다고 느낄 수 있다. 두 사람 모두 주인의식을 가지고 그 땅을 사용했지만, 주의의식이 추구하는 방향이 고구마를 수확하고 그로부터 이윤을 얻겠다는 점에서 동일했기 때문이다. 다시 말해서, 어떤 것을 공유하기 위해서는 기본적으로 공동의 지향이 존재하고 구성원들이 그 지향을 수용하는 것이 필요하다. 이는 공동체가 정상적인 기능을 발휘하기 위해서는 공동체에 의해서 수용되는 핵심가치가 존재해야 한다는 주장(김태훈, 2002)과도 맥을 같이 한다.

한편, 공동의 지향을 추구한다는 것은 공동의 목적을 가진다는 것을 의미하고, 그 공동의 목적 수행 과정에서 얻게 되는 이익은 공동의 목적에 의해 평가될 것이기 때문에, 그 이익은 그 목적에 비추어 구성원들 서로에게 유용하고 호혜적인 것이어야 한다. 다시 말해서, 공동의 지향을 추구하는 과정에서 발생한 이익이 구성원들 서로에게 유용하고 호혜적이지 않다면, 공동의 지향 추구는 동력이 약해질 수밖에 없다.

요컨대, 어떤 것을 공유하는 것은 공동의 목적과 주인의식을 가지고 유용하고 호혜적인 이익을 창출하면서 공동의 지향을 추구할 때 가능해진다. 예를 들어, 10000 m^2의 땅에 대해서 A와 B가 모두 먹거리를 생산하겠다는 공동의 목적을 가지고 절반의 땅에 저장고로 사용할 건물을 짓고 절반의 땅에 고구마를 심어 수확하는 일을 같이 한다면, 그리고 그렇게 수확된 고구마를 나누어 먹거나 내다 팔아 생긴 이윤을 나누어 갖는다면, 때로 A는 땅에 비료를 뿌리는 일만 하는 경우도 있고 때로 B는 저장고를 만들고 관리하는 일만 하는 경우가 있더라도 두 사람은 그 땅을 공유한다고 느낄 수 있을 것이다. 두 사람 모두 그 땅을 자기가 원하는 쪽으로 지배하고 있다고 느낄 것이기 때문이다. 반면, 여전히 B가 그 땅에 주거용 건물을 지으려는 목적을 가지고 있거나, 수확된 고구마를 A가 독점한다면, B는 그 땅에 대한 지배력을 느끼지 못할 것이고, 공유감은 없어지거나 매우 약하게 축소될 것이다.

둘째, 공유는 원활한 의사소통을 필요로 한다. 피어스, 루벤펠트, 모간(Pierce, Rubenfeld, & Morgan, 1991)은 주인의식에 대해 이야기하면서 소유 대상의 상태에 대한 정보를 알 수 있는 권리를 한 특성으로 제안하였다. 소유 대상에 대한 정보가 어느 한 개인이나 한 집단에 배타적으로 집중되어 있을 경우 정보로부터 소외된 개인이나 집단은 주인의식을 가질 수 없다는 것이다. 그리고 이러한 상태는 자연스럽게 공유를 방해할 것이다. 공유에 있어서 원활한 의사소통의 필요성은 에드워드와 머서(Edwards & Mercer, 1987)의 주장에서도 나타난다. 이들은 지식을 공유한다는 의미를 이전에는 오직 한 사람만이 알고 있던 것을 이제 두 사람이 알게 되었다는 소극적인 의미로부터, 수업에 임하는 구성원들의 사회적 협의(social negotiation)를 통해 새로운 의미가 창출된다는 보다 적극적인 의미로 확장시켰다(오필석, 이선경, 김찬종, 2007). 즉, 지식의 공유는 단순히 두 사람이 그 지식을 인지하고 있다는 것에 그치기보다는 두 사람 사이의 교섭과 협의를 통해 그 두 사람을 구성원으로 하는 공동의 의미가 창출되는 것도 포함한다는 것이다. 즉, 거꾸로 얘기하면, 이는 편중되거나 제한된 교섭과 협의는 적극적인 의미의 공유를 방해할 수 있음을 의미한다. 결국, 공유를 위해 구성원들이 소유 대상의 상태에 대한 정보를 충분히 접하고 이를 바탕으로 구성원 사이의 편중되지 않은 교섭과 협의를 하기 위해서는 원활한 의사소통이 필요하다.

그렇다면, 원활한 의사소통을 위해서는 어떤 것들이 전제되어야 할까? 적어도 교환, 번역, 수평적 의사소통이 필요할 것이다. 우선 교환은 앞서 언급한 것처럼, 공유의 대상에 대한 정보의 교환과 서로의 의견에 대한 교환을 포함한다. 이러한 교환이 충분히 일어나는 것은 원활한 의사소통의 조건이자, 한편으로는 그 자체이기도 하다. 의견의 교환이 충분히 일어난다는 것은 의사소통이 원활하게 일어난다는 것과 크게 다르지 않기 때문이다.

번역은 구성원 사이의 교환이 일어날 때 단순한 물리적, 표면적 교환을 넘어 그 의미를 교환할 수 있게 하는 데에 필요한 조건이다. 번역의 사전적 의미는 "어떤 언어로 된 글을 다른 언어의 글로 옮김"(국립국어원, 2017)이다. 이 의미는 단순히 'A'를 '에이'라고 옮기는 것을 의미 한다기보다는 어느 한 집단에서 통용되고 있는 해석의 틀을 다른 집단에서 통용되는 해석의 틀로 옮겨 그 다른 집단에서도 원래 집단에서 의도했던 의미를 파악하고 이해할 수 있도록 하는 것으로 봐야 할 것이다. 그런 점에서 번역은, 특히 두 사람이 다른 해석 틀을 가지고 있다면, 두 사람 이상이 어떤 대상을 공유하는 데 있어서 필수적인 조건이다.

교실에서 일어나는 수업 상황에서 번역은 특히 교사와 학생 사이에 주의 깊게 일어날 필요가 있다. 앞서 언급하였듯이, 공유는 공동의 목적을 수용하면서 호혜적이고 유용한 이익의 창출을 전제로 한다. 이를 위해서는, 예를 들어, 과학 수업에서 교사는 과학 지식을 학생들에 가용한(available) 어떤 것으로 만들어 줄 필요가 있다(오필석, 이선경, 김찬종, 2007; Lemke, 1990). 즉, 교사는 교과의 내용과 구조를 학생들이 이해할 수 있는 방식으로 구술하여 수업에 제시함으로써 공유를 도모할 필요가 있다(오필석, 이선경, 김찬종, 2007). 그런데 익히 알려진 바와 같이 과학 지식이나 실험에 대해 교사가 이해하는 바와 학생이 이해하는 바는 차이가 있을 수 있다. 예를 들어, 브라운 운동에 대한 지식을 공유하고자하는 교사는 연기 입자들을 현미경으로 관찰했을 때 나타나는 충돌 현상을 학생들이 관찰할 수 있도록 해줌으로써 이를 공유하고자 하지만, 학생들은 현미경으로 연기 입자들을 관찰하면서도 브라운 운동을 하고 있는 입자들, 즉, 어떠한 다른 연기 입자와 충돌하지 않았음에도 경로가 꺾이는 입자들에 주목하지 못한다(Driver, 1983). 이는 교사가 알고 있는 바와 학생이 알고 있는 바가 다르고, 교사의 경험과 학생의 경험이 다름에 기인한다. 즉, 알고 있는 바와 경험한 바의 차이가 교사와 학생으로 하여금 동일한 대상을 관찰했음에도 두 주체의 관찰 초점과 결과 해석에 차이를 유발한 것이다. 따라서 교사가 학생이 이해할 수 있는 형태로 과학 지식을 제시함으로써 공유를 도모한다는 의미는 교사가 가지고 있는 해석 틀을 학생이 가지고 있는 해석 틀로 옮겨 대상을 표현하는 것, 즉, 번역의 과정을 거친다는 것을 의미 한다.

나아가 번역은 서로 다른 두 공간, 예를 들면 일상생활이라는 공간과 과학 수업이라는 공간 사이를 의미 있게 연결해줌으로써, 수업에서 다룬 지식의 유용하고 호혜적인 이익의 창출에도 관여하여 공유를 유발한다. 번역은 행위자-연결망 이론(Actor-Network Theory; ANT)에서 서로 다른 종류의 행위자들이 연결망을 이루면서 어떻게 세계를 변화시켜나가는지를 기술하는 과정에서 사용된 용어이기도 하다(김환석, 2011; Callon, 1986). 즉, 행위자-연결망이 형성되고 작동하는 데는 첫 번째, 거시 세계를 실험실의 미시 세계로 환원시키는 단계, 두 번째, 실험실의 미시 세계에서 연구 그룹이 집중 작업을 통해 지식과 기계 등을 고안하는 단계, 세 번째는 실험실의 미시 세계에서 다시 거시 세계로 복귀하는 단계를 거치게 되는데, 각 과정에 번역이 작용하게 된다는 것이다(김환석, 2011; 정용재, 2016). 이때 거시 세계와 미시 세계를 연결해 주는 번역이 제대로 그 역할을 하지 못하면,

실험실에서 이뤄진 문제해결 결과나 산물이 거시 세계에서는 쓸모가 없거나 오히려 피해를 입히는 경우도 있다는 것이다. 이러한 점에서 번역은 두 세계를 의미 있게 이어줌으로서 상호 호혜적이고 유용한 이익을 창출하는 데에 필수적인 역할을 하는 과정으로 볼 수 있다.

이와 유사하게 '번역'은 사회 속 문제를 과학교실로 환원하였다가 다시 과학교실에서 사회로 복귀하길 기대하는 보통의 과학 교육 상황에도 시사점을 주고 있다(정용재, 2016). 즉, 예를 들어, 일상생활에서의 합리적 의사결정까지를 수업의 목표로 삼는 교사가 있다면, 그는 일상생활이나 사회의 문제를 교실이라는 공간으로 번역하여 끌어들일 필요가 있다. 그런 후에, 교실 공간에서 생성한 지식이나 문제해결의 산물을 다시 일상생활이나 사회 공간으로 번역하여 내보낼 필요가 있다. 그렇게 해야만 교실 공간에서 생성한 지식이나 산물이 일상생활의 문제의 해결에서도 제대로 작동할 수 있기 때문이다. 이렇게 해서 두 공간 사이의 번역이 성공적으로 일어나게 되면, 과학교실에서 일어난 수업이나 탐구의 결과가 학생들의 삶에도 유용하고 호혜적인 이익을 가져다 줄 수 있을 것이고, 이를 바탕으로 더욱 강한 공유감을 느낄 수 있을 것이다.

한편, 앞서 논의한 교환과 번역이 효과적으로 그리고 충실하게 이뤄지기 위해서는 구성원들 모두가 평등한 권한을 가지는 수평적 의사소통이 필요하다. 특정한 개인이나 집단이 의사소통 구조 속에서 편중된 권력을 가지게 되면, 정보의 교환은 그 특정한 개인이나 집단의 요구에 의해 제한되거나 편중될 수 있다. 또 번역 역시 그 특정한 개인이나 집단이 그들의 해석 틀만을 강조하고 가치를 두게 됨으로써 번역 그 자체의 의미와 기능을 잃어버릴 수 있다. 다시 말해서, 교환이 원활하게 일어나고 서로 다른 구성원의 해석 틀을 고려한 번역이 원활하게 일어나기 위해서는 교사와 학생을 포함하여 구성원 모두에게 평등한 권한이 주어지는 의사소통이 이뤄질 필요가 있고, 이를 바탕으로 해야 구성원들은 더욱 강한 공유감을 가질 수 있을 것이다. 실제로 개인 혹은 집단에 의한 정보독점 성향이 지식공유를 저해하는 요인임이 실증적 연구를 통해 보고된 바도 있다(권석균, 1996).

그렇다면, 앞서 A와 B가 1000 m^2의 땅을 공유하는 예에서 원활한 의사소통이 이루어진다는 것은 어떤 역할을 하게 될까? 그 한 역할은 공동의 지향, 즉, 공동 목적의 수용과 공동의 주인의식 소지, 유용하고 호혜적인 이익 창출의 의미를 해석하는 데 있어서 공유감의 정도를 강화시키는 역할일 것이다. 예를 들어, A는 1000 m^2의 땅에서 먹거리를 얻고자 하고 B는 건물을 짓고자 한다면, 앞서 언급하였듯이 그 땅에 대한 두 사람의 공유는 요원할 수밖에 없다. 그렇다면 이를 해결하고 공유를 시도하기 위해서는 어떠한 노력이 필요할까? 이때 필요한 한 가지가 수평적 의사소통일 것이다. 물론 이러한 의사소통이 반드시 두 사람의 합의를 이끌어내어 공유에 이르도록 하지는 못할 수 있다. 그러나 적어도 이러한 의사소통이 없다면, 두 사람의 공동의 목적이나 공동의 주인의식, 그리고 호혜적인 이익은 그 자체가 형성되지 않거나, 설혹 하나의 공동 목적을 가지게 되더라도 그것이 나의 목적이라는 생각이 약할 수밖에 없다는 점에서 공유감 역시 약할 수밖에 없을 것이다. 다시 말해서, A는 1000 m^2의 땅에서 먹거리를 얻는 것이 왜 두 사람에게 필요하고 이익이 되는지를 B의 입장까지 고려하여 설명하고자 노력하고, B 역시 유사한 방식으로 A에게 건물을 짓는 것에서 대해서 설명하고자 노력해야 공유의 가능성이 커질 수 있을 것이다. 그러나 만약, A가 B의 직장 상사라면, 그리고 A가 그의 우월적인 지위를 이용해서 B가 제대로 자신의 얘기를 할 수 없는 상황을 만들어 놓고선 B도 합의했다고 판단해 그 땅에 고구마를 심었다면, B는 비록 실제로 항의는 하지 않더라도 자신의 땅을 지배하고 있다는 느낌은 가지지 못할 것이다. 다시 얘기해서, A와 B가 공유감을 느끼기 위해서는 설혹 자시의 원래 뜻대로 그 땅을 사용하게 되지 못하게 되더라도 그 과정에 자신의 자발적인 동의가 작용했다는 느낌을 가져야 할 것이고, 이를 위해서는 수평적 의사소통이 최소한의 필요조건이 될 것이다.

셋째, 공유는 충분한 활동을 보장해주는 물리적 환경을 필요로 한다. 이는 공유에 관여하는 사람들이 동등한 권한을 가지고 물리적 환경, 공간과 시간을 사용할 수 있어야 한다는 의미와 더불어 그 자체가 전체로서도 충분히 제공되어야 함까지 포함한 의미이다. 예를 들어, 기본적으로는 1000 m^2의 땅이라는 공간을 사용할 권한이 A와 B 두 사람 모두에게 동등하게 주어져야 공유가 가능하다는 것을 의미하지만, 나아가 두 사람이 자신의 필요를 충족하기에 1000 m^2라는 땅의 크기가 충분해야한다는 의미까지 포함한다. 만약 한 사람이 필요로 하는 땅이 500 m^2라고 했을 때 A와 B가 동등한 권한을 갖고 그 땅을 사용하는 것과 한 사람에게 반드시 필요한 땅이 2000 m^2라고 했을 때 1000 m^2의 땅을 동등한 권한으로 두 사람이 사용하는 것은 다른 규칙과 방법을 필요로 할 것이기 때문이다. 그리고 이러한 필요성은 공간과 시간뿐만 아니라 또 다른 물리적 환경인 도구와 기술에 있어서도 마찬가지이다.

인간의 인식이나 학습 등에서 도구의 사용이 미치는 영향은 지속적으로 거론되어 왔다. 예를 들어, 비고츠키(Vygotsky, 1978)는 인간의 고차적 사고에 대해 언급하면서 기존

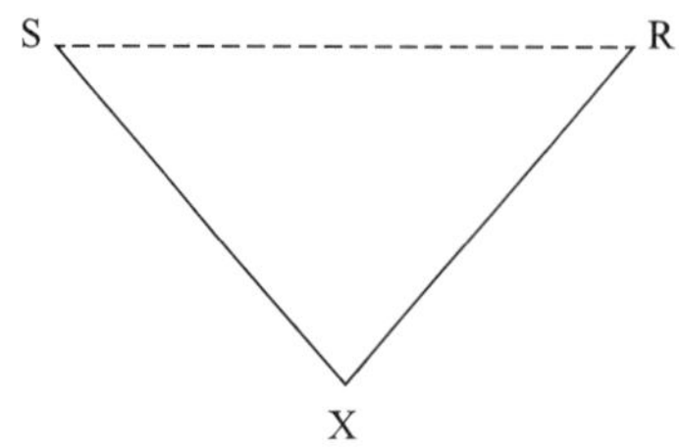

그림 3.18 X에 의해 중재되는 자극 반응 도식 (Vygotsky, 1978, p. 40)

의 행동주의에서 얘기하는 S-R(Stimulus-Response) 이론의 한계를 지적하고 다음의 <그림 3.18>과 같이 S와 R을 중재하는 X를 가정하는데, 이 X에 도구가 포함된다.

<그림 3.18>에서 볼 수 있듯이, 비고츠키는 인간의 고차적 사고에서는 자극에 대한 반응이 직접적으로 일어나는 것이 아니라 중재된 활동(mediated activity)을 거쳐 일어난다고 보았다. 그리고 이 중재된 활동에 '기호(sign)'와 '도구'(tool)가 포함된다고 보았다 (Vygotsky, 1978, p. 54). 이때 언어로 대표되는 기호는 마치 노동에서 여러 가지 도구가 일의 효율적인 완수를 위해 사용되듯이 심리적 과정에 일종의 도구로 사용된다고 보았다. 그리고 다음의 인용문에서 볼 수 있듯이, 이러한 기호와 도구는 기억을 위해 무언가 막대에 표시를 해두거나 매듭을 묶어 놓는 것, 글로 남겨 놓는 것 등이 우리의 기억을 돕는 것처럼 우리의 기억을 도울 수 있고, 그에 따라 우리의 기억은 생물학적 차원을 넘어 인공적이고 자생적인 자극들까지 포함하는 것으로 봐야 한다고 주장하였다.

> 반면, 자연적 기억(naturel memory)과는 완전히 다른 발달과정에 속해있는 또 다른 종류의 기억이 있다. (중략) 심지어 상대적으로 기억을 돕기 위한 단순한 조작이지만 막대에 금을 표시하거나(marking a stick)나 매듭(knots)을 지어 놓은 것은 기억의 심리학적 구조에 변화를 가져온다. 그들은 기억을 신경계라는 생물학적 차원을 넘어선 것으로 확장시켜주고, 기억을 인공적(artificial) 혹은 자생적(self-generate)인 자극, 즉 우리가 기호(sign)라고 부르는 것들에 포함되도록 한다. (Vygotsky, 1978, p. 38)

이러한 주장을 뒷받침하기 위해서 비고츠키(Vygotsky, 1978, p. 41)는 5세에서 27세에 이르는 총 30명을 대상으로 수행한 실험 결과를 제시한다. 실험은 게임을 하면서 색깔을 기억하는지 물어보는 총 18개의 질문들로 구성되어 있고, 기억에 실패하는 회수를 측정하여 참가자들의 기억력을 비교해보는 실험이다. 그런데, 단계에 따라 추가적인 조건을 달리하였다. 예를 들어, 두 번째 과제에서는 특정한 두 가지 색깔의 이름은 사용이 금지되었고, 한 색깔을 두 번 사용하는 것도 금지되었다. 세 번째 과제에서도 두 번째 과제에서 부과된 규칙이 동일하게 부과되었는데, 다만 여기에 게임하는 것을 돕기 위해 9개의 색깔 카드가 추가로 제공되었다. 실험 결과, 전체적으로 과제3에서의 기억 실패 횟수가 과제2에서 보다 줄어들었다. 특히 10-13세 아동들의 경우 3.1회에서 0.3회로 기억에 실패하는 횟수가 눈에 띄게 줄어들었다. 즉, 9개의 색깔 카드를 사용한 경우가 그렇지 않은 경우보다 기억을 더 잘한다는 결과를 얻은 것이다. 결국, 이러한 실험결과는 동일한 사람이라고 하더라도 적절한 도구나 기호를 사용하는 경우에 그렇지 않은 경우보다 기억 능력을 더 향상시킬 수 있음을 보여준다. 다시 말해서, 도구나 기호의 사용, 혹은 도구를 사용할 수 있는 기술의 습득은 생물학적 인식 능력이나 학습능력을 넘어서는 능력을 가져올 수 있음을 보여준다.

한편 도구의 사용이 인간 활동에 영향을 미치는 중요한 요인이라는 주장은 인간의 활동을 기본적으로 공동체에 기반 한 사회적 활동이라고 보는 문화역사활동이론(cultural historical activity theory)에서도 나타난다(Engeström, 1987). 엥게스트롬(Engeström, 1987 & 2001)은 인간 활동 시스템의 구조를 <그림 3.19>와 같은 도식으로 제시한 바 있다.

전체적으로 커다란 삼각형 안에 작은 삼각형들이 들어 있는 것처럼 보이는 이 구조에서 맨 위의 작은 삼각형은 비고츠키(Vygotsky, 1978)가 제안한 <그림 3.18>의 도식을 뒤집어 놓은 것에 해당한다. 즉, <그림 3.18>에서 X를 도구(tools)와 기호(sign)으로 명시하고, X의 위치를 위쪽으로 옮겨 놓은 것이다. 이는 주체가 대상을 인식하기 위해서는 도구와 기호의 사용이 중재 역할을 하게 된다는 의미이다. 주체, 대상, 공동체가 작은 역삼각형을 이루고 있는 부분은 인간 활동이 본질적으로 공동체에 기반 하여 이루어진다는 것

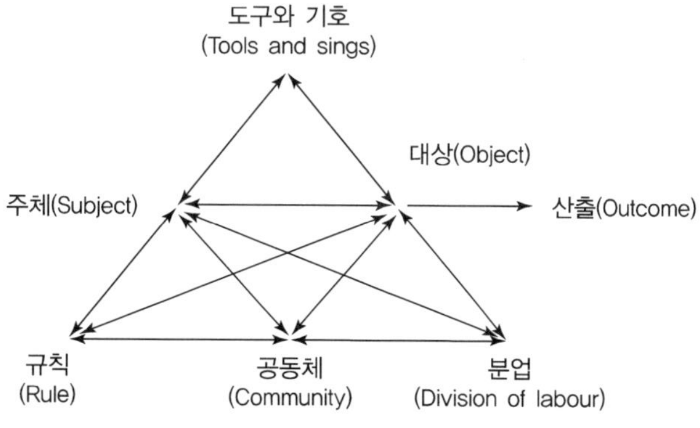

그림 3.19 활동이론(activity theory)에서 보는 인간의 활동 시스템 (Engeström, 1987, p. 78)

을 강조하기 위해 주체, 대상과 함께 공동체를 주요 요소로 추가한 결과이다(Engeström, 2001). 그리고 공동체와 주체의 관계에서 파생된 요소를 규칙(rule)으로, 공동체와 대상과의 관계에서 파생된 요소를 분업(division of labor)으로 하여 이를 종합적으로 인간 활동의 구조로 도식화 한 것이 <그림 3.19>이다.

그런데 <그림 3.19>에서 각 요소들을 잇는 선을 양방향의 화살표로 표시한 것은 이들 관계가 서로 모순적인(contradiction) 관계에 있음을 나타낸 것이다. 즉, 인간의 활동 시스템을 이루는 각 요소들 사이에는 본질적인 모순이 내재되어 있을 수밖에 없고, 이러한 내재된 모순의 해결을 위해 노력하면서 인류의 사회문화적 발달이 이뤄졌다는 것이다(Engeström, 1987; Leont'ev, 1978). 실제로 각 요소들 사이의 모순적 관계가 인간 활동 시스템에서 제한적인 요인으로 작용할 수 있음이 여러 연구들을 통해 보고되기도 하였다(Engeström, 1999 & 2001, Joung, 2008a). 예를 들어, 5세 아동이 부모와 하는 일상 대화를 분석한 한 연구(Joung, 2008a)에서는 아래와 같이 주체가 대상을 인식하거나 문제를 해결하는 데 있어서 도구가 중재 역할을 하면서 때때로 시스템의 활동에 한계 요인으로 작용함이 나타나기도 하였다[14].

(저녁(보쌈)을 먹다가 TV에서 돼지에 관한 내용이 나왔다. 그러자 아이(E)가 엄마(M)에게 물었다.)

E: 엄마, 늑대가 돼지 잡아먹어?
M: 응. 돼지 잡아먹지.
E: 역시. 비디오에 나온 그대로구나. 늑대 이빨이 엄청 세지?
M: 그럼.
E: 하지만, 벽돌은 못 깬다.
M: 뭐라고?
E: 벽돌은 못 깬다고. 비디오에 나와.
M: 비디오?
D: 아, 아기 돼지 3형제?
E: 응.
M: 난 또 뭐라고.
E: 그런데, 벽돌은 엄청 세다. 완전 고체야.
M: 그래, 맞아.

14) 대화 글에서 E는 5세 아동을 의미하고, M은 아이의 엄마, D는 아이의 아빠를 의미한다.

E: 그런데, 두꺼운 유리도 완전 고체다, 엄마. 벽돌로도 못 깨. 할아버지가 그랬어.

(Joung, 2008a, p. 325)

E: 음, 그건 아니지. 그런데, 이거 안에 자석이야?
D: 글쎄...
E: 그런데, 이거 못 열지? 구멍이(나사 구멍을 말함) 너무 작아서.
D: 자석인지 아닌지 어떻게 알 수 있을까?
E: 실험?.... 안에 보면 알 수 있잖아.
D: 그럼, 어떻게?
E: 나는 지금, 아빠한테 물어보는 거야. 자석이냐고.

(Joung, 2008a, p. 327)

위의 첫 번째 대화 글에서 아이는 고체의 성질을 이해하는 데 있어서 '늑대와 아기돼지 3형제'라는 애니메이션 영화의 도움을 받고 있다. 즉, 고체의 단단함을 영화 속 늑대의 이빨과 벽돌의 단단함으로 비교하면서 이해하고 있고, 할아버지의 얘기와도 비교하면서 이해하는 모습을 보여준다. 한편, 두 번째 대화 글에서 아이는 장난감 속에 정말 자석이 들어있는지를 알고 싶어 하지만, 나사를 돌릴 수 있는 적절한 크기의 드라이버가 없자, 결국 실험을 포기하고 아빠에게 물어보는 방법을 찾게 되는 장면을 볼 수 있다. 즉, 도구의 제한에 의해 탐구를 포기하거나 탐구의 방법이 영향을 받게 되는 사례라고 볼 수 있다.

이와 같이 도구 및 그 도구를 사용할 수 있는 기술은 어떤 대상을 탐구하고 이해하는 데에 도움이 되기도 하고, 반대로 제한 요소로 작용하기도 한다. 이러한 점에서, 도구와 기술은 공간과 시간이라는 물리적 환경과 유사하게 충분히 제공되느냐 안 되느냐에 따라 공유에 영향을 미칠 수 있는 조건이다. 도구와 기술의 사용은 목적의 달성이나 유용하고 호혜적인 이익의 창출에 직접적인 영향을 미치기 때문이다. 예를 들어, 앞선 예에서 A와 B가 1000 m^2의 땅으로부터 먹거리를 얻는다는 공동의 목적 하에 고구마를 함께 심었고 수확했다고 가정해보자. 그런데 이때 A는 튼튼한 삽과 호미를 가지고 있었고, 질 좋은 비료와 자동 물뿌리개 등을 가기고 있었다고 해보자. 반면 B는 그러한 도구가 없었고 A로부터는 물론 어디서부터도 그러한 도구를 얻을 수 없었다고 해보자. 아마도 A와 B는 심은 고구마 수도 다를 것이고 수확한 고구마의 질과 개수도 다를 것이다. 만약 수확한 고구마를 판 이익을 균등하게 나누어 갖는 규칙이 합의되어 있지 않는 한, A와 B의 목적

달성도와 창출된 이익의 양은 다를 수밖에 없을 것이다. 이런 상태라면 아마도 B는 그 땅을 내 땅으로서 나의 마음껏 내가 원하는 대로 사용했다고 느끼기 어려울 것이며, 이는 낮은 공유감으로 다가올 것이고, 나아가 결국은 공유를 파기하는 결과를 가져올 수도 있을 것이다. 이러한 점을 감안할 때, 도구와 기술을 포함하여 공간, 시간 등의 물리적 환경은 공유를 위한 필수적인 조건으로 볼 수 있을 것이다.

넷째, 공유는 서로를 신뢰하는 심리적 환경을 필요로 한다. 신뢰의 사전적 의미는 "굳게 믿고 의지함."(국립국어원, 2017)이다. 그렇다면 믿음이란 무엇인가? 믿음의 사전적 의미는 "어떤 사실이나 말을 꼭 그렇게 될 것이라고 생각하거나 그렇다고 여기다. 어떤 사람이나 대상에 의지하며 그것이 기대를 저버리지 않을 것이라고 여기다."(국립국어원, 2017)인데, 이와 유사한 관점을 우리는, 앞서 2장에서 언급한 바와 같이, 다음과 같은 퍼스의 서술에서도 찾을 수 있다.

> 믿음의 본질은 습관의 확립이다; 그리고 서로 다른 믿음들은 그들이 유발하는 서로 다른 양태의 행위들에 의해 구분된다. (CP 5.398)

퍼스에 따르면, 2장에서 논의하였듯이, 믿음은 그 대상이 미래에 보여줄 행위에 관한 안정적인 법칙이고, 그렇기 때문에 믿음은 곧 습관의 확립이고, 오직 그것이 유발하는 행위에 의해서만 구별되는, 변화를 원하지 않는 고요한 상태이다(CP 5.372). 다시 말해서, 특정한 상황에서 특정한 대상을 의미 짓는데 있어서 특정한 해석경향이 아무런 주저 없이 일어나는 상태이다. 이를 믿음의 국어사전적 의미와 연결 지어 보면, 결국, 믿음은 어떤 사람이나 말, 대상에 대해서 미래에 어떻게 변화될 것인지에 예측이 충분히 가능하고 그러한 예측이 맞음을 경험함으로서 계속해서 그러한 기대를 저버리지 않을 것이라고 여기는 것이라고 할 수 있다. 따라서 상호신뢰란 서로에 대한 이와 같은 굳은 믿음을 바탕으로 서로를 의지하는 것으로 볼 수 있을 것이다.

따라서 공유를 위해서는 상호신뢰가 필요하다는 말의 의미는 곧, 공유를 위해서는 어떤 대상을 공유하고 있는 공동체 내의 구성원 사이에 서로 간에 서로를 존중하는 상호존중의 분위기와, 서로가 밀접히 연결되어 있다는 친밀감을 바탕으로, 서로 간에 서로의 행동을 예상할 수 있고 대부분 그 예상이 빗나가지 않는다는 믿음이 필요하다는 의미로 볼 수 있을 것이다. 예를 들어, 정보를 교환함에 있어서 상대방이 제공한 정보를 믿을 수 있다는 신뢰가 형성되어 있지 않으면, 앞서 언급한 교환이나 번역, 수평적 의사소통은 그 역할이 제대로 수행될 수 없다. 비슷하게 상대방이 나와 공동의 목적을 가지고 있고 유용한 호혜적 이익 창출을 위해 나와 똑같이 노력할 것이라는 신뢰가 형성되어 있지 않으면, 공동의 지향을 추구하는 것 역시 제대로 이루어질 수 없을 것이고, 공유감은 상대적으로 약화될 수밖에 없다. 실제로 빈집을 공유하는 에어비엔비(AirBnB)를 통해 집을 다른 사람에게 빌려주었다가 집기가 부서지고 귀중품이 도난당하는 사례가 언론에 보도된 바 있는데(김점산, 지우석, 가상준, 2014), 만약 이러한 일이 지속적으로 일어나서 상호 간의 신뢰가 깨진다면, 더 이상 빈집을 공유하는 사업은 유지될 수 없을 것이다.

이와 같이 서로 간의 신뢰가 공유에 중요하게 영향을 미친다는 것은 기존의 많은 연구에서도 보고되어 왔다. 예를 들어, 계층 구조 조직에서 부하가 상사에게 의사소통을 하는 경우 상사에 대한 신뢰가 주요한 요소였다는 연구(Roberts & O'Reilly, 1974), 높은 신뢰집단과 낮은 신뢰집단 간에 문제해결과정에서의 정보, 아이디어 및 감정의 공유가 어떻게 일어나는지를 분석한 결과 개인 간의 신뢰가 지식공유에 있어서 중요한 요소였다는 연구(Zand, 1972), 인지된 신뢰성이 지식공유의 결정적 영향요인이라는 연구(Andrews & Delahaye, 2000) 등에서 상호 신뢰가 공유에 영향을 미치는 주요한 요인임이 보고된 바 있다(최호진, 2005). 또, 기존의 전통경제가 상호 간의 경쟁을 바탕으로 하는 반면, 공유경제는 상호 간의 신뢰를 바탕으로 한다는 주장(김점산, 지우석, 가상준, 2014; 김형균과 오재환, 2013) 역시 상호 신뢰가 공유의 바탕임을 보여주는 것이라 하겠다. 아울러서, 상호 신뢰를 형성하는 데에 관여하는 친밀감과 관련하여, 쯜란스키(Szulanski, 1996)와 오델과 그레이슨(O'Dell & Grayson, 1998)은 지식 교환의 성공은 개인 간 또는 부서 상호 간의 종합적인 친밀감에 의해서 직접적으로 영향을 받는다고 보고한 바 있다(최호진, 2005). 나아가, 이와 같은 특징의 심리적 환경은, 아래 인용문과 같은 김태훈(2002)의 서술에서도 나타나듯이, 공유를 바탕으로 한 공동체의 운영에 있어서도 중요한 역할을 담당할 것이다.

> 건강한 공동체의 구성원들은 서로를 인간적으로 대우하고, 개인적 자아를 존중하고, 각자의 존엄성을 가치롭게 여긴다. 건강한 공동체는 집단들이 각각 목적을 추구하도록 배려해주고, 서로의 목적이 본질적으로 침해당하지 않을 것이라는 신뢰를 제공하며, 협력과 관계의 분위기를 조장한다. 어려운 일에 대한 격려와 칭찬, 감사가 존재하며, 구성원들은 그들이 서로를 필요로 한다는 것을 안다. (김태훈, 2002, p. 106)

요컨대, 상호존중의 분위기와 친밀감을 바탕으로 서로를 신뢰하는 심리적 환경은, 공동의 지향을 추구하고 원활한 의사소통을 바탕으로 물리적 환경을 공동으로 사용하는 공유의 전 과정에 있어서 각 과정이 본래의 역할을 제대로 수행할 수 있도록 해준다는 점에서, 혹은 적어도 제대로 수행하고 있다는 느낌을 가질 수 있도록 해준다는 점에서, 공유를 위한 필수적인 조건이라고 할 수 있다.

다섯째, 공유는 공동 규칙의 수용과 준수를 필요로 한다. 공동의 규칙을 만들고 이를 준수하는 것은 공유를 실행하기 위한 현실적 장치이다. 규칙과 제도적 장치는 공동체의 운영을 위해 필수적인 요소이고(김태훈, 2002), 인간의 활동 시스템이 역사적으로, 그리고 사회문화적으로 그렇게 발전하게 되는 데에도 필수적으로 관여하는 것이며, 특히 두 사람 이상이 공동체를 이루게 되는 상황에서는 필수적으로 관여하게 되는 어떤 것이다(Engeström, 1987; Leont'ev, 1978). 이런 점에서 공유, 즉, 두 사람 이상이 하나의 대상을 소유하거나 혹은 소유하고 있다는 느낌을 갖는 경우에도 적절한 공동의 규칙은 필수적이다.

다만, 공유에 있어서 공동의 규칙이 그 역할을 제대로 수행하기 위해서는 자발성과 주체성, 상호이해성 등을 바탕으로 해당 규칙을 수용하는 것을 전제로 한다. 예를 들어, 학교에서 화장실을 공유하는 학생들은 먼저 온 사람이 먼저 사용한다는 규칙을 암묵적으로나마 가지고 있다. 물론 이 규칙은 특정한 일시에 제정되어서 명시적으로 문서화된 규칙은 아니다. 그런 점에서 규칙의 제정에 특정 개인이 자발적이고 주체적으로 참여했다고 볼 수 없을 것이다. 그러나 대부분의 학생들은 이 규칙을 수용하는 것으로 보인다. 이는 내가 화장실 사용이 급한 정도와 다른 사람이 급한 정도를 명확히 비교하여 누가 더 급한지를 정확히 판단하기 어렵다는 현실적인 어려움과, 그러한 어려움을 고려할 때 화장실 사용의 순서는 화장실에 온 순서대로 하는 것이 타당하다는 상호이해성에 바탕을 둔 것으로 보인다. 이러한 상호이해성을 바탕으로 규칙을 수용한 경우에 우리는 해당 규칙을 지키는 것이 내가 화장실을 공유하고 있다는 생각을 크게 훼손하지 않는다. 실제로는 내가 원할 때 마다 나의 마음대로 사용하는 것은 아니지만, 즉, 실공유를 하는 것은 아니지만, 내가 해당 규칙을 수용했다는 것은 그 규칙의 범위 내에서만 나의 소유를 주장하겠다고 마음을 먹었다는 것을 내포하는 것이고, 그렇기 때문에 해당 규칙의 범위 내에서 나의 소유가 실현되고 있다고 느끼는 것은 공유감을 느끼는 데에 큰 문제를 일으키지 않는다. 반면, 내가 먼저 왔음에도 힘 센 친구가 강압적으로 나를 위협하여 먼저 사용하는 일이 빈번하게 일어난다면, 나는 적어도 그 친구와는 화장실을 공유하고 있다고 느끼지 못하게 될 것이다.

또 다른 예를 들어보자. 앞서 든 예와 같이 A와 B가 1000 m^2의 땅을 공유하고 있는데,

어느 날 A가 절반의 땅에 고구마를 심겠다고 통보해 왔다고 가정해 보자. B는 그러한 통보가 자신의 소유이기도 한 1000 m^2의 땅을 침해하는 것이라고 느끼고 이에 대해 강하게 반발하고 있다고 생각해보자. 이들은 어떤 방식으로 그 땅을 다시 공유할 수 있을까? 우선 이들에게 필요한 것은 원활한 의사소통일 것이다. 왜 고구마를 심어야 하는지에 대해 서로의 상황을 고려하여 번역하고 정보를 교환하는 수평적 의사소통이 필요할 것이다. 이러한 의사소통을 통해, 먹거리의 생산과 건물 확장이라는 점에서는 분명히 차이가 있지만 땅을 통해 금전적인 이익을 취하는 것이라는 좀 더 상위의 공동 목적에 동의하고, 유용하고 호혜적인 이익 창출을 위해 노력하자는 것에 동의했다고 보자. 그리고 두 사람은 절반의 땅에는 고구마를, 나머지 절반의 땅에는 건물을 세우기로 동의하면서 몇 가지 규칙을 정해 지키는 것에 동의했다고 해보자. 예를 들어, 고구마를 수확할 시기가 되면, B도 10개까지는 고구마를 캐 갈 수 있도록 하였고, 고구마를 판 이익의 10%는 B가 가져가기로 합의했다고 해보자. 또 B는 건물을 세우되 A의 보행에 방해가 되지 않게 세우고, 1년에 10회는 친구들을 불러 그 건물에서 파티를 열 수 있도록 하는 데에 합의했다고 해보자. 만약 이러한 규칙의 제정에 두 사람이 수평적 의사소통을 충분히 하였고, 이후에 규칙의 준수가 이뤄질 것이라는 상호신뢰도 갖추어져 있다면, 그렇다고 두 사람이 1000 m^2의 실공유하는 것은 분명 아니지만, 아마 이들은 이 땅을 두 사람이 공유하고 있다고 느낄 수 있을 것이다. 왜냐하면, 각자 원하는 것 자체를 서로의 합의를 통해 특정한 규칙의 범위 내로 한정하였으므로, 이 규칙을 수용한 상태에서는 나는 내가 원하는 바를 여전히 할 수 있다고 느낄 것이기 때문이다. 즉, 두 사람은 여전히 공유감을 가질 것이고, 여전히 공유하고 있다고 생각하게 될 것이다.

이 두 번째 가상의 예는 규칙의 제정과 수용이 공유의 과정에서 겪게 되는 현실적인 문제를 어떻게 해결해나갈 수 있도록 하는지 보여준다. 즉, 실공유와 공유감은 쉽게 구분되지 않으므로, 자발적이고 주체적이며 상호이해성을 바탕으로 규칙을 제정하고 수용하는 것은 각자가 원하는 것 자체를 한정지음으로써 공유감을 유지할 수 있다. 이와 같은 방식으로 규칙의 제정과 준수는 공유 과정에서 겪게 되는 현실적 문제를 해결할 수 있는 한 가지 방법을 제공한다. 물론, 이후에 누군가가 규칙을 준수하지 않는 일이 잦아지게 되면 더 이상 공유감은 유지 될 수 없을 것이므로, 규칙 제정과 함께 규칙의 준수 역시 공유를 위한 필수적인 조건이 될 것이다.

이상에서, 공유를 하기 위해서는, 혹은 상대적으로 강한 공유감을 가지기 위해서는 다섯 가지 조건이 전제되어야 함을 논의하였다. 즉, 첫째, 공유는 동일한 지향의 수용을 전제로 하고, 이는 공동의 목적을 가질 것, 공동의 주인의식을 가질 것, 유용하고 호혜적인 이익 창출을 추구할 것 등을 포함한다. 둘째, 공유는 원활한 의사소통이 일어날 것을 전제하고, 이는 상대방의 상황을 고려한 번역과 편중되지 않은 교환, 활발한 수평적 의사소통 등을 포함한다. 셋째, 공유는 특정 대상에게 제한되지 않은 충분한 물리적 환경이 전제되어야 하고, 이는 충분한 도구와 기술의 제공, 공간의 제공, 그리고 시간의 제공을 포함한다. 넷째, 공유는 구성원 상호 간에 서로 신뢰하는 심리적 환경을 전제하고, 이는 상호 존중과 친밀감을 포함하는 것으로 앞서 세 가지 전제들이 그 역할을 충실히 실행하는 데에도 필요하다. 다섯째, 공유는 구성원들의 자발성, 주체성, 상호이해성을 바탕으로 제정한 공동의 규칙을 수용하고 준수할 것을 전제하는데, 이는 앞선 4가지 전제를 포함하여 공유 과정에 겪게 되는 현실적 문제를 해결하는 한 가지 방안으로 기능한다.

다음의 <그림 3.20>은 이상에서 살펴본 공유를 위한 5가지 전제를 도식화하여 나타낸 것이다. 도식에서 각각을 잇고 있는 선은 5가지 전제가 상호 연결된 순환적인 관계에 있음을 나타낸 것이다. 예를 들어, 공동 목적을 수용하고 주인의식을 가진 상태에서 유용하고 호혜적인 이익을 창출하면서 공동의 지향을 가지는 것은 공유의 전제이자 공유의 대상이다. 즉, 공동체에서 함께 지향하는 바가 있어야 공유가 일어날 수 있지만, 동시에 지향하는 바를 공유해야 공동의 지향이 가능하고, 물리적 환경과 심리적 환경의 방향성이 정해진다. 이러한 방향성은 물리적 환경과 심리적 환경의 의미를 구성하고, 이러한 의미에 따라 충분함의 기준이 달라진다. 동일한 도구이더라도 무엇을 위해 사용하느냐에 따라 충분하기도 하고 아니기도 하게 되기 때문이다. 그런데 이러한 공동의 지향을 확인하고

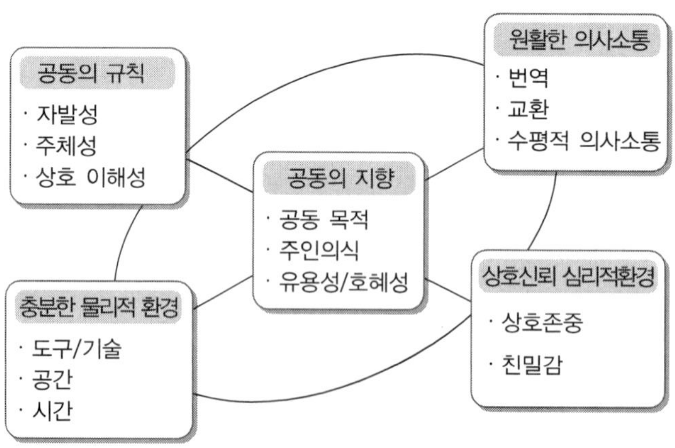

그림 3.20 공유를 위한 전제 조건들

공유하게 되기까지는 공동으로 지향하고자 하는 바가 무엇이고 그 의미가 무엇인지를 구성원들이 이해할 필요가 있으며, 이는 원활한 의사소통을 필요로 한다. 그리고 이 과정에서 발생할 수 있는 여러 문제들을 극복하기 위해 자발성과 주체성, 상호 이해성을 바탕으로 한 공동의 규칙이 필요하다. 이렇듯, 5가지 전제들은 서로 순환적인 관계를 가지고 있으며, <그림 3.20>에서 도식에서 각각을 잇고 있는 선은 이러한 순환적인 관계를 나타낸 것이다.

(3) 과학교실 탐구공동체의 토대와 공유

이상에서 논의한 공유의 의미와 5가지 전제 조건들은 앞서 언급한 과학교실 탐구공동체의 6가지 토대와는 어떤 관계에 있을까? 우선, 이에 대한 논의에 앞서서, 일반적인 과학 교육의 장에서는 공유와 관련된 접근과 노력이 어떻게 이뤄지고 있는지에 대해 먼저 살펴보자.

공유는 과학교실, 과학 수업 등을 포함하는 일반적인 과학 교육의 장에서도 기본적으로 필요한 조건이다. 과학 교육의 장에서도 공유가 중요함은 우선 우리나라 과학과 교육과정의 서술에서도 찾아볼 수 있다. 우리나라 2015 개정 과학과 교육과정에서는 과학 교과의 성격에 대해 "'과학'은 모든 학생이 과학의 개념을 이해하고 과학적 탐구 능력과 태도를 함양하여 개인과 사회의 문제를 과학적이고 창의적으로 해결할 수 있는 과학적 소양을 기르기 위한 교과"로 규정하고, 이어서 "'과학'에서는 일상의 경험과 관련이 있는 상황을 통해 과학 지식과 탐구 방법을 즐겁게 학습하고 과학적 소양을 함양하여 과학과 사회의 올바른 상호 관계를 인식하며 바람직한 민주 시민으로 성장할 수 있도록 한다."고 서술하고 있다(교육부, 2015a, p. 3). 즉, 과학 교과가 과학 지식이나 탐구 능력의 증진만을 목표로 하는 것이 아니라, 공동체 속 참여와 이를 통해 과학과 사회의 관계를 인식하여 민주 시민으로 성장하는 것 까지를 목표로 하고 있음을 알 수 있다.

위와 같은 성격과 목표 하에 2015 개정 과학과 교육과정에서는 과학 교과에서 함양해야할 5가지 핵심 역량을 제시하였는데, "과학적 사고력, 과학적 탐구 능력, 과학적 문제해결력, 과학적 의사소통 능력, 과학적 참여와 평생 학습 능력"(교육부, 2015b, pp. 3-4)이 그것이다. 이중에서, 과학적 의사소통 능력과 과학적 참여와 평생학습 능력은 특히 공유와 관련이 깊다. 이 두 핵심역량에 대해서 교육과정에서는 다음과 같이 서술하고 있다.

> 과학적 의사소통 능력은 과학적 문제 해결 과정과 결과를 공동체 내에서 공유하고 발전시키기 위해 자신의 생각을 주장하고 타인의 생각을 이해하며 조정하는 능력을 말한다. 말, 글, 그림, 기호 등 다양한 양식의 의사소통 방법과 컴퓨터, 시청각 기기 등 다양한 매체를 통하여 제시되는 과학기술 정보를 이해하고 표현하는 능력, 증거에 근거하여 논증 활동을 하는 능력 등을 포함한다.
> 과학적 참여와 평생 학습 능력은 사회에서 공동체의 일원으로 합리적이고 책임 있게 행동하기 위해 과학기술의 사회적 문제에 대한 관심을 가지고 의사 결정 과정에 참여하며 새로운 과학기술 환경에 적응하기 위해 스스로 지속적으로 학습해 나가는 능력을 가리킨다
>
> (교육부 2015a, p. 4).

위의 인용문에서 볼 수 있듯이, 과학적 의사소통 능력을 함양하는 이유를 '과학적 문제 해결 과정과 결과를 공동체 내에서 공유하고 발전시키기 위해'라고 규정하고 있어, 결과적으로 과학교실에서 구성원 간에 일어나는 공유의 중요성을 언급하고 있다. 또, 과학적 참여와 평생 학습 능력에 대해 서술하면서, '공동체의 일원으로 합리적이고 책임 있게 행동하기 위해 과학기술의 사회적 문제에 대한 관심을 가지고 의사 결정 과정에 참여'하는 것으로 설명하고 있는데, 공동체의 일원으로 의사 결정에 참여하기 위해서는 기본적으로 해당 문제에 대한 공유가 필수적이라는 점에서 이 역시 공유의 중요성을 간접적으로 서술하고 있다고 볼 수 있다.

과학 교육의 장에서 공유의 중요성은 과학 교육 관련 연구들에서도 제기되어 왔다. 예를 들어, 정용재와 천은겸(2014)은 실행공동체와 관련된 기존 연구들의 동향을 분석하면서, 학습이란 외부에서 주어지는 지식을 획득하는 과정이라기보다는 상호작용과 공유 자산(shared repertoire)을 바탕으로 공동체 속 실행, 관계 형성, 그리고 이로 인해 지식이 형성되기까지의 총체적 과정 자체라고 보는 관점(Lave & Wenger, 1991; Wenger, 1998)에 국내 과학교육계에서 좀 더 주목할 필요가 있음을 제언하였다.

공유와 관련된 조금 더 실증적인 과학교육 관련 연구에는 이지원(2015)의 연구, 오필석, 이선경, 김찬종(2007)의 연구, 이현주, 최윤희, 고현주(2014)의 연구, 김세미, 김은지, 김성원(2013)의 연구 등이 있다. '과학영재의 협업적 문제해결과정에서 나타난 공유된 정신모형의 정교화 양상 분석'이라는 제목의 이지원(2015)의 연구에서는 과학적 아이디어 공유, 개별 아이디어 공유, 새로운 아이디어 공유 등을 분석하였는데, 특히 새로운 아이디어의 공유는 건설적 갈등 상황에서 자신의 정당성 주장의 근거 마련을 위해 개별 아이디어 조합, 기존 아이디어의 재생산 등과 같은 방법으로 창조된 아이디어를 생성하고 공유하는 양상을 보였다고 보고하였다. 그러면서 공유된 정신 모형이 초기의 개인별 정신모형

에 비해 포괄적이면서 정교화 되었으며 각 개인의 정신모형도 확장되었음을 보고하였다. 이는 정신모형의 구성에서도 공유가 긍정적인 영향을 미치고 있음을 보여준다.

지식 공유의 관점에서 9명의 중등 과학 교사들의 과학교실 담화의 사례를 분석한 오필석, 이선경, 김찬종(2007)의 연구에서는 교과 내용의 재생, 교과 내용의 재구성, 이해의 확장 및 정교화, 의미의 협상이라는 지식 공유의 양상이 나타났다고 보고하였다. 특히, 담화에서 학생들의 능동적인 역할이 허용된 좀 더 적극적인 수준의 지식 공유 양상이 이상적인 교실 담화 행위의 한 유형이라고 할 수 있는 스캐폴딩과 밀접히 관련되어 있을 가능성을 확인했다고 보고하였다.

특히, 이현주, 최윤희, 고현주(2014)의 연구는 전체 수업 과정에서 공유가 어떤 역할을 수행하는지에 대한 시사점을 주고 있다. 이들은 집단지성 원리를 적용한 과학관련 사회·윤리적 쟁점 수업 모형을 개발하고 그 적용 결과를 보고하였는데, <그림 3.21>에서 볼 수 있듯이 이들이 개발한 모형의 하나인 탐색적 수업모형에서 공유는 중요한 요소로 포함되어 있다.

더욱이 이들이 모형 개발의 원리로 삼은 4가지 원리, 즉, '원리 1: 문제 해결을 위한 공유된 가치나 신념의 형성', '원리 2: 개인의 독립적인 문제 탐색', '원리 3: 다양한 지식, 기술 및 관점의 집중과 공유' '원리 4: 협력적 대화를 위한 네트워크 매체와 환경의 마련'에는 공유의 중요성이 더욱 명시적으로 나타나 있다. 특히, 원리 3, 즉 '다양한 지식, 기술 및 관점의 집중과 공유'에 대해서는 다음과 같이 언급하면서, 공유의 중요성과 함께, 공유의 의미와 유의점에 대해서도 언급하고 있다.

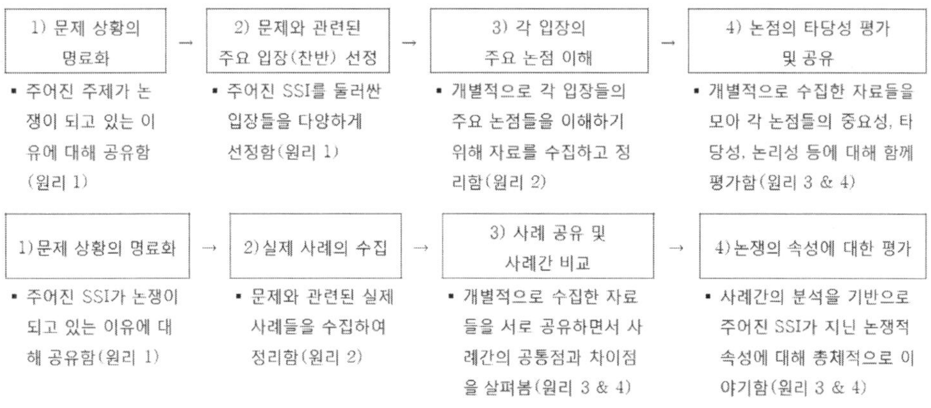

그림 3.21 집단지성 원리를 적용한 탐색적 수업모형 (이현주 등, 2014, p. 528)

> 원리 3은 '다양한 지식, 기술 및 관점의 집중과 공유'이다. 즉, 개별 학생들이 독립적으로 수집하고 형성한 자료나 생각들을 끊임없는 상호작용을 토대로 모으고 공유하는 과정으로 설명될 수 있다(Brown & Isaacs, 2008; Lee & Lee, 2009; Tapscott & Williams, 2006; Yang, 2011). 지식의 집중화와 공유를 통해 학생들은 개별적으로 구성한 학습 내용에 대해 되짚어보는 기회도 얻을 수 있다. 이 과정은 다양한 정보를 단순히 양적으로 수합하거나 혹은 다양성을 고려한다는 이유로 서로 절충하고 타협하는 과정만을 의미하지는 않는다. 집단 속에 개인이 묻히는 것이 아니라 개개인의 장점이 존중되어 시너지를 창출할 수 있도록 하는 것이 매우 중요하다. 따라서 모든 개별 학생들이 문제 해결의 주체로 참여할 수 있도록 지속적인 모니터링이 필요하며, 서로 명시적 또는 암묵적인 피드백을 주고받는 것이 매우 중요하다. (이현주, 최윤희, 고연주, 2014, p. 525)

위의 4가지 원리와 인용문에서 볼 수 있듯이, 이들이 제안한 수업 모형은 공유된 가치와 신뢰를 바탕으로, 모든 개별 학생들이 문제 해결의 주체로 참여하는 전형적인 공유의 의미가 반영된 수업 모형으로 볼 수 있다. 아울러서 연구자들은 위와 같은 수업 모형을 적용하는 과정에서, 교사들이 문제 해결을 위해 공유된 가치를 형성하는 과정, 개별적으로 자료를 수집할 수 있는 시간을 충분히 갖고 난 후 공유하는 과정, 개인적으로 자료를 수집하고 공유할 수 있는 공간의 마련 등을 중요하게 여기고 있음을 보고하였는데, 이는 과학교실에서 공유를 시도하고자 할 때 어떤 것들에 주목해야 하는지에 대한 시사점을 주고 있다고 볼 수 있다.

이상에서 살펴본 바와 같이, 공유는, 충분하지는 않지만, 일반적인 과학교육의 장에서도 그 중요성이 주목받고 있으며 실행을 위한 노력이 이루어지고 있다. 이러한 주목과 노력의 결과들은 추후 과학교실 탐구공동체에서 공유를 위한 실질적인 방안의 마련에 참고가 될 수 있을 것이다.

그렇다면, 과학교육의 장에서 구현되기를 기대하는 과학교실 탐구공동체와 공유는 어떤 관계에 있을까? 특히 앞 절에서 논의한 공유의 의미와 5가지 전제 조건들은 과학교실 탐구공동체의 6가지 토대와 어떤 관계에 있을까?

우선, 첫째, 공유는 '탐구실행 의지' 범주에 해당하는 '끊임없는 탐구 지향', '참여', '충분한 시간'의 실행 의지를 강화하고 견고하게 해준다. 앞서 논의하였듯이, '끊임없는 탐구 지향'은 탐구 그 자체에 가치를 두고 끊임없이 탐구하고자 하는 자세를 말하고, '참여'는 관계 맺음을 전제로 탐구라는 공동의 목표를 공유한 상태에서 개인과 개인 혹은 개인과 공동체가 서로 영향을 주고받으면서 활발한 상호교섭이 일어나는 것을 말한다. 또 '충분한 시간'은 끊임없는 탐구를 위한 충분한 시간의 확보에 관한 것으로 문제를 인식하고 가설을 세워 검증하기 위한 충분한 시간, 탐구 과정에서 서로 간에 토론할 수 있는 충분한 시간, 탐구를 통해 무엇이 변화했는지 검토하고 그 의미를 생각할 수 있는 충분한 시간의 확보를 말한다.

그런데 끊임없는 탐구 지향이라는 과학교실 탐구공동체의 지향이 공동체 구성원들에 의해 공유되었는지 아닌지는 특정한 교실 공동체가 얼마나 강한 의지를 갖고 탐구를 수행하느냐에 영향을 미친다. 예를 들어, 교사는 끊임없는 탐구를 강조하지만, 학생들은 끊임없는 탐구 자체를 지향하기보다는 교과서에 있는 지식을 습득해서 시험을 잘 보는 것을 지향한다면, 그 교실 공동체는 본래적인 의미에서 과학교실 탐구공동체로 볼 수 없을 것이고, 설혹 탐구가 수행되더라도 지속적이고 힘 있는 탐구의 수행은 이뤄지지 않을 것이다. 아울러서, 무엇을 탐구하는 것인지, 그리고 왜 탐구하는 것인지가 공유되지 않는다면, 이 역시 강한 의지로 끊임없이 수행되는 탐구는 일어나기 어려울 것이다. 즉, 구성원 각자가 지금 수행되고 있는 탐구를 나의 탐구로 인식하고, 그 결과가 나에게도 이익을 가져올 것이라는 것을 바탕으로 공유가 일어난다면 탐구 수행의지는 고취되겠지만, 이러한 공유가 일어나지 않는다면 나와는 상관없는 어떤 행위를 수업이라는 공간에서 의무적으로 하게 되는 것일 뿐이므로 강한 탐구수행 의지를 기대하기는 어려울 것이다. 비슷하게 얼마나 활발하고 적극적으로 참여하느냐 역시 탐구를 나의 것으로 생각하는지 아닌지, 그래서 그 탐구의 결과가 나에게도 유용한 이익을 가져올 것으로 생각하는지 아닌지 등에 영향을 받을 것이다. 이에 따라 개입할 필요성을 느끼는 정도와 나의 미래에 영향을 미칠 것이라고 생각하는 정도가 달라질 것이기 때문이다. 그리고 그 정도에 따라서 탐구에 필요한 충분한 시간을 확보하고자 하는 노력 역시 달라질 것이다. 이런 점에서, 공유는 탐구에 참여하는 정도와 충분한 시간 확보를 위한 노력에도 영향을 주게 된다.

둘째, 공유는 과학교실 탐구공동체의 토대 중 '탐구수행 태도' 범주에 해당하는 '엄격성의 견지'와 '오류가능성의 견지'에 그 견고성을 확보해준다. '엄격성의 견지'는 탐구를 수행하는 과정에서 주장을 뒷받침하는 증거와 그 논리, 실험과정의 타당성에 대한 엄격성 등을 말하는 것으로, 예측의 논리성, 변인통제의 적절성, 실험 절차와 자료 수집 과정의 엄밀성, 자료해석과 결론 도출의 합당성 등 가설의 검증 과정 전반에서 타당성을 정밀하고 엄격하게 따져 묻고 검토하는 태도이다. 또, '오류가능성의 견지'는 현재의 탐구 과정과 그 결과가 항상 오류 가능할 수 있으며 따라서 언제가 새로운 설명이 현재의 설명을 대체할 수 있음을 인지하고 수용하며 이에 따라 스스로에 대해서도 비판적인 검토를 하고자 하는 태도를 말한다.

그런데 이러한 탐구수행 태도는 어떤 공동의 목적을 가지고 있고, 어떤 이익을 추구하고 있으며, 이 과정에서 원활한 의사소통이 일어나는지, 그리고 적절한 도구와 기술이 주어지는지 등에 영향을 받는다. 다시 말해서 어떤 것이 얼마나 공유되었는지에 영향을 받는다. 예를 들어, 교과서에 있는 지식을 습득하는 것을 공동체에서 공동의 목적으로 하고 있다면, 오류가능성의 견지는 이뤄지지 않을 것이다. 또, 적절한 번역과 교환이 이뤄지지 않아 탐구의 대상에 대한 공유가 이뤄지지 않는다면, 무엇을 엄격하게 검토해야 하는지 자체가 모호해질 것이다. 아울러서 엄격성의 견지와 오류가능성의 견지는 그 자체가 공유의 대상이기도 하다. 엄격성과 오류가능성을 견지하는 것이 다른 사람의 목적과 이익을 위한 것이 아니라, 나의 목적과 이익을 위한 것이라는 것을 바탕으로 두 태도를 견지하는 것에 대한 공유가 이뤄질 때, 좀 더 활발하고 적극적인 엄격성의 검토와 오류가능성의 견지가 가능할 것이기 때문이다. 그리고 좀 더 기본적으로는 과학의 지식은 엄격한 검토를 통해 생성되지만, 현재까지 최선의 설명으로 공동체에 의해 받아들여지고 있는 것이지, 절대로 변하지 않는 불변의 진리는 아니라는 생각을 공유하고 있는지 아닌지의 여부가 얼마나 적극적으로 탐구의 결과와 탐구의 과정을 검토하게 되는지에 영향을 미칠 것이다. 이러한 점에서 엄격성의 견지와 오류가능성의 견지를 바탕으로 한 탐구수행 태도의 견고성은 구성원들의 공유 여부에 의해 영향을 받게 된다.

셋째, 과학교실 탐구공동체의 토대 중 '의사소통 구조' 범주에 해당하는 '개방성' 역시 공유에 의해 그 견고성 정도가 영향을 받는다. '개방성'은 탐구공동체에서 주목하는 진리와 실재에 대한 관점 및 공동체의 특성에 바탕을 두어, 의사소통의 균등한 기회와 구성원들의 정직과 용기, 그리고 구성원 간의 상호존중과 배려를 전제로 하는 개방적 의사소통 구조를 말한다.

그런데 이러한 개방적인 의사소통 구조의 견고성은 과학교실 탐구공동체가 지향하는 바와 중시하는 탐구수행 태도를 공동체 구성원이 얼마나 공유하고 있는지에 대해 영향을 받는다. 앞서 언급하였듯이, 끊임없는 탐구를 지향하기보다 교육과정과 교과서에 제시되어 있는 지식을 습득하는 것을 지향한다면, 의사소통 구조는 개방성보다는 그 지식을 습득하기 위한 효율성을 더욱 필요로 할 것이다. 물론, 과학적 지식을 습득한다는 것의 의미에 따라 개념을 학습하는 데 있어서도 다양한 견해에 대해 활발히 토론할 수 있는 분위기와 시간이 필요하다(Driver, 1983). 그러나 이때의 개방적 의사소통 구조는 여전히 학생의 개념을 의미 있게 변화시키기 위해 필요한 효율적인 의사소통 구조의 하나로 볼 수 있을 것이다. 반면, 과학교실 탐구공동체에서의 개방적 의사소통 구조는 특정한 목표를 달성하는 데 있어서 효율적이기 때문에 제안된 것이기 보다는, 진리와 실재를 탐구하는 데 있어서는 끊임없이 탐구하는 개방적인 공동체가 필수적으로 전제되어야 하기 때문에 제안된 요소이다(CP 5.311; Joung, 2014). 이러한 과학교실 탐구공동체가 지향하는 바를 충분히 공유한다면, 특정한 목표를 효율적으로 달성하기 위해 어느 때는 개방적인 의사소통 구조를 유지하고 어느 때는 교사 중심의 제한된 의사소통 구조로 변형하는 일은 그리 자주 일어나지 않게 될 것이다. 유사하게 엄격성의 견지와 오류가능성의 견지라는 태도를 구성원들이 충분히 공유하게 된다면, 개방적인 의사소통 구조는 자연스럽게 좀 더 견고하게 유지 될 것이다.

이와 같은 점들을 고려할 때, 그것이 실공유이든 공유감이든, 공유는 과학교실 탐구공동체의 6가지 토대에 모두 관여하면서 각 토대의 견고성을 확보해주는 역할을 할 것이다.

CHAPTER 4

과학교실 탐구공동체의 구현을 위한 준비

아이는 감각적인 자극에 대한 운동반응에서 어떤 결과들이 나오는지 보기 위해, 만진다든가 손을 뻗는다든가 하는 활동을 함으로써 자극에 반응하는 것으로 보인다. 아이가 배우는 것은 고립된 성질(isolated qualities)이 아니다. 아이는 사물(things)이 보여주는 전체적인 행태(behavior)와 그 사물과 우리에게 일어나는 변화를 배운다. 다시 말해서, 아이가 배우는 것은 관계(connections)이다. (Dewey, 1916, p.260)

01 과학교실 탐구공동체의 관점에서 본 과학교실 사례

1.1 개요

(1) 분석의 목적과 초점

본 4장에서는 과학교실 탐구공동체의 구현을 준비하는 데에 필요한 시사점을 얻기 위하여, 과학교실 탐구공동체와 관련하여 실제 과학교실에서 어떤 사례들이 나타나는지, 그리고 실제 과학교실에 대한 학생들의 인식은 어떠한지, 그래서 어떤 것들을 준비해야하고, 또, 어떤 것들을 추가로 더 고려해봐야 하는지에 대해서 초등 과학 교육의 장에 초점을 두어 논의하고자 한다.

우선, 본 절에서는 과학교실 탐구공동체의 관점에서 실제 초등 과학교실에서 일어나는 수업 사례를 분석한 결과를 제시하고자 한다. 즉, 과학교실 탐구공동체에 대한 이론적 논의에서 제안된 탐구 과정과 토대가 실제 과학교실에서 나타나는지, 만약 나타난다면 어떠한 양상으로 나타나는지를 분석하고, 추후 과학교실 탐구공동체의 구현을 위해 좀 더 적극적인 노력을 기울일 때 참고할 수 있는 시사점에 대해 논의하고자 한다. 단, 모든 사례 연구가 그러하듯이, 본 절에서 제시되는 결과는 극히 매우 적은 사례를 분석한 결과이므로, 추후 이어질 연구와 실행을 위한 가설적 시사점을 얻을 수 있을 뿐, 과학교실과 과학 수업이 항상 그러하다는 식의 일반화된 결과로 인식되어서는 안 될 것이다.

과학교실에서 일어나는 수업 사례의 분석은 기본적으로 과학교실 탐구공동체의 탐구 과정과 토대에 바탕을 두고 있다. 과학교실 탐구공동체는, 앞서 2장에서 논의했듯이, "자연 현상이나 사물과 관련하여 진정한 의심의 상태를 믿음의 상태로 바꾸는 것을 목적으로, 참여자로서 목적을 공유한 구성원들이 실제적 효과에 대한 관찰과 오류가능성을 견지하면서 자유로운 의사소통을 통해 최선의 설명과 해결책에 이르고자 끊임없이 노력하는 교실 공동체"(정용재, 2014, p. 311)를 말한다.

과학교실 탐구공동체의 탐구 과정은, <그림 3.6>에서 볼 수 있는 바와 같이, 문제인식, 가설설정, 가설검증, 문제해결이라는 4개의 주요 과정으로 구성된다. 그리고 각각의 탐구 과정 별로 '대상과의 관계 측면'과 '공동체와의 관계 측면'이라는 두 가지의 측면에 따라 주요하게 포함되어야 할 활동 혹은 요인으로 구성된다. 즉, 문제인식 과정의 주요 활동 혹은 영향을 미치는 요인에는 대상과의 관계 측면에서 '관찰사실과의 불일치', '흥미', '관찰사실 분석'이, 공동체와의 관계 측면에서 '의견/이론과의 불일치', '공동의 흥미', '의견/이론 분석'이 포함된다. 가설설정 과정의 주요 활동 혹은 영향을 미치는 요인에는 대상과의 관계 측면에서 '과거 경험과의 유사성'과 '심리적 안정'이, 공동체와의 관계 측면에서 '공동 경험과의 유사성'과 '공감'이 포함된다. 가설검증 과정의 주요 활동 혹은 영향을 미치는 요인에는 대상과의 관계 측면에서 '연역적 예측'과 '실제적 효과'가, 공동체와의 관계 측면에서 '합의된 예측'과 '협력적 검토 결과'가 포함된다. 문제해결 과정의 주요 활동 혹은 영향을 미치는 요인에는 대상과의 관계 측면에서 '대상과의 관계 변화 반추'와 '개념 변화 반추'가, 공동체와의 관계 측면에서 '공동체와의 관계 변화 반추'와 '탐구자의 변화 반추'가 포함된다.

아울러서, 이러한 과학교실 탐구공동체가 구현되기 위한 토대에는 앞서 3장의 4절에서 서술한 바와 같이 총 4개 범주의 7가지 토대가 포함된다. 즉, '탐구실행 의지' 범주의 끊임없는 탐구 지향, 참여, 충분한 시간과 '탐구수행 태도' 범주의 엄격성의 견지, 오류가능성의 견지, '의사소통 구조' 범주의 개방성, 그리고 3가지 범주를 견고하게 하는 데에 관여하는 토대로서 '공유'가 그것이다.

본 절에서는 이와 같은 과학교실 탐구공동체의 탐구 과정과 토대를 분석의 기본적인 관점으로 취하였다. 다만, 이어지는 분석 대상의 선정과 분석 결과 절에서 다시 언급되겠지만, 분석한 과학교실 사례 중 과학교실 탐구공동체의 전형적 모습을 종합적으로 보여주는 사례는 발견할 수 없었다. 이에 따라 과학교실 탐구공동체의 특징적인 모습이 상대적으로 좀 더 많이 드러나고 있는 2편의 과학교실 사례의 분석에 초점을 두었고, 해당 사례에서 과학교실 탐구공동체의 어떤 특징적인 모습이 나타나고, 어떻게 나타나는지, 그리고 그러한 모습이 추후 과학교실 탐구공동체의 본격적인 구현을 위한 노력에 어떤 시사점을 주고 있는지를 논의하는 데에 초점을 맞추었다.

(2) 분석 대상 및 방법

실제 과학교실에서 탐구공동체와 관련하여 어떤 모습들이 나타나는지 분석하기 위하여 40분 한 차시씩 녹화된 총 12편의 초등학교 과학 수업 동영상을 분석하였다.

총 12편의 동영상 중에서 '과학교실1'로 명명한 한 편은 교과수업이 아닌 '창의 수학'이라는 이름의 계발활동 시간 수업(40분)을 녹화한 것으로, 5, 6학년 학생 11명이 참여한 수업이었다. 해당 수업의 주제는 "어떻게 하면 넘어지지 않고 서 있을 수 있을까?"였다. 이는 제7차 과학과 교육과정(교육부, 1997)의 4학년 '수평잡기' 단원과 관련된 주제로, 교육과정에서는 다음과 같이 제시되어 있다.

➔ 수평잡기

- 시소놀이를 통하여 여러 가지 방법으로 수평을 만들어 보고, 널빤지에 여러 개의 나무토막을 올려놓아 수평을 이루게 한다.
- 양팔 저울을 만들어서 여러 가지 물체의 무게를 비교한다.

(교육부, 1997, p. 30)

수업에 참여한 11명의 학생들은 모두 5, 6학년 학생들로서 이미 해당 단원을 4학년 때 학습한 후였다. 이를 고려하여 실제 수업에서는 4학년 단원에서 다루었던 원리를 기본으로 하되 무게 중심에 대해 탐구해 볼 수 있도록 심화된 추가 활동이 제시되었다. 즉, <그림 4.1>의 위쪽 사진과 같은 모양의 종이 새를 손끝에 세우려면 어떻게 하는지 생각해보고 실제로 만들어 보면서 원리를 탐구하는 활동이 제시되었다. 그리고 이를 바탕으로 <그림 4.1>의 아래쪽 사진과 같이 연필을 손끝에 세워 수평을 잡게 하려면 어떻게 하면 되겠는지 탐구하는 활동이 제시되었다. 한편, 이 수업은 2008년에 녹화된 것으로, 수업교사는 당시 16년의 초등학교 교사 경력을 가지고 있던 필자였다. 아울러서, 이 수업 동영상은 2008년 한국과학교육학회 하계 학술대회에서 구두발표(정용재, 조헌국, 지영래, 2008)

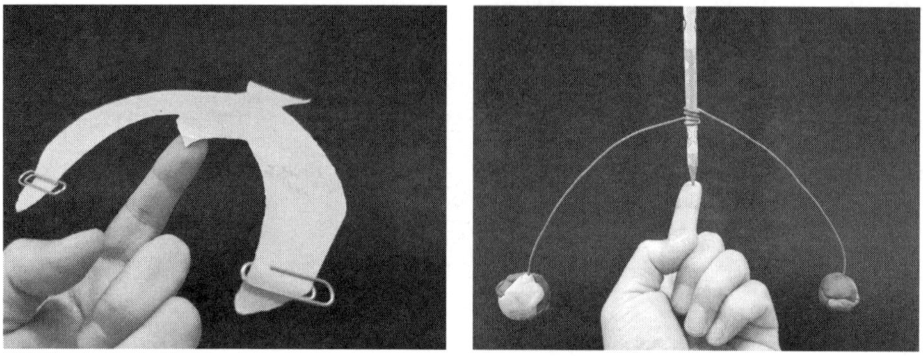

그림 4.1 '과학교실1'의 주요 활동 내용

로 일부 소개된 바 있는데, 본 저서에서는 당시 분석 관점과는 다르게 과학교실 탐구공동체의 관점에서 다시 분석하였다.

'과학교실 2'로 명명한 또 다른 수업 동영상 한 편은 초등학교 5학년 '물체의 속력' 단원의 한 차시 수업을 녹화한 것으로, 수업 교사는 수업 녹화 당시 과학부장을 역임하고 있었던 16년 경력의 교사였다. 과학교육 석사학위를 소지한 해당 교사는 2000년대 초반 자유탐구를 주제로 한 논문을 발표한 바 있고, 학교에서도 실험 준비물들을 바구니에 담아 동학년의 다른 학급으로 순회시키는 등, 학교 현장에서 과학교육을 위해 많은 노력을 기울이던 교사였다. 학생들의 생일잔치를 매월 열어주었고, 연말에는 학급문집을 직접 제작하여 나누어주는 등 학급운영에 있어서도 학생들을 배려하고자 노력하던 교사였다. 아울러서, 이 수업 동영상 역시 2008년 한국과학교육학회 하계 학술대회의 구두발표(정용재, 조헌국, 지영래, 2008)에서 일부 소개된 바 있는 동영상이지만, 본 저서에서는 과학교실 탐구공동체 관점에서 다시 분석하였다.

이 수업 동영상에서 다루고 있는 '물체의 속력' 단원은 제7차 과학과 교육과정(교육부, 1997)에 제시되었던 단원으로, 교육과정에서 제시하고 내용은 다음과 같다.

➔ 물체의 속력

- 여러 가지 물체의 운동을 관찰하여 속력을 정성적으로 비교한다.
- 물체가 이동한 거리와 걸린 시간을 측정하여 속력을 구한다.

(교육부, 1997, p. 33)

이 단원은 제7차 교육과정에 따른 5-1학기 과학교과서(교육부, 2004a)에서 '움직이는 것과 움직이지 않는 것 찾기', '장난감 경주 해보기', '여러 가지 속력 비교하기', '3종 경기 해보기', '일정한 시간 간격마다 움직인 거리 표시하기', '물체의 속력과 안전에 대하여 알아보기' 등 총 6차시로 구성되어 있는데, 녹화된 수업은 5차시인 '일정한 시간 간격마다 움직인 거리 표시하기' 수업이다.

본 수업에 해당하는 '일정한 시간 간격마다 움직인 거리 표시하기' 차시에서는 일정한 시간 간격으로 위치를 표시하는 방법을 이해하고, 기록한 자료를 보고 속력을 예상해보는 활동이 주된 활동으로 제시되어 있다. 이 차시의 교과서에서 제시하고 있는 주요 활동은 <그림 4.2>와 같다. 그림에서 볼 수 있는 바와 같이, 교과서에는 물체가 일정한 시간 간격마다 움직인 거리를 표시하여 속력을 비교하는 두 가지 활동이 제시되어 있다. 그리고 "움직이는 물체가 자국을 남기는 경우를 이야기하여 봅시다. 남아있는 자국을 본고 물체의 속력을 비교할 수 있습니까?"라는 질문으로 시작하여, "물체가 일정한 시간 간격마다 움직인 거리를 표시하여 재어 봅시다."라는 문장으로 활동을 제시 한 후, 속력이 빠른 것과 느린 것을 구분하여 봅시다. 속력이 일정한지 또는 변하는지도 이야기하여 봅시다."라는 문장으로 어떤 것을 주목해서 해석해야 하는지를 제시하는 방식으로 구성되어 있다. 그리고 실험관찰에는 <그림 4.3>과 같이 발자국 간격이 서로 다른 두 가지 경우에 어떤

일정한 시간 간격마다 움직인 거리를 표시하여 봅시다.

움직이는 물체가 자국을 남기는 경우를 이야기하여 봅시다. 남아 있는 자국을 보고 물체의 속력을 비교할 수 있습니까?

물체가 일정한 시간 간격마다 움직인 거리를 표시하여 재어 봅시다. 속력이 빠른 것과 느린 것을 구분하여 봅시다.

속력이 일정한지 또는 변하는지도 이야기하여 봅시다.

42

그림 4.2 '과학교실2' 수업의 교과서 내용 (교육부, 2004a, p. 42)

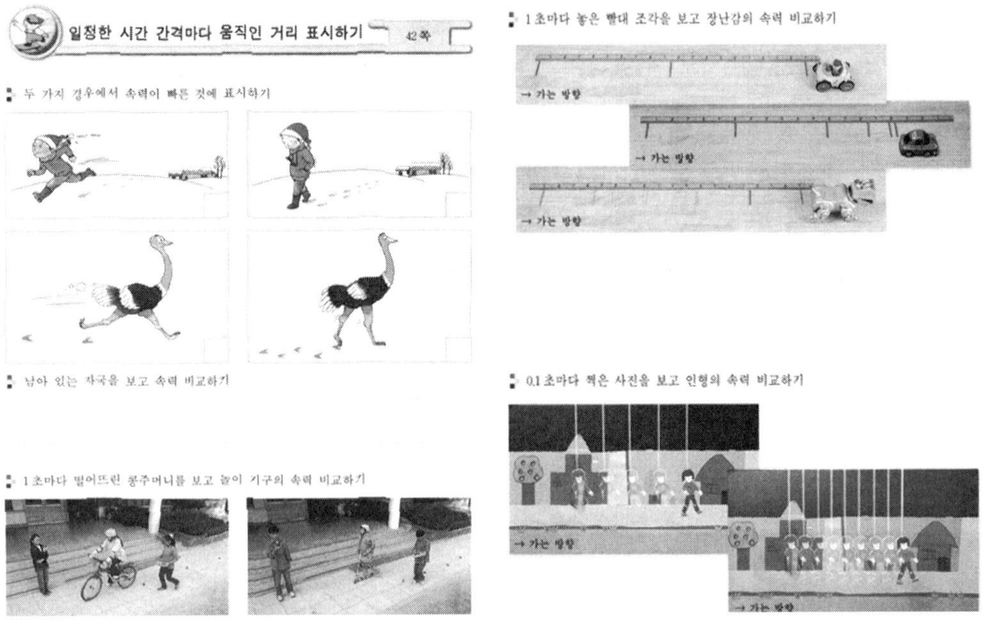

그림 4.3 '과학교실2' 수업의 실험관찰 내용 (교육부, 2004b, p. 29)

것이 더 빠른지 표시해보는 것이 제시되어 있다. 또, 남아 있는 자국을 보고 속력 비교하기, 1초마다 떨어뜨린 콩주머니를 보고 놀이 기구의 속력 비교하기, 1초마다 놓은 빨대 조각을 보고 장난감의 속력 비교하기 등의 결과를 쓰도록 제시되어 있다(교육부, 2004b).

'과학교실 3'과 '과학교실 4'로 명명한 나머지 10편의 동영상은 2014년에 촬영된 동영상으로, 2007개정 교육과정(교육부, 2007)의 6학년 '전류에 의한 자기장' 단원에 대한 2개 학급의 5개 차시 수업을 촬영한 것이다. 이 수업들의 수업자는 모두 1명의 동일한 교사였다. 해당 교사는 과학 영재학급을 운영한 경력과 과학교육 서적을 집필한 경력을 가지고 있으며 과학교육 박사과정에 재학 중이었다. 또, 수업 당시 해당 교사는 과학 교과전담교사였고, 초등학교 교사 경력은 4년이었으며 담임교사 경력은 없는 상태였다. 아울러서, 이 동영상은 다른 주제의 연구를 목적으로 촬영된 것이었으나, 본 저서에서 과학교실 탐구공동체 관점에서 새로이 분석을 시도하였다.

한편 2007개정 교육과정의 6학년 '전류에 의한 자기장' 단원은 교육과정에서 다음과 같은 내용과 탐구활동을 하도록 제시되어 있는 단원이다.

➔ 자기장

· 자석 주위에 자기장이 생김을 안다.
· 전류가 흐르는 직선 도선 주위에 자기장이 생김을 안다.

탐구 활동

· 자석 주위의 자기장 확인하기
· 전류가 흐르는 직선 도선 주위에 생기는 자기장 확인하기
· 전자석을 만들고 극 찾기

(교육부, 2007, pp. 13-24)

12편의 동영상들은 우선 저자가 과학교실 탐구공동체의 탐구과정과 토대의 주요 요소별 특징을 기준으로 하여 분석을 하였고, 관련된 특징이 보이는 경우에 이를 전사하여 추가 분석하였다. 특히 과학교실 탐구공동체의 토대와 관련해서 비교적 많은 사례가 나타난 '과학교실2' 수업 동영상의 경우에는 4명의 초등학교 교사와 함께 검토 및 토론한 내용을 바탕으로 분석 내용을 보완하는 과정을 거쳤다.

그런데, 앞서 언급하였듯이, 분석한 수업 동영상 중에는 과학교실 탐구공동체의 전형적 모습을 종합적으로 보여주는 사례는 발견할 수 없었다. 즉, 관찰 사실과의 불일치나 의견과의 불일치 등으로 인해 의심과 의문의 상태에 이르게 되고 이로부터 문제를 인식하여 가설의 설정과 검증을 거쳐 문제를 해결하고 이 과정에서 탐구자 자신의 변화와 공동체와의 관계 변화까지 겪게 되는, 과학교실 탐구공동체의 전형적이고 종합적인 모습을 보여주는 사례는 발견할 수 없었다. 물론, 이러한 결과는, 분석의 대상으로 삼은 동영상의 편수가 12편으로 제한되어 있었고 3명의 교사와 7개 학급으로 제한되어 있었다는 점을 감안할 때, 초등학교 과학교실의 전반적인 실태로 확대하여 해석되어서는 안 될 것이다. 저자가 분석하지 못한 수많은 과학교실 중 어느 곳에선가는 과학교실 탐구공동체의 모습이 온전히 나타나는 탐구가 수행되고 있을 가능성을 우리는 무시할 수 없기 때문이다. 그러나 어찌되었든 12개의 수업 동영상 중 과학교실 탐구공동체의 전형적이고 종합적인 모습을 찾기 어려웠기에 본 절에서 온전한 과학교실 탐구공동체의 사례를 제시하는 것은 가능해 보이지 않는다.

다만, 비록 과학교실 탐구공동체의 전형적이고 종합적인 온전한 사례를 찾기는 어려웠지만, 일부 수업 동영상에서는 과학교실 탐구공동체의 일부 특징적인 모습과 관련된 사례들이 발견되었다. 그리고 특히 몇몇 사례들은, 그것이 긍정적인 사례이든 부정적인 사례

이든, 추후 과학교실 탐구공동체의 본격적인 구현을 준비하는 데에 시사점을 던져 주고 있었다.

이에 따라 본 절에서는 상대적으로 과학교실 탐구공동체의 특징적인 모습이 좀 더 많이 드러난 2편의 과학교실 사례('과학교실1', '과학교실2')의 분석에 초점을 두어, 해당 사례에서 일부라도 과학교실 탐구공동체의 특징적인 모습이 나타나는지, 나타난다면 어떻게 나타나는지, 그리고 그러한 모습이 추후 과학교실 탐구공동체의 본격적인 구현을 위한 노력에 어떤 시사점을 주고 있는지 등에 초점을 맞추어 서술하고 논의하였다.

1.2 '과학교실1' 사례 분석

✐ 문제는 던져주더라도 학생들이 궁금하게: 흥미와 탐구의 시작, 그리고 현상 구현 활동

과학교실 탐구공동체는 <그림 3.5>와 <그림 3.6>에서 제시한 바와 같이 기본적으로 관찰 사실과의 불일치나 기존에 알고 있던 의견/이론과의 불일치 등으로 인해 의심과 의문의 상태가 유발 되고, 이를 다시 믿음의 상태로 되돌리기 위한 진정성 있는 탐구를 전제한다. 즉, 이미 다 알고 있는 것을 수업이기 때문에 의무적으로 다시 확인 해보거나, 나와는 아무런 관련도 없고 아무런 관심도 생기지 않는 교과서 실험을 역시 의무적으로 수행하는 탐구는 기본적으로 과학교실 탐구공동체에서 지향하는 탐구가 아니다. 다시 말해서, 과학교실 탐구공동체에서 지향하는 탐구는 이상하고 의심스러운 현상에 직면해서 스스로 문제를 인식하고, 그 문제를 해결하기 위해 공동체 전체가, 혹은 공동체와의 관계 속에서 한 개인이 끊임없이 수행하게 되는 탐구를 지향한다.

이러한 과학교실 탐구공동체의 탐구가 갖는 기본적인 지향점을 감안하면, 과학교실 탐구공동체에서 탐구의 시작은 한 개인이, 혹은 공동체 전체가 궁금해 하는 문제를 스스로 인식하는 것을 필요로 한다. 그러나 이러한 과학교실 탐구공동체의 기본적인 전제는 적어도 두 가지 이유에서 실제 과학교실에서 일어나기 쉽지 않아 보인다. 첫째, 현실적인 상황의 한계이다. 학교 과학 수업은 교육과정에서 제시하고 있는 성취기준과 탐구활동, 개념 등을 학생들에게 경험시키고 이해시키는 것을 기본적인 목적으로 한다. 그리고 그 실행에서 있어서 교과서의 도움을 받는다. 아울러서, 그리고 학교 과학 교육은 주어진 시수를 준수해야 한다. 즉, 초등학교 6학년의 경우라면, 2015개정 과학과 교육과정을 기준으로 봤을 때, 주당 3시간(40분 수업)이라는 주어진 시간 동안, 1년에 총 8개의 단원(통합단

원까지 하면 9개 단원)의 내용을 수업 시간에 가르쳐야 한다. 실제로 기존의 교육과정을 운영하는데 있어서도 이미 주어진 시간에 비해 해야 할 학습의 내용이 과다하다는 지적이 지속적으로 있어왔지만(이양락, 박재근, 이봉우, 2006; 이재봉, 2013; 정은영, 2006), 현실은 그다지 개선되지 않았고, 여전히 학교 과학 수업은 주어진 짧은 시간 동안 많은 내용을 다루어야 한다는 어려움을 갖고 있다. 이러한 현실적인 상황에서 어느 한 학생이, 혹은 어는 한 학급이 정말로 궁금해 하는 것이 생겼다고 하더라도 이를 수업의 주제로 삼아 탐구하기는 쉽지 않을 것이다.

둘째, 인식의 한계이다. 흔히 이상하고 의심스러운 현상과 직면하는 것은 관찰을 통해 일어난다. 문제는, 익히 널리 알려진 것처럼, 관찰은 이론에 의존한다(Duhem, 1906; Hanson, 1958). 예를 들어, 학생들에게 브라운 운동에 따른 현상을 보여주기 위해 연기를 모으고 현미경으로 관찰하게 하지만 학생들은 서로 충돌하지 않았는데 경로가 꺾이는 연기입자들에 주목하지 못하고, 또, 프리즘을 통과하여 여러 색으로 분산된 빛은 분명히 직진하면서 분산되지만 이를 관찰한 학생들의 그림 중에는 무지개처럼 둥글게 휘어지면서 분산되는 빛의 경로가 발견되기도 한다(Driver, 1983). 우리는 어떤 동일한 현상을 보고 다른 사람도 나와 똑같이 의문을 가지고 이상해 하기를 기대할지 모르지만, 심지어 관찰조차 이론에 의존한다면, 그러한 기대는 쉽게 충족되기 어려울 것이다. 즉, 학생들에게 자연 현상을 관찰하게 하고 그로부터 이상하고 의심스러운 현상을 스스로 문제로 인식하여 탐구하기를 기대하는 것은, 그리고 특히 그 현상이 교육과정과 교과서에서 다루고 있는 내용과 관련되어 있기를 기대하는 것은 충족되기 쉽지 않을 것이다. 본 저서에서 분석한 12개의 수업 동영상 모두 과학교실 탐구공동체의 온전한 모습을 보여주지 못했다는 결과는 이와 같은 두 가지 기본적인 이유에 기인한 측면도 있어 보인다.

그렇다면, 이러한 어려움을 어떻게 극복할 수 있을까? 물론 완벽하다고 보기는 어려우나, 과학교실1의 사례 속에는 어느 정도나마 이러한 어려움을 극복하기 위한 노력의 한 가지 모습이 나타나 있다.

"어떻게 하면 넘어지지 않고 서 있을 수 있을까?"라는 주제로 탐구가 진행된 과학교실1의 수업은 <그림 4.1>의 종이 새가 그려진 도화지를 나누어주고 가위로 오려내는 활동으로 시작한다.

교사: 오늘은 수학적인 생각뿐만 아니라 과학적으로 생각해야하는 문제를 낼 테니까. 해결해 보도록 하고. 하다가 어려우면 옆 사람과 같이 해서 해결해도 된다. 우선은 선생님이

나눠주는 것을 가위를 가지고 오려. 가위가 없는 가람은 여기 바구니에 가위가 있으니까 쓰고.

(중략)

학생5: 선생님 이거 뭐예요? 이거 그거 같은데. 독수리

교사: 맞아. 독수리.

('과학교실1' 수업 동영상 중에서)

위 발췌문에 나타나 있듯이, 이 수업 역시 보통의 수업과 유사하게 교사가 미리 계획한 주제와 미리 계획한 활동으로 구성되어 있다. 교사는 종이 새의 도안을 미리 준비했고, 학생들은 이유도 모른 채 그리고 어떠한 흥미도 못 느낀 채 가위로 종이를 오리는 활동부터 시작하고 있다. 가위로 종이 새를 오리는 활동은 약 3분 동안 계속 되었고, 과학교실 탐구공동체의 관점에서 볼 때, 탐구는 아직 시작되고 있지 않다고 봐야할 것이다.

그런데 수업 시작 후 3분 30초 정도 되었을 즈음, 교사가 던진 본 수업의 주요 문제 한 가지는 다소 다른 양상을 이끌어내었다.

교　사: 자른 다음에, 손가락 끝에 세워봐 봐.

학생들: 네? 네? 아아.

학 생1: (새의 부리를 가리키며) 여기, 여기에다가?

학 생2: 어떻게 세워요?

학 생1: 이거, 피라미드 위에 세우는 거. 그거 500원짜린가..

학생들: 맞아, 맞아

학 생2: 아, 그거... 손가락 위에 세우는 거. 나도 아는 것 같은데.

학 생1: 그거, 무게가 일정해서 그런 거야.

학 생2: 맞아, 맞아.

학 생6: 조금이라도 부러지면 안 되겠는데.

('과학교실1' 수업 동영상 중에서)

교사는 오려낸 종이 새를 손가락 끝에 부리로 세워보라고 문제를 제시하였다. 이 문제를 들은 학생들은 일제히 "네? 네? 아아."라고 탄성을 지르며 관심을 보였다. "어떻게 세워요?"라는 질문이 바로 이어졌다. 일반적으로 학생들이 알고 있거나 경험해 본 바로는 <그림 4.1>과 같은 종이 새를 부리로 세우는 것은 불가능하다고 생각했기 때문일 것이다.

그 순간, 매우 짧고 간략했지만, 과거의 경험을 떠올리고 그 경험에 비추어 현상을 설명해보려는 시도가 나타났다. "이거, 피라미드 위에 세우는 거. 그거 500원짜린가..."라는

말에서 알 수 있듯이, 학생1은 주어진 문제 속 상황이 어디에선가 봤던 장난감과 비슷하다는 점을 떠올렸고, 이와 유사한 경험을 했던 학생2 역시 동조하였다. 그러면서 학생1은 그 장난감이 부리로 서 있을 수 있는 것은 "무게가 일정해서 그런 거야."라고 나름대로의 설명을 던졌다. 아마도 언제가 누구로부터 들었거나 책에서 봤을 수도 있었겠지만, 어찌 되었든 이러한 설명은 학생2의 동조를 이끌어냈다. 그리고 학생 6의 "조금이라도 부러지면 안 되겠는데."라는 생각과 행위로 연결되었다.

이 매우 짧고 간략한 사례 속에는, 물론 완벽하지는 않지만, 과학교실 탐구공동체에서 추구하는 탐구의 일부 특징이 나타나고 있다. 즉, 종이 새를 손가락 끝에 세워보라는 문제에 직면하면서, 그렇게 하는 것은 경험상 불가능하다는 생각에 의심스러운 반응을 보였고, 한 학생의 과거 경험과의 유사성을 공동체가 공유하면서 임시적인 설명을 시도하고, 이 설명을 수용하면 어떻게 해야 한다는 행위의 제안까지가 매우 짧은 시간에 이루어졌다. 더욱이 이 과정은 '이건 왜 이럴까?', '어떻게 해야 할까?'와 같은 어떠한 교사의 요구도 없는 상태에서 자발적으로 일어났다. 매우 짧고 단순한 사례이지만, 의심스러운 상태를 해결하기 위해 공동체와 협력하면서 임시적인 설명을 제시하고 검증해나가는 과학교실 탐구공동체의 특징적인 모습이 일부 드러난 것이다.

그렇다면, 교사에 의해 던져진 문제였음에도 불구하고 학생들의 이러한 적극적인 반응이 나타난 까닭은 무엇일까? 최소한 두 가지 원인이 있는 것으로 보인다. 한 가지는, 흔히 일반적인 수업 상황에서도 종종 나타나듯이, 주어진 문제가 학생들의 흥미를 유발하였기 때문으로 보인다. 그동안 알고 있던 바로는 불가능해 보이는 신기한 문제 상황이라는 측면이 그렇고, 언제가 생활 속에서 경험했었던 것과 연결되어 있다는 측면이 그렇고, 그리고 500원을 줘야 살 수 있었던 장난감을 잘 하면 내가 직접 만들 수도 있겠다는 측면이 그렇다. 이러한 흥미로운 문제제기가 학생들의 적극적인 반응을 유도한 것으로 보인다. 물론, 흥미로운 동기유발은 학생들의 관심과 참여를 이끌어내기 위해 일반적인 수업에서도 흔히 시도되는 일이다.

다른 한 가지는 주어진 문제가 현상을 구현하는 문제였기 때문으로 보인다. 즉, 교사가 제시한 손가락 끝에 종이 새를 부리로 해서 세워보라는 문제는 "이러이러한 실험을 해서 수평잡기의 원리를 알아보자."와 같은 형식의 문제가 아니라 "이러이러한 현상이 일어나도록 해보자."와 같은 형식의 문제였기 때문으로 보인다.

현상을 구현하는 문제는 이중의 구조를 가진다. 표면적으로 "어떻게 하면 동일한 현상을 구현할 수 있겠는가?"라는 형식의 문제이지만, 동시에 심층적으로는 "그렇게 되는 이유가 무엇인가?"라는 형식의 문제를 포함한다. 왜냐하면, 현상을 구현하려고 시도해도 잘 구현되지 않으면 왜 안 되는지 그 이유를 고민하게 될 것이고, 이러한 고민은 그 현상이 어떻게 해서 일어나는 것인지에 대한 원리를 고민하게 할 것이기 때문이다. 또, 현상을 좀 더 잘 구현하려면 어떤 점을 어떻게 고치고 시도해야 하는지에 대한 고민을 해야 할 터인데, 이 역시 원리에 대한 고민으로 이어질 것이기 때문이다. 즉, 현상 구현 활동을 통해 학생들은 어떻게 현상을 구현할 수 있을지를 고민하고 실제 구현을 시도하는 과정에서 실제 조작활동과 사고 활동을 모두 경험할 수 있다(황성원, 2002).

이러한 현상 구현 활동의 특징은 황성원(2002)의 연구에서 잘 드러나고 있다. 그녀는 현상 구현 활동(phenomenon-making activity)을 "특정 현상을 구현하기 위해 물질세계에서 사물을 조작하고 생각을 전개하면서 구조물을 만드는 활동"(황성원, 2002, p. 6)으로 정의하고, 대학생들을 대상으로 한 전자기 학습에서 현상 구현 활동이 어떠한 역할을 하는지를 알아보았다. 그 결과, 전자기 현상에 의해 계속 돌아가는 팽이 완구인 '한없는 돌이'를 구현하는 현상 구현 활동이 전자기 학습에서 관찰, 가설 형성, 반복 수행, 다양한 가능성 고려와 같은 탐구과정을 능동적으로 수행하게 하였고, 이미 알고 있던 개념을 현상과 연관 짓고 그 개념들의 의미를 확장하며 때로는 새로운 개념을 도입하게 하는 역할을 하였다고 보고한 바 있다.

결국, 이와 같은 현상 구현 활동의 이중적인 구조는 학생들로 하여금 교사에 의해 제시된 현상을 구현하기 위해 시도하면서, 동시에 그 현상을 구현하기 위해 스스로 설정한 문제 해결을 시도하도록 한다. 이러한 특징이 위의 사례에서 나타난 바와 같이 학생들의 짧지만 자발적이고 적극적인 반응을 일으킨 또 하나의 이유로 보인다.

요컨대, 과학교실 탐구공동체에서 지향하는 탐구는 탐구자 스스로의 문제인식을 전제하지만, 현실적인 어려움으로 인해 교사에 의해 문제가 제기되더라도 과학교실1의 사례는, 완벽하지는 않지만, 어느 정도 스스로의 의심 상태를 해결하기 위한 탐구가 가능할 수 있으며, 이때 이를 위한 방법으로 학생들의 흥미를 끄는 문제이면서 현상 구현을 목표로 하는 문제를 제기하는 것이 한 가지 방법일 수 있음을 보여준다.

교사에 의해 문제가 던져졌음에도 불구하고 학생들이 탐구의 의지를 적극적으로 보이는 장면은 수업 시작 후 11분정도 지나서 교사에 의해 두 번째 문제가 주어졌을 때도 다음과 같이 나타난다. 그리고 학생들의 현상 구현을 위한 노력과 탐구는 이때부터 수업이 끝날 때 까지 약 25분 동안 지속해서 일어나게 된다.

교 사: 하면서 이 문제도 해결해 봐. 이게 2번이야. 2번은 뭐냐면, 이 연필을, 연필을 손가락 끝에 세우는 거야.

학생들: (큰소리로 놀라면서, 여기저기서) 네에? 와우! 아아.

학 생2: 헐.

교 사: 연필을 손가락 끝에 세우는 거야.

(학생2가 말없이 손가락으로 연필심을 잡아 연필을 세워 보여준다. 학생1과 학생3, 학생 5가 유심히 본다.)

(중략)

학 생8: (교실 앞으로 달려 나가며) 나 연필 깎으러 가야지.

(학생2, 학생 3, 학생 4, 학생 8이 학생2 주위에 모여 연필을 들어 보인다.)

('과학교실1' 수업 동영상 중에서)

이상의 사례와 논의는 현실적인 여러 한계로 인해 학생 스스로 문제를 찾아 탐구하게 하는 것이 어려운 상황에서, 교사에 의해 문제가 제시되더라도 적절한 내용과 방식으로 제시될 경우, 과학교실 탐구공동체의 일부 특징이 나타날 수 있음을 보여준다. 물론, 과학교실1은 교과 수업 시간이 아니라 계발활동 시간에 이루어진 수업이며, 참여 학생도 11명이었다는 점에서 여전히 일반적인 교실 수업과는 다른 상황에 있음을 유념할 필요가 있다. 즉, 과학교실1의 경우 주제의 선정이나 시간 활용이 상대적으로 자유롭고 다양할 수 있었던 반면, 일반 과학교실 수업은 교육과정의 내용을 다룰 수밖에 없는 한계가 더욱 클 수 있다. 그러나 한편으로는 현실적인 상황을 감안하더라도 과학교실 상황에서도 어떤 문제를 어떤 방식으로 제시할 것인가라는 고민은 해볼 필요가 있다. 예를 들어 현상 구현 활동 등을 문제로 제시하는 것은 교과서 내용을 다루면서도 가능할 수 있다. 2009 개정 과학과 교육과정에 의거하여 출판된 교과서의 경우, 3학년 '자석의 이용' 단원에서는 자석을 이용한 장난감 만들기가 제시되어 있고, '소리의 성질' 단원에서는 간이악기 만들기가 제시되어 있다. 4학년 교과서에는 '거울과 그림자' 단원에서 그림자 연극하기가, '온도와 열' 단원에서는 간이 보온병 만들기가 제시되어 있다. 이미 교과서에 제시되어 있는 내용이지만, 이들 내용을 여전히 교과서에 있으므로 주어진 방법을 따라 의무적으로 해야 하는 것으로 제시할지, 아니면 관련이 있으면서도 적절히 도전적인 현상을 제시하고 이를 구현하는 활동 속에서 그 원리를 같이 탐구해 볼 수 있도록 제시할 것인지에 따라 이어지는 과학교실은 다른 모습으로 나타날 수 있을 것이다.

✐ 어떻게든 손가락 끝에 세워보자: 목적의 공유와 끊임없는 시도

"어떻게 하면 넘어지지 않고 서 있을 수 있을까?"라는 주제로 탐구가 진행된 과학교실1의 수업에서는 학생들이 공동의 목적을 공유하고 이를 달성하기 위해 끊임없이 시도하는 모습이 나타났다.

과학교실1의 학생들이 모두 공동의 목표를 공유했음은 수업 전반에 걸쳐서 모든 학생들이 종이 새와 연필을 손가락 끝에 세우기 위해 시도하는 모습에서 알 수 있다. 35분 24초 분량의 동영상에서 첫 번째 문제가 교사로부터 제시된 3분 30초 이후부터 수업이 종료될 때까지, 11명의 학생들은 모두 종이 새와 연필을 손가락 끝에 세우기 위한 활동을 지속하였다. 물론 축구를 하자고 졸랐던 학생2, 뿅망치로 잠시 장난을 친 학생 4와 학생 5, 카메라를 가지고 잠시 장난을 친 학생 7, 잠시 교실 앞에 나와서 장난을 친 학생 9 등, 잠시간 탐구 문제와는 상관없는 다른 행동을 한 경우가 보이긴 했지만, <그림 4.4>의 두 사진에서 볼 수 있듯이, 11명의 학생들 모두 무엇을 해야 하는지를 알고 있었고, 이를 달성하기 위해서 수업의 대부분의 시간 동안 관련된 활동을 수행하였다.

앞서 3장에서 논의하였듯이, 공동의 목적 등의 동일한 지향을 수용하는 것은 주인의식을 갖게 하고 이는 공유로 이어져 끊임없는 탐구가 수행되는 데에 긍정적인 영향을 미치게 된다. 이러한 영향 때문인지는 좀 더 상세한 분석이 필요하겠지만, 분명한 것은 종이 새와 연필을 손가락에 끝에 세우겠다는 명확한 목적을 인지하고 수용한 과학교실1 학생들은 수업 시간 내내 비교적 끊임없는 탐구를 지속하였다는 것이다. 그리고 이러한 탐구의 지속은 한 번 성공했다고 해서 종료되지 않았으며, 좀 더 나은 결과를 얻기 위해 계속해서 나타났다. 예를 들어, 아래 발췌문의 학생 3은 약 15분 만에 현상 구현에 성공했지

그림 4.4 과학교실1의 수업 장면 ('과학교실1' 수업 동영상 중에서)

만, 이어서 4분을 넘는 시간을 다시 투자해 결국 좀 더 명확한 현상 구현에 성공했다.

물론 이 과정에 교사의 권고가 있긴 하였지만, 교사의 권고를 그 즉시 적극적으로 수용하고 기꺼이 추가 활동을 지속했다는 점은 이 학생이 추가적인 탐구를 수행할 준비가 되어 있었다는 것을 보여주는 것이라 할 수 있을 것이다.

> 학 생3: 선생님 여기요. (26:50)
> 교 사: 어, 그래, 오케이. 자, 여기 한 사람 성공했네. 자, 한 번 더 해봐.
> (학생이 성공했다가 금방 다시 기울어지자)
> 교 사: 그걸 이제 조금 더 발전시키면 되겠네.
> (31:15에 더 정교하게 완성)
>
> ('과학교실1' 수업 동영상 중에서)

✎ 도구와 재료는 쓰고 싶으면 얼마든지: 도구의 공유

위의 사례에서 나타난 바와 같이 과학교실1 학생들이 비교적 오랜 시간 탐구를 수행할 수 있었던 데에는 충분한 재료와 도구를 사용할 수 있었던 것이 한 가지 이유로 작용한 것으로 보인다. 앞서 3장에서 논의하였듯이, 공유는 충분한 활동을 보장해주는 물리적 환경을 필요로 하고, 이를 통해 이뤄진 공유는 구성원들의 활발한 참여를 가능하게 하고 탐구가 충분히 그리고 끊임없이 일어나는 데에 기여한다.

그런데 아래 발췌문에서 나타나는 바와 같이 과학교실1의 교사는 학생들의 수요를 미리 예상하여 충분한 재료와 도구를 준비하였고, 이를 마음껏 사용할 수 있도록 허용하였다.

> 교 사: 오늘은 수학적인 생각뿐만 아니라 과학적으로 생각해야하는 문제를 낼 테니까. 해결해 보도록 하고. 하다가 어려우면 옆 사람과 같이 해서 해결해도 된다. 우선은 선생님이 나눠주는 것을 가위를 가지고 오려. 가위가 없는 가람은 여기 바구니에 가위가 있으니까 쓰고.
>
> (중략)
>
> 교 사: 자, 선생님이 지금 클립을 나눠 줄 거거든. 클립이 더 필요하면 앞에 바구니에서 가져가.
>
> (중략)
>
> 학 생6: 주어진 재료가 뭐에요?
> 교 사: (웃으면서) 자, 이제부터 재료를 줄게, 재료를 줄 테니까, 잘 생각해서 한 번 해봐.
> (철사를 나눠주자)
> 학 생5: (철사를 들어 올리면서) 이거 너무 두꺼워요.

교 사: 응?

학생5: 이걸 어떻게 묶어요? 이걸 어떻게 묶어요?

(중략)

교사: 일단 기본적으로 고무찰흙을 네 개씩, 네 조각씩 줄 테니까, 이따 더 필요하면 앞에서 가져가.

(중략)

교사: (펜치가 들어있는 바구니를 들고 와서는 슬그머니 펜치를 들어 올리면서) 그리고 이런 걸 쓸 사람은 앞에서 나와서 가져가.

학생4: 저요, 저요.

학생들: 펜치, 펜치 (순식간에 4명이 달려 나간다.)

('과학교실1' 수업 동영상 중에서)

발췌문에서 볼 수 있듯이, 과학교실1의 교사는 가위, 클립, 철사, 고무찰흙 등의 재료를 미리 준비하였고, 이를 나눠주면서 "이따 더 필요하면 앞에서 가져가." 등의 말을 반복해서 언급함으로써 마음껏 재료와 도구를 사용할 수 있음을 알려주었다. 실제로 수업 시간 틈틈이 학생들은 교실 앞에 있는 바구니에서 가위, 철사, 고무찰흙 등을 가져갔고, 이를 이용해 현상 구현을 위한 다양하고 충분한 시도를 할 수 있었고, 다양한 충분한 시도를 하면서 학생들이 탐구를 지속할 수 있었다. 예를 들어, 다음의 <그림 4.5>는 학생2가 손가락 끝에 연필을 세우기 위해 시도한 두 가지 방법이다. 만약 개인 당 고무찰흙 4개, 철사 2가닥 등으로 제한되어 있었다면, 이러한 다양한 시도는 일어나기 어려웠을 것이고, 탐구를 지속하는 데에도 위기가 닥쳤을 수 있다.

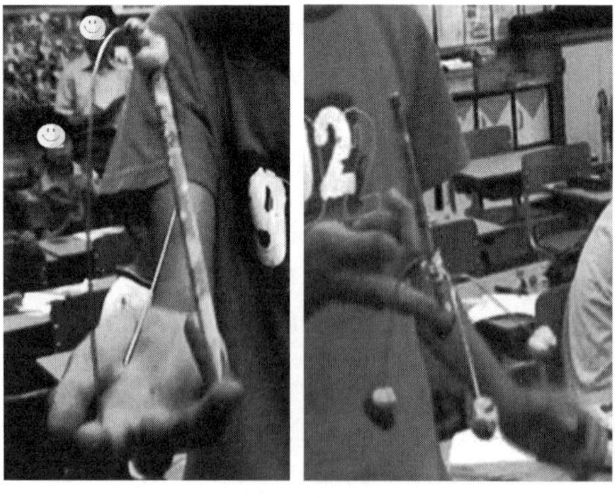

그림 4.5 연필을 세우기 위한 학생2의 두 가지 시도 ('과학교실1' 수업 동영상 중에서)

충분하고 적절한 재료와 도구의 준비가 탐구가 지속되는 데에 영향을 미친 또 다른 예는 펜치의 제공이다. 위의 발췌문에서 볼 수 있듯이 교사가 나누어준 철사를 받아보고는 학생 5는 철사를 들어 올리면서 "이거 너무 두꺼워요."라고 말한다. 그리고 바로 이어서 "학생5: 이걸 어떻게 묶어요? 이걸 어떻게 묶어요?"라고 교사에게 불만을 토로한다. 교사가 나누어준 철사는 초등학생들이 손으로 꺾기에 다소 힘이 드는 굵기였기 때문이다. 만약 철사를 묶기 위한 어떠한 도구도 제공되지 않았다면, 학생들의 탐구는 사례에서 볼 수 있었던 것처럼 다양하지도 지속되지도 않았을 수 있다. 탐구를 위해 학생들에게 펜치가 필요했었다는 것은 교사가 펜치를 보여주자 순식간에 4명의 학생이 펜치를 가져가기 위해 뛰어 나간 것에서도 단적으로 드러난다.

도구는 인간 활동에서 도움이 되기도 하지만, 한편 제약이 되기도 한다(Engeström, 1987; Leont'ev, 1978). 충분한 재료와 도구의 제공이 반드시 다양하고 끊임없는 탐구로 이어지지는 않겠지만, 적어도 재료와 도구의 부족으로 인해 탐구가 중단되는 사태는 막을 수 있을 것이다. 그런 점에서 과학교실 탐구공동체를 구현하고자 하는 교사는, 물론 물리적 환경을 극복하는 방안까지를 탐구에 포함시킨다면 다른 이야기가 되겠지만, 학생들이 탐구 과정에서 필요하게 될 재료와 도구, 공간, 시간 등 물리적 환경을 미리 예상하고 준비하거나, 적어도 부족한 물리적 환경을 학생들이 극복할 수 있는 방안에 대해 안내해 줄 수 있어야 할 것이다.

✐ 설명해보고 생각해보고 확인해보고: 소박한 가설설정과 검증

과학교실 탐구공동체에서 지식의 확장이 일어나는 단계는 두 번째와 세 번째 과정인 가설설정과 가설검증 과정이다. 가설설정 과정은 인식된 문제의 임시적인 설명과 해결 방안을 제안하는 단계로서, 대상과의 관계 측면에서 '과거 경험과의 유사성'과 '심리적 안정'에, 공동체와의 관계 측면에서 '공동 경험과의 유사성'과 '공감' 등에 영향을 받는다고 3장에서 논의한 바 있다. 또, 가설 검증 과정은 설정한 가설로부터 연역적으로 예측을 도출하고, 이 예측이 실제 관찰되는지를 귀납적으로 확임으로써 가설에 대한 지지 여부를 판단하는 단계로서, 대상과의 관계 측면에서 '연역적 예측'과 '실제적 효과'에, 공동체와의 관계 측면에서 '합의된 예측'과 '협력적 검토 결과'에 영향을 받는다. 가설설정과 검증은 과학 교육에서 이미 활용되고 있는 가설-연역적 방법(권용주 등, 2003b)과 크게 다르지 않은데, 퍼스의 관점에 따르면 모든 과학의 아이디어들이 생성되는 방법이며(CP 5.

145), 연역법이나 귀납법과 다르게 새로운 진리에 도달할 수 있는 방법이기도 하다(CP 7.219).

이와 같이 과학교실 탐구공동체의 특징적인 모습 중 하나인 가설설정과 가설검증이 소박하게나마 과학교실1의 사례에서도 나타났다.

> 교　사: 자른 다음에, 손가락 끝에 세워봐 봐.
> 학생들: 네? 아아
> 학 생1: (새의 부리를 가리키며) 여기, 여기에다가.
> 학 생2: 어떻게 세워요?
> 학 생1: 이거, 피라미드 위에 세우는 거. 그거 500원짜린가..
> 학생들: 맞아, 맞아
> 학 생2: 아, 그거... 손가락 위에 세우는 거. 나도 아는 것 같은데.
> 학 생1: 그거, 무게가 일정해서 그런 거야.
> 학 생2: 맞아, 맞아
> 학 생6: 조금이라도 부러지면 안 되겠는데.
>
> ('과학교실1' 수업 동영상 중에서)

위 발췌문에서 학생1은 손가락 끝에 종이 새를 세우는 것과 관련해서 기존에 경험했었던 장난감을 떠올리면서 그때 그 장난감은 "무게가 일정해서 그런 거야"라고 설명을 시도한다. 무게가 일정해서 그렇다는 설명은 과학적으로 틀린 설명일 수 있다. 그러나 어찌 되었든, 학생1은 새가 부리로 서는 현상에 대해 나름대로의 임시적인 설명을 하고 있는 것으로 보인다. 그리고 이 말은 발췌문에서 볼 수 있는 바와 같이 학생2의 공감을 이끌어 냈다.

흥미로운 것은 두 학생의 얘기를 듣던 학생 6의 말이다. 두 사람의 말을 들은 학생 6은 "조금이라도 부러지면 안 되겠는데."라고 말하면서 조심스럽게 종이 새를 오리기 시작했다. 종이 새를 오리다가 어느 한쪽을 잘못 오려서 조금이라도 균형이 맞지 않으면 종이 새를 세울 수 없을 것이라고 생각한 것으로 보인다. 이는 학생1과 학생2의 얘기에 공감한 학생 6이 종이 새를 손가락 끝에 세울 수 있는 까닭도 무게가 일정하기 때문이라고 생각하게 되었고, 만약 그렇다면 조금이라도 어느 한쪽을 잘못 오리면 손가락 끝에 세울 수 없을 것이라고 생각하고 있음을 보여준다. 즉, 짧은 대화이지만, 이 속에서 학생 6은 공동체 구성원의 의견과 공감하면서 나름대로의 가설을 세우고, 그 가설이 맞는다면 일어나야만 하는 예측을 하고 있음을 보여준다. 비록 동영상 속에서는 학생 6이 이후에 정말로 한쪽의 균형이 맞지 않게 종이를 오리면 종이 새를 세울 수 없는지 검증해보는 장면은 확인하기 어려웠지만, 그리고 이러한 과정을 학생 6 스스로가 인식하고 있는지 역시 확인하기 어려웠지만, 위 발췌문의 대화는 가설을 세우고 검증을 준비하는 한 가지 사례를 보여주고 있다.

가설을 세우고 검증해나가는 과정은 다음의 교사와 학생2 사이의 대화에서 조금 더 명시적으로 나타난다.

교　사: 왜, 왜 이렇게 부리로 서 있을 수 있을 것 같아?
학 생3: 중심이 맞아서.
학 생2: 무게 중심이 앞으로 와서.
학 생3: 클립에도 무게가 있으니까.
교　사: 무게중심이 공평하게 부리에 실려서?
학 생2: 아니요. 부리가 중심이 돼서.
교　사: 아, 부리가 중심이 돼서? 나머지, 그럼, 중심에서 나머지는 무게가 다 똑같다는 얘기인가?
학 생2: 몰라요, 하하

(중략)

학 생2: 무게중심이 딱 잘 맞았네.
교　사: 그 얘기는 (부리를 가리키며) 얘를 중심으로 이쪽과 이쪽의 무게가 같다?
학 생2: 네. 아니, 아니요. 전체 무게의 중심이 된다고요.
교　사: 전체 무게의 중심이 된다? 그러니까, 이걸 딱 나누면 이쪽 무게와 저쪽 무게가 같다는 거잖아?
학 생2: 네.
교　사: 그러면, 얘를 이렇게 꺾으면, (종이 새의 한쪽 날개의 절반 정도를 꺾어 올리면서) 꺾으면, 그래도 무게는 같지?
학 생2: 네.
교　사: 그래, 펴나 꺾으나 같지?
학 생2: 네.
교　사: (종이 새의 한쪽 날개의 절반을 꺾어 올린 상태에서 부리를 손끝에 올리면서) 그럼, 얘 어떻게 될 것 같아?
학 생2: 어, 꺾으나 안 꺾으나 똑 같죠.
(교사가 잡고 있던 손을 놓자 종이 새가 한쪽으로 쓰러진다.)
학 생2: 아. 반대쪽도 꺾어줘야죠.
교　사: 반대쪽도 꺾어줘야 돼?
학 생2: 네. 이건 공기 저항 때문에 그래요.

교 사: 아, 공기 저항 때문에 그래?

학 생2: 네.

('과학교실1' 수업 동영상 중에서)

위 발췌문에서 학생2는 비록 교사의 도움을 받아 진행하고 있지만 나름대로의 가설을 세우고 간단한 예측의 과정을 거친 후 검증하는 과정을 거치고 있다. 우선, 학생2는, 비록 스스로 가설을 세워 문제를 해결하고자 시도한 것은 아니지만, "왜 이렇게 부리로 서 있을 수 있을 것 같아?"라는 교사의 질문에 대해서 "무게 중심이 앞으로 와서."라고, 즉, "부리가 중심이 돼서."라고 대답했다. 아마도 이는 어떤 물체의 무게 중심에 손가락을 받치면 그 물체가 쓰러지지 않고 서있다는 과거의 경험이나 지식이 영향을 미친 설명으로 보인다. 어찌되었든 학생2는 나름대로의 가설을 세워 종이 새가 손가락 끝에 서 있는 현상을 설명하고 있다.

그런데 이때 교사가 학생2의 설명이 명확히 어떤 것까지 포함하는 것인지 확인하기 위하여 "전체 무게의 중심이 된다? 그러니까, 이걸 딱 나누면 이쪽 무게와 저쪽 무게가 같다는 거잖아?"라고 질문하게 되고, 이에 대해서 학생2는 그렇다고 대답한다. 그러자 교사는 학생2가 자신의 가설로부터 가능한 예측을 제시할 수 있도록 종이 새의 한쪽 날개의 절반을 꺾어 올린 상태에서 부리를 손끝에 올리고서는 "그럼, 얘 어떻게 될 것 같아?"라고 질문을 이어간다. 그리고 이에 대해서 학생2는 "어, 꺾으나 안 꺾으나 똑 같죠."라고 대답한다. 일종의 예측을 한 것이다. 즉, 부리를 중심으로 양쪽의 무게가 같아서 종이 새가 서 있을 수 있는 것이라는 학생2의 가설이 맞는다면, 한쪽 날개의 절반을 꺾어 올린 상태에서도 종이 새는 서 있을 수 있어야 할 것이다. 한쪽 날개의 절반을 꺾어 올리더라도 한쪽 날개의 전체 무게에는 변함이 없기 때문이다. 학생2는 자신의 가설이 맞는다면 반드시 일어나게 되는 예측을 하고 있는 것이다.

수평잡기와 관련된 이러한 가설과 예측은 드라이버(Driver, 1983)의 저서에서도 소개된 바 있다. 드라이버는 다양한 물체의 무게 중심을 찾는 활동에서 대부분의 학생들은 정사각형이나 직사각형과 같이 균등한 형태의 물체만 가지고 활동을 하면서 결국 무게 중심을 기준으로 양쪽의 무게가 동일하면 수평을 잡는다고 설명하는 반면, 한 학생은 숟가락 모양과 같은 물체의 무게 중심도 확인해보는 것을 발견한 사례를 소개하고 있다. 그리고 그 학생에게 왜 그렇게 하느냐고 묻자, <그림 4.6>과 같이 해보면 무게 중심을 기준으로 양쪽의 무게가 동일하다고 해서 항상 수평을 이루게 되는 것은 아니라는 것을 알 수 있

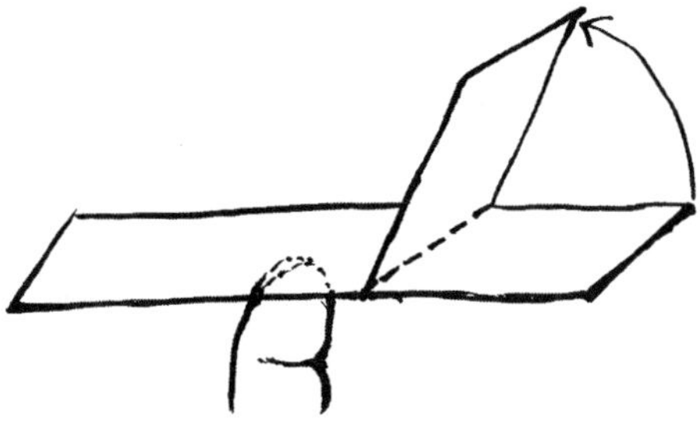

그림 4.6 수평잡기 원리를 알아보는 활동 (Driver, 1983, p. 47)

다고 학생이 설명한 사례를 소개하고 있다(Driver, 1983, p. 47). 다시 말해서, <그림 4.6>과 같이 해보는 것은 수평잡기는 무게뿐만 아니라 거리와도 관계한다는 것을 보여주는 간단하지만 명료한 활동이다. 앞의 발췌문에서 과학교실1의 교사가 학생2에게 생각해보길 권한 것 역시 이와 동일한 활동이었다.

한편, 앞의 발췌문에서는 예측이 일어난 후 바로 이어서 간단한 검증의 과정이 일어나고 있다. 교사가 잡고 있던 손을 놓자 종이 새는 한쪽으로 기울어지면서 바닥에 떨어졌다. 이 사실을 관찰한 학생2는 자신의 예측이 틀렸음을 알게 된다. 비록 간단한 활동이었고 교사의 도움을 받았지만, 학생2는 가설로부터 예측을 하고 그 예측이 실제 관찰되는지를 확인하여 가설을 검증하는 과정을 거치고 있는 것이다.

물론, 예측이 틀렸다고 해서 학생2가 자신의 가설을 바로 폐기한 것은 아니다. 마치 과학자들도 자신의 핵심적인 주장을 보호하기 주변의 것들을 살짝 수정하는 것처럼 (Lakatos, 1974), 학생2 역시 "아. 반대쪽도 꺾어줘야죠.", "이건 공기 저항 때문에 그래요."라고 자신의 가설은 보호하면서 또 다른 추가적인 임시적인 설명을 제안하였다. 그리고 이 추가적인 설명은 다시 다음의 사례에서 역시 교사와 함께 검토된다.

교 사: 자, 혹시 이렇게 하면 안 넘어지고 서는 이유를 알겠는 사람?
학 생2: 저요.
교 사: 응
학 생2: 양쪽의 무게 중심이 같기 때문에.
교 사: 양쪽의 무게 중심이 같기 때문에?

(중략)

교 사: 자, 이거 양쪽의 무게가 똑같아서 그렇다고 생각하는 사람? 그럼, 이거를 아까처럼 꺾으면 어떻게 될 것 같아?

학 생2: 꺾으면요? 공기저항이 달라져서 아마…
교　사: 얘는 공기저항이 똑같지 않나?
학 생2: 그렇게 하면요 양쪽에 중심이 안 맞아요. 양쪽의 중심이 안 맞아요.
교　사: 아, 중심이 안 맞는다?
학 생2: 네.

('과학교실1' 수업 동영상 중에서)

위의 발췌문에서 교사는 이번에는 <그림 4.1>의 아래 그림처럼 연필에 철사를 묶고 철사의 양쪽 끝에 고무찰흙을 붙이게 되면, 연필심을 손가락 끝에 두어서도 연필을 서 있게 할 수 있는 까닭을 묻는다. 이에 대해서 학생2는 여전히 양쪽의 무게 중심이 같아서라는 말을 한다. 이에 교사는 앞서 종이 새의 원리를 검토할 때와 동일하게 한쪽 철사를 꺾으면 어떻게 되겠냐고 질문한다. 이전에 유사한 상황에서 종이 새가 어떻게 되는 지를 관찰했던 학생2는 이번에는 "꺾으면요? 공기저항이 달라져서 아마..."라고 하면서 서 있을 수 없을 것이라고 예측한다. 이때 교사는 종이 새의 날개를 꺾었을 때와 달리 철사를 꺾었을 때는 공기저항에 큰 변화가 없지 않느냐고 되묻고, 이에 대해서 학생2는 "그렇게 하면요 양쪽에 중심이 안 맞아요. 양쪽의 중심이 안 맞아요."라고 다시 조금 수정한 설명을 제시한다.

물론, 동영상만으로는 위와 같은 과정을 거치면서 학생2의 생각이 처음과 어떻게 달라졌는지 확인하기 어렵다. 그러나 분명한 것은, 비록 정교한 실험을 수행한 것이 아니며 교사의 도움을 받아 수행된 것이지만, 위의 사례 속 학생2는 나름대로의 설명을 제시하고 예측한 후 그 예측을 검증하고 이에 따른 새로운 해석을 내놓는 가설설정과 검증의 과정을 거치고 있다는 것이다.

한편 앞서 제시한 두 발췌문은 공통적으로 교사가 적절히 보조자의 역할을 수행하기만 한다면, 초등학생들도 가설을 세우고 검증하게 되는 과정을 거칠 수 있음을 보여준다. 이는 과학교실 탐구공동체를 실제 과학교실에서 구현하고자 할 때 교사가 어떤 역할을 할 수 있는지에 대해 말해 주는 것이기도 하다.

✐ 다른 사람은 어떻게 하고 있나?: 의견 분석과 협력적 검토

<그림 3.6>에서 제시한 바와 같이, 과학교실 탐구공동체는 기본적으로 공동체 속 참여를 통한 탐구를 추구한다. 즉, 대상과의 관계 측면뿐만 아니라, '의견/이론과의 불일치', '의견/이론 분석', '공동의 흥미', '공동경험과의 유사성', '공감', '합의된 예측', '협력적

검토 결과', '공동체와의 관계 변화 반추', '탐구자의 변화 반추' 등, 공동체와의 관계 측면을 과학교실 탐구공동체의 또 하나의 측면으로 상정하고 있다.

과학교실1에서 이와 같은 공동체와의 관계 측면 요소들이 모두 나타난 것은 아니다. 특히, 공동체와의 관계 변화 반추나 탐구자 자신의 변화 반추 등은 전혀 없었다. 물론 반추라는 행위의 특성상 동영상에서는 드러나지 않았지만 학생들은 어떤 식으로든 반추를 했을 수 있는 있다. 다만, 어쨌든 이러한 사례가 수업 동영상 속에서는 발견되지는 않았다.

반면, 비록 그 정도가 충분하지는 않았지만 앞서 살펴본 바와 같이 공동경험과의 유사성을 살펴보거나 공감 등을 보이는 장면들을 앞선 발췌문들에서 볼 수 있었다. 그리고 다음의 발췌문에서 볼 수 있듯이, 공동체의 다른 구성원들의 의견을 참고하거나 협력적으로 검토하는 행위들도 일부 발견할 수 있었다.

학 생5: (새의 배 가운데 부분 손가락 끝에 얹은 상태에서) 어, 됐어요!
(순간 모든 학생들이 빨강을 쳐다본다)
교 사: 어디, 어디?
학생들: 아, 뭐야. 그렇게는 나도 해.
(학생들이 모두 따라 한다.)
교 사: 어느 위치에 받치면 돼?
학생들: 배요.

(중략)

학 생2: (두 날개 끝에 클립을 하나씩 끼워서 세운 후) 선생님, 저 부리로 세웠어요.
학생들: 와!
학 생2: 봐, 나의 아이디어. 하하.
(한 명 두 명 학생2의 방법을 쫓아하더니 거의 모든 학생이 따라한다)

(중략)

학 생2: 아, 내 아이디어를 애들이 해킹하고 있어.
학 생6: 해킹? 하하.

('과학교실1' 수업 동영상 중에서)

위의 발췌문에서 학생들은 서로가 서로의 생각을 얘기하거나 참고하고 있고, 친구가 시도한 방법을 쫓아하면서 자신이 해도 되는지를 검토하고 있다. 비록, "아, 내 아이디어를 애들이 해킹하고 있어."라고 학생2는 장난조로 얘기하기도 했지만, 학생들이 다른 친구들의 생각이나 활동에서 아이디어를 얻고 자신의 문제 해결에 참고하는 것은 공동체 속 탐구가 갖는 장점 중에 하나일 것이다. 물론 본 저서에서 공동체 속 탐구와 개별 탐구의 과정이나 성과를 비교한 것은 아니므로 공동체 속 탐구가 갖는 장점을 명확히 언급하기는 어렵지만, 분명한 것은 수업이 끝날 때 즈음에는 11명의 학생 모두가 손가락 끝에 종이 새와 연필을 세울 수 있었다는 점이다.

한편, 이러한 서로의 의견 분석과 참고, 협력적 검토는 다음의 발췌문에서 볼 수 있듯이 학생과 학생 사이뿐만 아니라 교사와 학생 사이에서도 일어났다. 특히 과학교실1의 교사는 이러한 교사와 학생 사이의 비교를 장려하는 모습을 보여주었다.

> 교　사: (연필을 일부러 옆으로 기울이면서) 자, 이거는 일부러 쓰러지게 하려도 안 쓰러지지.
> 학생들: (옆으로 많이 기울었던 연필이 다시 균형을 잡자 손으로 가리키면서) 와, 와, 와와.
> (한 학생은 자세히 보기 위해 앞으로 나간다.)
>
> (중략)
>
> 학 생2: 선생님 거를 보니까 갑자기 생각이 났어.
>
> (중략)
>
> 학 생2: 선생님, 선생님, 봐 보세요. 저 우산의 원리를 이용해서…
>
> (중략)
>
> 교　사: 잘 안 되는 사람은 선생님이 한 거를 자세히 봐 봐. 너희가 한 거하고 비교해 봐.
>
> (중략)
>
> 학 생3: 선생님 여기요..
> 교　사: 어, 그래, 오케이. 자, 여기 한 사람 성공했네. 자, 한 번 더 해봐.
>
> ('과학교실1' 수업 동영상 중에서)

위 발췌문에서 교사는 자신이 만든 <그림 4.1>의 아래 그림과 같이 연필을 손가락 끝에 세우고는 한쪽으로 많이 기울여도 다시 되돌아 서 있게 되는 현상을 보여준다. 그러면서 "잘 안 되는 사람은 선생님이 한 거를 자세히 봐 봐. 너희가 한 거하고 비교해 봐."라고 얘기한다. 아마도 교사는 처음에는 교사의 아무런 도움 없이 학생들 스스로 문제를 해결하기를 기대했을 수 있다. 하지만 실제로 학생들이 문제의 해결에 어려움을 겪자, 차선책으로, 학생들이 교사가 만든 것과 비교하면서 이를 바탕으로 자신의 방법을 스스로 되돌아보고 해결의 실마리를 찾을 수 있는 기회를 주는 방안을 선택한 것으로 보인다. 그리고 위의 발췌문에서 볼 수 있듯이 교사의 의도대로 학생들은 교사가 만든 것으로부터 새로운 아이디어를 얻기도 했고, 참고하기도 하면서 결국 문제를 해결하였다. 결국, 이러한 사례는, 앞선 가설설정과 검증 관련 사례와 유사하게, 과학교실 탐구공동체에서 교사가 적절한 수준의 도움을 제공할 때 학생들의 탐구가 조금 더 활발하게 일어날 수 있음을 보여주는 것이라 하겠다.

✐ 교사는 모든 것을 알고 있다?: 탐구에서 교사의 역할

앞선 두 개의 사례에서 교사의 적절한 도움이 과학교실에서 탐구가 좀 더 활발하게 일어나는 데에 기여할 수 있음을 볼 수 있었다. 그러나 주의 할 것이 있다. 과학교실 탐구공동체는, 3장의 과학교실 탐구공동체의 탐구 과정과 토대에 관한 논의에서 언급되었듯이, 구성원들의 진정한 의심을 바탕으로 한 탐구를 추구하고 개방적인 의사소통 구조를 기반으로 한다. 이는 과학교실 탐구공동체의 한 구성원인 교사에게도 적용되는데(정용재, 2014), 이러한 관점은 아무 제한 없이 이뤄지는 끊임없는 탐구를 강조하는 퍼스의 관점(CP 5.311, CP 5.384)이나, 탐구공동체를 철학교육에 접목시켜 철학적 탐구공동체를 제안한 립맨(Lipman, 2003)의 관점과 맥을 같이 하는 것이다. 즉, 교사 역시 스스로 오류를 저지를 가능성을 기꺼이 인정하는 탐구자여야 한다는 것이다(임병갑, 2010; Garrison & Anderson, 2003).

그렇다면, 과학교실1의 교사는 이와 같이 공동체의 한 구성원이자 '탐구자'로서의 자세를 견지하고 있을까? 혹은 실제로 탐구자로서 행동하고 있을까? 아쉽게도 그러한 모습은 수업 동영상에서 잘 보이지 않는다. 오히려 교사는, 앞선 발췌문들에서 나타났듯이, 학생들이 탐구해야할 문제를 미리 준비하였고, 탐구 과정에서 학생들이 무엇이 필요하고 어떤 어려움을 겪을 지도 예상하여 필요한 재료와 도구를 준비했으며, 그리고 아래의 발췌문에서 볼 수 있듯이 어떤 문제를 어떤 순서로 어떻게 제시하는 것이 좋을지 까지도 미리 준비하였다.

> 교 사: 너희한테 지금 나눠준 종이에 해결해야할 문제들이 있어. 자세히 읽어봐 봐. 뭐라고 되어 있어? 자세히 한 번 읽어 봐. 자, 1번.
> (1번 문제는 '어떻게 하면 종이 새의 부리로 손끝에 세울 수 있을까?)
> 학 생2: 앞에 무게를 더 많이 해요.
> 교 사: 그래? 앞에 무게를 더 많이 해?
> (중략)
> 교 사: 하면서 이 문제도 해결해 봐. 이게 2번이야. 2번은 뭐냐면, 이 연필을, 연필을 손가락

끝에 세우는 거야.

학생들: (큰소리로 놀라면서, 여기저기서) 네에? 와우! 아아.

학 생2: 헐.

교 사: 연필을 손가락 끝에 세우는 거야.

(중략)

학 생6: 주어진 재료가 뭐에요?

교 사: (웃으면서) 자, 이제부터 재료를 줄게, 재료를 줄 테니까, 잘 생각해서 한 번 해봐.

(중략)

교 사: (펜치가 들어있는 바구니를 들고 와서는 슬그머니 펜치를 들어 올리면서) 그리고 이런 걸 쓸 사람은 앞에서 나와서 가져가.

학 생4: 저요, 저요.

학생들: 펜치, 펜치 (순식간에 4명이 달려 나간다.)

(중략)

교 사: (연필을 일부러 옆으로 기울이면서) 자, 이거는 일부러 쓰러지게 하려도 안 쓰러지지.

학생들: (옆으로 많이 기울었던 연필이 다시 균형을 잡자 손으로 가리키면서) 아, 아, 아아. (한 학생은 자세히 보기 위해 앞으로 나간다.)

('과학교실1' 수업 동영상 중에서)

위의 발췌문 곳곳에서 우리는 마치 모든 것을 알고 있는 것처럼 준비하고 행동하는 교사의 모습을 볼 수 있다. 그리고 앞선 발췌문들에서 살펴보았듯이 이와 같은 교사의 적절한 준비와 도움으로 인해 학생들은 재료와 도구를 충분히 사용해서 탐구할 수 있었으며, 교사의 시연으로부터 실마리를 얻을 수 있었고, 교사의 질문들에 의해 가설설정과 검증의 과정도 거칠 수 있었다. 그러한 점에서 과학교실1의 사례에서 교사는 학생들의 탐구가 좀 더 활발하고 지속적으로 일어나는 데에 긍정적인 역할을 한 것으로 보인다.

그러나 이러한 교사의 역할은 과학교실 탐구공동체에서 추구하는 교사의 역할 중 일부에 지나지 않는다. 즉, 현실적인 어려움을 극복하기 위한 차선의 역할일 뿐이다. 데카르트의 방법론적 회의에 대해 '의심하는 척'에 지나지 않는다고 비판한 퍼스의 주장(CP 5.265; Pardales & Girod, 2006)과 같이, 과학교실 탐구공동체는 진정한 의심에서 시작되는 탐구를 중시하고, 탐구공동체의 한 탐구자로서 교사를 중시한다(정용재, 2014). 만약 학생들에 비해서 조금 더 전문적 안목을 가진 탐구자로서의 교사가 아니라, 과학교실1의 교사가 보여준 것처럼 이미 모든 것을 알고 있는 안내자로서의 교사로 계속 남는다면, 비록 실제 과학교실에서 일어나는 탐구의 모습이 활발하고 지속적이며 성공적으로 이뤄진다고 하더라도, 그 탐구는 교사가 알고 있는 바를 넘지 못할 것이며, 이는 공동체의 끊임없는 탐구를 진리에 도달하고자 하는 과학교실 탐구공동체의 기본적인 지향을 만족하지 못하는 것이다. 이것이 저자가 과학교실1의 사례 역시 과학교실 탐구공동체의 전형적이고 종합적인 온전한 모습을 보여주고 있지는 않다고 판단 내린 한 가지 이유이다.

이와 같이 과학교실 탐구공동체에서 추구하는 탐구자로서의 교사가 되기 위해서는 어쩌면 교사에게는 '용기'라는 덕목이 필요할지 모른다. 물론, 공동체의 한 탐구자로서의 교사되기는 현실적으로 여러 어려움이 있다. 대표적으로, 앞서 언급한 것처럼, 교육과정과 교과서에 제시되어 있는 내용을 주어진 시간 안에 가르쳐야 하는 현실에서 탐구자로서의 교사되기는 쉽지 않다. 그러나 일반적인 과학 수업에서 교사는 모든 것을 다 안 상태에서 학생들을 가르치고 있는가? 초등학교 6학년에서 전구가 하나일 때와 2개가 직렬로 연결되었을 때, 그리고 2개가 병렬로 연결되어 있을 때의 불의 밝기를 가르치는 교사는 <그림 3.10>과 같이 하나일 때에 비해 두 개를 병렬로 연결했을 때 병렬로 연결한 전구의 밝기가 미세하나마 어두워진다는 것을 알고 가르치는가? 그리고 그 이유를 알고 가르치는가? 혹시라도 박지선, 장진아, 송진웅(2016)의 연구에서처럼 병렬로 연결한 전구의 밝기가 미세하나마 어두워진다는 것을 관찰하고 이상하다고 물어보는 학생이 있다면 어떻게 말하고 어떻게 대처하겠는가? 의문을 제기한 학생에게 오히려 관찰을 잘못했다거나 뭔가 회로에 문제가 있다고 얘기하고 그냥 넘어가지는 않겠는가? 항상 오류를 저지를 가능성을 기꺼이 인정하고 스스로도 끊임없이 탐구하고자 하는 탐구자로서의 교사는 어쩌면 과학교실 탐구공동체에서만 필요한 교사가 아니라, 일반적인 과학교실에서도 필요한 교사일 수 있을 것이다. 그리고 이러한 탐구자로서 교사가 되기 위해서는 어쩌면 교사의 권위를 지금과는 다른 관점에서 찾을 수 있는 용기가 필요할지도 모르겠다.

1.3 '과학교실2' 사례 분석

✐ 자료수집과 자료해석 중심의 탐구: 교육과정과 교과서에 묶인 한계

과학교실2 역시 전체적으로는 <그림 3.6>에서 제시한 바와 같은 과학교실 탐구공동체의 모습을 온전히 보여주고 있지는 않았다. 우선, 그 한 가지 이유는 탐구의 주제가 교사에 의해 주어졌고 그 주제는 교과서에 있는 그대로였다는 점이다. 이는 교육과정에 있는 내용을 다루어야하는 정규 교과 시간 수업이었으므로 '일정한 시간 간격마다 움직인 거리 표시하기'라는 교과서 차시 주제를 다루지 않을 수 없었다는 한계 때문으로 보인다. 즉, 교과서에 주어진 주제를 다루려다 보니, 이상하고 의심스러운 현상에 직면하여 탐구가 시작되는 과학교실 탐구공동체의 전형적인 모습을 갖추기 어려웠던 것으로 보인다.

둘째, 과학교실2 역시 과학교실 탐구공동체의 전형적인 모습으로 보기 어려웠던 또 다른 이유는 과학교실2의 교사 역시, 앞서 과학교실1의 교사와 유사하게, 탐구자로서의 교사보다는 모든 것을 다 알고 있는 강의자 혹은 안내자로서의 교사였기 때문이다. 물론, 과학교실2의 교사도 학생들을 배려하면서 학습을 위해 필요한 것들을 사전에 준비 하였고, 실제 수업 역시 학습 목표를 달성하기에 충분히 체계적인 구조와 활동으로 이루어졌다. 그러나 그럼에도 불구하고 교사 중심의 의사소통 구조를 갖춘 상태에서 교사의 지도와 안내 하에 탐구가 이루어졌다는 점에서, 학생들은 훌륭한 수업을 받았을지는 모르지만, 온전한 과학교실 탐구공동체 관점의 탐구를 경험했다고 보기는 어렵다. 탐구의 귀착점은 이미 교사에 의해 예정되어 있었고, 학생들은 교사의 안내를 받아 그곳에 도달할 수 있는 방법과 기능을 익혔을 뿐이기 때문이다. 다음의 발췌문은 과학교실2에서 이러한 강의자 혹은 안내자로서 교사의 모습을 단적으로 보여준다.

> 교　　사: 아, 우리 처음 문제는 이거였죠. 물체가 간격이 표시된 간격이 넓을 때가 일정한 간격으로 물체가 움직이는 것을 위치를 일정한 시간마다 표시를 했을 때 간격이 큰 게 속도가 빠르냐, 간격이 좁은 게 속도가 빠르냐. 이걸 알기위해서 지금 속도 다른 장난감 두 개를 가지고 실험을 했죠. 여러분이 한 거 지금 표시 돼있죠? 표시된 거 보고 속도가 간격이 넓은 게 속도가 빠른 건가요. 간격이 좁은 게 속도가 빠른 걸까요?
>
> 학생전체: (여러 모둠에서 동시에) 넓은 게 더 빠르지.
>
> 교　　사: 조별로 한 번 시간을 주겠어요. 어느 게 정답인지 상의해서 각자 적어보세요. 시간은 3분 주겠습니다.
>
> ('과학교실2' 수업 동영상 중에서)

위 발췌문에 나타나 있듯이, 실험을 마치고 결과를 정리하는 학생들에게 과학교실2의 교사는 "어느 게 정답인지 상의해서 각자 적어보세요."라는 말로 어딘가에 '정답'이 있음을 암시하고 이 정답을 맞추어보라는 의미의 이야기를 한다. 즉, 이 차시에서 학생들이 학습해야 하는 목표 중 하나인 "동일한 시간 간격으로 자국을 남겼을 때 간격이 넓을수록 속력이 빠르다."라는 것을 '정답'으로 가정하고, 이 정답에 학생들이 도달하는지를 확인하겠다는 것이다. 물론, 일반적인 수업에서라면 학생들이 수업 목표에 도달했는지 확인해 볼 필요가 있으므로, 교사가 이를 확인하는 것은 자연스럽고 당연한 일일 것이다. 그런 점에서 과학교실2의 교사는 학습 목표를 성공적으로 달성하고 있는 훌륭한 수업의 강의자이자 안내자이다. 그러나 과학교실 탐구공동체의 관점에서는 아쉬움이 남는다. 앞서 3장에서 논의하였지만, 과학교실 탐구공동체에서 탐구의 방향은 공동체 구성원들의 끊임없는 탐구과정에서 찾게 되는 것이지 권위를 가진 누군가에 의해 정해지는 것은 아니다. 또, 권위를 가진 누군가에 의해 탐구의 방향과 탐구의 귀착점이 정해진다는 것은 당장에 엄격성과 오류가능성의 견지라는 과학교실 탐구동체의 토대가 갖는 특징에도 어긋난다.

셋째, 과학교실2를 온전한 과학교실 탐구공동체의 모습으로 보기 어려웠던 또 다른 한 가지 이유는 임시적인 설명을 하고 이를 검증하는 과정을 통해 의심스러운 상태로부터 다시 믿음의 상태에 이르게 하는 탐구의 모습이 잘 나타나지 않았기 때문이다. 이렇게 된 데에는 해당 차시의 내용이 갖는 특징이 영향을 미친 것으로 보인다. 앞서 언급하였듯이, 해당 차시는 '일정한 시간 간격마다 움직인 거리 표시하기'라는 주제 하에, 일정한 시간 간격으로 위치를 표시하는 방법을 이해하고, 기록한 자료를 보고 속력을 예상해보는 활동으로 구성되어 있다. 교과서 내용도 "움직이는 물체가 자국을 남기는 경우를 이야기하여 봅시다. 남아있는 자국을 본고 물체의 속력을 비교할 수 있습니까?"라는 질문으로 시작하여, "물체가 일정한 시간 간격마다 움직인 거리를 표시하여 재어 봅시다."라는 문장으로 활동을 제시 한 후, 속력이 빠른 것과 느린 것을 구분하여 봅시다. 속력이 일정한지 또는 변하는지도 이야기하여 봅시다."라는 내용으로 구성되어 있다. 따라서 학생들은 "왜 그런 거지?"라는 의문을 갖기 보다는 "이게 이렇게 되면 무엇을 의미하는 것이지?"라는 의문을 갖고 탐구에 임하게 된다. 즉, 학생들이 수행한 탐구는 현상의 발생 원인을 가설설정과 검증을 통해 설명함으로써 지식의 성장을 가져올 수 있는 탐구라기보다는, 자료를 수집하고 해석하는 활동을 주로 하는 탐구였다.

실제로 수업 중에 교사는 다음과 같은 질문들을 반복해서 학생들에게 하고 있다.

> 교 사: 네. 이렇게 거리와 시간을 가지고 속력을 구할 수 있다는 것까지 지난 시간에 배웠어요. 자, 사진을 하나 보여주겠어요. 이 사진을 보세요. 자, 요 사진은 공을 떨어뜨리는 사진으로, 일정한 시간으로, 일정하다는 것은 1초 아니면 0.1초 단위로 찍은 사진이에요.
>
> (중략)
>
> 교 사: 네. 점점 점 멀어진다. 자, 위에서 아래로 내려올 때 점점 점 거리가 멀어지는 데 이것을 보면 이 거리의 속력은 떨어질수록 어떻게 변화할까? 점점 점 공의 거리가

이렇게 멀어진다 한 것은 이 공의 속력이 어떻게 된다는 걸 얘기 할 수 있을까요?

학 생5: 점점 빨라진다.

(중략)

교 사: 그래서, 일정한 시간 간격으로 위치를 기록한 어떤 자료를 본다. 실험을 통해서 한 번 얻어 보고. 그 자료를 가지고 간격이 넓을수록 속도가 빠른지 간격이 좁을수록 속도가 빠른지 한 번 예상해보는 수업을 하겠어요. 자, 여기 사람의 발자국이 나있는 두 개의 그림이 있어요. 어느 쪽이 더 빨리, 속력이 빠른 걸까요? 00이

학 생7: 왼쪽.

(중략)

교 사: 자 노란 자동차가 빠르다고 생각하는 이유 뭘 보고? 뭘 보고 판단했어요. 손 안 든 사람 중에서 정00.

학 생5: 간격이 넓으니까 빨라요

교 사: 간격이 넓으니까 빠른 거다. 또 다른 문제 자 이것은 인형극 똑같은 시간동안 배경은 놔두고 인형을 이렇게 똑같은 시간을 움직인 것을 똑같은 시간동안에 간격으로 일정한 시간으로 찍은 사진이에요. 자 어느 쪽 인형이 더 빨리 움직인 걸까요?

(학생들이 손을 든다.)

교 사: 자 A 부분이다. A부분이다 라는 사람. B부분이다. 이유? 이00.

학 생18: A부분의 간격이 인형의 간격이 더 넓기 때문에.

('과학교실2' 수업 동영상 중에서)

발췌문에서 볼 수 있듯이, 교사는 동일한 시간 간격으로 찍힌 물체의 자국을 보고 그 물체의 속력을 비교하는 질문을 반복적으로 던지고 있다. 이러한 자료 수집과 해석 방법에 집중된 탐구는 교과서에서 제시된 해당 차시의 주제와 학습목표 자체가 그러하기 때문으로, 교과서에서 제시하고 있는 내용을 가르치고자 하는 현장 과학교실의 한계가 드러난 것이라고 봐야 할 것이다. 만약, 수업의 주제가 "속력이 다른 물체가 있을 때 어느 물체가 더 빠른지를 비교하는 방법을 찾아봅시다."였다면, 학생들의 탐구는 스스로의 궁금증을 해결하는 것을 목적으로 좀 더 다양하게 일어날 수 있었을 것이다.

요컨대, 과학교실2는 교육과정과 교과서의 내용을 가르칠 수밖에 없는 정규 교과시간이라는 현실적인 한계 등으로 인해, 탐구의 주제가 교사에 의해 교과서에 있는 내용으로 제시되었고, 탐구자가 아닌 강의자 혹은 안내자로서의 교사의 모습이 나타났으며, 가설설정과 검증보다는 자료를 모으고 그 자료가 뜻하는 바를 해석하는 데 그쳤다는 점에서, 분명 훌륭한 수업일 수는 있겠지만, 과학교실 탐구공동체의 온전한 모습을 드러내고 있는

사례로는 보기 어려웠다.

✐ 아동을 고려한 의사소통: 번역

과학교실2 역시 과학교실 탐구공동체의 온전한 모습을 보여주지는 못하고 있었지만, 그래도 총 12편의 수업 동영상 중에서 과학교실 탐구공동체의 일부 특징들이 상대적으로 많이 나타난 편이었다. 특히 과학교실 탐구공동체의 토대 중 하나인 '공유'와 관계된 모습들이 다수 나타났다.

우선, 과학교실2의 교사는 원활한 의사소통을 위해 '번역'에 힘쓰는 모습을 보여주었다. 아래의 발췌문은 그 한 예이다.

> 교 사: 자, 요 사진은 공을 떨어뜨리는 사진으로, 일정한 시간으로, 일정하다는 것은 1초 아니면 0.1초 단위로 찍은 사진이에요.
>
> (중략)
>
> 교 사: 공과 공 사이 거리, 간격은 어떤 가 발표해 볼 사람? 난 뭐가 발견했다. 자, 이 그림에는 공과 공 사이 간격에 어떤 특징이 있어요. 배00.
>
> 학 생2: 점점 넓어져요.
>
> 교 사: 점점 넓어진다? 자, 거리를 표현할 때는 넓어진다는 표현을 안 쓰죠? 거리를 얘기 할 때는 어떤 표현으로? 00아,
>
> 학 생3: 점점 점 멀어져요.
>
> 교 사: 네. 점점 점 멀어진다.
>
> ('과학교실2' 수업 동영상 중에서)

수업을 시작하면서 교사는 지난 시간에 학습한 속력 구하는 공식을 상기시킨 후, 학생들에게 <그림 4.7>과 같이 자유낙하 하는 물체를 동일한 시간 간격으로 찍은 사진을 제시하였다.

그런 후에 <그림 4.7>의 사진에서 발견할 수 있는 특징을 발표하도록 하였다. 그러자, 위의 발췌문에서 볼 수 있듯이, 학생2가 "점점 넓어져요."라고 답하였고, 교사는 그것이 적절한 특징인지를 얘기하기에 앞서서 '넓어져요.'라는 용어에 대해서 먼저 얘기를 시작하였다. 즉, "자, 거리를 표현할 때는 넓어진다는 표현을 안 쓰죠? 거리를 얘기 할 때는 어떤 표현으로?"라고 하면서, 적절한 용어를 사용해서 얘기할 것을 요청하였다. 어쩌면 장면은 이 수업이 초등학교 교실에서 이뤄지고 있기 때문에 나타나는 장면일 수도 있다. 용어의 뜻이나 용례를 정확히 모르고 사용하는 경우들이 상대적으로 많이 나타날 수 있

그림 4.7 가속으로 낙하하는 물체의 운동 촬영 사진을 제시하는 장면
('과학교실2'의 수업 동영상 중에서)

기 때문이다. 물론 간격을 나타날 때 쓰는 정확한 우리말의 표현이 무엇인지는 논의의 여지가 있겠지만, 어찌되었든 위 발췌문은 과학교실에서 명확한 의사소통이 일어날 수 있도록 적절한 용어의 사용까지 안내하는 교사의 노력이 나타난 사례로 볼 수 있을 것이다.

과학교실2의 교사는, 아래의 발췌문에서 나타나듯이, 용어의 사용뿐만 아니라 학생들이 말하고자 하는 바를 이해하려고 노력하고 있으며, 다른 학생들도 그 의미를 공유할 수 있도록 자신이 이해한 바를 다시 말해주는 방식으로 명확한 의사소통과 번역을 위한 노력을 하고 있었다.

> 교 사: 점점 빨라진다? 다른 애들 생각은? 정00.
> 학 생5: 점점 느려진다.
> 교 사: 아. 느려진다. 멀어지니까? 정00은 왜 그런 생각을 했나요?
> 학 생5: 넓어지니까.
> 교 사: 넓으니까. 정00 다시. 왜 멀어질수록 왜 속력이 점점 느려진다고 생각해요?
> 학 생5: 처음에 떨어질 때는 빨리 떨어지니까, 제일 마지막에는 천천히 떨어지니까.
> 교 사: 천천히 떨어지니까? 정00처럼 생각하는 사람? 00이가 알긴 알고 있는 것 같은데 설명을 잘 못하고 있어요. 도와줄 사람? 자, 00이는, 00이는 여기 거리가 짧으니까 빨리 떨어지고 거리가 머니까 시간이 더 많이 걸릴 거라고 지금 생각하고 있어요. 맞아요?
>
> ('과학교실2' 수업 동영상 중에서)

위 발췌문에서 교사는 "점점 느려진다."라고 짧게 대답한 학생 5에게 두 차례에 걸쳐 왜 그렇게 생각하는지를 묻고 "처음에 떨어질 때는 빨리 떨어지니까, 제일 마지막에는 천천히 떨어지니까."라는 추가적인 대답을 끌어낸다. 그리고 이를 통해 교사는 학생 5가 처음에는 가야하는 거리가 짧으니까 빨리 떨어지고 거리가 나중에는 가야하는 거리가 머니까 시간이 더 많이 걸릴 거로 생각하고 있을 거라 이해하게 된다. 이후에 교사는 자신이 이해한 바를 다시 말로 풀어서 모든 학생들에게 설명하고, 그 생각이 맞는지를 학생들에게 묻는다. 이러한 노력은 학생의 얘기를 최대한 이해하려는 시도이고, 동시에 아마도 학생 5의 짧은 얘기로는 그 뜻을 충분히 이해하지 못했을 다른 학생들에게도 이해할 수 있는 말로 바꾸어 얘기해줌으로써, 한 학생의 얘기를 전체 학생과 공유하려는 노력으로 볼 수 있을 것이다.

학생이 이해할 수 있도록 번역함으로써 공유를 시도하는 모습은 아래와 같은 발췌문에서도 나타난다.

> 교　　사: 여기가 지나갈 때, 1초 됐을 때, 여기가 지나갈 때 여기다 놓을래? 아니면 여기다 놓을래?
>
> 학생전체: 뒷바퀴, 앞바퀴, 뒷바퀴, 앞바퀴
>
> 교　　사: 뒷바퀴가 낫겠다는 하는 사람? 아니다 앞바퀴가 낫겠다 하는 사람? 아니다 가운데쯤이 나을 거다? 그러면 아무데나 비슷한 데다 놓으면 안 되나? 왜 안돼요?
>
> 학　생10: 속력을 비교할 수 없어요.
>
> 교　　사: 왜 속력을 비교할 수 없어요?
>
> (중략)
>
> 학　생21: 정확하지가 않아서.
>
> 교　　사: 왜 정확하지가 않아?
>
> (중략)
>
> 학　생11: 한 쪽은 길고 한 쪽은 짧게 이동해서.
>
> 교　　사: 아, 여러분이 지금 아는 것 같은데 지금 표현을 잘 못해요. 이게 길이가 있죠? 얘 길이가 상당히 크죠?
>
> 학생전체: 네.
>
> 교　　사: $$이가 가지고 온 이걸로 해 버리면?
>
> 학생전체: (웃음)
>
> 교　　사: 차이가 너무 많이 나죠?
>
> 학생전체: 네.
>
> 교　　사: 네, 너무 많이 나서 하나의 기준을 잡아야겠는데, 우리는 앞에를 할까 뒤에를 할까?
>
> ('과학교실2' 수업 동영상 중에서)

위 발췌문은 장난감 자동차를 가지고 1초 간격으로 움직인 거리를 측정하여 속력을 비교하는 실험을 준비하는 장면이다. 실험방법은 자동차가 지나갈 때 1초가 될 때마다 빨대를 놓아 그 간격을 비교하는 것이다. 그런데 이때 교사가 학생들에게 자동차의 어느 부분을 기준으로 해서 놓을지를 물어본다. 우선은 자동차의 어느 부분을 기준으로 할 것인지 물어보는 자체가 학생들이 어려움을 느낄 것을 미리 예상하고 학생의 입장에서 의사소통하고자 노력하는 모습으로 볼 수 있다.

그리고 이어서 번역을 위한 조금 더 적극적인 노력이 나타난다. 학생들이 알고는 있으나 명확히 표현하지 못하자 교사는 "아, 여러분이 지금 아는 것 같은데 지금 표현을 잘 못해요. 이게 길이가 있죠? 얘 길이가 상당히 크죠?"라고 하면서 자동차를 직접 보여주면서 설명을 시도한다. 그러면서 아래 <그림 4.8>과 같이 교사의 어깨 넓이만큼 되는 상당히 큰 자동차를 추가로 보여주며 설명한다. 작은 자동차에 비해서 앞과 뒤의 거리가 차이가 훨씬 많이 나는 자동차를 보여줌으로써, 학생들이 기준을 동일하게 해줘야 하는 필요성에 대해 명확히 인식할 수 있도록 시도하고 있는 것이다.

이와 같은 번역을 위한 교사의 노력들은 탐구의 목적이 무엇이고, 무엇을 어떻게 해야 하는지를 공유하는 데에 기여한 것으로 보이고, 이는 이후 실제 측정 활동을 할 때에는 교사의 추가적인 안내가 없이도 대부분의 학생들이 공유된 활동을 공유된 방법으로 수행하는 모습으로 이어졌다.

그림 4.8 장난감 자동차의 기준 잡기 필요성 설명 장면 ('과학교실 2' 수업 동영상 중에서)

✐ 다른 사람은 어떻게 생각하지?: 의견 분석과 교환

앞서 언급한 바와 같이, 과학교실 탐구공동체는 대상과의 관계 측면뿐만 아니라, 공동체와의 관계 측면을 또 하나의 측면으로 상정하고 있다. 과학교실2에서도 공동체와의 관계 측면 요소들이 모두 나타난 것은 아니지만, '의견/이론과의 불일치'에 직면하거나 '의견/이론 분석'을 하는 모습들이 나타났다. 그리고 이러한 모습들은 지속적인 '교환'을 통해 공유되고 있었다. 아래 발췌문은 이러한 모습이 나타나고 있는 한 장면이다.

학　생4: 점점 빨라진다.
교　　사: 점점 빨라진다? 다른 애들 생각은? 정00.
학　생5: 점점 느려진다.
교　　사: 아. 느려진다. 멀어지니까? 정00은 왜 그런 생각을 했나요?
학　생5: 넓어지니까.

(중략)

학생전체: 아니요.
교　　사: 아니요? 다른 생각은 그러면? 채**.
학　생6: 점점 떨어지면서 속도가 점점 빨라져요
교　　사: 어, 그럼, 이게 거리가 멀, 멀수록 그럼 **이는 이 거리가 멀수록 속도가 빠를 거다?
학　생6: 네.
교　　사: 아, 그렇구나. 자, 나도 **이와 생각이 같다는 사람? 손 들어보겠어요. 아니다 나는 00이처럼 거리가 멀수록 속도가 느려질 거라고 생각하는 사람 손들어보세요.

('과학교실2' 수업 동영상 중에서)

발췌문에서 교사는 학생 4의 대답에 다른 학생들의 생각을 물어본다. 학생 5가 대답하자 이번에는 학생 5의 대답과는 다른 생각을 하고 있는 사람은 없는지 또 물어본다. 그리고 학생 6이 대답하자 이번에는 학생 5와 학생 6의 생각에 대해서 어느 생각에 동의하는지를 전체 학생들에게 물어본다. 학생들은 서로의 의견을 교환하고 있고, 이 과정에서 다른 사람의 생각은 어떤 의미인지, 나의 생각과 일치하는지 아니면 차이가 있는지를 분석하고 판단할 수 있는 기회를 갖고 있다.

이와 유사한 장면은 수업의 다른 곳에서도 발견된다. 다음의 발췌문은 <그림 4.9>와 같이 눈 위를 걸은 발자국 그림을 보고 어느 쪽이 더 빠르게 움직인 것인지에 대해 자신의 생각을 얘기하는 장면이다.

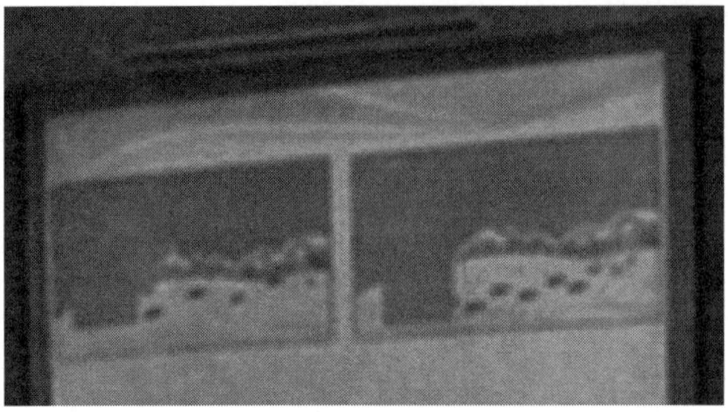

그림 4.9 수업에서 제시된 눈 위에 난 발자국 그림 ('과학교실2' 수업 동영상 중에서)

교　사: 거리. 다른 말로 간격. 간격이 벌어진다? 멀어진다. 자, 이게, 이런 간격이, 발자국 간격이 클수록 속력이 빠른 건가? 좁을수록 속력이? 어, 00이 생각하고 같은 사람, 손. 아니다 나는 다른, 그 이유가 아닐 것 같다. 다른, 다르다. 어. △△이?

학 생11: 발자국이 수가 적은 게 더 빠를 것 같아요.

교　사: 왜 발자국 수가 적은 게 더 빠를까?

학 생12: 적으면, 뛰면 발자국 수가 별로 안 나오고 걸으면 발자국 수가 많으니까, 그래서...

교　사: 아 속력이 빠를수록 발자국 수가 적게 나올 거다? 왜 그렇게 나올까?

학 생12: 뛰어서 거리가 점점 멀어져서 발자국이 조금씩 아니 조금 있고 걸으면 발자국이 많아요.

교　사: 00이 말 이해하겠어요? 이해한다는 사람? 내려. 난 00이 말을 보충해주고 싶다?

('과학교실2' 수업 동영상 중에서)

위 발췌문에서도 학생들은 계속해서 서로의 의견을 교환하고 있다. 그러면서 교사는 "00이 말 이해하겠어요? 이해한다는 사람? 내려. 난 00이 말을 보충해주고 싶다?"라고 물어보면서, 좀 더 적극적으로 다른 학생의 의견을 잘 이해하고 있는지, 자기의 생각과 같은지 다른지, 그리고 보충을 할 부분이 있는지 등을 학생들이 검토할 수 있도록 요구하고 있다.

특히 다음의 발췌문은 이와 같은 활발한 교환 과정에서 학생들의 다양한 생각들이 표출되고 있음을 보여준다.

교　사: 콩주머니를 쥐면서 바닥에 다가 1초, 1초, 놓고 1초 놓고 이런 식으로 1초마다 자전거 바닥에다가 콩주머니를 놓아서 표시를 하고 있죠. 자, 이 그림에서 어느 게 더 빠를, 속력이 더 빠를까요?

(중략)

학 생15: 자전거가 더 빨라요.

교 사: 왜?

학 생15: 바퀴가 크니까요.

교 사: 바퀴가 크니까 빠를 거다? 00이와 생각이 다른 사람? 바퀴가, 바퀴 때문에 빠른 게 아니다? &&?

학 생16: 어, 그, 기구의 크기.

교 사: 아 자전거가 킥보드보다 크니까 더 빠를 거다? 또 다른 사람? 강미.

학 생17: 자전거가 더 빠를 것 같아요.

교 사: 왜 자전거가 너 빠를 것 같아?

학 생17: 페달 때문에요

교 사: 아 그래요 또? **이?

학 생7: 자전거가 더 빠를 것 같아요. 콩주머니의 수가 적으니까.

교 사: 수가 적으니까? 아. %%이?

학 생10: 자전거가 아, 더 빠른데 자전거는 딱히 발이 안 닿고 킥보드는 땅에 다니까.

(중략)

교 사: 자, 그러면, 오늘은 그럼 이게 누구의 말이 맞는지 속력을 무엇으로 속력이 빠른지 확인할 수 있을지 실험을 하나 해보겠어요.

('과학교실2' 수업 동영상 중에서)

위 발췌문은 <그림 4.10>과 같이 1초 간격으로 콩주머니를 놓으면서 움직이는 사진을 보여주고 자전거와 킥보드 중 어느 것이 빠르겠는지에 대해 이야기하는 장면이다. 발췌문에서 볼 수 있듯이, 학생15는 자전거의 바퀴가 크기 때문에 자전거가 빠를 것이라고 얘기하고 있고, 학생16은 자전거 전체의 크기가 크기 때문에, 학생17은 페달을 사용하기 때문에, 그리고 학생10은 발이 땅에 안 닿기 때문에 자전거가 더 빠를 것이라고 얘기하고 있다. 네 명의 학생은 모두 원래 자전거와 킥보드가 갖고 있는 특징과 과거의 경험에 비추어서 생각하고 대답한 것으로 보인다. 그런데 학생 7은 "자전거가 더 빠를 것 같아요. 콩주머니의 수가 적으니까."라고 콩주머니 개수(간격)의 차이점에 주목해서 대답하였다. 즉, 다른 학생들과 다르게 수업에서 다루고 있었던 동일한 시간 간격으로 남긴 자국과 관련된 생각을 얘기하였다. 이와 같이 활발한 의견 교환은 학생들의 다양한 생각을 표출하게 하였고, 서로의 생각을 비교할 수 있게 하고 있었다.

요컨대, 이상의 발췌문들에서 볼 수 있었던 바와 같이, 과학교실2에서는 비교적 활발

그림 4.10 교과서(교육부, 2004b, p. 29)에서 제시하고 있는 일정한 시간 간격으로 콩주머니를 놓는 활동

한 의견 분석과 교환이 일어나고 있었고, 자신의 생각과 다른 사람의 생각을 비교할 수 있는 기회를 제공하고 있었다. 그리고 이러한 기회는 "자, 그러면, 오늘은 그럼 이게 누구의 말이 맞는지 속력을 무엇으로 속력이 빠른지 확인할 수 있을지 실험을 하나 해보겠어요."라는 말에 나타나듯이, 탐구를 시작하는 계기를 제공하고 있었다.

✐ 무엇을 하고 있는 거지?: 공동 목적의 명료화

앞서 3장에서 논의했듯이, 과학교실 탐구공동체는 구성원들 사이의 공유를 기반으로 하고 있고, 이 공유는 공동의 지향과 목적을 필요로 한다. 그런데 과학교실2에서도 탐구를 통해 무엇을 하고자 하는 것인지를 명료화하고 이를 공유하고자 하는 노력이 나타난다.

교　　사: 두 번 하는데 이쪽에서 다하면 옆에 쪽으로 돌아가면서 돌려 줄테니까 알았어요? 실험은 두 번 표시해서 속도가... 잠깐만. 우리가 뭐 하려고 실험하고 있지?

학생전체: 속력을 비교하려고.

교　　사: 뭘 봐야지? 뭐 보려고 이런 실험을? 장난감이 지나가면 1초마다 간격에 표시를 하는데 왜 이거를 한다고? 00이?

학　생8: 물체의 변화

교　　사: 물체의 변화? **이?

학　생11: 물체의 이동 거리.

교　　사: 이동한 거? $$이?

학　생9: 물체의 거리.

교　　사: 우리가 이 실험에서 관찰해야 할 게 있어요. 유심히 봐야 될 거. 뭘 유심히 봐야 할까? %%이?

학 생15: 물체의 이동 간격.

(중략)

교 사: 간격. 우리가 또 유심히 봐야 할 게 있어요.

학 생8: 이동하는데 걸린 시간.

교 사: 걸린 시간. 시간. 그리고 속력이 어떻게 되었는지 속력이 어떨 때 간격이 어떤지 여러분이 그랬죠? 간격이 빠를수록, 간격이 넓을수록 속도가 점점 더 빠르다고 했죠?

학생전체: 네.

교 사: 그 말이 진짜일지? 그게 좁을수록 빠른지 그걸 확인하는 실험을 하도록 할게요. 알겠죠?

('과학교실2' 수업 동영상 중에서)

위의 발췌문에서 볼 수 있듯이, 교사는 "잠깐만. 우리가 뭐 하려고 실험하고 있지?"라는 질문을 시작으로 무엇을 목적으로 실험을 하고 있는 것인지, 그리고 실험에서 무엇을 관찰해야 하는지를 반복적으로 학생들에게 물어보고 생각해보도록 하고 있다. 이것은 공동의 목적을 명료화하고자 하는 노력이면서 동시에, 실험 과정에서 무엇에 초점을 두어 관찰해야하는지를 명료화 하여 공유하고자 하는 노력으로 보인다. 이는 전체 맥락을 알고 있는 교사가 기대하는 실험의 목적과 관찰의 초점과 학생들이 인식하는 실험의 목적과 관찰의 초점이 다를 수 있음(Driver, 1983)을 감안할 때, 적절한 노력으로 보인다.

이러한 실험의 목적과 관찰 초점에 대한 공유는 이후 학생들이 스스로 탐구를 수행할 수 있게 하는 데에 기여를 한 것으로 보인다. 실제로 위와 같은 과정을 거친 후에 모둠별로 실험이 이루어졌는데, 예상치 못했던 물리적 환경의 제약이 나타나기 전까지는, 교사의 특별한 추가 안내가 없는 상태에서도 모든 모둠이 원래 계획했었던 목적과 방법으로 실험을 수행하였다. 과학교실2의 학생들이 초등학교 5학년 학생들이었음을 감안할 때, 이는 자주 목격될 수 있는 상황은 아니다. 이러한 점은 과학교실2의 수업동영상을 함께 보고 토의한 4명의 현장 교사 중 1명이 추가 안내 없이 모둠별 탐구가 원활하게 이뤄지는 것에 대해 다음과 같이 의문을 제기한 것에서도 알 수 있다.

교 사1: 대부분의 학생들 실험해보면은, 우리가 이렇게 하자 말해놓고 하면은, 선생님 지금 뭐 해요? 뭐 해야 돼요? 계속 질문하거든요. 학생들이. 그러면은 PPT로 띄워 주든가, 화면에다 해가지고. 실험 순서, 1, 2, 3, 4, 5. 지금 이거하고 있어. 이거 하고 있어. 이렇게 안내를 해야 되는데, 그런 안내가 없어가지고.., 아마, 학생들이, 이거는 분명히 사전에 한 번 해보고 한 실험 같거든요. 왜냐하면 질문하는 학생들이 없잖아요? 어, 선생님 지금 어떻게 해요라고 질문하는 학생들을 한 명도 못 봤거든요. 그럴 수가 없거든요. 불가능하거든요. 그런 실험은, 처음 했으면요.

(중략)

교 사2: 그런데 이게 선생님하고 수업을 계속해서 어느 정도 포말이 갖춰지면, 정형화가 되면 그렇게 될 수도 있지 않나?

('과학교실2' 수업에 대한 현장교사 토론 중에서)

발췌문에서 나타나듯이, 교사 1에게는 교사의 추가 안내가 없었는데도 학생들이 별다른 질문 없이 원활하게 모둠별 실험을 수행하는 모습이 낯설었던 것으로 보인다. 물론 이러한 상황이 아주 드문 상황은 아닐 수 있다. 다만, 아마도 이러한 상황이 벌어지는 과학교실은 무언가 조건이 충족되어 있는 상태일 가능성이 높아 보인다. 예를 들어, 교사 2의 말처럼 선생님하고 수업을 계속해서 어느 정도 정형화가 된 것이 갖춰져 있거나, 그 시간의 탐구가 정말 모든 학생들의 관심을 끄는 것이었거나 하는 경우를 생각해볼 수 있을 것이다. 그리고 과학교실2의 경우에는, 앞선 발췌문에서 나타난 바와 같이, 실험의 목적과 관찰의 초점을 공유하기 위한 교사의 반복적인 노력이 그 한 원인으로 보인다.

✎ 내가 생각한 방법은 이거야: 주인의식의 고취

과학교실2에서 공유를 위한 노력은 실험 방법을 고안하는데 있어서도 나타났다. 특히 다음 발췌문에서 볼 수 있는 바와 같이 학생들이 스스로 실험 방법을 고안하거나 타당성을 검토할 수 있도록 함으로써 탐구에 대한 주인의식을 자극하는 모습이 발견되었다.

교 사: 장남감이 딱 움직이면 한 사람은 초시계로 재고 있다가 뭔가 1초마다 지나간 자국을 표시를 해야 되겠죠? 어떤 방법이 있을까? 표시하는 방법에. 지나가는 걸 1초마다 표시하려고 여기서는 콩주머니를 사용했는데, 우리는 콩주머니가 없죠?

(중략)

학 생9: 공기(알).

교 사: 공기(알). △△?

학 생11: 색연필.

교 사: 색연필을 어떻게?

학 생11: 색연필을 1초마다 간격에 놓아요. 간격을 뒤에다 놓고 1초 뒤에.

교 사: 아, 색연필을 여러 개 준비해야겠네? ▽▽이?

학 생19: 동전.

교 사: 동전도 좋은 방법이고. ☆☆?

학 생25: 유성 펜을, 1초마다 지나갈 수 있게 찍어요.

교 사: 뭘로 찍어?

학 생8: 유성 펜.

교 사: 유성 펜으로? 어 그럼 그러려면 뭔가 있어야겠네?

학 생20: 자.

(중략)

교 사: 앞이 나을 것 같다는 사람? 뒤가 나을 것 같은 사람? 자, 좋아요. 그러면, 우리는 뒤를 잡아서 해보겠어요.

(중략)

교 사: 그래. 너무 가벼워. 그럼, 바람 불면 날아가면. 바람 불면 날아가고, 또 누가 팍 밀면 넘어가고. 이거 보완하려면 어떻게 하면 될까?

학 생3: 고무찰흙, 고무 찰흙을 붙여요.

교 사: 지금 고무 찰흙이 없어요...

학생(누군가): 테이프!

(중략)

T : 아, 지나간 다음에 여기에 놓는다? 아, 좋아요. 그래서 빨대가 아무튼 움직이지 않게 하는 방법을 여러분이 잘 생각해 보세요.

('과학교실2' 수업 동영상 중에서)

위 발췌문에서 교사는 "어떤 방법이 있을까?", "이거 보완하려면 어떻게 하면 될까?"와 같이 학생들에게 어떤 방법을 사용하면 좋을지를 반복해서 질문한다. 그리고 어떤 경우에는 "색연필을 어떻게?", "그러려면 뭔가 있어야겠네?"와 같이 학생들에게 좀 더 자세한 방법을 묻거나, 그 방법으로 하려면 무엇이 더 필요할지를 묻는다. 그리고 이 과정에서 학생들은 다른 친구들의 의견을 함께 검토하면서 1초 간격 마다 장난감 자동차가 움직인 거리를 표시하는 방법을 스스로 고안하고 구체화하고 있음을 볼 수 있다.

물론 실제 실험을 할 때 자신이 제안한 방법으로 실험을 한 경우는 많지 않았다. 주로 학생들은 빨대를 놓은 방법과 펜으로 표시하는 두 가지 방법으로 실험을 수행하였다. 그러나 처음부터 교사에 의해 방법이 제시된 것과 발췌문에서 나타나는 바와 같이 나름대로 스스로 방법을 고안하고 친구들과 함께 얘기하는 과정을 거쳐 두 가지 방법으로 선택한 것은 학생들에게 다가오는 의미가 다를 것이다. 앞서 '과학교실2' 수업에 대한 토론에서 한 교사는 "불가능하거든요. 그런 실험은, 처음 했으면요."라면서 교사의 추가적인 안내가 없이도 학생들 스스로 실험을 수행하는 것에 의문을 품었지만, 위 발췌문은 아마도 충분한 시간을 할애해서 학생들 스스로 방법을 고안해보도록 노력한다면 교사의 추가적인 안내가 없이도 학생들 스스로 실험을 수행할 가능성이 있음을 보여주는 사례라고 하겠다.

✐ 친구의 발표를 잘 들어야지: 공동 규칙의 존재와 준수

앞서 3장에서 언급하였듯이, 공유는 공유를 실행하기 위한 현실적 장치로서 적절한 공동 규칙의 수용과 준수를 필요로 한다. 그리고 공유에 있어서 공동의 규칙은 모든 개인이 규칙 제정 과정에 주체적으로 참여하는 등의 방법으로 각 개인마다 스스로 정한 규칙이라고 생각이 들게 하는, 그래서 자발성과 주체성, 상호이해성을 바탕으로 해당 규칙을 수용하는 것을 전제로 한다.

과학교실2에서도 아래 발췌문에서 볼 수 있는 바와 같이 공동의 규칙이 존재하고 학생들이 그 규칙을 준수하는 모습이 몇몇 곳에서 나타난다.

> 교　사: 그 말이 진짜일지? 그게 좁을수록 빠른지 그걸 확인하는 실험을 하도록 할게요. 알겠죠? 자, 책상을 좀 비워야 해요. 책상에 있는 거 다 서랍 안에 넣고. 자, 모둠장 나오세요.
>
> (중략)
>
> 교　사: 자 자리 앉으세요. 자 그럼 이제 끝났죠?
>
> 학생전체: 네
>
> 교　사: 자 박수 두 번 머리 시작!
>
> (학생들이 모두 박수를 두 번 치고 머리에 손을 올린다.)
>
> 교　사; 자 바로! 우리가 지금 뭐하기 위해서 멀 알기 위해서 이 실험을 한 거죠?
>
> ('과학교실2' 수업 동영상 중에서)

학교 현장에서는 흔히 모둠별 탐구 수행을 위해 모둠원들에게 역할을 분담시키곤 한다. 예를 들면, 모둠장을 두기도 하고 자료를 주로 가져오는 사람을 따로 정하기도 한다. 어느 한 아이가 한 역할만 해서는 안 될 테니, 그 역할을 순환시키기도 한다. 물론 찬반양론이 있을 수 있겠지만 교사 혼자가 여러 학생을 가르쳐야 하는 우리나라 학교 교육의 실정에서 원활한 모둠 활동을 위해 흔히 사용되는 방법이다. 역시 찬반양론이 있겠지만,

박수를 두 번 치고 머리에 손을 올리는 것 역시 다인수 학급에서 학생들의 주의를 집중시키기 위해서 흔히 사용하는 방법이다. 위의 발췌문은 과학교실2에서도 이러한 규칙들이 존재하고 준수되고 있음을 보여준다.

위의 규칙들이 조금 더 일반적이고 표면적인 규칙이라면, 아래의 발췌문은 과학교실2의 학급 분위기와 조금 더 직결되는 규칙이 존재함을 보여준다.

> 교　사: 자, 1조 경고! 지금 발표 끝났다고... 지금 3조 결론이 뭐였죠? 안 들었지? 3조 다시.
> 학 생25: 거리가 넓을수록 속력이 더 빠르다
> 교　사: 네에. 좀 더 소리를 크게 얘기하세요. 4조, 4조.
> 학 생9: 물체의 간격이
> 교　사: 잠깐 ◎◎. 다른 친구들을 존중한다면 일어나서 친구들 보고 얘기하세요.
> S9　: (일어나서) 물체의 간격이 넓을수록 빠르다.
>
> ('과학교실2' 수업 동영상 중에서)

위의 발췌문은 과학교실2에서 상호존중 분위기를 위한 규칙이 운영되고 있음을 보여준다. "자, 1조 경고! 지금 발표 끝났다고..."라는 교사의 말은 한 모둠이 발표할 때는 다른 모든 모둠은 이를 경청해야 하고 그렇지 않으면 경고를 주는 규칙이 존재하고 있음을 보여준다. 또, "다른 친구들을 존중한다면 일어나서 친구들 보고 얘기하세요."라는 교사의 말은 과학교실2에는 친구끼리는 서로 존중해야 하며 따라서 발표를 할 때도 일어나서 발표하는 예의를 갖추어야 한다는 규칙이 존재하고 있음을 보여준다.

✐ 공유에 실패하다: 도구, 공간, 유용함의 한계

앞서 여러 발췌문들에서 드러났듯이, 전체적으로 과학교실2에서는 공유를 위한 노력과 실제 공유의 모습이 다른 수업동영상 속 과학교실에 비해서 상대적으로 많이 나타났다. 그러나 공유에 실패하는 모습도 나타났는데, 대표적인 사례는 모둠별 탐구 과정에서 나타났다.

다음 <그림 4.11>의 (a)와 (b)는 1초 간격으로 물체가 지나간 자국을 표시하기 위해 4모둠 학생들이 사용했었던 처음 방법과 나중 방법이다.

(a) 처음 방법 (b) 나중 방법

그림 4.11 1초 간격으로 물체가 지나간 자국을 표시하기 위해 4모둠 학생들이 사용한 처음 방법과 나중 방법 ('과학교실2' 수업 동영상 중에서)

4모둠 학생들은 처음에 (a)와 같이 테니스공을 굴리고 한 학생이 1초가 되었을 때마다 불러주면 다른 학생이 펜으로 그 자리를 표시하는 방법을 사용하였다. 그런데 나중에 결국 이 학생들이 사용한 방법은 (b)와 같은 방법이었다. 사진 상으로는 잘 나타나지 않지만 (b)의 방법은 1초가 되면 장난감 자동차를 멈추고 그 자리를 표시한 후, 다시 자동차를 출발 시켜서 1초가 되면 또 자동차를 멈추고 표시하는 방법이다. (b) 사진은 출발하고 1초가 지나 자동차를 멈추어 놓은 상태의 사진이다. 그래서 사진 속 장난감 자동차는 출발선에 약간 떨어져 있다. (a)와 (b) 방법은 엄연히 다른 것을 측정하는 방법이다. (a) 방법은 연속적으로 움직이고 있는 테니스공의 움직임을 1초마다 표시하는 것으로서 처음과 나중의 속력도 비교할 수 있는 방법이다. 반면, (b) 방법은 자동차가 출발시켰다가 1초 후 정지 정지시키고 1초 동안에 자동차가 움직인 거리를 측정하고, 다시 자동차를 출발시켰다가 1초 후 정지시킨 다음 이동 거리를 측정하는 방법으로, 1초 동안에 자동차가 움직인 거리만을 반복적으로 측정하는 방법이다. 이 방법은 연속적인 움직임을 측정한 것이 아니므로 처음과 나중의 속력을 비교하는 것이 의미가 없다.

물론 4모둠 학생들도 처음 계획을 세울 때는 전체 학급에서 공유된 바와 같이 (a) 방법으로 계획을 세웠고, 실제로 처음에는 그 방법으로 시도하였다. 그런데 왜 (b)와 같은 방법으로 바뀌게 되었을까? 다음의 <그림 4.12>는 학생들이 방법을 바꾸게 되는 결정적인 계기가 된 두 개의 장면이다.

(a)

(b)

그림 4.12 4모둠 학생들이 사용한 방법을 바꾸게 된 계기 ('과학교실2' 수업 동영상 중에서)

<그림 4.12>의 (a)와 같이 학생들은 실험 중에 어려움에 봉착하게 된다. 그림에서 펜을 쥐고 있는 여학생의 오른손을 보면, 이미 테니스공은 지나갔지만 종이에 위치를 미처 표시하지 못하고 그냥 들고 있는 모습을 볼 수 있다. 즉, 테니스공이 너무 빨라서 다른 친구가 1초라고 불러주어도 위치를 표시할 수 없는 문제가 생긴 것이다. 도구에 의한 활동의 제한(Engeström, 1987)이 발생한 것이다.

실험을 계속 진행하는 데에 문제가 생기자 4모둠 학생들은 테니스공이 아니라 원격으로 조정이 되는 장난감 자동차로 실험을 하기로 결정한다. 그런데 (b)에서 볼 수 있듯이 이 자동차는 더욱 큰 문제를 일으켰다. 우선, (b)에서 오른쪽에 흰색 옷을 입고 서있는 여학생의 오른손을 보면 (a) 상황과 비슷하게 자동차가 이미 지나갔음에도 위치를 표시하지 못하고 펜을 그냥 들고 서있는 모습을 볼 수 있다. 이 장난감 자동차는 테니스공보다도 오히려 더 빨리 움직였다. 게다가 (b) 장면보다 조금 앞선 시기에 4모둠 학생들은 또 다른 곤란한 경험을 하였다. 빠르게 움직이던 자동차가 실험대 밑으로 떨어진 것이다. 자동차를 움직이기에 실험대가 너무 작았던 것이다. 이것은 도구의 문제이자 공간의 문제이기도 하다. 얼른 자동차를 집어든 학생들은 어디 부서지거나 고장 난 곳이 없는지부터 확인하였다. (b)에서 등을 보이고 있는 여학생이 양손바닥을 편 상태로 들고 있는 것은 혹시라도 장난감 자동차가 또 떨어질까 봐 막고 있는 장면이다.

이후 4모둠 학생들은 실험 방법 자체를 바꾸었다. 학급 전체가 공유했던 방법 즉, 연속적으로 움직이게 한 상태에서 1초 간격마다 움직인 위치를 표시하는 방법에서, 1초 움직이게 했다가 멈춘 후 위치를 표시하고 다시 1초 움직이게 한 다음 위치를 표시하는 방법으로 바꾸었다. 학급 전체의 공유가 깨지고 모둠 내에서의 새로운 공유가 나타난 것이다.

실험 방법에 있어서 4모둠의 이러한 변화는 <그림 4.12>의 두 장면에서 볼 수 있듯이 도구와 공간의 제약에 따른 것이었다. 장난감의 내부를 열 수 있는 드라이버가 없자 탐구의 방향을 바꾸었던 사례(Joung, 2008)와 유사하게, 손으로 표시하기에는 너무 빠르게 움직이는 테니스공과 장난감 자동차, 실험대에 비해서 너무 빠르게 가는 장난감 자동차, 혹은 반대로 장난감 자동차의 움직임에 비해서 너무 작은 실험대 등이 4모둠 학생들로 하여금 학급 전체에서 공유되었던 방법을 포기하고 새로운 방법을 찾게 만든 것이다. 다시 말해서 학급 전체에서 공유되었던 방법이 4모둠에게는 더 이상 유용하지 않게 된 것이다. 4모둠의 사례는 추후 과학교실 탐구공동체를 실제 교실에서 구현하고자 할 때 적절한 도구와 공간 등 물리적 환경이 마련도 중요할 수 있음을 다시 한 번 보여주고 있다.

이상에서 살펴본 바와 같이, '과학교실2'의 사례는 정규 교과 시간이라는 한계 등으로 인해 탐구의 주제가 교사에 의해 주어졌고 그 주제는 교과서에 있는 그대로였다는 점, 탐구자로서의 교사보다는 모든 것을 다 알고 있는 것 같은 강의자 혹은 안내자로서의 교사였다는 점, 의문스러운 현상을 설명해내는 탐구보다는 측정과 해석 위주의 탐구였다는 점 등에서 과학교실 탐구공동체의 모습을 온전히 보여주고 있지는 못했지만, 그리고 물리적 환경의 제약에 따른 한계 등을 보여주기도 했지만, 동시에, 번역, 의견 분석과 교환, 공동 목적의 명료화, 주인의식의 고취, 공동의 규칙과 준수 등, 과학교실 탐구공동체의 토대와 관련되는 다양한 노력과 모습을 보여주기도 하였다. 이는 현실적 한계를 갖는 정규 교과 시간에서도 교사의 의지와 적절한 노력이 있을 경우 과학교실 탐구공동체의 일부 모습이 구현될 수 있음을 보여주는 사례라고 할 수 있다. 아울러서, '과학교실2'의 사례는, 추후 조금 더 상세히 논의하겠지만, 개별 차시의 맥락화, 탐구를 핵심 가치로 하는 학급 문화의 조성 등, 주어진 시간 내에 교육과정과 교과서의 내용을 가르칠 수밖에 없는 과학교실의 현실적 한계 내에서 과학교실 탐구공동체를 구현하기 위해서는 어떠한 노력이 필요한지에 대해 몇 가지 시사점을 제공하고 있었다.

02 과학교실 탐구공동체의 관점에서 본 과학교실 실태

2.1 실태 분석의 목적과 필요성

이 절에서는 과학교실 탐구공동체의 구현을 준비하는 데에 필요한 시사점을 얻기 위하여, 초등학생들이 과학 수업을 어떻게 인식하고 있는지를 바탕으로, 과학교실 탐구공동체와 관련하여 실제 과학교실의 실태가 어떠한지를 논의하고자 한다. 우선, 이러한 실태 조사가 왜 필요한지를 간략히 논의하고, 과학 수업에 대한 인식 조사를 위한 도구 개발 과정 및 결과를 소개하고자 한다. 그리고 이 도구를 사용해 조사한 초등학생들의 과학 수업에 대한 인식에 대해 논의하면서, 이러한 인식이 과학교실 탐구공동체의 구현에 주는 시사점에 대해 논의하는 방식을 취하였다. 아울러서, 이 절은 정용재와 장진아(2017)의 연구를 바탕으로 작성되었으며, 정용재와 장진아(2018)에서도 일부 논의된 바 있음을 밝힌다.

앞서 논의 하였듯이, 학습은 공동체 속 참여를 통해 일어난다는 주장이 지속적으로 제기되어 왔다(Brown & Duguid, 1991; Lave & Wenger, 1991; Rogoff, Matusov, & White, 1996; Lenning & Ebbers, 1999; Wenger, 1998; Barab & Duffy, 2000; 서경혜, 2013). 이러한 학습에 대한 공동체적 접근은 학습이 개인과 대상이 처해 있는 맥락 전체로서의 상황을 떠나서는 이뤄질 수 없다는 주장(Barab & Duffy, 2000; Cross et al., 2008; Dewey, 1916)이나, 개인의 발달이나 학습은 언어와 도구, 문화 등 사회적 속성을 떠나서는 있을 수 없다는 주장(Vygotsky, 1978; Rogoff, 1990)과도 맥을 같이 한다(정용재와 장진아, 2017).

본 저서에서 논의하고 있는 과학교실 탐구공동체 역시 이와 같은 학습에 대한 공동체적 접근과 맥을 같이하는 것으로, 2장과 3장에서 논의하였듯이, <그림 3.6>에 제시되어 있는 바와 같이 문제인식, 가설설정, 가설검증, 문제해결이라는 4개의 주요 탐구과정으로 구성되며, 끊임없는 탐구 지향, 참여, 충분한 시간, 엄격성의 견지, 오류가능성의 견지, 개방적 의사소통 구조, 공유 등 7가지 토대에 기반 하고 있다. 이러한 과학교실 탐구공동체는 진정한 탐구란 무엇이고 과학 교육의 장에서 어떠한 모습으로 구현되어야 하는가에 대한 고민의 결과로, 공동체에 기반 한 탐구의 모습을 종합적으로 제안하고 있다는 점에서 그 의미를 찾을 수 있다(정용재와 장진아, 2017).

그러나 과학교실 탐구공동체와 관련된 연구는 아직 시작 단계에 있어, 어떤 종류의 탐구 과제가 주어져야 하고 어떤 방식의 탐구가 이루어져야 하는지, 교사의 역할은 어떠해야 하는지, 그리고 그에 따른 과학교육적 효과는 어떤 것들이 있는지 등, 과학교실 탐구공동체 구현과 관련된 경험적 연구가 매우 부족한 실정이다. 물론 앞 절에서 두 개의 과학교실 사례를 제시하였고 이는 위와 같은 연구를 위한 기초적인 정보를 제공하는 데에는 의미 있는 기여를 하겠지만, 사례 연구가 갖는 기본적인 한계로 인해 실제로 과학교실의 실태가 어떠한지를 논의하는 데 있어서는 제한적으로 밖에는 기여하기 어려울 것이다.

위와 같은 점들을 보완하기 위해서는 우선 과학 수업과 과학교실의 모습을 과학교실 탐구공동체 관점에서 조사하고 측정할 수 있는 도구의 개발이 선행되어야 할 것이다. 이러한 도구가 개발되어야 현재 과학 수업과 과학교실의 실태를 조사할 수 있고, 나아가 과학교실 탐구공동체를 지향하는 특정한 프로그램의 효과를 판단할 수 있을 것이기 때문이다(정용재와 장진아, 2017).

위와 같은 필요성에 따라 정용재와 장진아(2017)는 관련 연구의 첫 걸음으로서, 과학교실 탐구공동체 관점에서 접근한 학생의 과학 수업에 대한 인식 조사 도구 개발 과정 및 결과를 제시하고, 개발된 도구를 사용하여 과학교실 탐구공동체 관점에서 과학 수업에 대한 학생의 인식 조사 결과를 제시한 바 있다. 본 절에서는 이들의 연구 결과를 소개하고, 이어서 그 결과가 과학교실 탐구공동체를 준비하는 데에 어떤 시사점을 주고 있는 지에 대해 논의하고자 한다. 이러한 논의는 과학교실 탐구공동체의 구현을 준비하는 데에 있어서 어떠한 점들에 주목해야 하는 지와 더불어서, 추후 과학교실 탐구공동체와 관련된 여러 경험적 연구를 수행함에 있어서도 기초적인 정보를 제공할 수 있을 것으로 기대한다.

2.2 연구 방법

과학교실 탐구공동체 관점에서 접근한 학생의 과학 수업에 대한 인식 조사 도구의 개발과 적용은 서울 지역의 3개 초등학교, 대전 지역의 3개 초등학교 6학년 학생들을 대상으로 이루어졌다(정용재와 장진아, 2017). 회수된 총 설문 부수는 489부였고, 이중에서 불성실한 응답한 응답자를 제외한 총 417부의 설문지가 분석되었다.

과학교실 탐구공동체 관점에서 접근한 과학 수업에 대한 인식 조사 도구의 개발에는 기존의 온라인 탐구공동체와 실행공동체 조사 도구의 문항들이 참고 되었다. 이 중에서 온라인 탐구공동체 조사 도구(Arbaugh *et al.*, 2008; Garrison, Cleveland-Innes, & Fung, 2010)는 '교수관련 영역' (teaching presence), '인지관련 영역'(cognitive presence), '사회관련 영역'(social presence)의 3개 영역 총 34개 문항으로 구성되어 있고, 실행공동체 조사 도구(천은겸 등, 2015) '학습 책임감', '공동의 관심사', '호혜적 인간관계', '개방적 참여', '실행'의 5개 영역 총 27개 문항으로 구성되어 있다. 이들을 참고하여, 정용재와 장진아(2017)는 우선, 과학교실 탐구공동체 탐구 과정(정용재, 2014)의 각 단계별(문제인식, 가설설정, 가설검증, 문제해결) 특성이 나타나도록 한 1개 문항 세트(Likert 5점 척도 총 54개 문항)와, 과학교실 탐구공동체의 구현 조건으로 제안된 '개방성', '엄격성', '오류가능성의 견지', '참여', '끊임없는 탐구 지향', '충분한 시간'(정용재, 2014)에 대한 내용이 반영된 1개 문항 세트(Likert 5점 척도 총 18개 문항)를 1차적으로 개발하였다. 조사 도구 문항의 1차 개발 과정에서는 과학교육 전공 교수 4인이 참여하는 세미나 통해 기존 관련 조사 도구들의 문항 검토가 이루어졌고, 과학교육 박사학위를 소지한 초등학교 현장 교사 1인의 내용 타당도와 현장 적합성 검토를 통해 1차 개발된 문항들의 수정보완이 이루어졌다.

1차 개발된 조사 도구의 타당도와 신뢰도 검증은 SPSS 프로그램을 사용하여 수행되었는데, 타당도 검증을 위한 요인분석에서는 주성분 분석과, 일반적인 교실 상황의 특성상 완전히 독립적인 요인이 존재하기 어렵다는 점을 감안하여 요인간의 상관이 많은 경우에도 사용 가능한 사각회전(oblique rotation) 방법(Kieffer, 1998)이 사용되었고, 신뢰도 검증을 위해서는 Cronbach's α계수 산출 결과가 활용되었다(정용재와 장진아, 2017). 이후, 1차 타당도와 신뢰도 검증 결과를 반영하여 2차 도구 개발이 이루어졌고, 1차 때와 동일한 방법의 타당도와 신뢰도를 검증을 통하여 최종 조사 도구가 개발되었다.

이러한 과정을 거쳐 개발된 도구를 사용하여 정용재와 장진아(2017)는 과학교실 탐구공동체 관점에서 초등학교 6학년 417명의 과학 수업에 대한 인식을 조사하고, 각 문항별 평균과 각 요인별 평균 분석, 그리고 성별, 학교별, 지역별 평균의 비교 분석 등을 수행한 바 있다. 다음 절에서는 이중에서 '탐구수행 과정'과 '탐구수행 토대' 각 문항별 평균과 각 요인별 평균 분석 결과를 바탕으로 학생들의 인식과 그에 따른 시사점에 대해 논의하고자 한다.

2.3 인식 조사 도구 개발 및 적용 결과

(1) 조사 도구의 개발 결과

① '탐구수행 과정' 관련 문항 개발 결과

과학교실 탐구공동체 관점에서 접근한 과학 수업에 대한 인식 조사 도구는 크게 '탐구수행 과정'과 '탐구수행 토대'의 2개 문항 세트로 개발되었다(정용재와 장진아, 2017).

'탐구수행 과정' 문항 세트는 탐구 수행 과정에 대한 인식을 조사하기 위한 문항들로 <그림 3.6>의 과학교실 탐구공동체의 탐구 과정별 즉, 문제인식, 가설설정, 가설검증, 문제해결 과정별로 문항이 개발되었다. 이때 각 과정은, 3장에서 논의한 바와 같이, '대상과의 관계 측면'과 '공동체와의 관계 측면'이라는 두 가지의 측면에 따라 주요하게 포함되어야 할 활동 혹은 요인으로 구성된다. '탐구수행 과정' 문항 세트는 이상의 4개 과정별로 각 과정의 활동에 영향을 미치는 요인들이 탐구수행 과정에서 나타나는지를 묻는 리커르트(Likert) 5점 척도 문항으로 개발되었다. 1차 문항 개발에서는 문제인식 과정 관련 18개 문항, 가설설정 과정 관련 12개 문항, 가설검증 과정 관련 12개 문항, 문제해결 과정 관련 12개 문항 등 총 54개 문항이 개발 되었다(정용재와 장진아, 2017).

1차로 개발 된 총 54개 문항의 '탐구수행 과정' 문항세트는 요인분석을 통한 타당도 검증 결과를 반영하여 총 42개의 2차 문항세트로 수정보완 되었다(정용재와 장진아, 2017). 즉, 1차 문항세트에 대해 주성분 분석과 사각회전 방법으로 1차 요인 분석을 실시한 결과(표본 적합도 Kaiser-Meyer-Olkin(KMO)=.968, Bartlett의 구형 검정 결과 x^2 =14718.005 (df=1431, p<.000)), 총 8개의 요인이 추출되었는데, 몇몇 문항들의 경우는 특정 요인으로 분류되긴 했어도 요인 적재 값이 .400 보다 작아 그 의미를 찾기 어려웠다. 이러한 문항들을 중심으로 적절하지 않다고 판단되는 문항들을 삭제하여 총 42개 문항의 '탐구수행 과정' 2차 문항세트가 구성되었다.

총 42개의 '탐구수행 과정' 2차 문항세트에 대해 1차와 동일한 방법으로 요인분석을 실시한 결과(KMO=.964, Bartlett의 구형 검정 결과 x^2=11235.548 (df = 861, p< .000)), <표 4.1>에서 볼 수 있는 바와 같이 요인 적재 값이 모두 .460 이상인 총 6개의 요인이 추출되었다(정용재와 장진아, 2017).

<표 4.1>에서 볼 수 있듯이, 2차 문항세트에 대한 요인분석 결과, 초기요인을 다소 수정할 필요성이 제기되었다(정용재와 장진아, 2017). 우선, 처음에는 4개의 요인을 가정하고 문항을 구성하였지만, 요인분석 결과, 몇몇 동일한 초기 요인이 2개의 하위요인으로 다시 나뉘면서 6개의 요인이 추출되었다. 이는 본래 정용재(2014)가 제안한 과학교실 탐구공동체의 탐구과정이 다시 몇몇의 주요활동으로 구성되어 있었기 때문에, 비슷한 성격의 주요활동들이 서로 묶이면서 요인으로 나타난 것으로 보인다. 예를 들어, 초기요인 중

'문제인식'에 포함되어 있던 '관찰사실과의 불일치'과 '의견/이론과의 불일치' 관련 문항들이 하나의 요인으로 묶여 추출되었고, '흥미'와 '공동의 흥미' 관련 문항들 역시 하나의 요인으로 묶여 추출되었는데, 이는 '문제인식'이라는 요인이 '불일치 인식'과 '흥미'라는 하위요인으로 나뉜 것으로 보인다. 또, 초기요인 중 '문제해결'에 포함되어 있던 '대상과의 관계 변화 반추'와 '개념 변화 반추' 관련 문항들이 하나의 요인으로, '공동체와의 관계 변화 반추'와 '탐구자의 변화 반추' 관련 문항들이 하나의 요인으로 추출되었는데, 이는 '문제해결'이라는 요인이 대상과의 관계 측면에서의 '대상관계/개념 변화 반추'와 공동체와의 관계 측면에서의 '공동체관계/탐구자 변화 반추'라는 하위요인으로 나뉜 것으로 보인다. 이러한 요인분석 결과를 반영하여, 정용재와 장진아(2017)는 <표 4.1>과 같이 '문제인식Ⅰ: 불일치 인식'과 '문제인식Ⅱ: 흥미', 그리고 '문제해결Ⅰ: 대상관계/개념 변화 반추'와 '문제해결Ⅱ: 공동체관계/탐구자 변화 반추'라는 수정요인을 제안하였다.

초기요인 중 '가설설정'과 '가설검증' 요인 역시 요인분석 결과를 반영하여 수정 제안되었다(정용재와 장진아, 2017). 요인분석 결과, <표 4.1>에서 볼 수 있는 바와 같이, 초기요인 중 '가설설정'과 '가설검증'에 해당하는 상당수의 문항들이 하나의 요인으로 묶여 추출되었고, '가설검증'에 포함되어 있던 '협력적 검토' 관련 문항들이 다른 하나의 요인으로 추출되었다. 이는 실제 학교 과학교실에서 이루어지는 가설설정과 가설검증은 명확히 구분되지 않은 상태에서 통합적으로 이뤄지고 있을 수 있음을 시사한다. 즉, 탐구과정을 단계별로 상세화 하여 이론적으로 접근해 보면, 정용재(2014)의 제안과 유사하게, 가설설정이 이뤄진 다음에 해당 가설을 검증할 수 있는 실험 계획을 세우고 이에 따라 가설검증 활동이 이뤄지겠지만, 실제 초등학교 과학교실에서 일어나는 수업에서는 가설설정을 먼저 한 후 검증 계획을 세워 시도하기 보다는, 둘을 구분 없이 동시에 수행하면서 현상이나 문제의 원인을 밝히고자 시도하기 때문으로 생각된다(정용재와 장진아, 2017). 그리고 이러한 가설설정 및 검증 과정의 타당성을 친구들과 함께 검토하는 것은 일련의 과정에 대한 평가의 성격으로 인식되어 '협력적 검토'를 내용으로 하는 문항들은 다른 하나의 요인으로 추출된 것으로 보인다. 이러한 요인분석 결과를 반영하여, 정용재와 장진아(2017)는 <표 4.1>과 같이 '가설설정'과 '가설검증'을 '문제원인설명'이라는 수정요인으로 통합하여 제안하였고, 이를 다시 '문제원인설명Ⅰ: 가설설정 및 검증'과 '문제원인설명Ⅱ: 협력적 검토'의 하위요인으로 나누어 제안하였다. 한편, '문제원인설명Ⅰ: 가설설정 및 검증' 요인에는 초기 '문제인식' 문항들은 중 '관찰사실 분석'과 '의견/이론 분석' 관련 문항들도 포함되어 추출되었는데, 이는 앞서 3장에서 논의하였듯이, 관찰 사실이나 의견/

표 4.1 '탐구수행 과정' 문항세트(2차)에 대한 요인분석 결과 (정용재와 장진아, 2017, p. 277)

문항 번호 및 내용	요인분석 결과에 따른 요인						초기요인	수정요인
	1	2	3	4	5	6		
[20] 과거경험과의 유사성	.779	.063	−.033	.126	−.161	−.023	가설설정	문제원인 설명1: 가설설정 및 검증
[21] 과거경험과의 유사성	.777	.047	.001	.101	−.143	−.083	가설설정	
[32] 연역적 예측	.733	−.141	−.233	.015	.070	.038	가설검증	
[19] 과거경험과의 유사성	.732	.151	.023	−.034	−.073	−.048	가설설정	
[33] 연역적 예측	.685	−.010	−.131	−.001	.084	.032	가설검증	
[15] 의견/이론 분석	.680	.059	.029	.078	.040	−.057	문제인식	
[31] 연역적 예측	.612	.076	−.105	.052	.169	−.009	가설검증	
[22] 심리적 안정	.587	.112	−.232	.020	−.165	−.002	가설설정	
[13] 의견/이론 분석	.585	.192	.134	.096	−.114	−.208	문제인식	
[14] 의견/이론 분석	.573	.059	.013	.153	−.096	−.148	문제인식	
[26] 공동경험과의 유사성	.558	.026	−.098	−.017	.265	−.053	가설설정	
[28] 공감	.548	.027	−.020	.008	.380	−.003	가설설정	
[6] 관찰사실 분석	.536	.069	−.039	.022	.004	−.131	문제인식	
[38] 합의된 예측	.536	−.002	−.029	.044	.296	−.035	가설검증	
[27] 공동경험과의 유사성	.534	−.036	−.056	.035	.270	−.169	가설설정	
[37] 합의된 예측	.515	.018	−.052	.082	.313	−.015	가설검증	
[35] 실제적 효과	.470	.143	−.042	.051	.228	−.113	가설검증	
[36] 실제적 효과	.464	−.011	.121	.132	.128	−.156	가설검증	
[2] 관찰사실과의 불일치	.153	.794	−.096	−.141	.018	.014	문제인식	문제인식1: 불일치 인식
[1] 관찰사실과의 불일치	−.035	.681	.043	−.113	.074	−.169	문제인식	
[11] 의견/이론과의 불일치	−.005	.680	−.111	.170	−.007	−.044	문제인식	
[12] 의견/이론과의 불일치	.068	.661	−.168	.102	−.054	.071	문제인식	
[10] 의견/이론과의 불일치	.003	.631	.165	.216	.063	−.022	문제인식	
[43] 대상과의 관계 변화 반추	.051	.025	−.702	.099	.147	−.063	문제해결	문제해결 I: 대상관계/ 개념 변화 반추
[44] 대상과의 관계 변화 반추	.031	−.013	−.633	.160	.082	−.182	문제해결	
[46] 개념 변화 반추	.066	.173	−.630	−.017	.090	−.150	문제해결	
[47] 개념 변화 반추	.064	.147	−.608	.092	.009	−.131	문제해결	
[45] 대상과의 관계 변화 반추	.177	−.023	−.590	.050	.006	−.207	문제해결	
[9] 흥미	.069	−.040	−.121	.745	−.069	.027	문제인식	문제인식II: 흥미
[16] 공동의 흥미	.007	.001	−.021	.745	−.042	−.123	문제인식	
[7] 흥미	−.051	.136	−.108	.714	.132	.072	문제인식	
[18] 공동의 흥미	.111	−.068	.003	.688	.051	−.141	문제인식	
[8] 흥미	.136	.144	.139	.553	.124	−.025	문제인식	
[41] 협력적 검토결과	−.013	.133	−.142	.087	.700	−.099	가설검증	문제원인 설명II: 협력적 검토
[40] 협력적 검토결과	.024	.036	−.040	.240	.644	−.106	가설검증	
[42] 협력적 검토결과	.174	.098	−.179	−.018	.644	−.058	가설검증	
[51] 공동체와의 관계 변화 반추	−.077	−.010	.055	.003	.112	−.902	문제해결	문제해결II: 공동체관계 /탐구자 변화 반추
[50] 공동체와의 관계 변화 반추	.107	.004	−.038	.021	−.037	−.762	문제해결	
[49] 공동체와의 관계 변화 반추	.102	.067	−.074	−.063	−.005	−.754	문제해결	
[53] 탐구자의 변화 반추	.080	.047	−.162	.025	−.043	−.678	문제해결	
[52] 탐구자의 변화 반추	−.029	.074	−.149	.137	.033	−.629	문제해결	
[54] 탐구자의 변화 반추	.104	.052	−.196	.139	−.075	−.530	문제해결	

이론을 분석하는 활동은 문제인식 과정뿐만 아니라 문제를 해결하기 위해 임시적인 설명을 제안하고, 그 임시적 설명이 맞는지 확인하는 방법을 찾기 위해서도 필요한 활동임이 나타난 것으로 보인다.

요컨대, 이상과 같은 요인분석 결과를 반영하여 정용재와 장진아(2017)는 과학교실 탐구공동체 관점에서 학생들의 과학 수업에 대한 인식을 조사하기 위한 '탐구수행 과정' 문항세트를 <표 4.1>과 같이 크게 6개의 요인으로, 즉, '문제인식Ⅰ: 불일치 인식', '문제인식Ⅱ: 흥미', '문제원인설명Ⅰ: 가설설정 및 검증', '문제원인설명Ⅱ: 협력적 검토', '문제해결Ⅰ: 대상관계/개념 변화 반추', '문제해결Ⅱ: 공동체관계/탐구자 변화 반추'의 요인으로 구성하였다. 한편, 추후 면밀하고 심도 있는 검토가 필요하겠지만, 이와 같은 수정요인의 제안은 정용재(2014)의 연구에서 제안된 <그림 3.6>과 같은 과학교실 탐구공동체의 탐구과정 모형이 다음의 <그림 4.13>과 같이 일부 수정 보완될 필요가 있을 수 있음을 시사하는 것이기도 하다(정용재와 장진아, 2017).

이와 같은 과정을 거쳐 최종 개발된 '탐구수행 과정' 문항세트의 신뢰도를 분석한 결과

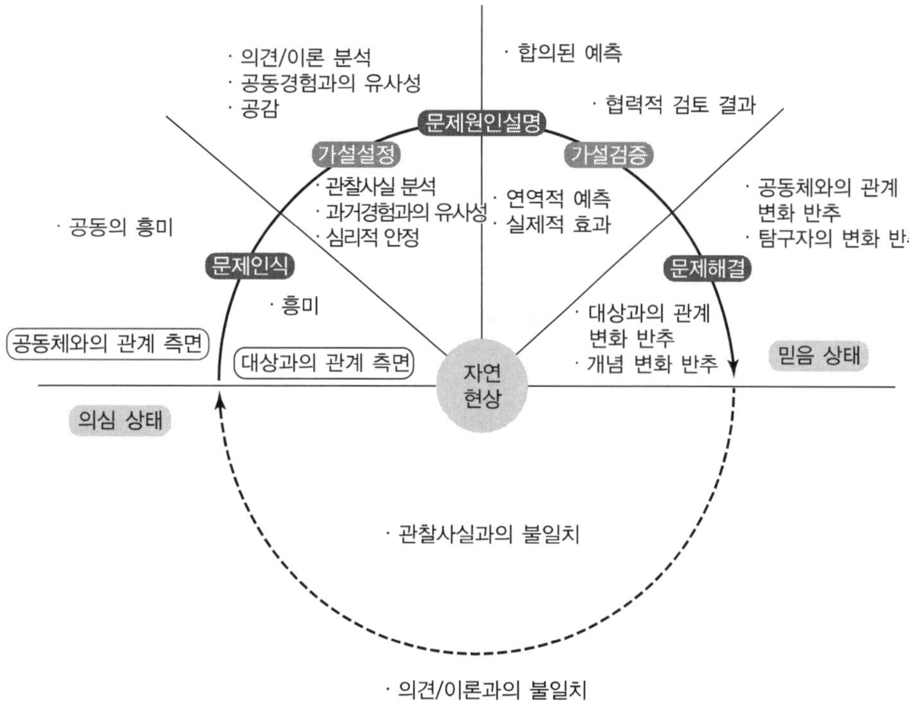

그림 4.13 '과학교실 탐구공동체' 탐구 과정의 수정 모형 제안 (정용재와 장진아, 2017, p. 278)

표 4.2 '탐구수행 과정' 문항세트(2차) 구조 및 신뢰도 분석 결과 (정용재와 장진아, 2017, p. 279)

요인	문항 수	내용	Cronbach's α
문제인식 I : 불일치 인식	5	관찰사실과의 불일치. 의견/이론과의 불일치	.821
문제인식 II: 흥미	5	흥미. 공동의 흥미	.838
문제원인설명 I : 가설설정 및 검증	18	관찰사실 분석, 의견/이론 분석, 과거 경험과의 유사성, 심리적 안정, 공동 경험과의 유사성, 공감, 연역적 예측, 합의된 예측, 실제적 효과	.955
문제원인설명 II: 협력적 검토	3	협력적 검토 결과	.865
문제해결 I : 대상관계/개념 변화 반추	5	대상과의 관계 변화 반추, 개념 변화 반추,	.898
문제해결 II: 공동체관계/탐구자 변화 반추	6	공동체와의 관계 변화 반추, 탐구자의 변화 반추	.907
전체	42		.972

는 <표 4.2>와 같다. 표에서 볼 수 있는 바와 같이, 각 요인별 문항들의 Cronbach's α 계수가 모두 .821~.907의 범위 내에 있어 상당히 좋은 신뢰도(George & Mallery, 2003)를 나타내고 있었다. 아울러서, 문항 전체의 Cronbach's α 계수도 .972로 나타나 '탐구수행 과정' 문항세트는 조사도구로서 매우 높은 신뢰도를 가지고 있었다(정용재와 장진아, 2017).

이상의 과정을 거쳐 개발된 '탐구수행 과정' 최종 문항세트는 본 절의 마지막에 부록으로 제시하였다([부록 4-1] 참조).

② '탐구수행 토대' 관련 문항 개발 결과

과학교실 탐구공동체 관점에서 접근한 과학 수업에 대한 인식 조사 도구 중 '탐구수행 토대' 문항 세트는 정용재(2014)의 연구에서 제안한 과학교실 탐구공동체의 구현 조건, 즉, '개방성', '엄격성의 견지', '오류가능성의 견지', '참여', '끊임없는 탐구 지향', '충분한 시간' 등이 탐구 수행 과정에서 나타나는지를 묻는 리커르트 5점 척도 문항으로 개발되었다(정용재와 장진아, 2017). 이때, 본래 정용재(2014)의 연구에서 제안된 '흥미'는 앞서 '탐구수행 과정' 문항세트 중의 흥미 관련 문항과 중복될 수 있으므로 '탐구수행 토대' 문항 세트에서는 배제 되었다. 1차 문항 개발에서는 6가지 조건별로 3개 문항씩 총 18개 문항이 개발되었다.

1차로 개발 된 총 18개 문항의 '탐구수행 태도' 문항세트는 요인분석을 통한 타당도 검증 결과를 반영하여 총 17개의 2차 문항세트로 수정보완 되었다(정용재와 장진아,

2017). 1차 문항세트에 대해 주성분 분석과 사각회전 방법으로 1차 요인 분석을 실시한 결과(KMO=.934, Bartlett의 구형 검정 결과 χ^2 = 3600.320 (df=153, p <.000)), 총 6개의 초기요인이 요인 간 문항 이동 없이 3개의 요인으로 통합되어 추출되었다. 다만, 초기요인 중 '참여'에 해당했던 "과학 수업에 우리는 스스로 열심히 참여한다."는 요인 분석 결과 다른 요인으로 묶여 추출되었는데, 이는 문항의 내용이 다소 명료하지 않게 서술되어 있어서 응답자가 '참여'보다는 '스스로'에 주목했을 수 있다. 이러한 요인분석 결과를 반영하여, 위의 한 문항을 삭제한 후, 총 17개 문항으로 구성된 '탐구수행 토대' 2차 문항세트가 개발되었다(정용재와 장진아, 2017).

총 17개의 '탐구수행 토대' 2차 문항세트에 대해 1차와 동일한 방법으로 요인분석을 실시한 결과(KMO=.931, Bartlett의 구형 검정 결과 χ^2=3407.080 (df=136, p <.000)), <표 4.3>에서 볼 수 있는 바와 같이 요인 적재 값이 모두 .435 이상인 총 3개의 요인이 추출되었다(정용재와 장진아, 2017).

<표 4.3>에서 볼 수 있듯이, '탐구 수행 토대' 2차 문항세트에 대한 요인분석 결과, 초기요인을 다소 수정할 필요성이 제기되었다(정용재와 장진아, 2017). 처음에는 4개의 요인을 가정하고 문항을 구성하였지만, 요인분석 결과, 몇몇 유사한 내용의 초기요인이 통합되면서 총 3개의 요인이 추출되었다. 예를 들어, '끊임없는 탐구지향', '참여', '충분한 시간' 관련 문항들은 앞서 언급한 한 문항을 제외하고는 모두 하나의 요인으로 묶여 추출되었는데, 이는 3개의 초기 요인이 모두 탐구를 얼마나 적극적이고 충분하게 수행하고자 하는가와 관련된 내용이기 때문으로 보인다. 이에 따라 정용재와 장진아(2017)는 이들 3개 초기요인을 묶어 '탐구실행 의지'라는 수정요인으로 재구성하였다. 또, '엄격성의 견지'와 '오류가능성 견지' 역시 하나의 요인으로 묶여 추출되었는데, 이들은 모두 탐구를 수행할 때 견지해야 할 태도라는 점에서 '탐구수행 태도'라는 수정요인으로 묶어 제안되었다. 한편, 초기요인 중 '개방성' 관련 문항들은 모두 그대로 하나의 요인으로 추출되었으나, 수정한 2개의 수정요인과 유사한 차원으로 명명하기 위해 '의사소통 구조'로 요인의 명칭만 수정되었다.

이상과 같은 요인분석 결과를 반영하여 정용재와 장진아(2017)는 과학교실 탐구공동체 관점에서 학생들의 과학 수업에 대한 인식을 조사하기 위한 '탐구수행 토대' 문항세트를 <표 4.3>과 같이 크게 3개의 요인으로, 즉, '탐구실행 의지', '탐구수행 태도', '의사소통 구조'의 요인으로 구성하였다. 한편, 이와 같은 수정요인의 제안은 정용재(2014)

표 4.3 '탐구수행 토대' 문항세트(2차)에 대한 요인분석 결과 (정용재와 장진아, 2017, p. 279)

문항 번호 및 내용	요인분석 결과에 따른 요인			초기 요인	수정 요인
	1	2	3		
[69] 끊임없는 탐구지향	.837	.076	-.227	끊임없는 탐구지향	탐구실행 의지
[68] 끊임없는 탐구지향	.796	.054	-.046	끊임없는 탐구지향	
[67] 끊임없는 탐구지향	.787	-.004	.069	끊임없는 탐구지향	
[66] 참여	.723	.036	.088	참여	
[65] 참여	.634	-.051	.281	참여	
[70] 충분한 시간	.612	-.039	.260	충분한 시간	
[71] 충분한 시간	.493	.068	.284	충분한 시간	
[72] 충분한 시간	.435	.125	.208	충분한 시간	
[60] 엄격성	-.100	.847	.039	엄격성	탐구수행 태도
[58] 엄격성	-.115	.829	.118	엄격성	
[61] 오류가능성 견지	.162	.740	-.200	오류가능성 견지	
[59] 엄격성	-.075	.726	.240	엄격성	
[62] 오류가능성 견지	.281	.627	-.088	오류가능성 견지	
[63] 오류가능성 견지	.220	.624	.018	오류가능성 견지	
[56] 개방성	.171	-.011	.742	개방성	의사소통 구조
[57] 개방성	.111	.191	.708	개방성	
[55] 개방성	.140	.208	.635	개방성	

의 연구에서 제안된 '참여', '끊임없는 탐구 지향', '충분한 시간', '엄격성의 견지', '오류가능성의 견지', '개방성'이라는 과학교실 탐구공동체의 토대가 위의 3개의 요인, 즉, '탐구실행 의지', '탐구수행 태도', '의사소통 구조'라는 상위범주로 묶여 논의될 필요가 있음을 시사하고 있다(정용재와 장진아, 2017). 이에 따라 본 저서에서도 앞서 3장 4절 '과학교실 탐구공동체의 토대'에 대한 논의를 '탐구실행 의지', '탐구수행 태도', '의사소통 구조'라는 상위범주로 묶어 전개하였다.

한편, 최종 개발된 '탐구수행 토대' 문항세트의 신뢰도를 분석한 결과는 <표 4.4>와 같다. 표에서 볼 수 있는 바와 같이, 각 요인별 문항들의 Cronbach's α 계수가 모두 .807~.881의 범위 내에 있어 상당히 좋은 신뢰도(George & Mallery, 2003)를 나타내고 있었다. 아울러서, 문항 전체의 Cronbach's α 계수도 .924로 나타나 '탐구수행 토대' 문항세트는 조사도구로서 상당히 높은 신뢰도를 가지고 있었다(정용재와 장진아, 2017).

이상의 과정을 거쳐 개발된 '탐구수행 토대' 최종 문항세트는 본 절의 마지막에 부록으로 제시하였다([부록 4-2] 참조).

표 4.4 '탐구수행 토대' 문항세트(2차) 구조 및 신뢰도 분석 결과 (정용재와 장진아, 2017, p. 280)

요인	문항 수	내용	Cronbach's α
탐구 실행 의지	8	끊임없는 탐구지향, 참여, 충분한 시간	.881
탐구 수행 태도	6	엄격성, 오류가능성 견지	.866
의사소통 구조	3	개방성	.807
총합	17		.924

(3) 조사 도구의 적용 결과

① '탐구수행 과정'에 대한 학생들의 인식

과학교실 탐구공동체 관점에서 학생들이 학교 과학 수업에서 이뤄지는 '탐구수행 과정'에 대해 어떻게 인식하는지 조사한 결과는 <표 4.5>와 같다(정용재와 장진아, 2017).

'탐구수행 과정'에 대한 학생들의 응답을 분석한 결과, 전체적으로 학생들은 과학 수업 중에 이뤄지는 탐구의 특징에 대해 과학교실 탐구공동체의 측면에서 긍정적으로 인식하고 있었다(정용재와 장진아, 2017). 즉, <표 4.5>에서 볼 수 있듯이, '문제인식Ⅰ: 불일치 인식'은 3.17점, '문제인식Ⅱ: 흥미'는 3.46점, '문제원인설명Ⅰ: 임시적 설명과 검증'은 3.37점, '문제원인설명Ⅱ: 협력적 검토'는 3.44점, '문제해결Ⅰ: 대상관계/개념 변화 반추'는 3.49점, '문제해결Ⅱ: 공동체관계/탐구자 변화 반추'는 3.26점으로, 모든 요인들에 대한 응답 평균이 3.00점을 넘었다. 이러한 결과는, 설문지가 5점 만점의 리커르트 척도였음을 감안할 때([부록 4-1] 참조), 과학 수업 시간에 이뤄지는 탐구의 특징에 대해 적어도 학생들은 과학교실 탐구공동체에서 추구하는 탐구의 모습에 비추어서 전반적으로 긍정적인 인식을 가지고 있음을 보여준다.

'탐구수행 과정' 요인들 중에서 가장 높은 평균 점수를 보인 요인은 '문제해결Ⅰ: 대상관계/개념 변화 반추'(3.49)였다. 이 요인에는 개별 문항 중 가장 높은 평균 점수를 보인 "과학 수업이 끝날 때 나는 무엇을 새롭게 알게 되었는지 생각해 본다."(3.58)와 "과학 수업이 끝날 때 나는 내가 새롭게 경험한 것이 무엇이었는지 생각해 본다."(3.58) 등이 포함되어 있다. 이러한 결과는 학생들이 문제해결 단계에서 탐구를 통해 무엇을 새롭게 알게

표 4.5 '탐구수행 과정' 관련 학생들의 인식 조사 결과 (정용재와 장진아, 2017, p. 281)

요인	M	SD	번호	문항내용	M	SD
문제인식Ⅰ: 불일치 인식	3.17	.80	1	과학 수업에서는 내가 평소에 관찰했던 것과는 다른 현상을 제시한다.	3.22	1.04
			2	과학 수업은 "이상하다. 내가 평소에 관찰하던 것과는 차이가 나네."라는 의문을 갖게 하면서 시작한다.	3.00	1.08
			10	과학 수업에서는 내가 평소에 알고 있던 것과는 다른 지식이나 이론들을 제시한다.	3.41	.98
			11	과학 수업은 "이상하다. 내가 알고 있던 지식과 다르네." 라는 의문을 갖게 하면서 시작한다.	3.16	1.08
			12	과학 수업은 "이상하다. 다른 사람은 왜 나와 다르게 생각하지?"라는 의문을 갖게 하면서 시작한다.	3.05	1.05
문제인식Ⅱ: 흥미	3.46	.81	7	과학 수업에서 다루는 것은 나의 일상생활에도 영향을 미친다.	3.49	1.09
			8	과학 수업에서는 내가 관심 있어 하는 것을 다룬다.	3.47	1.02
			9	과학 수업에서 다루는 것은 나의 미래를 준비하는 데에 필요한 것들이다.	3.53	1.04
			16	과학 수업에서 다루는 것은 친구들 모두의 일상생활에도 영향을 미친다.	3.35	1.03
			18	과학 수업에서 다루는 것은 친구들 모두의 미래를 준비하는 데에 필요한 것들이다.	3.50	1.00
문제원인 설명Ⅰ: 가설설정 및 검증	3.37	.73	6	과학 수업에서 나는 내가 한 관찰에서 어떤 점을 설명해야 하는지를 명확히 하고 탐구를 시작한다.	3.40	.95
			13	나는 과학 수업에서 제시된 지식이나 이론이 평소에 내가 알고 있던 것과 어떻게 다른지 비교해 본다.	3.28	.96
			14	과학 수업에서 나는 내 의견과 다른 사람의 의견이 어떻게 다른지 비교해 본다.	3.33	1.00
			15	과학 수업에서 나는 어떤 의견이나 지식을 검토해야 하는지를 명확히 하고 탐구를 시작한다.	3.38	.97
			19	과학 수업에서 나는 어떤 현상을 설명하기 위해 예전의 경험에 비추어 나 나름대로의 설명을 시도한다.	3.38	1.02
			20	과학 수업에서 나는 어떤 현상을 설명하기 위해 수업 시간에 관찰한 것과 예전에 경험한 것의 공통점을 생각해 본다.	3.38	1.02
			21	과학 수업에서 나는 어떤 현상을 설명하기 위해 수업 시간에 관찰한 것과 예전에 경험한 것의 차이점을 생각해 본다.	3.37	.97
			22	과학 수업에서 나는 궁금증을 해결하기 위해 나 나름대로의 설명을 시도한다.	3.30	1.01
			26	과학 수업에서 우리는 어떤 현상을 설명하기 위해 수업 시간에 관찰한 것과 예전에 우리가 경험한 것의 공통점을 함께 생각해 본다.	3.40	.98
			27	과학 수업에서 우리는 어떤 현상을 설명하기 위해 수업	3.35	1.00

구분	평균	표준편차	문항	내용	평균	표준편차
				시간에 관찰한 것과 예전에 우리가 경험한 것의 차이점을 함께 생각해 본다.		
			28	과학 수업에서 우리는 궁금증을 해결하기 위해 친구들과 함께 우리 나름대로의 설명을 시도한다.	3.29	1.01
			31	과학 수업에서 나는 나 나름대로의 설명이 맞는지 확인하기 위해서는 어떤 것을 반드시 알아봐야 하는지 생각해 본다.	3.42	.97
			32	과학 수업에서 나는 나 나름대로의 설명이 맞는다면 반드시 일어나야 되는 현상이 무엇인지 생각해 본다.	3.44	.97
			33	과학 수업에서 나는 나 나름대로의 설명이 맞는다면 절대 일어나서는 안 되는 현상이 무엇인지 생각해 본다.	3.40	.97
			35	과학 수업에서 나는 나 나름대로의 설명이 맞는지 확인하기 위해 눈이나 귀 등 감각을 통해 확인할 수 있는 증거를 찾는다.	3.28	.99
			36	과학 수업에서 나는 실제로 관찰되는 증거가 없으면 나 나름대로의 설명이 틀릴 수도 있다고 판단 내린다.	3.53	.97
			37	과학 수업에서 우리는 우리 나름대로의 설명이 맞는지 확인하기 위해서는 어떤 것을 반드시 알아봐야 하는지 함께 생각해 본다.	3.36	.93
			38	과학 수업에서 우리는 우리 나름대로의 설명이 맞는다면 반드시 일어나야 되는 현상이 무엇인지 함께 생각해 본다.	3.41	.95
문제원인 설명Ⅱ: 협력적 검토	3.44	.91	40	과학 수업에서 우리는 실험 결과가 어떤지에 대해서 함께 토의한다.	3.54	1.05
			41	과학 수업에서 우리는 실험 방법이 적절한지에 대해서 함께 토의한다.	3.42	1.05
			42	과학 수업에서 우리는 실험 결과를 바탕으로 처음 우리 나름대로의 설명이 맞는지 함께 토의한다.	3.37	.98
문제해결Ⅰ: 대상관계/ 개념 변화 반추	3.49	.83	43	과학 수업이 끝날 때 나는 무엇을 새롭게 알게 되었는지 생각해 본다.	3.58	.98
			44	과학 수업이 끝날 때 나는 내가 새롭게 경험한 것이 무엇이었는지 생각해 본다.	3.58	.95
			45	과학 수업이 끝날 때 나는 내가 어떤 점을 설명할 수 있게 된 것인지 생각해 본다.	3.47	.97
			46	과학 수업에서 나는 나의 처음 생각과 수업이 끝날 때 생각을 비교해 본다.	3.36	1.04
			47	과학 수업이 끝날 때 나는 나의 처음 생각이 변했는지, 아니면 더욱 확실해졌는지 생각해 본다.	3.45	1.00
문제해결Ⅱ: 공동체관계/ 탐구자 변화 반추	3.26	.84	49	과학 수업이 끝날 때 나는 나의 활동이 친구들에게 도움이 되었을지 생각해 본다.	3.20	1.01
			50	과학 수업이 끝날 때 나는 내가 우리 반 과학 수업에 어떤 영향을 주었을까 생각해 본다.	3.20	.99
			51	과학 수업이 끝날 때 나는 내가 친구들과 더욱 가까워졌는지 아닌지 생각해 본다.	3.16	1.06
			52	과학 수업이 끝날 때 나는 과학에 대한 나의 흥미에 변	3.39	1.05

	화가 생겼는지 생각해 본다.		
53	과학 수업이 끝날 때 나는 과학에 대한 나의 자신감에 변화가 생겼는지 생각해 본다.	3.22	.98
54	과학 수업이 끝날 때 나는 과학에 대해 좀 더 알고 싶어졌는지 생각해 본다.	3.37	1.01

되었고 어떤 것을 새롭게 경험했는지를 포함하여, 탐구 전과 후에 대상과의 관계나 개념에 어떤 변화가 생겼는지를 반추한다고 스스로 인식하고 있음을 보여준다.

반면, 문제해결 단계와 관련된 또 하나의 요인인 '문제해결Ⅱ: 공동체관계/탐구자 변화 반추' 요인의 응답 평균 점수는 6개의 요인 중 두 번째로 낮은 3.26점에 그쳤다. 이 요인에는 개별 문항 중에서도 가장 점수가 낮은 편에 속한 "과학 수업이 끝날 때 나는 과학에 대한 나의 자신감에 변화가 생겼는지 생각해 본다."(3.22), "과학 수업이 끝날 때 나는 내가 친구들과 더욱 가까워졌는지 아닌지 생각해 본다."(3.16), "과학 수업이 끝날 때 나는 내가 우리 반 과학 수업에 어떤 영향을 주었을까 생각해 본다."(3.20) 등이 포함되어 있다. 물론, 6개의 요인 중 두 번째로 낮은 평균 점수를 보였다고는 하나 여전히 3.00점 이상이므로, 학생들이 문제해결 단계에서 탐구를 통해 자신감이나 흥미 등 나에게 어떤 변화가 생겼는지, 혹은 공동체와 나의 관계에는 어떤 변화가 생겼는지를 반추한다고 긍정적으로 인식하고 있음을 보여주는 것이기는 하다. 다만, 다분히 인지적인 측면에 대한 반추인 '대상관계/개념 변화 반추'에 비해, 다분히 정의적인 측면과 공동체적 측면을 포함한 통합적인 측면에 대한 반추인 '공동체관계/탐구자 변화 반추'는 상대적으로 약하게 일어나고 있음을 학생들의 응답 결과는 보여준다.

앞서 3장에서 논의하였듯이, '대상관계/개념 변화 반추'와 '공동체관계/탐구자 변화 반추'는 탐구를 통해 문제가 해결되는 과정에서 '맥락 전체'(contextual whole)를 이루고 있는 대상, 사건, 주체와 공동체들의 연결(Dewey, 1938)이 어떻게 변화했는지를 검토한다는 점에서, 과학교실 탐구공동체의 탐구과정 중 문제해결 단계의 주요 활동으로 제안 되었다(정용재, 2014). 이는 학습을 공동체 속 참여를 통해 일어나는 총체적인 변화로 봐야하고(Brown & Duguid, 1991; Rogoff, Matusov, & White, 1996), 공동체 구성원으로서 개인의 정체성 변화(이민주와 김희백, 2011; Lave & Wenger, 1991)나, 공동체를 포함하는 맥락 전체 속에서 구성원 간 상호작용의 변화(박선영과 김회용, 2009; Dewey, 1938)에 주목해야한다는 관점과도 맥을 같이 한다(정용재와 장진아, 2017). 이러한 관점들을 수용한다면, 탐구를 통해 문제를 해결하는 과정에는 '대상관계/개념 변화 반추'와 함께 나와 공동체의 총체적인 변화에 대한 반추를 포함하는 '공동체관계/탐구자 변화 반추' 역시 중요할 것이다. 물론, 탐구의 본성에 대한 다른 관점이 있을 수 있지만, 적어도 과학교실 탐구공동체가 추구하는 탐구에서는 그러하다.

이러한 점들을 감안하면, 적어도 학생들이 인식하기에는 '대상관계/개념 변화 반추'에 비해 '공동체관계/탐구자 변화 반추'가 학교 과학 탐구에서 상대적으로 약하게 이뤄지고 있다는 분석 결과는 그 원인에 대한 분석과 함께 학생들로 하여금 나와 공동체의 총체적인 변화에 대한 반추에 더욱 주목할 수 있도록 하는 방안의 모색이 필요함을 보여준다(정용재와 장진아, 2017).

한편, '탐구수행 과정' 요인들 중에서 두 번째로 높은 평균 점수를 보인 요인은 '문제인식Ⅱ: 흥미'(3.46)였다. 이 요인에는 "과학 수업에서는 내가 관심 있어 하는 것을 다룬다."(3.47), "과학수업에서 다루는 것은 나의 미래를 준비하는 데에 필요한 것들이다."(3.53), "과학 수업에서 다루는 것은 친구들 모두의 미래를 준비하는 데에 필요한 것들이다."(3.50) 등의 문항들이 포함되어 있다. 이러한 결과는 대체로 학생들은 자신이나 친구들과 관련되어 있어서 흥미를 느낄 수 있는 문제들이 탐구에서 다뤄지고 있다고 스스로 인식하고 있음을 보여준다.

반면, 문제인식 단계와 관련된 또 하나의 요인인 '문제인식Ⅰ: 불일치 인식' 요인의 응답 평균 점수는 6개의 요인 중 가장 낮은 3.17점에 그쳤다. 이 요인에는 개별 문항 중에서도 가장 낮은 평균 점수를 보인 "과학 수업은 "이상하다. 내가 평소에 관찰하던 것과는 차이가 나네."라는 의문을 갖게 하면서 시작한다."(3.00), "과학 수업은 "이상하다. 다른 사람은 왜 나와 다르게 생각하지?"라는 의문을 갖게 하면서 시작한다."(3.05), "과학 수업은 "이상하다. 내가 알고 있던 지식과 다르네."라는 의문을 갖게 하면서 시작한다."(3.16) 등이 포함되어 있다. 또, 평균 점수가 가장 낮은 편에 속했던 "과학 수업에서는 내가 평소에 관찰했던 것과는 다른 현상을 제시한다."(3.22) 문항도 포함되어 있다. 물론, 6개의 요인 중 가장 낮은 평균 점수를 보였다고는 하지만 이 요인 역시 평균 점수는 근소하게나마 3.00점 이상이었다. 즉, 학생들은 대체로 문제인식 단계에서 자신이 알고 있던 것이나 경험했던 것과 현재 직면한 현상 사이의 불일치, 나의 생각과 다른 친구의 생각 사이의 불일치 등 여러 가지 불일치를 바탕으로 문제 인식이 이뤄지고 있다고 스스로 보통 수준 정도로는 인식하고 있었다. 다만, 상대적이긴 하지만, 과학 수업 중 탐구 문제를 인식함에 있어서 학생들은 흥미를 바탕으로 하는 경우에 비해 여러 가지 불일치에 대한 인식을 바탕으로 하는 경우는 상대적으로 적게 이뤄지고 있다고 생각하고 있음은 분명하다. 이는 기존에 알고 있던 바와 달라서 이상하고 의심스러움을 느끼는 상태에서 탐구가 시작하는 경우가 과학 수업에서 이뤄지는 탐구에서는 실제로 충분하지 않거나, 혹은 적어도 학생들은 상대적으로 충분하지 않다고 인식하고 있음을 보여준다(정용재와 장진아, 2017).

앞 장에서 논의하였듯이, '흥미'와 '불일치 인식'은 과학교실 탐구공동체의 탐구 과정에서 문제를 인식하는 데에 영향을 미치는 주요한 요인이다. 흥미와 관심은 관람자가 아니라 나와 나의 미래에 영향을 미칠 수 있는 일에 대한 참여자일 때 일어나므로(Dewey, 1916), 흥미와 관심을 바탕으로 한 문제의 인식과 탐구는 나와 나의 미래에 영향을 미치는 탐구이기 때문에 그 탐구는 큰 동력을 얻을 수 있다(정용재, 2014). 그런 점에서 흥미는 문제를 인식하고 탐구를 수행하는 데에 영향을 미치는 주요한 요인이다.

여러 가지 불일치를 인식하는 것 역시 문제를 인식하고 탐구를 수행하는 데에 큰 영향을 미친다. 이는 앞서 2장에서 논의한 바와 같이, 탐구 그 자체가 '의심의 자극에 의해 일어난 것으로서, 믿음 상태를 획득하려는 투쟁'(CP 5.374)이라는 것에 기인한다. 다시 말해서 안정적이고 만족스러운 상태인 믿음의 상태가 기존에 알고 있던 바로는 설명되지 않는 이상한 현상에 직면하면서 의심의 상태로 전환되고, 그럼으로써 발생한 '의심의 자극'에 의해 시작되어 다시금 믿음의 상태에 이르고자 치열하게 노력하는 것이 탐구라고 한다면(CP 5.372), 탐구의 시작은 본질적으로 어떤 종류의 '불일치 인식'을 필요로 한다. 이러한 '불일치 인식'의 중요성은, 역시 앞서 2장에서 논의한 바와 같이, 탐구를 통합된 관계가 깨어진 불확정적인 상황에 직면했을 때 이를 다시금 확정적인 상황으로 바꿔주는 전환이라고 정의한(Dewey, 1938, p. 108) 듀이의 관점에서도 나타난다(정용재와 장진아, 2017). 또, 주로 인지발달과 개념 학습과 관련된 주장이긴 하지만, 기존에 알고 있는 바로는 설명되지 않는 현상을 접함으로써 인지적 갈등상태에 놓이게 되는 것이 학습을 통해 개념과 인지구조가 변화하는 데에 중요한 역할을 한다는 것이 강조되어 오기도 하였다(Piaget & Cook, 1952; Posner *et al*., 1982). 어떤 종류의 '불일치 인식'이 있어야 불확정적인 상황이 유발될 것이기 때문이다. 이러한 '불일치 인식'과 이에 따른 의문의 중요성은 국내 과학교육 연구와 각종 과학교육 프로그램에서도 꾸준히 강조되고 왔다(e.g., 엄주경과 이길재, 2015; 정용재와 송진웅, 2006; 이혜정 등, 2004; 교육부, 2015a). 예를 들어, 학생들이 얼마나 도전적이고 적극적으로 탐구를 수행하는 지에 궁금한 것을 서로 공유하는 것이 영향을 주었다는 결과가 보고되기도 하였다(장진아와 송진웅, 2015).

이러한 점들을 감안하면, 적어도 학생들이 인식하기에는 과학 수업에서 탐구에 '흥미'에 비해 '불일치 인식'이 상대적으로 약하게 반영되고 있다는 결과는, 만약 과학교실 탐구공동체를 학교 과학교육의 장에서 구현하고자 한다면, 탐구가 탐구답게 이뤄질 수 있도록 학생들로 하여금 주어진 현상이나 다른 사람들의 생각이 자신의 생각이나 경험과 불일치하는 것들에 주목할 수 있도록 하는 방안이 모색될 필요가 있음을 말해준다(정용재와 장진아, 2017).

요컨대, 과학교실 탐구공동체 관점에서 학생들이 학교 과학 수업에서 이뤄지는 '탐구수행 과정'에 대해 어떻게 인식하는지 조사한 결과, 전체적으로 학생들은 과학 수업 중에 이뤄지는 탐구의 특징에 대해 과학교실 탐구공동체의 측면에서 긍정적으로 인식하고 있었지만, 문제인식 단계에서 '불일치 인식'과 문제해결 단계에서 '공동체관계/탐구자 변화 반추' 등은 좀 더 장려할 수 있는 방안의 모색이 필요하였다.

② '탐구수행 과정'에 대한 학생들의 인식

과학교실 탐구공동체 관점에서 학생들이 학교 과학 수업에서 이뤄지는 탐구의 '탐구수행 토대'에 대해 어떻게 인식하는지 조사한 결과는 <표 4.6>과 같다(정용재와 장진아, 2017).

'탐구수행 토대'에 대한 학생들의 응답을 분석한 결과, 전체적으로 학생들은 과학 수업 중에 이뤄지는 탐구의 토대와 관련해서 과학교실 탐구공동체의 측면에서 긍정적으로 인식하고 있었다(정용재와 장진아, 2017). 즉, <표 4.6>에서 볼 수 있듯이, '탐구실행 의지'는 3.50점, '탐구수행 태도'는 3.27점, '의사소통 구조'는 3.68점으로, 모든 요인들에 대한 응답 평균이 3.00점을 넘었다. 이러한 결과는, '탐구수행 토대' 설문지 역시 5점 만점의 리커르트 척도였음을 감안할 때([부록 4-2] 참조), 과학 수업 시간에 이뤄지는 탐구의 토대에 대해 적어도 학생들은 과학교실 탐구공동체에서 추구하는 탐구의 토대에 비추어서 전반적으로 긍정적인 인식을 가지고 있음을 보여준다.

'탐구수행 토대' 요인들 중에서 가장 높은 평균 점수를 보인 요인은 의사소통 구조의 개방성에 대한 '의사소통 구조'(3.68)였다. 이 요인에는 전체 17개의 개별 문항들 중 가장 높은 평균 점수를 보인 "과학 수업에서는 여러 친구들의 다양한 의견을 서로 존중한다."(3.78)와 각각 세 번째와 네 번째 높은 평균 점수를 보인 "과학 수업에서는 자기 생각을 서로 자유롭게 얘기할 수 있다."(3.65)와 "과학 수업에서는 서로 다른 생각을 가진 친구들끼리도 활발하게 토의할 수 있다."(3.62)라는 문항이 포함되어 있다. 이러한 결과는

표 4.6 '탐구수행 토대' 관련 학생들의 인식 조사 결과 (정용재와 장진아, 2017, p. 283)

요인	M	SD	번호	문항내용	M	SD
탐구실행 의지	3.50	.74	65	과학 수업에서 우리는 문제를 해결하기 위해 친구들과 함께 적극적으로 참여한다.	3.67	.96
			66	과학 수업에서 우리는 모두가 열심히 참여할 수 있도록 서로를 격려한다.	3.51	.99
			67	과학 수업에서 우리는 해결하고자 하는 문제를 끝까지 해결하려고 한다.	3.58	.97
			68	과학 수업에서 우리는 문제 해결에 여러 번 실패해도 다시 도전한다.	3.55	.98
			69	과학 수업에서 우리는 문제가 한 번 해결되었어도 다시 한 번 되짚어 탐구한다.	3.29	1.02
			70	과학 수업에서는 우리가 문제를 해결하는 데에 충분한 시간이 주어진다.	3.67	.98
			71	과학 수업에서는 우리가 실험 결과를 토의할 충분한 시간이 주어진다.	3.46	1.03
			72	시간이 부족한 경우에는 정해진 과학 수업 시간이 끝난 후에도 탐구할 수 있는 시간이 주어진다.	3.30	1.09
탐구수행 태도	3.27	.78	58	과학 수업에서는 주장을 뒷받침하는 증거가 맞는지 엄격하게 따진다.	3.20	1.04
			59	과학 수업에서는 실험 과정에 오류는 없었는지 엄격하게 따진다.	3.36	1.03
			60	과학 수업에서는 누구의 주장이 더 타당한지 엄격하게 따진다.	3.01	1.03
			61	과학 수업에서는 현재의 과학 지식이 나중에는 올바르지 않은 것이 될 수도 있음을 강조한다.	3.29	1.00
			62	과학 수업에서는 나의 주장이 틀릴 수도 있다고 생각하는 태도를 강조한다.	3.33	1.01
			63	과학 수업에서는 내 생각보다 더 적절한 생각이 있을 수 있다고 생각하는 태도를 강조한다.	3.46	.97
의사소통 구조	3.68	.83	55	과학 수업에서는 자기 생각을 서로 자유롭게 얘기할 수 있다.	3.65	.99
			56	과학 수업에서는 여러 친구들의 다양한 의견을 서로 존중한다.	3.78	.95
			57	과학 수업에서는 서로 다른 생각을 가진 친구들끼리도 활발하게 토의할 수 있다.	3.62	1.00

학생들이 과학 수업에서 탐구를 수행할 때는 서로의 의견을 존중하며 자유롭고 활발하게 토의할 수 있는 분위기가 상당히 잘 형성되어 있다고 스스로 인식하고 있음을 보여준다.

개방적인 의사소통 구조는 과학교실 탐구공동체에서 일어나는 탐구의 전 과정에서 필요한 토대이다. 탐구는 개인의 독단적인 행위이어서는 안 되며(CP 5.402 주2), 탐구의 객관성과 타당성은 공동체에 의해 사회적으로 확보되어야 한다(Popper, 1963). 적어도 과학교실 탐구공동체에서의 탐구는 그러하다. 그리고 개인의 편협한 시각을 보완하기 위해서는 개방적 의사소통을 기반으로 하는 민주적 공동체가 필요하고(Dewey, 1916), 공동체 내에서 지식을 공유하고 확장해나가기 위해서는 개방적인 의사소통 구조를 토대로 수용과 존중의 분위기를 형성하는 것이 중요하다(이민주와 김희백, 2014). 따라서 적어도 과학교실 탐구공동체에서의 탐구가 제대로 수행되기 위해서는 개방적인 의사소통 구조라는 토대가 마련되어 있어야 한다. 이러한 점에서 볼 때, 적어도 학생들이 보기에는 과학 수업에서 이뤄지는 탐구가 개방적인 의사소통 구조를 토대로 수행되고 있다는 위와 같은 결과는 과학교실 탐구공동체의 구현을 기대하는 데에 있어서 다분히 긍정적인 결과라고 할 수 있다(정용재와 장진아, 2017).

‘탐구수행 토대’ 요인들 중에서 두 번째로 높은 평균 점수를 보인 요인은 ‘탐구실행 의지’(3.50)였다. 이 요인에는 전체 개별 문항들 중 두 번째로 높은 평균 점수를 보인 “과학 수업에서 우리는 문제를 해결하기 위해 친구들과 함께 적극적으로 참여한다.”(3.67)와 “과학 수업에서는 우리가 문제를 해결하는 데에 충분한 시간이 주어진다.”(3.67), 그리고 다섯 번째로 높은 평균 점수를 보인 “과학 수업에서 우리는 해결하고자 하는 문제를 끝까지 해결하려고 한다.”(3.58) 등이 포함되어 있다. 이러한 결과는 학생들이 과학 수업에서 탐구를 수행할 때 적극적으로 끝까지 탐구하고자하는 의지를 어느 정도 가지고 있고, 충분한 탐구가 이뤄지기 위한 시간 확보 등도 어느 정도 이뤄지고 있다고 스스로 인식하고 있음을 보여준다.

적극적으로 끝까지 탐구하고자 하는 의지와 이를 위한 충분한 시간의 확보 역시 과학교실 탐구공동체에서 일어나는 탐구의 전 과정에서 필요한 토대이다. 이는 진리에 이르는 탐구를 위해서는 누구나 충분한 경험과 추론을 할 수 있어야 하고(CP 5.384), 끊임없이 그리고 충분히 탐구하는 것이 필요하다(CP 5.311)는 퍼스의 이론에 기반 하고 있다. 물론, 퍼스가 얘기하는 끊임없고 충분한 탐구는 그 끝이 어디인지 조차 알 수 없는 이상적인 의미의 ‘끊임없는 탐구’를 의미하기 때문에 학생들이 생각하는 ‘적극적으로 끝까지 탐구하려는 의지'와는 다를 수 있다. 그러나 비록 학생들의 수준에서나마 적극적으로 끝까지 탐구하고자 하는 의지와 이를 위한 시간의 확보 등이 어느 정도 이뤄지고 있다는 위와 같은 결과는 과학교실 탐구공동체 관점에서 볼 때 역시 긍정적인 결과로 볼 수 있을 것이다(정용재와 장진아, 2017).

반면, 엄격성의 견지와 오류가능성의 견지를 내용으로 하는 '탐구수행 태도'(3.27)는 상대적으로 가장 낮은 점수를 보였다. 이 요인에는 전체 개별 문항들 중 가장 낮은 평균 점수를 보인 "과학 수업에서는 누구의 주장이 더 타당한지 엄격하게 따진다."(3.01)가 포함되어 있고, 개별 문항들 중 각각 두 번째와 세 번째로 낮은 평균 점수를 보인 "과학 수업에서는 주장을 뒷받침하는 증거가 맞는지 엄격하게 따진다."(3.20)와 "과학 수업에서는 현재의 과학 지식이 나중에는 올바르지 않은 것이 될 수도 있음을 강조한다."(3.29) 등이 포함되어 있다. 물론, 3개의 요인 중 가장 낮은 평균 점수를 보였다고는 하지만 이 요인 역시 평균 점수는 근소하게나마 3.00점 이상이었으므로, 학생들이 부정적인 인식을 가지고 있다고 보긴 어렵다. 그러나 어쨌든 이러한 결과는 학생들이 다른 두 개의 '탐구수행 토대', 즉 '개방적 의사구조'와 '탐구실행 의지'에 비해 상대적으로 '탐구수행 태도'가 충분히 갖춰져 있지 않다고 인식하고 있음을 보여주는 것이다(정용재와 장진아, 2017). 즉, 주장과 증거의 타당성을 엄격하게 따지거나 탐구 과정과 결과에는 항상 오류가 있을 수 있음을 견지하려는 태도가 상대적으로 충분히 갖춰져 있지는 않다고 인식하고 있음을 보여준다.

앞선 3장 4절에서 논의하였듯이, 과학에서 어떤 주장이 정당화되는 데에는 증거가 결정적인 역할을 하고(Mahner & Bunge, 1996), 논리적 일관성과 비판적 시각을 전제로 한 엄밀한 검토가 중요하다(강석진과 노태희, 2014). 아울러서 과학 지식 현재까지 수용되고 있는 가장 그럴 듯한 가설일 뿐이고(CP 5.589), 잠정적인 지식일 뿐이며(Popper, 1959), 현재까지의 최선의 보장된 주장으로 항상 오류 가능하다(Dewey, 1938). 탐구의 과정과 결과에는 이러한 오류가능성이 항상 존재하므로 우리는 더욱 엄밀하게 검토할 필요가 있다. 따라서 엄격성의 견지와 오류 가능성의 견지는, 적어도 과학교실 탐구공동체에서는, 탐구를 탐구답게 수행하기 위한 토대가 된다(정용재, 2014). 이러한 점을 감안하면, 엄격성의 견지와 오류가능성의 견지를 그 내용으로 하는 '탐구수행 태도' 요인의 점수가 3가지 '탐구수행 토대' 중 상대적으로 가장 낮았다는 위의 결과는 학생들로 하여금 엄격성과 오류가능성에 좀 더 주목하고 이들을 견지하려는 태도를 좀 더 충분히 갖출 수 있도록 하는 방안이 모색될 필요가 있음을 말해준다(정용재와 장진아, 2017).

요컨대, 과학교실 탐구공동체 관점에서 학생들이 학교 과학 수업에서 이뤄지는 탐구의 '탐구수행 토대'에 대해 어떻게 인식하는지 조사한 결과, 전반적으로 학생들은 과학 수업 중에 이뤄지는 탐구의 토대에 대해 과학교실 탐구공동체의 측면에서 긍정적으로 인식하고 있었지만, 엄격성의 견지와 오류가능성의 견지를 그 내용으로 하는 '탐구수행 태도'와 관련해서는 좀 더 보완할 수 있는 방안의 모색이 필요하였다.

본 절에서는 정용재와 장진아(2017)의 연구에 바탕을 두어, 과학교실 탐구공동체 관점에서 접근한 학생의 과학 수업에 대한 인식 조사 도구 개발과, 개발된 도구를 사용하여 과학교실 탐구공동체 관점에서 과학 수업에 대한 학생의 인식 조사 결과를 제시하고, 이를 기반으로 과학교실 탐구공동체 관점에서 본 과학교실 실태를 초등학교에 초점을 두어 논의하였다.

과학교실 탐구공동체 관점에서 접근한 학생의 과학 수업에 대한 인식 조사 도구는 크게 '탐구수행 과정'과 '탐구수행 토대'의 2개 문항세트로 개발되었다. '탐구수행 과정' 문항세트는 '문제인식Ⅰ: 불일치 인식', '문제인식Ⅱ: 흥미', '문제원인설명Ⅰ: 가설설정 및 검증', '문제원인설명Ⅱ: 협력적 검토', '문제해결Ⅰ: 대상관계/개념 변화 반추', '문제해결 Ⅱ: 공동체관계/탐구자 변화 반추'의 6가지 요인으로 구성되었고, '탐구수행 태도' 문항세트는 '탐구실행 의지', '탐구수행 태도', '의사소통 구조'의 3가지 요인으로 구성되었다.

개발된 도구를 사용해 과학교실 탐구공동체 관점에서 학생들이 학교 과학 수업에서 이뤄지는 '탐구수행 과정'과 '탐구수행 토대'에 대해 어떻게 인식하는지 조사한 결과, 전반적으로 학생들은 과학 수업 중에 이뤄지는 탐구의 특징과 토대에 대해 과학교실 탐구공동체의 측면에서 긍정적으로 인식하고 있었다. 다만, '탐구수행 과정' 중의 '불일치 인식'과 '공동체관계/탐구자 변화 반추', 그리고 '탐구수행 토대' 중의 엄격성의 견지와 오류가능성의 견지를 그 내용으로 하는 '탐구수행 태도'와 관련해서는 추후 좀 더 장려하고 보완할 수 있는 방안의 모색이 필요하였다.

선택형 문항으로 구성된 정량적 도구를 사용한 인식조사와 그에 바탕을 둔 실태조사는 항상 일정정도의 한계를 가지고 있다. 정량적 도구가 갖는 일반적인 한계와 더불어서, 관찰과 참여를 통한 질적 연구에 비해서 과학교실에서 이뤄지는 탐구가 과학교실 탐구공동체 관점에서 실제로 어떠한지를 파악하는 데에는 한계를 가지기 때문이다. 다만, 이러한 한계점을 감안한 상태에서라도, 본 절에서 살펴본 학생들의 인식 조사 도구와 이를 사용한 조사 결과는 추후 과학교실 탐구공동체를 실제 과학교육의 장에서 구현하는 데에 있어서 유용한 조사 도구와 기초적인 정보를 제공할 수 있을 것으로 기대한다.

부록 4.1 과학교실 탐구공동체 관점 기반 과학 수업 인식 조사 도구('탐구수행 과정')

문항 번호	원 번호	문 항	① 전혀 그렇지 않다	② 그렇지 않다	③ 보통이다	④ 그렇다	⑤ 매우 그렇다
1	1	과학 수업에서는 내가 평소에 관찰했던 것과는 다른 현상을 제시한다.	①	②	③	④	⑤
2	2	과학 수업은 "이상하다. 내가 평소에 관찰하던 것과는 차이가 나네."라는 의문을 갖게 하면서 시작한다.	①	②	③	④	⑤
3	10	과학 수업에서는 내가 평소에 알고 있던 것과는 다른 지식이나 이론들을 제시한다.	①	②	③	④	⑤
4	11	과학 수업은 "이상하다. 내가 알고 있던 지식과 다르네."라는 의문을 갖게 하면서 시작한다.	①	②	③	④	⑤
5	12	과학 수업은 "이상하다. 다른 사람은 왜 나와 다르게 생각하지?"라는 의문을 갖게 하면서 시작한다.	①	②	③	④	⑤
6	7	과학 수업에서 다루는 것은 나의 일상생활에도 영향을 미친다.	①	②	③	④	⑤
7	8	과학 수업에서는 내가 관심 있어 하는 것을 다룬다.	①	②	③	④	⑤
8	9	과학 수업에서 다루는 것은 나의 미래를 준비하는 데에 필요한 것들이다.	①	②	③	④	⑤
9	16	과학 수업에서 다루는 것은 친구들 모두의 일상생활에도 영향을 미친다.	①	②	③	④	⑤
10	18	과학 수업에서 다루는 것은 친구들 모두의 미래를 준비하는 데에 필요한 것들이다.	①	②	③	④	⑤
11	6	과학 수업에서 나는 내가 한 관찰에서 어떤 점을 설명해야 하는지를 명확히 하고 탐구를 시작한다.	①	②	③	④	⑤
12	13	나는 과학 수업에서 제시된 지식이나 이론이 평소에 내가 알고 있던 것과 어떻게 다른지 비교해 본다.	①	②	③	④	⑤
13	14	과학 수업에서 나는 내 의견과 다른 사람의 의견이 어떻게 다른지 비교해 본다.	①	②	③	④	⑤
14	15	과학 수업에서 나는 어떤 의견이나 지식을 검토해야 하는지를 명확히 하고 탐구를 시작한다.	①	②	③	④	⑤
15	19	과학 수업에서 나는 어떤 현상을 설명하기 위해 예전의 경험에 비추어 나 나름대로의 설명을 시도한다.	①	②	③	④	⑤
16	20	과학 수업에서 나는 어떤 현상을 설명하기 위해 수업 시간에 관찰한 것과 예전에 경험한 것의 공통점을 생각해 본다.	①	②	③	④	⑤
17	21	과학 수업에서 나는 어떤 현상을 설명하기 위해 수업 시간에 관찰한 것과 예전에 경험한 것의 차이점을 생각해 본다.	①	②	③	④	⑤
18	22	과학 수업에서 나는 궁금증을 해결하기 위해 나 나름대로의 설명을 시도한다.	①	②	③	④	⑤
19	26	과학 수업에서 우리는 어떤 현상을 설명하기 위해 수업 시간에 관찰한 것과 예전에 우리가 경험한 것의 공통점을 함께 생각해 본다.	①	②	③	④	⑤
20	27	과학 수업에서 우리는 어떤 현상을 설명하기 위해 수업 시간에 관찰한 것과 예전에 우리가 경험한 것의 차이점을 함께 생각해 본다.	①	②	③	④	⑤
21	28	과학 수업에서 우리는 궁금증을 해결하기 위해 친구들과 함께 우리 나름대로의 설명을 시도한다.	①	②	③	④	⑤

부록 4.1 (계속)

문항 번호	원 번호	문 항	① 전혀 그렇지 않다	② 그렇지 않다	③ 보통이다	④ 그렇다	⑤ 매우 그렇다
22	31	과학 수업에서 나는 나 나름대로의 설명이 맞는지 확인하기 위해서는 어떤 것을 반드시 알아봐야 하는지 생각해 본다.	①	②	③	④	⑤
23	32	과학 수업에서 나는 나 나름대로의 설명이 맞는다면 반드시 일어나야 되는 현상이 무엇인지 생각해 본다.	①	②	③	④	⑤
24	33	과학 수업에서 나는 나 나름대로의 설명이 맞는다면 절대 일어나서는 안 되는 현상이 무엇인지 생각해 본다.	①	②	③	④	⑤
25	35	과학 수업에서 나는 나 나름대로의 설명이 맞는지 확인하기 위해 눈이나 귀 등 감각을 통해 확인할 수 있는 증거를 찾는다.	①	②	③	④	⑤
26	36	과학 수업에서 나는 실제로 관찰되는 증거가 없으면 나 나름대로의 설명이 틀릴 수도 있다고 판단 내린다.	①	②	③	④	⑤
27	37	과학 수업에서 우리는 우리 나름대로의 설명이 맞는지 확인하기 위해서는 어떤 것을 반드시 알아봐야 하는지 함께 생각해 본다.	①	②	③	④	⑤
28	38	과학 수업에서 우리는 우리 나름대로의 설명이 맞는다면 반드시 일어나야 되는 현상이 무엇인지 함께 생각해 본다.	①	②	③	④	⑤
29	40	과학 수업에서 우리는 실험 결과가 어떤지에 대해서 함께 토의한다.	①	②	③	④	⑤
30	41	과학 수업에서 우리는 실험 방법이 적절한지에 대해서 함께 토의한다.	①	②	③	④	⑤
31	42	과학 수업에서 우리는 실험 결과를 바탕으로 처음 우리 나름대로의 설명이 맞는지 함께 토의한다.	①	②	③	④	⑤
32	43	과학 수업이 끝날 때 나는 무엇을 새롭게 알게 되었는지 생각해 본다.	①	②	③	④	⑤
33	44	과학 수업이 끝날 때 나는 내가 새롭게 경험한 것이 무엇이었는지 생각해 본다.	①	②	③	④	⑤
34	45	과학 수업이 끝날 때 나는 내가 어떤 점을 설명할 수 있게 된 것인지 생각해 본다.	①	②	③	④	⑤
35	46	과학 수업에서 나는 나의 처음 생각과 수업이 끝날 때 생각을 비교해 본다.	①	②	③	④	⑤
36	47	과학 수업이 끝날 때 나는 나의 처음 생각이 변했는지, 아니면 더욱 확실해졌는지 생각해 본다.	①	②	③	④	⑤
37	49	과학 수업이 끝날 때 나는 나의 활동이 친구들에게 도움이 되었을지 생각해 본다.	①	②	③	④	⑤
38	50	과학 수업이 끝날 때 나는 내가 우리 반 과학 수업에 어떤 영향을 주었을까 생각해 본다.	①	②	③	④	⑤
39	51	과학 수업이 끝날 때 나는 내가 친구들과 더욱 가까워졌는지 아닌지 생각해 본다.	①	②	③	④	⑤
40	52	과학 수업이 끝날 때 나는 과학에 대한 나의 흥미에 변화가 생겼는지 생각해 본다.	①	②	③	④	⑤
41	53	과학 수업이 끝날 때 나는 과학에 대한 나의 자신감에 변화가 생겼는지 생각해 본다.	①	②	③	④	⑤
42	54	과학 수업이 끝날 때 나는 과학에 대해 좀 더 알고 싶어졌는지 생각해 본다.	①	②	③	④	⑤

부록 4.2 과학교실 탐구공동체 관점 기반 과학 수업 인식 조사 도구('탐구수행 토대')

문항 번호	원 번호	문 항	① 전혀 그렇지 않다	② 그렇지 않다	③ 보통이다	④ 그렇다	⑤ 매우 그렇다
1	65	과학 수업에서 우리는 문제를 해결하기 위해 친구들과 함께 적극적으로 참여한다.	①	②	③	④	⑤
2	66	과학 수업에서 우리는 모두가 열심히 참여할 수 있도록 서로를 격려한다.	①	②	③	④	⑤
3	67	과학 수업에서 우리는 해결하고자 하는 문제를 끝까지 해결하려고 한다.	①	②	③	④	⑤
4	68	과학 수업에서 우리는 문제 해결에 여러 번 실패해도 다시 도전한다.	①	②	③	④	⑤
5	69	과학 수업에서 우리는 문제가 한 번 해결 되었어도 다시 한 번 되짚어 탐구한다.	①	②	③	④	⑤
6	70	과학 수업에서는 우리가 문제를 해결하는 데에 충분한 시간이 주어진다.	①	②	③	④	⑤
7	71	과학 수업에서는 우리가 실험 결과를 토의할 충분한 시간이 주어진다.	①	②	③	④	⑤
8	72	시간이 부족한 경우에는 정해진 과학 수업 시간이 끝난 후에도 탐구할 수 있는 시간이 주어진다.	①	②	③	④	⑤
9	58	과학 수업에서는 주장을 뒷받침하는 증거가 맞는지 엄격하게 따진다.	①	②	③	④	⑤
10	59	과학 수업에서는 실험 과정에 오류는 없었는지 엄격하게 따진다.	①	②	③	④	⑤
11	60	과학 수업에서는 누구의 주장이 더 타당한지 엄격하게 따진다.	①	②	③	④	⑤
12	61	과학 수업에서는 현재의 과학 지식이 나중에는 올바르지 않은 것이 될 수도 있음을 강조한다.	①	②	③	④	⑤
13	62	과학 수업에서는 나의 주장이 틀릴 수도 있다고 생각하는 태도를 강조한다.	①	②	③	④	⑤
14	63	과학 수업에서는 내 생각보다 더 적절한 생각이 있을 수 있다고 생각하는 태도를 강조한다.	①	②	③	④	⑤
15	55	과학 수업에서는 자기 생각을 서로 자유롭게 얘기할 수 있다.	①	②	③	④	⑤
16	56	과학 수업에서는 여러 친구들의 다양한 의견을 서로 존중한다.	①	②	③	④	⑤
17	57	과학 수업에서는 서로 다른 생각을 가진 친구들끼리도 활발하게 토의할 수 있다.	①	②	③	④	⑤

03 과학교실 탐구공동체의 구현을 위한 고려 사항들

3.1 이상한 현상에 직면하여 시작하는 끊임없는 탐구: 학생의 전형적 인식상황 고려와 개별 차시의 맥락화

(1) 학생의 전형적 인식상황 고려

앞서 2장과 3장에서는 과학교실 탐구공동체의 이론적 배경과 과학교실 탐구공동체의 탐구 과정 및 토대에 관하여 논의하였고, 4장의 앞선 절에서는 이러한 과학교실 탐구공동체 관점에서 본 초등학교 과학교실의 사례와 실태에 대해서 논의하였다. 그리고 과학교실의 실제 사례와 실태 분석을 통해 과학교실 탐구공동체의 일부 특징이 과학 교육 현장에서도 이미 나타나고 있음을 알 수 있었고, 반면, 일부 특징은 주어진 시간 내에 교육과정과 교과서 내용을 가르쳐야 하는 현실적 한계 등 여러 어려움으로 인해 실제 과학 교육의 장에서 구현되기 쉽지 않을 수 있음도 나타났다.

본 절에서는 이러한 어려움들을 고려할 때, 과학교실 탐구공동체를 실제 과학교실에서 구현하기 위해 고려해야 하는 몇 가지 사항들에 대해서 논의하고자 한다. 물론 본 절에서 논의하는 것들이 고려해야할 모든 사항들은 아니다. 실제로 과학교실 탐구공동체를 구현하기 위해서는 아마 본 절에서 논의하는 것 외에 훨씬 더 많은 사항들을 고려하고 준비해야할 것이다. 다만, 이 절에서 이 모두를 논의하기에는 여러 한계가 있으므로, 그 중에서 필자가 생각하기에 조금 더 기본적으로 고려해야 할 사항들이라고 보이는 몇 가지, 즉, '이상한 현상에 직면하여 시작하는 끊임없는 탐구', '탐구자의 변화 및 공동체와의 관계 변화 반추', '엄격성 및 오류가능성의 견지', '충분한 물리적 환경', '탐구자로서 교사'에 대해 논의하고자 한다. 그리고 아울러서 과학교실에서 위 사항들을 구현하기 위한 하나의 방안으로서 각각 '학생의 전형적 인식상황 고려와 개별 차시의 맥락화', '평가 방법의 다양화', '개방성, 정직, 그리고 용기의 중시', '예상하기와 연결하기', '교사의 역할에 대한 인식의 전환과 실천' 등에 대해 논의하고자 한다.

우선, 과학교실 탐구공동체를 실제 과학교실에서 구현하기 위해서는 '이상한 현상에 직면하여 시작하는 끊임없는 탐구'를 고려해봐야 할 것이다. 그리고 이를 위한 한 방안으로 '전형적 인식상황의 고려'를 생각해볼 수 있다.

'이상한 현상에 직면하여 시작하는 끊임없는 탐구'는 과학교실 탐구공동체가 실제 과학교실에서 구현되기 위한 가장 기본적인 조건 중에 하나이다. 과학교실 탐구공동체가 지향하는 탐구는 교육과정과 교과서에서 제시된 내용을 교사의 지시에 따라 의무적으로 수행하고 결과를 암기하는 방식의 탐구가 아니라, 이상하고 의심스러운 현상에 직면해서 스스로 문제를 인식하고 그 문제를 해결하기 위해 공동체 전체가, 혹은 공동체와의 관계 속에서 한 개인이 끊임없이 수행하게 되는 탐구이기 때문이다.

그런데 실제 이러한 탐구가 과학교실에서 일어나기는 쉽지 않아 보인다. 여러 가지 현실적인 한계가 작용하기 때문이다. 예를 들어서, 앞서 논의하였듯이, 제한된 시간 동안 교육과정에서 제시하고 있는 성취기준과 탐구활동 혹은 교과서에서 제시하고 있는 개념과 활동을 가르쳐야만 하는 학교 과학 수업의 현실적 한계가 그것이다. 이러한 한계 속에서 설혹 어떤 한 학생이 정말로 궁금해 하는 것이 생겼다고 하더라도 이를 수업의 주제로 삼아 탐구하기는 쉽지 않을 것이다. 즉, 자신의 예전 생각이나 경험, 혹은 다른 사람의 의견이나 공동의 경험과 불일치하는 이상하고 의심스러운 현상에 직면해서 일어나는 탐구를 지향하지만, 실제 과학교실에서는 교과서 내용 대신에 그 이상하고 의심스러운 현상을 수업에서 다루는 것이 쉽지 않다. 실제로 '과학교실2'의 사례가 이러한 한계를 보여주었고, 실태 조사에서 '문제인식 I : 불일치 인식'에 대한 학생들의 인식이 상대적으로 가장 낮았다는 결과 역시 이러한 한계를 보여주고 있다.

그렇다면, 이러한 한계를 어떻게 극복할 수 있을까? 그 한 가지는 '과학교실1'의 사례에서 나타났듯이, 현상 구현 활동을 수행하는 것일 것이다. 앞서 논의하였듯이, 현상 구현 활동은 특정 현상을 구현하기 위해 물질세계에서 사물을 조작하고 생각을 전개하면서 구조물을 만드는 활동으로, 실제 조작활동과 사고 활동을 모두 경험할 수 있는 활동이다(황성원, 2002). 그런데 현상 구현 활동은 "어떻게 하면 동일한 현상을 구현할 수 있겠는가?"라는 문제와 함께, "그렇게 되는 이유가 무엇인가?"라는 문제를 포함하는 이중 구조를 가진다. 그리고 이러한 이중구조는 학생들로 하여금 교사에 의해 제시된 현상을 구현하기 위해 시도하면서, 동시에 그 현상을 구현하기 위해 스스로 설정한 문제 해결을 시도하도록 하기 때문에, 교사에 의해 제시된 활동임에도 자발적이고 적극적인 반응을 유도할 수 있다. 따라서 적절한 현상 구현 활동을 제시하는 것은, '과학교실1'의 사례에서 나탔듯이, 위와 같은 한계를 극복하는 한 가지 방안이 될 수 있을 것이다.

다만, 이러한 현상 구현 활동 역시 학교 현장에서는 수행되기에 한계를 가질 수 있다. 교육과정과 교과서에서 제시하고 있는 개념과 내용을 포함하는 적절한 현상 구현의 대상을 찾는 것이 쉽지 않을 수 있고, 혹, 그러한 대상을 찾았더라도 시간의 한계를 넘기 어려울 수도 있다. '과학교실1'의 사례에서 현상 구현 활동의 장점이 나타났던 것 역시 그 수업 시간이 일반 교과 시간이 아니라 비교적 자유로운 주제를 다루는 것이 가능한 계발 활동 시간이었기 때문에 가능했던 것일 수도 있다.

그렇다면, 좀 더 현실적인 방안에는 어떤 것이 있을까? 결국, 차선책이긴 하지만, 여러 현실적인 한계를 고려할 때, 학생이 이상하고 의심스럽게 느낄 수 있는 현상을 교사가 제시하는 방법이지 않을까 한다. 그것이 교육과정과 교과서에 있는 내용이든 아니든, 학생들이 자신의 생각이나 경험과 불일치하다는 것을 느껴서 탐구를 시작하도록 만드는 그런 현상을 교사가 학생들에게 제시하는 방법이다. 사실, 이러한 방법은 과학교실 탐구공동체에서는 교사 역시 탐구자이어야 하고, 탐구자는 진정한 의심에서 출발해야 한다는 점에서 보면 과학교실 탐구공동체의 모습과 다소 상충된다. 물론, 교사가 제시한 현상이 교사 스스로에게도 이상하고 의심스러운 현상이어서 과학교실에서 학생들과 함께 탐구를 수행할 것이라면 이러한 상충되는 측면은 해소될 수 있을 것이다. 그러나 이러한 경우가 아니라면 위와 같은 방법은 차선책일 수밖에 없다. 다만, 이러한 방법을 통해 학생들이 이상하고 의심스러운 현상에 직면해서 탐구하고자 하는 의지가 충만하게 된다면, 탐구자라는 교사의 역할을 잠시 뒤로 미루고, 교사가 적절한 현상을 학생들에게 제시하는 것은 위와 같은 현실적인 어려움을 극복하기 위해 차선책으로나마 시도해 볼만 한 방법일 수 있을 것이다.

그런데, 학생들이 이상해 하고 의심스러워할 만한 현상을 교사가 제시하고자 할 때에도 어려움은 여전히 남는다. 관찰 자체가 이론에 의존하기 때문이다(Duhem, 1906; Hanson, 1958). 즉, 아무리 교사가 이상한 현상이라고 제시해주어도, 학생들이 어떠한 생각이나 선개념을 가지고 있느냐에 따라 그 현상을 이상하다고 인식하기도 하고 인식하지 못하기도 할 것이기 때문이다(Driver, 1983). 예를 들어, <그림 4.14>와 같이 공기가 많이 든 큰 풍선과 공기가 적게 든 작은 풍선을 관으로 연결하고 관의 중간을 손으로 꽉 쥐어 공기의 흐름을 막고 있다고 해보자. 이제 관을 쥐었던 손을 놓으면 두 풍선은 어떻게 될까? 즉, 공기는 어느 풍선에서 어느 풍선으로 이동할까? 만약 관을 막았던 손을 놓자 큰 풍선에서 작은 풍선으로 공기가 이동해서 큰 풍선은 조금 줄어들게 되고 작은 풍선이 조금 커지게 되는 동영상이 있다고 해보자. 이상한가? 당연한가? 이 동영상을 학생들에게 보여주었다면, 학생들은 이상하다고 느낄까, 당연하다고 느낄까?

사실 <그림 4.14>에서 막았던 손을 놓으면 공기는 작은 풍선에서 큰 풍선 쪽으로 이동

그림 4.14 공기의 양이 다른 두 풍선을 연결한 후 연결관을 막고 있는 상황

한다. 즉, 작은 풍선은 더 작게, 큰 풍선은 더 크게 된다. 작은 풍선의 탄성이 큰 풍선의 탄성보다 더 크기 때문에 오히려 작은 풍선 쪽의 내부 기압이 더 커서 나타나는 현상이다. 우리가 풍선을 불 때 처음 얼마간이 가장 힘들고 어느 순간부터는 오히려 불기가 쉬어지는 것을 떠올려보면 경험적으로도 이해가 될 것이다.

그런데 이와 같이 작은 풍선에서 큰 풍선쪽으로 공기가 이동하는 원래 동영상을 거꾸로 재생시킨 후 다시 촬영한 동영상, 즉, 앞의 처음 질문처럼 공기가 큰 풍선 쪽에서 작은 풍선 쪽으로 이동하여 작은 풍선이 점점 커지는 조작된 동영상을 또 다른 몇 개의 현상과 함께 보여준 후, 이들 중에서 이상한 현상을 고르게 하면 학생들이 어떻게 대답할까? 이 동영상을 활용한 10여 차례의 강의 경험에 비춰 볼 때, 이 두 풍선이 보여주는 조작된 동영상이 이상하다고 응답하는 학생들은 초등 예비교사들조차 대략 10% 정도를 넘지 않는다(정용재, 2017). 오히려 학생들은 원래 현상, 즉, 작은 풍선에서 큰 풍선으로 공기가 이동하는 것을 신기해한다. 그런데, 만약 동일한 종류의 풍선이라도 크기에 따라 풍선의 탄성이 달라진다는 것을 알고 있는 사람이라면 어떻게 대답했을까? 아마도 조작된 동영상이 이상하다고 응답했을 것이다. 무엇을 알고 있느냐에 따라 관찰 결과 자체가 다를 수 있고, 그 관찰에 따른 판단이나 느낌도 달라질 수 있다.

그렇다면, 교사가 자신이 이상하게 느끼는 현상이 아니라 학생들이 이상하게 느끼는 현상을 제시하려면 어떻게 해야 할까? 무엇보다도 학생들이 어떤 생각과 어떤 선개념을 가지고 있는지를 고려하여 현상을 제시해야 할 것이다. 앞의 예에서 볼 수 있듯이, 동일한 현상이라도 어떤 생각과 선개념을 가지고 있느냐에 따라 다르게 받아들일 것이기 때문이다.

학생들의 생각이나 개념을 고려하기 위해서는 우선 그 생각이나 개념을 파악하는 것이 필요할 것이다. 특히 이상함이나 의심스러움은 현상을 대면하는 순간 일어날 것이므로, 현상에 대면한 순간의 초기 판단에 영향을 미치는 학생의 생각이나 개념을 파악하는 방법이 필요할 것이다. 물론, 개념을 파악하는 방법에는 여러 가지가 있겠지만, 학생의 '전형적 인식상황'을 조사하는 것이 그 한 방법이 될 수 있을 것이다.

전형적 인식상황(Typically-Perceived-Situation)이란, 3장에서 잠시 언급하였듯이, '사물, 개념, 상황 등과 같은 어떤 대상에 대해서 혹은 그와 관련해서 생각할 때 즉시적이고 자동적으로 떠오르는 상황'(정용재, 2004, p. 60)을 말한다. 전형적 인식상황은 과학 개념 학습에 연결주의(connectionism) 관점의 개념, 즉, 분산표상(distributed representation)으로서의 개념을 접목시키고자 한 시도의 산물이다.

일반적으로 개념은 사물에 대한 관념이나 그 심상을 의미하며, 포괄적으로 개요, 개요, 지식, 사고방식 등의 의미로도 사용된다(조희형, 1996). 물론, 개념이 무엇인가라는 질문에 대해 단 하나의 명쾌한 정답이 존재하는 것은 아니지만, 몇몇 공통적인 관점이 존재한다(정용재, 2004). 우선 한 가지 관점은 개념이 필요충분조건에 의해 국소적으로 경계가 획정되어 있다는 고전적 관점이다(Gilbert & Watts, 1983; Howard, 1987; Way, 1997; diSessa & Sherin, 1998; 신현정, 2000). 고전적 관점은 개념을 필요충분조건을 만족하는 속성을 공유하고 있는 '논리적 원자(logical atom)'로서 위계적인 체계화를 통해 지식을 이루는 것으로 보고 있다(Markova, 1982; Gilbert & Watts, 1983). 그렇기 때문에 옳은 개념과 옳지 않은 오개념의 구분이 가능하다(Gilbert & Watts, 1983). 개념에 대한 고전적 관점은 인지경제성 면에서 효율적이고, 범주화에 있어서 응집성이 우수한 장점이 있지만(신현정, 2000), 몇몇 수학적인 개념을 제외하면 필요충분조건을 정의하는 것이 거의 불가능하다는 점과 전형성(typicality) 효과를 설명할 수 없다는 점에서 한계를 갖는다(Howard, 1987; Smith, 1989).

이러한 한계를 극복하기 위해 제시된 관점이 원형(prototype)모형과 본보기(exemplar)모형이다(정용재, 2004). 원형모형이란 개념의 형성이 원형과의 유사성에 의한 범주화에 의해 수행된다는 관점으로서, 전형성 효과를 설명할 수는 장점이 있다. 본보기모형이란 개념의 형성이 기억에 표상된 개별 사례들과의 유사성에 의한 범주화에 의해 수행된다는 관점으로서, 사람들 사이의 전형성 판단이 다르다는 것이나 맥락효과가 존재한다는 것 등을 설명할 수 있다. 상황에 따라서 서로 다른 본보기 정보가 활성화된다고 보기 때문이다. 그러나 이 두 모형 역시 왜 그 사례가 원형이나 전형적인 본보기로 저장되며 어떤 과정을 거쳐 유사성 판단이 일어나고 원형이나 전형적인 본보기의 지위를 획득하게 되는지, 그 과정과 기본 기제를 설명하는 데 어려움을 가지고 있다(신현정, 2000).

그런데 이와 같은 한계와 어려움을 나름대로의 방법으로 극복하고 있는 한 가지 접근이 연결주의이다(정용재, 2004). 연결주의는 두뇌 은유에 근거한 관점으로 사람의 인지 일반과 정보가 처리되는 과정을 설명하는 접근으로(이정모, 2001), 근래 인지과학과 인지심리학, 인공 지능 분야에서 주된 흐름 중 하나로 자리매김하고 있다(McLeod *et al*, 1998; Anderson, 2000; 이정모, 2001).

이러한 연결주의는 유사성 판단이 일어나는 기제를 반복적인 시행착오를 거치는 오류 최소화 과정으로 설명한다(Rumelhart *et al.*, 1986; McLeod *et al.*, 1998). 또, 연결망 모형에서 개별 입력 패턴들에 의해 반복적으로 훈련되는 과정에서 원형을 형성하고 본보기를 저장하는 것을 간단한 기제를 사용한 모의실험을 통해 실제로 구현해 보이는 등(Churchland, 1995; McLeod *et al.*, 1998), 개념에 대한 고전적 관점의 한계를 극복하고, 원형모형의 특성과 본보기모형의 특성에 대한 설명과 함께, 원형과 본보기가 형성되고 인출되는 기작까지 잘 설명하고 있다(Churchland, 1995; Way, 1997; Way, 1997; McLeod *et al.* 1998; Roth, 2000).

이러한 연결주의에서는 개념을 분산표상, 즉, '많은 단위들에 걸쳐 분산되어 있는 활성화 패턴으로 표상(Quinlan, 1991, p.217)'으로 본다. 그리고 연결망에 퍼져 있는 분산표상은 일부의 부분적인 정보만을 가지고 전체를 파악하는 능력을 가지고 있고, 새로운 상황으로 자동 일반화하는 능력(generalize automatically)을 가지고 있으며, 변화하는 환경에 적응하도록 스스로 조율하는 능력(tunability)을 가지고 있다(Norman & Bobrow, 1979; Hinton *et al.*, 1986).

전형적 인식상황은 이러한 연결주의적 개념관에 기반 하여 제안된 것으로, '전형적'은 전형성 효과를 보인다는 개념의 일반적인 특징을 나타내고, '인식상황'은 필요충분조건에 의해 범주화 하게 되는 것이 아니라 특정한 상황을 포함하는 본보기와의 유사성에 의해 범주화 하게 된다는 개념의 작동 특징과, 구성적이고 자동으로 발현되는 분산표상으로서의 특징을 나타낸다(정용재, 2004; Joung, 2009).

전형적 인식상황은 보통 "○○라는 말을 들었을 때 가장 먼저 떠오르는 상황은?"과 같은 형식으로 질문을 하고, 이에 대해 응답자가 떠오르는 상황을 그림으로 그리고 설명을 덧붙이는 방식으로 조사한다. 이와 같이 전형적 인식상황은 응답자의 개념이 전형적으로 떠오르는 상황과 함께 나타나기 때문에 기존의 선택형 개념검사 도구에 비해 좀 더 풍부한 생각을 파악할 수 있고(정용재, 2004; 강태욱, 정용재, 송진웅, 2009; 정용재, 2016b), 어떤 현상에 직면했을 때의 초기 판단에 영향을 미친다고 보고된 바 있다(Joung, 2009; Joung & Gunstone, 2010).

그렇다면, 과학교실에서 학생들이 이상하게 느끼는 현상을 제시하고자 할 때, 전형적 인식상황의 파악이 어떻게 활용될 수 있을까? 작용-반작용이 일어나고 있는 상황에 대한 예를 들어보자. 다음 두 그림은 초등예비교사 177명을 대상으로 "뉴턴의 제3법칙, 즉, '작용과 반작용 법칙'이라는 말을 들었을 때, 어떤 상황이 가장 먼저 떠오릅니까?"라는 질문으로 작용반작용에 대한 전형적 인식상황을 조사한 정용재(2016b)의 연구에서 응답자들이 가장 많이 떠올린 상황과 두 번째로 많이 떠올린 상황의 예시이다.

<그림 4.15>는 사람이 벽을 밀고 있는 상황으로 전체 응답자의 12.4%가 이런 상황을 떠올렸다. 언뜻 보기에 12.4%라는 비율이 그다지 높아 보이지 않을 수 있지만, 선택형 문

그림 4.15 작용반작용 상황으로 가장 많이 떠올린 상황(정용재, 2016b, p. 862)의 또다른 예

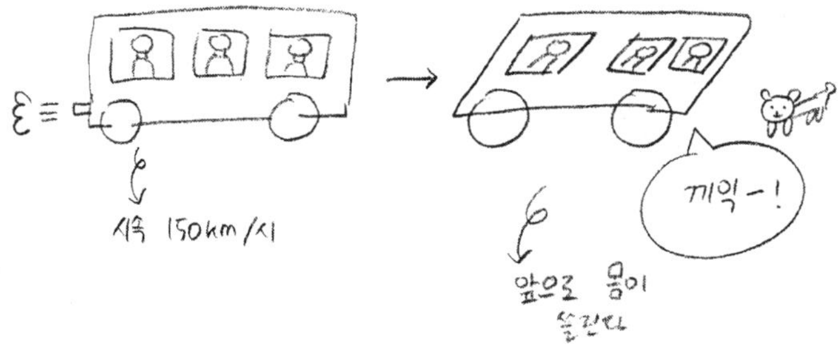

그림 4.16 작용반작용 상황으로 두 번째로 많이 떠올린 상황(정용재, 2016b, p. 862)의 또다른 예

항에 대한 응답이 아니었고, 전체적으로 총 23개 유형의 상황이 나타났었다는 점을 감안하면, 상당히 높은 비율이다. <그림 4.16>은 버스가 급정거가 하면 몸이 앞으로 쏠리는 것과 같이 관성으로 인한 상황으로 전체 응답자의 10.2%가 이러한 상황을 떠올렸다.

그렇다면 이러한 조사 결과를 학생들이 이상하게 생각하는 상황을 제시하는 데에 어떻게 활용할 수 있을까? 학생들이 작용반작용 상황으로 사람이 벽을 미는 장면을 가장 많이 떠올렸다는 결과는, 작용반작용 상황의 전형적인 상황으로 사람이 물체를 밀고 그 물체는 움직이지 않고 버티는 상황을 인식하고 있음을 의미한다. 이는 만약 사람이 물체를 밀거나 당겨서 움직이는 상황을 제시하면 학생들은 그 상황에서는 작용반작용 법칙을 상대적으로 쉽게 적용하지 못할 수 있음을 의미한다. 실제로 같은 연구(정용재, 2016b)에서 선택형 문항으로 학생들의 개념을 조사한 결과, 사람이 작은 바윗돌을 줄로 끌어당겨서 바윗돌이 끌려오는 장면에 대해서 이때에도 사람이 당기는 힘과 바윗돌이 당기는 힘은 서로 크기가 같다고 정답을 응답한 학생은 놀랍게도 전체의 6.8%에 지나지 않았다. 반면 사람이 당기는 힘이 더 크다는 학생이 전체의 85.9%에 이르렀다. 사람이 물체를 밀거나 당겨서 움직이는 상황에서는 학생들이 작용반작용 법칙을 제대로 적용하고 있지 못하다는 것을 보여준다. 이는 반대로, 학생들에게 사람이 작은 바윗돌을 줄로 끌어당겨서 바윗돌이 끌려오는 동영상과 같이 사람이 물체를 밀거나 당겨서 그 물체가 움직이고 있는 장면을 제시하고, 이때에도 사람과 바윗돌 사이에 작용하는 힘의 크기는 동일하다는 것을 얘기하거나 혹은 용수철의 늘어난 정도 등으로 보여주게 되면, 대부분의 학생들은 자신이 기존에 알고 있던 바와 불일치하다고 느낄 것이고, 아마도 이상하고 의심스럽다고 느낄 것이다.

한편, 작용반작용 상황으로 전체 응답자의 10.2%가 버스가 급정거가 하면 몸이 앞으로 쏠리는 것과 같이 관성으로 인한 상황(<그림 4.16>)을 떠올렸다는 결과는 기존 연구들에서 잘 보고되지 않았던 결과로서, 전형적 인식상황을 조사하지 않았다면 쉽게 드러나지 않았을 상황이다(정용재, 2016b). 아마 작용반작용을 올바로 이해하고 있는 교사라면 학생들이 관성으로 인한 상황과 작용반작용 상황을 혼동하고 있을 수 있다는 것을 오히려 쉽게 생각하지 못할 수 있다. 만약 교사가 이러한 학생들의 생각을 미리 알고 있어서, <그림 4.16>과 같은 상황을 제시하고 작용반작용 법칙이 어떻게 적용되고 있는지를 묻고 답하는 방식으로 수업을 시작한다면, 아마도 일부 학생들은 자신이 기존에 알고 있던 바와 불일치하다고 느낄 것이고, 이상하고 의심스럽다고 느낄 것이다. 특히 전형적 인식상황은 이와 같이 특정한 상황을 포함하고 있으므로 다른 방법으로 학생의 생각을 조사한 것에 비해 좀 더 손쉽게 적절한 현상을 제시할 수 있도록 도움을 줄 수 있을 것이다.

'이상한 현상에 직면하여 시작하는 끊임없는 탐구'는 과학교실 탐구공동체의 기본적인 특징이지만 실제 과학교실에서는 일어나기는 쉽지 않을 수도 있는 특징이다. 여전히 현실적인 한계를 극복하기에는 여러 어려움이 있겠지만, 차선책으로나마, 이상에서 논의한 바와 같이 교사가 학생의 생각이나 전형적 인식상황을 미리 파악하고 이를 고려하여 이상하게 느낄만한 현상을 제시한다면, 이러한 어려움이 조금이나마 줄어들 수 있지 않을까 기대해 본다.

(2) 개별 차시의 맥락화

'이상한 현상에 직면하여 시작하는 끊임없는 탐구'라는 과학교실 탐구공동체의 기본적인 특징이 실제 과학교실에서 일어나기 어려워 보이는 또 하나의 이유는, 일반적인 과학교실에서는 교육과정과 교과서에서 제시하고 있는 개념과 활동을 주어진 시간 내에 가르쳐야 한다는 현실적 한계 때문이다. 예를 들어, 공유를 위한 교사의 노력이 여러 곳에서 나타났던 '과학교실2'는 탐구의 주제가 교사에 의해 주어졌고 그 주제는 교과서에 있는 그대로였다는 점으로 인해 과학교실 탐구공동체의 온전한 모습이 나타나고 있는 것으로는 보기 어려웠다. 즉, 정규 교과 시간이었던 '과학교실2'는 교과서에 제시되어 있는 '일정한 시간 간격마다 움직인 거리 표시하기'라는 차시 주제를 다루지 않을 수 없었으므로, 이상하고 의심스러운 현상에 직면하여 탐구가 시작되는 과학교실 탐구공동체의 전형적인 모습을 갖추기 어려웠던 것으로 보인다.

그렇다면, 교육과정이나 교과서에 있는 주제로 교사에 의해 안내되고 자료수집 및 분석에 초점을 둔 탐구는 항상 의미 없는 탐구일까? 교육과정과 교과서에 있는 내용을 가르칠 수밖에 없다는 한계로 인해 결국 과학교실 탐구공동체의 구현은 요원할 수밖에 없는 것인가? 그렇지 않다. 우리는 좀 더 엄밀한 탐구를 수행하기 위해 도구를 사용하는 방법을 익힐 필요가 있으며, 자료를 수집하고 해석하는 방법, 자료를 다른 방법으로 표현하는 방법 등도 익힐 필요가 있다. 예를 들어, 생물의 세포에 대해서 탐구하기 위해 우리는 현미경 사용법을 익혀야 하고, 목성을 탐구하기 위해 망원경 사용법을 익혀야 하며, 인구변동이 가져오는 영향을 탐구하기 위해서는 대량의 정보를 통계 처리하는 소프트웨어 사용법을 익힐 필요가 있다. '물체의 속력' 단원과 관련해서도 물체의 속력을 엄밀하게 비교하기 위해서는 어떻게 물체의 속력을 정량적으로 비교할 수 있는지 익혀야 하고 실제 측정을 통해 속력을 비교해보는 연습 과정이 필요할 것이다. 그런 점에서 '과학교실2'와 같은 수업 혹은 탐구는 탐구의 전체 과정 속에서 분명 의미 있는 역할을 담당하고 있고, 반드시 필요한 활동일 수 있다.

또, 교육과정이나 교과서에 제시되어 있어서 학교 과학시간에 반드시 해야 하는 많은 주제들과 탐구들은 때로는 그 한 차시가 온전한 하나의 탐구로 수행될 수 있는 경우도 있지만, 때로는 다음 차시를 위해서, 혹은 다음 학년이나 상급 학교에 하게 될 탐구를 위해서 반드시 습득하거나 익숙해져야 할 지식이나 기능을 담고 있다. 후자의 경우 역시, 그것이 그 자체로 봐서는 탐구 본연의 의미를 살리지 못하는 방식이 되더라도, 과학 수업 시간에 다루어져야 하고 학습되어져야 한다. 이런 점에서, 교육과정이나 교과서에 있는 주제를 교사의 안내 하에 탐구하는 것 역시 의미 있는 탐구로 볼 수 있다.

다만, 그러한 탐구와 활동의 '의미'는, 특히 과학교실 탐구공동체의 관점에서는, 탐구의 전체 과정 속에서 맥락화 될 때 나타나게 될 것이다. 예를 들어, 현미경 사용법을 익히는 활동은 "아침에 일어나자마자와 저녁에 내 구강세포는 어떤 변화가 있을까?" 등의 탐구를 좀 더 엄밀히 수행하기 위해 익히는 것일 때 의미를 갖는다. 단순히 목적 없이 사용법만 익히는 활동은 그 자체만으로는 탐구로 보기 어려울 것이다. "물체가 일정한 시간 간격마다 움직인 거리를 표시하여 재어 봅시다."라는 주제의 탐구 혹은 활동은, 예를 들어, "우리 학교 주변의 교통안전을 위해 어떤 시설이나 규칙을 만들어야 할까?"와 같은 전체 탐구의 과정에서, 학교 주변을 달리는 자동차들의 속력을 측정하는 방법을 익혀 엄밀히 탐구를 수행하려는 목적 하에 이뤄질 때 의미를 가질 것이다. 앞서 살펴본 '과학교실2'의 수업에서도 움직이는 물체의 속력을 동일한 시간 간격으로 남긴 자국으로 비교하는 활동이 전체 탐구 속에서 어떤 역할을 하는지가 공유되었다면, 이는 충분히 전체 탐구의 한 과정으로서 의미 있는 탐구가 되었을 것이다. 이는, 바꿔 말하면, 교육과정이나 교과서에 제시되어 있는 내용 역시, 그것이 심지어 지식을 습득하거나 기능을 익히는 내용이라고 하더라도, 전체 탐구의 맥락 속에 의미 있게 위치 지우고 그것을 공동체 구성원이 공유하기만 하면, 얼마든지 과학교실 탐구공동체의 관점에서 봐도 의미를 갖는 탐구로 실행될 수 있다는 것이다.

예를 들어, 비록 대학 강의 사례이긴 하지만, 한 학기 동안 과학 교육 관련 연구주제를 모둠별로 스스로 정해 소논문을 쓰는 강좌의 예(공주교육대학교, 2017)를 들어보자. 해당 강좌는 <그림 4.17>과 같은 주별 강의 계획에 따라 진행되었다.

주	강의내용	강의방법
1	과학교육연구 강좌 개관	강의
2	· 교재 1장(과학교육 연구의 필요성과 목적) 2장(과학교육 연구의 영역과 과제) 3장(과학교육 연구의 과정) · 융합과 과학교육 연구	강의
3	· 교재 4장(과학교육 연구의 주제 선정) 6장(연구문제의 선정과 진술) 10장(연구계획서의 작성) · 융합적 관점의 과학교육 연구 사례	강의
4	· 모둠별 연구발표(1): 계획서 발표	발표/토론
5	· 교재 5장(과학교육 관련 문헌 고찰) 7장(과학교육 연구방법의 결정) 8장(자료 수집 방법의 결정) 9장(자료 분석 방법의 결정)	강의
6	· 교재 11장(자료수집과 분석 과정) · 교재 12장(연구보고서의 작성)	강의
7	· 학회지 논문 발표(1)	강의/발표
8	· 학회지 논문 발표(2)	강의/발표
9	· 모둠별 연구 발표(2): 중간 발표	발표/토론
10	· 학회지 논문 발표(3)	강의/실험
11	· 학회지 논문 발표(4)	강의/발표
12	· 학회지 논문 발표(5)	강의/발표
13	· 현장 연구의 중요성 · 연구에서 도구/의사소통의 중요성	강의/발표
14	· 모둠별 연구 발표(3): 최종 발표 · 종합토론	발표/토론
15	기말고사	

그림 4.17 융합과학교육연구 강좌 강의 계획서(공주교육대학교, 2017, p. 32)

총 17명의 초등예비교사들(2학년)이 수강한 해당 강좌는 한 학기 동안 과학교육과 관련된 소논문을 작성하는 것을 목표로 하고 있다. 그런데 <그림 4.17>에서 볼 수 있듯이, 소논문을 작성하는 것과 명시적으로 관련된 시간은 4주차의 '모둠별 연구 발표(2): 계획서 발표', 9주차의 '모둠별 연구 발표(2): 중간발표', 14주차의 '모둠별 연구 발표(2): 최종

발표' 등 3주 밖에는 없었다. 나머지는 교재를 이용해 과학 교육 연구방법에 대해서 알아보는 시간과 학회지에 게재된 기존의 과학 교육 관련 연구를 읽고 발표하는 시간으로 구성되어 있다. 즉, 학생들은 어느 날은 교재의 내용을 중심으로 연구문제를 서술하는 방식을 익혔고, 어느 날은 교수에 의해 주어진 데이터 세트를 이용해 통계소프트웨어 사용법과 결과 해석 방법을 익혔다. 또 5주 동안은 총 17편의 학회지 게재 논문에 대해 <그림 4.18>과 같은 표를 작성하면서 논문의 내용과 함께 논문을 읽는 방법, 논문을 작성하는 방법 등을 익혔다.

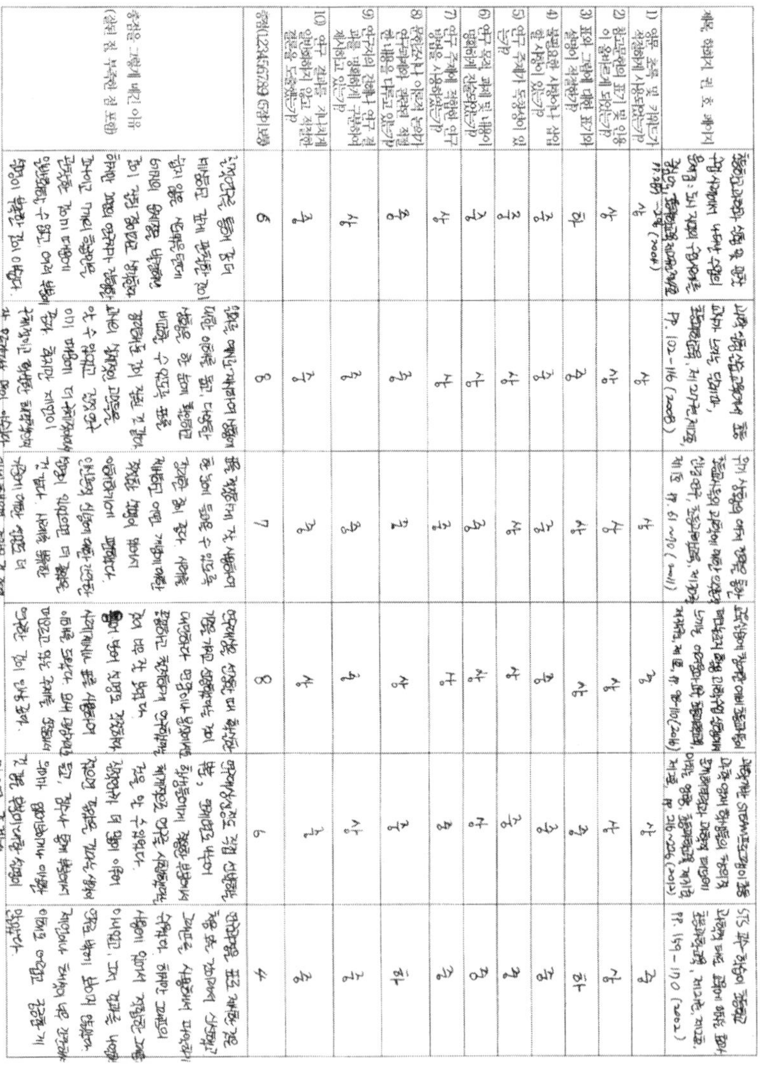

그림 4.18 학술지 게재 논문에 대한 예비교사 개인별 평가표 예시 (공주교육대학교, 2017, p. 37)

이러한 강의 중 활동들은 모두 의무사항이었고, 앞서 언급한 일반 초중등 과학교실에서 일어나는 개별 차시의 수업 운영 방식과 크게 다르지 않은 방식으로 운영되었다. 다만, 아마도 조금 달랐었을 수 있는 부분은, 비록 명시적으로 강의 시간을 할애한 것은 3주 밖에는 안 되지만 해당 강좌는 처음부터 끝까지 모둠별로 연구할 주제를 찾고, 계획을 세우고, 필요에 따라 교과서를 분석하거나 설문조사를 실시하고, 그 결과를 정리해가면서 중간발표와 최종발표를 하고, 결국 이들을 종합하여 <그림 4.19>와 같은 소논문을 작성하는 것을 목표로 진행되었다는 것이다.

초등예비교사들의 기체의 성질 이해 조사: 초등학교 6학년 과학 "여러 가지 기체" 단원을 중심으로

박OO • 오OO • 이OO • 이OO
(공주교육대학교)

Investigation of Pre-service Elementary School Teachers' Comprehension of Gases: Focusing on "Various Gases"of Science 6

Park, OO • Oh, OO • Lee, OO • Lee, OO
(Gongju National University of Education)

Abstract

The purpose of this study is to identify the pre-service elementary school teachers' comprehension of gases focusing on "Various Gases" science 6. For the study, we analyzed the survey asking basic scientific knowledge and deepen scientific knowledge about gases to pre-service elementary school teachers enrolling the first, the second and the third year in National University of Education. The results shows that there is the lack of understanding about scientific knowledge such as gas law, gas generator experiment, and gas particle. Regarding the major background in high school, pre-service teachers who completed the science course showed higher average than those who completed the liberal arts course in most questions. Regarding the grade, the average in the third year was higher than that in the first and second year.

Key words : pre-service elementary school teacher, comprehension of gases, various gases

Ⅰ. 서 론

미국에서 상당수의 초등 교사들이 과학을 가르치는 것을 회피하고 있고 과학에 대해 아는 것이 많지 않으며, 과학 교수에 대한 자신감이 부족하다고 한다(Applenton & Kint, 1999). 이러한 현상은 미국의 교사뿐만 아니라 호주, 뉴질랜드, 영국 등에서도 공통적으로 보고되고 있으며, 우리나라 역시 예외가 아니다(정영미, 2005). 일반적으로 교사들이 과학 수업에서 가장 어렵게 여기는 것이 무엇인지에 대한 과학 관련 지식 및 개념의 부족이라고 답한 비율이 19.3%에 이르며(최선영과 노석구, 2008), 과학과의 물질 영역에 대한 교수 곤란 요인으로 많은 초등 교사들이 교육과정 요인(44.8%)과 교사 요인(36.8%)을 들고 있는데, 교사 요인 중 18.2%는 교사의 교과 내용 전문 지식의 부족이라고 생각하고 있다(김상윤, 2007). Tobin & Garnett(1988)에 의하면 과학교육학 지식은 있으나 과학 교과 지식이 부족한 교사는 학생들의 과학 교과 내용의 발달에 도움을 줄 수 없다고 하였다.

그림 4.19 융합과학교육연구 강좌에서 모둠별로 작성한 소논문의 예시 (공주교육대학교, 2017, p. 40)

아울러서, 담당 교수는 학생들이 교재에 제시되 있는 것들을 익혀야 하는 시간이나 기존의 논문을 읽고 발표하는 시간에도 항상 모둠에서 하고 있는 연구와 어떻게든 연결 지어 볼 것을 매 시간 권고하였다. 또, 강의 시간 외에도 모둠별로 두세 차례 교수와 학생 간의 모둠별 연구 수행 관련 협의가 진행되었다.

한 학기 동안 강좌를 수강하면서 학생들은 중간 중간 어려움을 호소하기도 했지만, 강좌를 수강한 후 무기명으로 실시한 강의에 대한 평가에서 학생들은 높은 만족도(평균 97.7점)를 나타내었고, '이 강좌를 통해 새로운 시각을 얻고 지식을 확장할 수 있었다.'는 항목에도 97.6점을 주었다. 이러한 긍정적인 평가의 한 원인은, 비록 개별 주의 어느 강의는 그 강의만 따로 떼어 보면 교재에 이미 제시되어 있는 내용을 교사 주도하에 의무적으로 익혀야 하는 방식의 강의였지만, 모둠별로 원하는 주제를 스스로 찾아 한 학기 동안 소논문을 작성한다는 강좌 전체의 맥락 속에서 개별 주의 강의들이 맥락화 되었고, 이로 인해 학생들은 각 개별 주의 강의들도 스스로 궁금했던 것을 탐구하는 전체 과정의 일부로 받아들였기 때문으로 보인다.

과학교실 탐구공동체는 단 한 차시의 수업을 위해서만 일시적으로 형성되는 공동체를 말하지 않는다. 과학교실 탐구공동체는 교실에서 일어나는 전체 일에 영향을 미치는 일종의 교실 문화이고, 무엇보다도 탐구 자체에 가치를 두는 교실 문화이다. 위의 예는 대학에서 한 학기 동안 진행되었던 강좌의 예에 지나지 않지만, 초중등 학교 과학교실에서도 1년 365일 탐구 자체에 가치를 두고 끊임없이 탐구하는 과학교실 탐구공동체가 형성되어 있다면, 그리고 개별 차시의 수업이 과학교실 탐구공동체에서 일어나고 있는 전체 탐구에 의미 있게 연결되기만 한다면, 개별 차시 수업의 내용과 활동의 성격이 어떤지는 크게 문제가 되지 않을 수 있음을 보여주고 있다.

3.2 탐구자의 변화 및 공동체와의 관계 변화 반추: 평가 방법의 다양화

앞선 '과학교실1', '과학교실2'의 사례나 과학교실 실태 조사 결과에서 볼 수 있었듯이, 과학교실에서 공통적으로 잘 나타나지 않았던 모습 중 하나는 '탐구자의 변화 반추' 및 '공동체와의 관계 변화 반추'였다. 이는 어떤 방식으로든 과학교실 탐구공동체의 구현을 위해서는 '탐구자의 변화 반추' 및 '공동체와의 관계 변화 반추'에 대한 고려가 필요함을 의미한다.

'탐구자의 변화 반추' 및 '공동체와의 관계 변화 반추'는 <그림 3.6>에서 제시한 과학교실 탐구공동체의 '문제해결' 단계에서 공동체와의 관계 측면에 포함되는 요소이다. 이는, 앞서 3장에서 논의한 바와 같이, 문제해결 과정에서 새로이 도달한 믿음의 상태는 개인적인 탐구 과정뿐만 아니라 공동체의 의견/이론, 공동의 흥미, 공동의 경험, 공감, 공동의 경험, 합의된 예측, 그리고 협력적 검토 결과의 고려 속에서 이루어진 탐구이고, 이 과정에서 탐구자와 공동체의 관계 또한 변화를 겪게 될 것이라는 점에서 그 필요성이 제기되었다. 즉, 개인의 정체성은 공동체 속 관계들에 의해 결정된다는 점(Lave & Wenger, 1991)을 감안하면, 탐구자와 공동체와의 관계가 변화했다는 것은 곧 탐구자의 변화를 의미하며, 어떤 관계가 다시 명확해졌으며, 어떤 새로운 관계가 추가 된 것인지 등을 반추함으로써, 그 관계가 탐구자와 공동체에게 주는 유용성에 따라 새로운 믿음의 상태를 더욱 공고하게 할 것이라는 필요성에 의해 제기되었다. 더불어서, 이와 같은 탐구자의 변화 및 공동체와의 관계 변화에 대한 반추는 탐구자의 정체성의 변화와 관계되는데, 과학학습이 단순한 개념 변화에 그치는 것이 아니라 학생의 정체성 변화와도 관계되어 있다는 점(Lemke, 2001)을 감안하면, 과학교실에서 더욱 중시되어야할 사항이라는 것도 앞서 논의되었다.

그러나 '과학교실1', '과학교실2'의 사례에서 공통적으로 드러났듯이, 현장의 과학교실에서는 이와 같은 반추의 모습은 잘 나타나고 있지 않았다. 여러 가지 이유가 있을 수 있겠지만, 아마도 한 가지 이유는, 반추라는 활동은 기본적으로 개인의 마음속에서 일어날 것이므로, 설혹 실제로는 반추가 일어났어도 외부에서 관찰을 통해 그 모습을 확인하기는 어려웠을 수 있다. 하지만 학생들에게 그들이 속해 있는 과학교실에 대해 어떻게 인식하고 있는지를 조사한 실태 조사 결과에서도 반추가 상대적으로 적게 일어나고 있음이 드러났다는 것은 외부에서 관찰되지 않았을 뿐이라는 이유만으로는 반추의 모습이 적게 보이는 것에 대한 설명이 부족할 수 있음을 말해 준다.

반추의 모습이 잘 나타나지 않는 또 다른 한 가지 이유는 실제로 과학교실의 탐구 과정에서 반추 활동이 크게 주목받고 있지 않아서일 수 있다. 즉, 수업 종료 시간에 쫓겨 급하게 실험 도구를 정리하고 청소하면서 탐구가 끝이 나거나(Driver, 1983), 조금 더 시간이 있더라도 자신이 새롭게 알 게 된 것 등에 대해 토론하고 스스로 반추하면서 끝이 나게 되는 경우(정용재와 장진아, 2017)가 많지, 흥미나 진로포부 등을 포함한 탐구자의 전체적인 변화나 공동체와의 관계 변화, 탐구자의 정체성에 대한 변화 등에 대해 반추하면서 끝이 나는 경우는 실제로 드물기 때문일 수 있다.

그렇다면, 실제 과학 수업에서 탐구자의 변화와 공동체와의 관계 변화에 대한 반추가 좀 더 활발히 일어나게 할 수 있는 방법에는 어떠한 것들이 있을까? 아마도 한 가지 방법은 자기 평가 등을 포함한 평가 방법의 다양화를 시도하는 것일 것이다. 즉, 기존의 지식이나 탐구기능 중심의 평가와 함께, 탐구 과정을 스스로 돌아보면서 자기 자신의 과학 관련 태도나 진로포부, 의지의 변화, 공동체에 기여한 정도, 자신과 친구들 사이의 관계 등을 생각해볼 수 있도록 자기 평가를 비롯한 좀 더 다양한 평가 방식을 시도하는 것이 한 가지 방안으로 보인다.

근래에 학교 교육에서 이뤄지는 평가뿐만 아니라 학계의 연구 방법으로서도 자기 자신에 대한 천착을 기반으로 하는 연구 방법이 주목받고 있다. 셀프스터디(self study)가 그 한 예이다(이혁규 등,2012; Samaras, 2011). 셀프스터디란 질적 연구방법의 하나로서 자기 자신, 자신의 실천, 자신의 생각 등을 대상으로 연구를 수행하는 방법이다(최재혁 등 2016; Hamilton & Pinnegar, 1998; Samaras, 2011). 즉, "자기 자신, 자신의 실천, 자신의 생각 등을 대상으로 수행되는 연구를 일컫는 용어로서, 협력적이고 비판적인 성찰을 통해 교수와 수업 실행의 상황과 구성원의 정체성, 신념, 가치, 개혁 의제 등 종합적인 관점에서 교수와 수업 실행의 개선을 추구"(조광희 등, 2016, p. 460)하는 연구이다.

이러한 셀프스터디는 그 수행 방법으로 자아와 문화, 연구 과정의 유기적인 연결을 통하여 교육연구에서 발생하는 저자의 반영성(reflexivity)과 자기 성찰을 주로 사용한다(이동성, 2011). 구체적으로는 일기, 자문화기술지, 자서전적 회고록, 생애사 연구 등을 다양하게 활용하기도 한다(조광희 등, 2016). 그리고 비판적 동료와의 협력적 성찰을 활용하기도 한다.

한편, 셀프스터디는 교사교육자 자신의 신념과 실행을 탐구하고 교사교육 분야의 지식에 공헌하는 수단을 탐구하는 데에 적절한 방법으로 여겨져 왔으며(Dinkelman, 2003), 다양한 차원의 교수 실행을 지원하고 성과물을 개발하는 데에도 유용한 방법으로 주목받고 있다(조광희 등, 2016; Pinnegar & Hamilton, 2009). 비록 셀프스터디가 현재까지는 학생들을 위한 방법이기 보다는 교사교육자와 교사들을 위한 방법으로 활용되고 있긴 하지만, 그 목적과 특징은 추후 학생들이 스스로를 돌아보는 자기 평가 방법으로도 유용하게 활용될 수 있는 가능성을 열어두고 있다.

요컨대, 셀프스터디 방법을 포함하여, 자기 자신을 돌아볼 수 있는 기회와 이를 바탕으로 한 평가 방법이 과학교실에 좀 더 적극적으로 도입된다면, 공동체 속 정체성의 변화를 포함하여 탐구자의 변화와 공동체와의 관계 변화에 대한 반추가 좀 더 활발히 일어날 수 있을 것이다. 그리고 나아가서 이러한 평가의 다양화는 외부자의 평가에 의해 줄이 세워지는 평가를 넘어서서, 자신에 대한 스스로의 반추를 통해 추후 계속 되는 탐구의 지속적인 개선으로 이어질 것이다. 이러한 점을 고려할 때, 종합적인 측면에서 스스로를 돌아볼 수 있는 다양한 평가 방법을 활용하는 것은 아마도 과학교실 탐구공동체의 구현에도 기여하게 될 것이다.

3.3 엄격성 및 오류가능성의 견지: 개방성, 정직, 그리고 용기의 중시

엄격성의 견지와 오류가능성의 견지는 과학교실 탐구공동체의 4가지 토대, 즉, 탐구실행 의지, 탐구수행 태도, 개방적 의사소통 구조, 공유 중 탐구실행 의지에 포함되는 태도이다. 엄격성의 견지는 앞서 3장에서 논의하였듯이, 탐구를 수행하는 과정에서 주장을 뒷받침하는 증거와 그 논리에 대한 엄격성, 실험과정의 타당성에 대한 엄격성 등을 포함하는 태도를 말하고, 오류가능성의 견지는 현재의 탐구 과정과 그 결과가 항상 오류 가능할 수 있으며 따라서 언제가 새로운 설명이 현재의 설명을 대체할 수 있음을 인지하고 수용하며 이에 따라 스스로에 대해서도 비판적인 검토를 하고자 하는 태도를 말한다. 엄격성과 오류가능성의 견지는 성공적인 탐구 수행뿐만 아니라 편협 되지 않은 상태에서 끊임없는 탐구가 가능하도록 한다는 점에서 과학교실 탐구공동체의 주요한 토대가 된다.

그러나 앞서 과학교실 실태 조사 결과에서 드러났듯이, 엄격성의 견지와 오류가능성의 견지는 상대적으로 그 모습이 덜 나타나고 있었다. 즉, 학생들이 과학 수업에서 탐구가 이뤄질 때 주장과 증거의 타당성을 엄격하게 따지고, 그 과정에서 오류가능성을 견지하는 태도가 상대적으로 덜 형성되어 있거나 덜 장려 받고 있는 것으로 나타났다.

그렇다면, 실제 과학 수업에서 엄격성과 오류가능성의 견지가 좀 더 공고하게 이뤄지게 하는 방법에는 어떠한 것들이 있을까? 아마도 우선적으로 필요한 것은 과학의 본성에 대한 안내일 것이다. 과학 지식은, 역사적 사례에서도 나타나듯이, 오랫동안 지속되기는 하지만 기본적으로 언제든 변화의 가능성이 열려 있으며(강석진과 노태희, 2014), 아직까지 반증되지 않은 잠정적인 가설의 상태이면서(Popper, 1959), 과학자 공동체의 합의에 의해 유지되는 사회적 산물의 성격까지 포함된(Kuhn, 1970) 인류의 기획물이다. 이러한 과학의 본성에 대한 지속적인 안내가 이뤄질 때 학생들의 오류가능성 견지는 좀 더 공고해 질 수 있을 것이다. 그리고 모든 과학 지식과 방법은 오류가 있을 수 있다는 태도의 견지는 현재 탐구하고 있는 과정이나 탐구의 결과 역시 그럴 수 있다는 태도로 이어질 것이며, 이는 그러한 오류 여부를 엄밀하고 엄격하게 검토하려는 태도로 이어질 것이라는 점에서 엄격성의 견지로도 이어질 수 있을 것이다.

둘째, 개방성에 대한 중시가 필요하다. 앞서 언급하였듯이 오류가능성의 견지는 다른 사람의 주장뿐만 아니라 나의 주장에도 항상 오류가 있을 수 있음을 인식하는 것을 필요로 한다. 이는 거꾸로 얘기하면, 나의 주장을 지나치게 고집하기 보다는 다른 사람의 주장이 좀 더 타당할 수도 있음을 수용하는 태도를 필요로 한다. 그리고 이러한 인식을 바탕으로 할 때, 다른 사람의 주장과 방법에 대한 엄격한 검토와 더불어 나의 주장에 대한 엄격한 검토도 좀 더 적극적으로 일어날 것이다. 이러한 점에서 오류가능성의 견지와 엄격성의 견지는 나의 주장과 다른 사람의 주장 모두를 열린 마음으로 바라보고 검토할 수 있는 개방성을 필요로 한다.

셋째, 정직에 대한 중시가 필요하다. 과학의 본성에 대한 이해와 개방적 태도만으로는 엄격성과 오류가능성의 견지가 공고해지는 데에 한계가 있을 수 있다. 예를 들어, 나의 주장에 오류가 있음을 발견했지만 다른 사람은 모르게 숨기고 지나치려 한다면, 엄격한 검토와 오류의 수정은 일어날 수 없다. 혹은 친구의 주장에 오류가 있음을 발견했지만 친구를 무서워하거나 혹은 배려하려는 마음에서 슬쩍 넘어가려 한다면, 엄격한 검토는 역시 이뤄질 수 없을 것이다. 결국, 엄격성과 오류가능성의 견지는 솔직하게 오류를 인정하고 숨김없이 그 오류를 검토의 대상으로 상정할 수 있는 덕목이 바탕이 될 때 더욱 공고하게 견지될 수 있다. 이러한 점에서 엄격성과 오류가능성의 견지를 공고히 하는 데에는 정직이라는 덕목이 필요할 것이다.

넷째, 용기(勇氣)에 대한 중시가 필요하다. 엄격성과 오류가능성의 견지는 용기를 필요로 한다. 엄격성과 오류가능성의 견지는 기본적으로 다른 사람의 주장과 함께 나의 주장도 항상 오류 가능하다는 태도를 필요로 하지만, 다른 사람을 배려하고 그 사람의 의견을 수용하려고 하는 태도만으로는 유지될 수 없다. 다른 사람의 주장을 존중하고 나의 주장에 오류가 있을 수 있음을 인정하는 동시에, 나보다 힘이 세고 권위 있는 사람의 주장이나 교과서와 같은 문헌의 내용도 항상 오류 가능하다는 인식 역시 필요로 한다. 그리고 이러한 것들이 발견되었을 때, 그 상대가 누구든 그 사실을 말하고 검토를 굳건히 주장할 수 있는 태도, 즉, 용기를 필요로 한다.

용기의 사전적 의미는 "씩씩하고 굳센 기운. 또는 사물을 겁내지 아니하는 기개"(국립국어원, 2017)를 말한다. 즉, 어떤 대상을 겁내어서 흔들리게 됨이 없이 굳건함을 말한다.

이러한 용기의 의미는 맹자(孟子)의 설명에서 좀 더 명확하게 드러난다. 맹자는 용기를 호연지기(浩然之氣)와 부동심(不動心)과 관련지어 설명한다(윤대식, 2006). 호연지기는 의가 쌓여서 생겨나는 것으로 행동하면서 마음에 흡족하지 않은 데가 있다면 위축되는 것을 말하고, 부동심은 마음에 동요가 없는 것으로서 '용기 있는 자는 두려워하지 않는다.'는 점에서 용기와 관계된다(윤대식, 2006). 그리고 이들의 관계에 대해서 맹자는 의지와 용기를 통한 덕목의 실천이 단절되지 않고 항상성을 유지할 때 '의가 쌓여서'(集義) 호연지기를 배양하게 되는 것이며, 호연지기의 배양이 다시 도덕본성의 상승작용으로 부동심을 확보할 수 있다고 말한다(윤대식, 2006).

이와 같은 호연지기, 부동심과 관련된 용기에 대해서 맹자의 「공손추상(公孫丑上)」에서는 세 가지 행위의 예가 나온다.

> 공손추가 물었다. "마음이 동요되지 않게 하는 데 방법이 있습니까?" 맹자가 말했다. "있다. 북궁유는 살갗조차 움찔하지 않고 눈이 찔려도 부릅뜨고 쳐다보았다. 털끝만큼이라도 남에게서 모욕을 당하면 저자거리나 조정에서 여러 사람이 보는 가운데 매를 맞는 것 같이 생각했다. 누더기를 걸친 천한 사람은 물론 만승의 부유함을 지닌 군주에게조차도 모욕을 당하는 것을 참지 않았다. 만승의 부를 지닌 군주를 찔러 죽이는 것을 누더기를 걸친 천한 사람을 찔러 죽이는 것같이 생각했다. 제후도 무서워하지 않았고 자신에 대한 나쁜 소문을 들으면 반드시 보복했다. 맹시사는 용기를 기르고 마음을 동요하지 않게 하는 데에 있어서 '나는 이길 수 없을 것 같은 적군도 이길 것처럼 상대한다. 만약 적군의 역량을 가늠해 본 후에 전진하고 승패를 가늠해 본 후에 진격한다면 이는 적군의 대병력을 두려워하는 것일 뿐이다. 난들 어떻게 전쟁에서 매번 이길 수만 있겠는가? 단지 나는 어떤 것도 두려워하지 않을 뿐이다'고 했다. 맹시사는 증자와 비슷하고 북궁유는 자하와 비슷하다. 두 사람의 용기 중 어느 것이 나은지 모르겠지만 맹시사는 간략한 요령을 지켰다. 옛날에 증자가 제자인 자양에게 '그대는 용기를 좋아하는가? 나는 용기에 대해서 선생님께 들은 적이 있다. 스스로를 돌이켜 보아서 옳지 않다면 누더기를 걸친 비천한 사람에 대해서도 두려움을 느끼게 될 것이고 스스로 돌이켜 보아서 옳다면 천군만 마가 쳐들어와도 나아가 용감하게 대적할 수 있을 것이다'고 했다. 맹시사가 용기를 기름에 단지 두려워하지 않는 기를 지닌 것은 증자가 간략한 요령을 지닌 것만 못하다. (윤대식, 2006, pp. 118-117에서 재인용)

위의 글에서 맹자는 북궁유, 맹시사, 증자의 예를 비교하면서 부동심과 용기에 대해서 얘기한다. 북궁유는 다른 사람에게 모욕을 당했을 때 그 모욕을 준 사람이 천한 사람이건 군주이건 참지 않고 반드시 보복한다. 이는 행동함에 있어서 대상에 따라 흔들림이 없이 행동하기 때문에 마음이 동요하지 않는 예가 될 수 있을 것이다. 그러나 맹자는 북궁유의 부동심과 용기는 다른 사람의 모욕에 대한 반응으로서 누군가 정말 북궁유를 압도하는 힘을 가진 사람과 맞닥뜨리면 북궁유의 용기는 발휘될 수 없고, 또, 모욕하거나 칭찬하는 사람이 없는 경우에는 올바른 행동을 안 할 수도 있다는 얘기일 수 있으니, 이는 낮은 수준의 용기라고 얘기한다(윤대식, 2006).

이에 반해 맹시사는 "난들 어떻게 전쟁에서 매번 이길 수만 있겠는가? 단지 나는 어떤 것도 두려워하지 않을 뿐이다."라는 얘기에서 드러나듯이 자신의 마음을 먼저 다스림으로서 부동심의 용기를 발휘한다. 이러한 점에서 맹시사의 부동심과 용기는 북궁유의 그것보다 한 수 위라고 볼 수 있다는 것이다(윤대식, 2006).

한편, 맹시사 역시 개인적인 공포심의 은폐가 극복에 그친 반면, 증자의 용기는 개인적인 두려움의 극복 수준을 넘어선 용기로 볼 수 있다(윤대식, 2006). 즉, "스스로를 돌이켜 보아서 옳지 않다면 누더기를 걸친 비천한 사람에 대해서도 두려움을 느끼게 될 것이고 스스로 돌이켜 보아서 옳다면 천군만 마가 쳐들어와도 나아가 용감하게 대적할 수 있을 것이다."라는 말에서 나타나듯이, 스스로 돌아보아 옳다면 사회적 지위를 막론하고 그리고 그 수와 힘의 크기를 막론하고 자신의 의지대로 행동에 옮기는 용기가 발휘될 것이지만, 스스로 옳지 않다고 느끼게 되면 나보다 지위가 낮고 비천한 사람에 대해서도 두려움을 느낄 것이라는 것이다. 다시 말해서, 용기란 단순히 모욕에 대한 보복이나 두려움에 대한 극복이 아니라 스스로 돌이켜 보아서 올바르다는 판단이 들 때 그 생각을 흔들림 없이 펼쳐나가는 것이라는 것이다.

위와 같은 점에서 용기는 엄격성과 오류가능성 견지를 공고히 하는 데에 반드시 필요한 덕목이라고 할 수 있다. 그 대상이 누구라도, 즉, 나보다 힘이 센 친구이건 아니면 담임선생님이건, 혹은 교과서이건 아니면 인터넷 자료이건, 내가 보기에 오류가 있다고 생각이 되고 그 생각이 올바르다고 판단이 들 때는 언제나 그 생각을 펼쳐 나갈 수 있을 때 엄격성과 오류가능성은 견지될 수 있을 것이기 때문이다.

다만, 이러한 용기는 편견이나 아집, 무례함과는 구분되어야할 것이고, 이를 위해서는 배려하는 마음과 개방적인 마음이 항상 함께 동반되어야 할 것이다. 예를 들어, 스플리터와 샤프(Splitter & Sharp, 1995)는 공동의 목적을 인식하면서 협력과 배려(care), 믿음, 안전을 추구하는 것을 탐구공동체의 공동체적 특성으로 제안하였는데, 그러면서, 비합리적인 반대나 다수의 구성원에 의한 압력 등에 직면했을 때에도 용기 있게 자신의 의견을 주장할 수 있어야 하고, 동시에 확실한 진리라고 생각하는 경우에도 겸손(humility)과 관용(tolerance), 공정함(fair-mindedness)을 잃지 않는 덕목을 강조하였다. 이와 유사하게 과학교실 탐구공동체의 구현을 위해서도 어느 한쪽으로 지나치게 치우침이 없는 개방성과 정직, 용기의 중시가 필요할 것이다.

3.4 충분한 물리적 환경: 예상하기와 연결하기

과학교실 탐구공동체는 그 토대 중 하나로 '공유'를 전제한다. 그리고 앞서 3장 4절에서 논의하였듯이, 공유는 충분한 활동을 보장해주는 물리적 환경, 즉, 공간과 시간, 도구 등을 필요로 한다. 즉, 공유에 관여하는 사람들이 동등한 권한을 가지고 공간과 시간, 도구를 사용할 수 있어야 하며, 이와 더불어 그 자체가 전체로서도 충분히 제공되어야 공유가 더욱 잘 일어날 수 있다. 바꾸어 말하면, 물리적 환경이 충분히 제공되지 않거나 공동체의 특정 구성원이나 집단에 의해 편협 되게 이용된다면, 공동체가 지향하는 탐구는 그 동력을 잃거나 방향을 잃어버릴 수 있다.

이러한 사례는 앞서 '과학교실2'에서도 나타났었다. 즉, 움직이는 물체가 동일한 시간 간격으로 남긴 자국을 측정하여 물체의 속력을 비교하는 실험에서, 실험대에 비해서 너무 빠른 자동차, 혹은 자동차의 크기와 속력에 비해서 너무 작은 실험대로 인해, 계속해서 움직이는 장난감 자동차의 위치 변화를 1초 간격으로 표시하려던 처음의 방법에서, 장난감 자동차를 1초마다 정지시키고 나서 그 정지한 위치를 표시하는 방법으로 변경한 모둠의 사례를 볼 수 있었다. 이러한 변화는 동일 시간 간격 동안 움직인 거리를 비교하여 물체의 빠르기를 비교하려던 처음에 공동체에서 공유되었던 목적과는 다르게 탐구의 목적을 변경한 것이었다.

그렇다면, 과학교실 탐구공동체의 구현에서 마주할 수 있는 이러한 물리적 환경의 제약을 조금이라도 줄이는 방안에는 어떠한 것들이 있을까? 우선 한 가지 방안은 '예상하기'와 이를 바탕으로 한 사전 준비일 것이다. 예를 들어, '과학교실2'의 교사가 학생들이 가져온 장난감 자동차의 속력이 당시 과학실의 실험대에서 실험하기에는 너무 빠르다는 것을 예상하고, 이에 바탕을 두어 자동차의 속력이 많이 빠른 모둠의 경우는 복도에 나가서 실험을 해도 되는 것으로 미리 준비하였다면, 해당 모둠의 탐구 방법은 변경되지 않았을 수 있다. 즉, 미리 예상하기를 통해 적절한 대비책을 준비했다면, 추가적인 물리적 환경의 마련 없이도 현재의 물리적 환경으로 어느 정도 해결이 가능했을 수 있다.

물리적 환경의 제약을 줄일 수 있는 또 하나의 방안으로 '연결하기'를 고려해 볼 수 있다. 여기에서 '연결하기'는 첫째, 사람과 사람, 집단과 집단의 연결, 공간과 공간의 연결 등 기존에 있는 물리적 환경의 연결을 포함한다. 즉, 기존의 공간이나 시간을 연결하여 통합적으로 운영하거나 구성원의 조직 구성을 적절히 변형하여 물리적 환경을 효율적으로 사용할 수 있도록 하는 방안이다. 예를 들어, 과학교실2의 사례에서 혹 실험대가 이동 가능한 실험대였다면 두 개의 실험대를 연결하여 두 모둠이 함께 실험하는 방법을 시도할 수 있다. 이 경우 장난감 자동차의 속력이 다소 빠르더라도 어느 정도는 실험이 가능했을 수 있다. 두 시간을 연결하여 블록타임으로 수업을 운영하는 것도 연결하기의 또 다른 예가 될 수 있다.

둘째, 연결하기는 새로운 지점과의 연결을 포함한다. 여기에서 새로운 '지점'이란 공간으로서의 지점일 수도 있고, 시간으로서의 지점일 수도 있으며, 새로운 관점이라는 의미의 지점일 수도 있다. 예를 들어, '과학교실2'의 사례에서 평소에는 통행로로 사용하는 복도를 실험대로 사용하기로 시도한다면, 새로운 지점과의 연결을 시도하는 예가 될 것이다. 즉, 새로운 지점과의 연결은 새로운 용도로 물리적 환경을 사용하는 것도 포함한다.

비슷하게 새로운 지점과의 연결은 도구의 결정과 사용에 있어서도 적용될 수 있다. '과학교실2'의 실험을 2017년인 현재 다시 한다면, 여전히 장난감 자동차의 동일 시간 간격별 위치를 빨대를 사용해 표시할 수도 있지만, 동영상으로 촬영하여 컴퓨터나 스마트폰에서 분석프로그램을 사용해 확인할 수도 있다. 실제로 2009 개정 교육과정에 따른 5학년 2학기 과학교과서의 '물체의 빠르기' 단원에는 풍선자동차의 속력을 비교하기 위해 스마트폰을 사용하는 활동이 제시되어 있다(교육부, 2015c, p. 92). 새로운 도구의 결정 혹은 기존 도구의 새로운 사용은 탐구에 있어서 물리적 환경의 제약을 다소나마 줄일 수 있다.

이러한 공간과 시간, 도구 등의 새로운 지점과의 연결은 '초연결 사회(hyper-connected society)'에 진입하고 있는 최근의 시대적 변화를 고려할 때 더욱 주목할 만하다. 전 세계 무선 인터넷 사용자 수는 2015년에 50억 명에 이르며, 전 세계 정보량은 2020년에 90×10^{21}바이트에 이를 것으로 예상된다(전승수, 2012). 또, 네트워크에 연결된 사물은

2009년을 기점으로 전 세계 인구보다 많아졌으며(Evans, 2011), 2015년 49억 개에서 2020년 208억 개로 늘어날 것으로 예상된다(현대경제연구원, 2016). 이러한 급속도의 정보량 증가와 사물인터넷의 발달, 네트워킹 기술의 발달, 빅데이터 활용 기술의 발달 등으로 인해 현재 우리는 초연결사회, 즉, "IT를 바탕으로 사람, 프로세스, 데이터, 사물이 서로 연결됨으로써 지능화된 네트워크를 구축, 이를 통해 새로운 가치와 혁신의 창출이 가능해지는 사회"(윤미영과 권정은, 2013, p. 5)에 진입하고 있다. 이러한 초연결사회는 아마도 학교 과학교실에도 많은 변화를 가져올 것이다. 예를 들어, 모든 자동차가 특정 서버를 중심으로 연결된다면, 물체의 빠르기를 비교하는 실험은 교실에서 스마트패드에 전송되어오는 경부고속도로의 실제 자동차의 빠르기를 비교하는 실험으로 바뀔 수도 있다. 전 세계의 5학년 학생들이 동일한 실험을 공동으로 수행할 수도 있을 것이다. 또, 각 나라 학교 주변의 제한 속도와 교통사고 통계, 그리고 이 순간 실제로 학교 주변을 지나가는 자동차의 속력을 바탕으로 우리나라의 교통 법규를 어떻게 고치고 어떤 캠페인을 해야 하는지에 대해 탐구할 수도 있을 것이다. 현재로서는 그 한계를 점치기 어렵지만, 아마도 도구의 발달은 우리의 상상력을 뛰어넘을 수도 있으며, 우리의 시간과 공간 개념 역시 또 다른 변화를 겪을 수도 있을 것이다.

물론, 자연에 대한 직접 경험은 동영상이나 정보화된 데이터를 경험하는 2차 경험과는 다르다. 그런 점에서 다양한 첨단 기술은 상당히 조심스럽게 탐구에 도입되어야 할 것이다. 아울러서, 그러한 첨단 기술이 물리적 환경의 문제를 항상 해결해 줄 수 있는 것도 아닐 것이다. 그러나 이러한 유의점을 염두에 둔 상태에서, 고밀도 정보와 첨단 기술을 포함하여, 기존 물리적 환경을 넘어 다양한 새로운 지점으로의 연결을 적극적으로 시도하는 것은 재정 문제 등 현실적인 한계로 어쩔 수 없이 부딪치게 되는 물리적 환경의 제약을 다소나마 줄일 수 있을 것으로 생각된다.

3.5 탐구자로서 교사: 교사의 역할에 대한 인식의 전환과 실천

과학교실 탐구공동체에서 교사는 어떤 역할을 해야 하는가? 아마도 일반 과학교실의 교사와 유사하게 학생들이 모두 출석했는지 확인하고, 숙제는 다 해왔는지, 급식은 잘 먹는지, 친구들 사이의 다툼은 없는지 등등을 확인해야 할 것이다. 또, 틈틈이 지도서를 보거나 온라인 사이트에서 자료를 다운받기도 하면서 수업을 준비해야 하고, 과학 실험을 위해서 실험 도구들을 확인하고 사전실험도 해봐야 할 것이다. 때로는 학교의 행정업무로 인해 늦은 시각까지 퇴근을 늦추면서 일을 해야 하기도 하고, 때로는 동료 교사들과의 친목 활동도 해야 할 것이고, 또 때로는 사안이 생겨서 학부모와 상담을 해야 할 지도 모른다. 아마도 과학교실 탐구공동체의 교사 역시 현실 속에서 교사가 해야 하는 여러 일을 해야 할 것이다.

다만 한 가지, 과학교실 탐구공동체의 교사에게 더욱 기대하는 역할 혹은 지향점이 있다. 탐구자로서 교사이다. 과학교실 탐구공동체는 진정한 의심에서 시작되는 탐구를 중시하고 가치를 두는 공동체이다. 따라서 과학교실 탐구공동체에서는 교사 역시 탐구공동체 한 구성원으로서 끊임없는 탐구에 적극적으로 참여하는 탐구자로서의 역할 수행이 기대된다(정용재, 2014). 물론 다른 구성원에 비해 좀 더 전문적인 안목을 가진 구성원이겠지만, 교사 역시 탐구공동체의 일원으로서 진정한 의심을 바탕으로 이를 설명하기 위해 끊임없이 탐구해야 한다. 만약 '과학교실1'의 사례처럼 교사는 모든 것을 알고 있는 안내자이자 감독자가 되어서 자신은 이미 다 알고 있지만 학생들을 위해 탐구를 준비한 것이라면, 이 과학교실에는 상당히 영향력 있는 구성원 한 명이 '의심스러운 척 하면서' 탐구에 참여하는 것이고 진정한 의미의 탐구공동체가 형성되기 어렵다. 이는 데카르트의 방법론적 회의에 대해 '의심하는 척'에 지나지 않으며 이는 진정한 탐구일 수 없다고 비판한 퍼스의 주장(CP 5.265; Pardales & Girod, 2006)과 맥을 같이 한다. 따라서 과학교실 탐구공동체가 구현되기 위해서는 교사 역시 탐구공동체의 일원으로서 탐구를 탐구답게 하는 것이 필요하다.

그러나 실제 과학교실에서 '탐구자로서의 교사되기'는 매우 어려운 일일 수 있다. 탐구자로서의 교사는 기본적으로 탐구공동체의 일원으로서 오류가능성과 엄격성을 견지하고 이상하고 의심스러운 현상에 대해 끊임없이 탐구하는 교사를 의미한다. 즉, 탐구자로서의 교사는 교사 역시 자신의 생각이나 지식이 틀릴 수 있다는 태도를 견지하고, 이해가 안 되거나 이상한 현상에 대해서 끊임없이 탐구하는 교사이다. 그런데 현실적으로 쉽지 않을 수 있다. 교사는 스스로와의 관계 속에서 정체성을 찾기도 하지만, 학생들과의 관계 속에서 자신의 정체성을 찾기도 한다. 만약, "내가 나의 지식의 부족함을 드러내면 학생들이 나를 무시하지 않을까?"라는 현실적인 고민을 갖고 있는 교사라면 더더욱 쉽지 않을 수 있다. 교사의 권위, 특히 지적인 권위를 포기하고 탐구자로서의 교사로 위치하는 것은 안 그래도 교사의 권위가 무너지고 교권 침해 사례가 심심찮게 언론에 보도되는 지금의 교육 현장 현실에서 매우 무리한 요구일 수 있다.

그러나 한편으로는, 현실적으로 매우 어려운 일이라고 하더라도, 탐구자로서 교사되기는, 혹은 최소한 그렇게 되려고 노력하는 것은 마땅히 필요한 일이 아닌가 생각된다. 그렇게 하는 것이 과학 지식은 절대불변의 지식이 아닌 잠정적인 가설 상태의 지식이라는 관점을 구호로만 이해하는 것이 아니라 실천에 옮기는 것이기 때문이다.

탐구자로서의 교사되기는 '어렵지만 마땅히 필요한 것'이라는 관점은 교사의 권위, 특히 지적 권위는 학생보다 더 많이 알고 있다는 점 때문에 갖게 되는 것일까라는 의문에 대한 고민의 산물이다. 과연 교사의 권위는 학생보다 더 많이 알고 있기 때문에 부여받는 것일까? 우선, 만약 교사와 학생 모두 그렇게 생각한다면, 이는 교사와 학생 모두 '객관적으로 올바른 지식을 더 많이 알고 있다는 것'이 존재한다는 것을 전제하고 있을 때 가능한 판단이다. 그런데 이는 심지어 과학 지식조차도 절대불변의 객관적 지식일 수 없으며, 아직까지 반증되지 않은 잠정적인 가설로서 지식이고(Popper, 1959), 과학사에서도 드러나듯이, 과학자 공동체의 합의에 의해 유지되는 지식으로서(Kuhn, 1970), 언제나 오류가능성을 내포하고 있다는 관점에 정면으로 배치된다. 잠정적이며, 언젠가는 잘못된 지식으로 판명될 수 있는 지식을 많이 알고 있다는 것이 '올바른 지식을 더 많이 알고 있다는 것'이 될 수는 없기 때문이다. 물론 이러한 현대적 관점의 지식관에 반대하고 객관적 지식이 존재한다고 주장하는 교사와 학생이 있을 수도 있다. 그러나 혹 과학 지식에 대한 위와 같은 현대적 관점을 수용하고 있으면서도 교사의 지적 권위는 지식을 더 많이 알고 있는 것으로부터 온다고 생각한다면 이는 교사와 학생 모두 과학 지식의 잠정성과 오류가능성을 구호로만 이해한 것에 지나지 않을 것이다.

한편, 교사의 지적 권위를 중시하는 생각들은 사실은 그렇게 생각할 근거가 전혀 없는데도 교사와 학생 모두가 그렇다고 믿고 있기 때문에 갖게 된 생각일 수 있다. 즉, 실제로는, 그리고 엄밀히 얘기하면, 교사가 더 많은 지식을 가지고 있다는 말 자체가 성립하지 않음에도 불구하고, 교사와 학생 모두 그렇게 믿고 있기 때문에 가능해진 판단일 수 있다는 것이다. 이는 어느 날 교사와 학생 모두가 특정 분야의 지식을 더 많이 얘기할 수 있다는 측면이 아니라, 오늘 잘 이해하기 어려웠던 현상을 오류가능성과 엄격성을 견지하면서 열정적으로 탐구하고 이를 공동체내에서 개방적으로 소통하면서 함께 해결해 나가는 측면에 주목하여 이런 모습이야말로 진리를 추구하는 바람직한 모습이라고 믿기 시작했다고 한다면, 교사의 권위는, 혹은 학생 누군가가 생각하는 권위는 다른 기준으로 의미를 갖게 될 수도 있음을 말해준다. 즉, 소위 교사의 권위라고 말하는 것의 기준은 옳고 그름의 문제가 아니라 결단의 문제일 수 있다는 것이다.

물론, 그럼에도 불구하고, 교사는 현실 속에서 그리고 특정 공동체의 문화 속에서 존재하는 개인이므로, 탐구자로서의 교사되기는 매우 어렵고 매우 큰 결단을 필요로 하는, 그래서 구현되기 어려운 것일 수 있다. 다만, 최소한 이러한 교사가 되기 위해 끊임없이 노력한다면, 과학교실 탐구공동체가 그 일부의 모습만이라도 구현되는 데에 기여할 수 있을 것이라고 생각한다.

본 절에서는 과학교실 탐구공동체를 실제 과학교실에서 구현하기 위해 고려해야 하는 몇 가지 사항들에 대해서 논의하였다. 본 절의 서두에서 언급하였듯이, 본 절에서 논의한 것들이 고려해야할 모든 사항들은 절대 아니다. 그리고 어떤 사항들은 여전히 실천에 옮기기에 현실적 한계를 가지고 있는 것들이기도 하다. 다만, 그럼에도 불구하고, 본 절에서 논의한 사항들에 대해 최선을 다해 고민하고 실천을 시도하는 것이 과학교실 탐구공동체의 구현을 조금이라도 가능하게 만드는 것이 아닐까 한다.

5 CHAPTER 마치면서: 새로운 시작을 위해

탐구의 길을 막지 말라(Do not block the way of inquiry). (Peirce: CP. 1.135)

01 요약

본 저서는 "과학교실은 어떠해야 하는가?"라는 질문에 대한 고민의 산물이다. 한 권의 저서로 답할 수 없는 매우 어렵고 방대한 논의를 필요로 하는 질문이지만, 그럼에도 불구하고, 과학교실은 어떠해야 하는가라는 질문에 대한 고민은 학교 과학의 바람직한 모습을 찾기 위해 반드시 고민해봐야 할 문제이기에, 과학교실에서 추구할 만한하다고 생각되는 모습의 하나로 '과학교실 탐구공동체'를 제안하고, 그 특징과 이론적 배경, 구현을 위한 준비 등에 대해서 논의하고자 하였다.

'과학교실 탐구공동체'(Community of Inquiry in Science Classroom: CoI-SC)는 "자연현상이나 사물과 관련하여 진정한 의심의 상태를 믿음의 상태로 바꾸는 것을 목적으로, 참여자로서 목적을 공유한 구성원들이 실제적 효과에 대한 관찰과 오류가능성을 견지하면서 자유로운 의사소통을 통해 최선의 설명과 해결책에 이르고자 끊임없이 노력하는 교실 공동체"(정용재, 2014, p. 311)를 말한다. 이러한 과학교실 탐구공동체는 기존의 '탐구공동체'(Community of Inquiry) 이론을 기반으로 하고 있으며, 학교 과학 교육의 장에서 탐구공동체를 구현하는 것을 지향한다.

과학교실 탐구공동체의 이론적 기틀이 되고 있는 탐구공동체(community of inquiry)는 진리와 실재, 지식을 공동체에 기반 해서 바라보는 공동체적 접근 중 하나로서, 퍼스의 탐구와 공동체에 대한 관점에 기반을 두고 있다. 이후, 탐구공동체는 듀이의 탐구와 교육

이론 속에서 교육의 장으로 논의가 확장되었으며, 근래에는 철학교육, 온라인 원격 교육 등에서도 활발히 논의되어 오고 있다.

과학교실 탐구공동체의 이론적 배경에 대한 논의를 위해, 탐구공동체와 관련된 퍼스와 듀이의 이론을 살펴본 결과, 우선 퍼스는 탐구를 '어떤 대상이나 현상이 갖는 실제적 효과를 접하면서 이에 대해 진정성 있는 의심이 드는 순간 시작되는 것으로서, 오류가능성을 견지하면서, 가설을 이용해 다시 믿음의 상태로 이르게 하는 일련의 과정'으로 보고 있었다. 그리고 이러한 퍼스의 관점은 그가 제안한 탐구공동체서 이루어지는 탐구 역시 '진정 의심스러운 상황', '실제적 효과', '오류가능성', '가설', '믿음' 등이 주요한 핵심이 되어야 함을 시사하고 있었다. 아울러서, 퍼스가 제안한 탐구공동체에서 공동체는 실재와 진리에 이르기 위한 전제로서, 실제적인 효과를 관찰하되 실재와 진리에 이르기 위해 오류가능성을 견지하면서 끊임없이 그리고 충분히 탐구하는 다분히 이상적인 공동체를 말하고 있었다.

한편, 과학교실 탐구공동체의 이론적 배경에 또 하나의 축을 제공하고 있는 듀이 이론을 고찰 한 결과, 듀이는 탐구를 문제 상황에 직면했을 때 문제를 해결할 수 있는 최선의 해결책을 찾는 활동으로서, '실질적으로 당황스러움과 흥미를 유발하는 문제 상황에 직면할 때 시작되는 것으로서, 문제를 명료하게 설정하여 문제의 해결책을 제안하고, 이를 관찰 등의 조작적 활동과 사실적 증거에 의해 검증하는 과정을 거침으로써, 처음의 불확정적인 상황을 이루고 있던 구성 요소들과 관계들을 하나의 통합된 전체로 바꿔주어, 불확정적인 상황을 확정적인 상황으로 바꿔주는 통제되거나 방향 지어진 전환'으로 보고 있었다. 그리고 다소간의 차이는 있었지만 퍼스와 유사하게, 탐구공동체에서 이루어지는 탐구는 '실질적으로 당황스러움과 흥미를 유발하는 문제 상황', '조작적 활동과 사실적 증거', '오류가능성', '문제 해결책의 제안', '추론', '확정적인 상황' 등이 주요한 핵심으로 이뤄져야 함을 시사하고 있었다. 아울러서, 듀이의 관점에서 탐구공동체가 전제하는 공동체는 통합된 상호교섭의 한 축으로서 문제 상황의 해결이라는 공동의 목적 하에 참여와 협력 등의 공유된 활동이 일어나고 개방적인 의사소통과 의사결정 구조를 가진 민주적 공동체였다.

이상의 퍼스와 듀이의 이론에 대한 고찰을 통해, 탐구공동체를 "진정한 의심의 상태나 문제 상황을 믿음의 상태나 확정적 상황으로 바꾸는 것을 목적으로, 구성원들이 목적을 공유하고 적극적인 참여자로서, 자유로우면서도 서로를 배려하면서 실제적 효과에 대한 관찰과 오류가능성을 견지하여, 최선의 설명과 해결책에 이르고자 끊임없이 노력하는 공동체"로 다시 정의하였고, 그 특징을 다음과 같은 다섯 가지로 정리할 수 있었다. 첫째, 탐구공동체에서 탐구는 진정한 의심의 상태나 진정한 흥미를 불러일으키는 문제 상황에 직면해서 시작된다. 둘째, 탐구가 일시적으로나마 종료되게 되는 시점은 진정한 믿음 상태나 확정적인 상황이다. 셋째, 탐구공동체에서 탐구는 실제적 효과의 관찰에 바탕을 둔 최선의 설명과 해결책을 시도하고, 그럼에도 불구하고 있을 수 있는 오류가능성을 인정한다. 넷째, 이상적으로 탐구공동체는 자유롭고 끊임없이, 그리고 무한히 탐구하는 공동체를 전제한다. 다섯째, 조금 더 현실적으로 탐구공동체는 공동체 속에서 서로의 의견을 자유롭게 의사소통함으로써 서로에게 도움이 되고, 그로 인해 최선의 설명과 해결책에 도달하게 되어 구성원과 공동체 모두가 변화하게 되는 공동체를 전제한다.

이러한 탐구공동체의 정의와 특징을 이론적 기반으로 하여, 학교 과학 교육의 장에서 탐구공동체의 구현을 지향하는 과학교실 탐구공동체를 제안하였다. 과학교실 탐구공동체는 자연현상과 사물에 대해 진정으로 의심스러워하는 의심의 상태를 믿음의 상태로 바꾸는 것을 목적으로 한다.

과학교실 탐구공동체의 탐구 과정은, <그림 3.6>에서 볼 수 있는 바와 같이, 문제인식, 가설설정, 가설검증, 문제해결이라는 4개의 주요 탐구과정으로 구성되어 있다. 그리고 각각의 과정 별로 '대상과의 관계 측면'과 '공동체와의 관계 측면'이라는 두 가지의 측면에 따라 주요하게 포함되어야 할 활동 혹은 주요하게 영향을 미치는 요인으로 구성되어 있다. 즉, 문제인식 과정의 주요 활동 혹은 영향을 미치는 요인에는 대상과의 관계 측면에서 '관찰사실과의 불일치', '흥미', '관찰사실 분석'이 포함되고, 공동체와의 관계 측면에서 '의견/이론과의 불일치', '공동의 흥미', '의견/이론 분석'이 포함된다. 가설설정 과정의 주요 활동 혹은 영향을 미치는 요인에는 대상과의 관계 측면에서 '과거 경험과의 유사성'과 '심리적 안정'이 포함되고, 공동체와의 관계 측면에서 '공동 경험과의 유사성'과 '공감'이 포함된다. 가설검증 과정의 주요 활동 혹은 영향을 미치는 요인에는 대상과의 관계 측면에서 '연역적 예측'과 '실제적 효과'가 포함되고, 공동체와의 관계 측면에서 '합의된 예측'과 '협력적 검토 결과'가 포함된다. 문제해결 과정의 주요 활동 혹은 영향을 미치는 요인에는 대상과의 관계 측면에서 '대상과의 관계 변화 반추'와 '개념 변화 반추'가 포함되고, 공동체와의 관계 측면에서 '공동체와의 관계 변화 반추'와 '탐구자의 변화 반추'가 포함된다.

아울러서, 이러한 과학교실 탐구공동체가 구현되기 위한 7가지 토대에 대해 4개 범주('탐구실행 의지', '탐구수행 태도', '의사소통 구조', '공유')로 나누어 논의하였다. 7가지 토대는 '탐구실행 의지' 범주의 끊임없는 탐구 지향, 참여, 충분한 시간, '탐구수행 태도' 범주의 엄격성의 견지, 오류가능성의 견지, 그리고 '의사소통 구조'의 개방성이다.

우선, '탐구실행 의지'는 얼마나 적극적이고 충분하게 탐구를 실행하고자 하는가와 관련된 것으로, 이중에서 '끊임없는 탐구 지향'은 이상한 현상에 직면하여 생긴 진정한 의심을 해소하기 위해 어떠한 정해진 한계도 없이 끊임없는 탐구를 지향하는 것을 말한다. '참여'는 공동의 목표를 공유한 상태에서 개인과 개인 혹은 개인과 공동체가 서로 영향을 주고받으면서 탐구 과정에서 활발한 상호교섭이 일어나는 것을 말한다. '충분한 시간'은 또 다른 토대인 '끊임없는 탐구 지향'과 밀접히 관계된 것으로, 끊임없는 탐구를 위한 충분한 시간의 확보를 말한다.

'탐구수행 태도'는 탐구를 수행하는 과정에서 견지해야 할 태도를 말하는 것으로 진리에 이르는 끊임없는 탐구를 지향하기 위해서 어떠한 태도가 기본적으로 필요한가에 대한 응답이다. 이중에서 '엄격성의 견지'는 탐구를 수행하는 과정에서 주장을 뒷받침하는 증거와 그 논리에 대한 엄격성의 견지, 실험과정의 타당성에 대한 엄격성 견지 등을 포함한다. '오류가능성의 견지'는 현재의 탐구 과정과 그 결과가 항상 오류 가능할 수 있으며 따라서 언제가 새로운 설명이 현재의 설명을 대체할 수 있음을 인지하고 수용하며 이에 따라 스스로에 대해서도 비판적인 검토를 하고자 하는 태도를 말한다.

'의사소통 구조' 범주의 '개방성'은 탐구공동체에서 주목하는 진리와 실재에 대한 관점 및 공동체의 특성에 바탕을 두어, 의사소통의 균등한 기회와 구성원들의 정직과 용기, 그리고 구성원 간의 상호존중과 배려를 전제로 하는 개방적 의사소통 구조 및 그 특징을 말한다.

'공유'는 위의 6가지 토대의 견고성을 확보하기 위해서 필요한 또 다른 범주의 토대로서 다음과 같은 5가지 전제를 필요로 한다. 첫째, 공유는 동일한 지향의 수용을 전제로 하고, 이는 공동의 목적을 가질 것, 공동의 주인의식을 가질 것, 유용하고 호혜적인 이익 창출을 추구할 것 등을 포함한다. 둘째, 공유는 원활한 의사소통이 일어날 것을 전제하고, 이는 상대방의 상황을 고려한 번역과 편중되지 않은 교환, 활발한 수평적 의사소통 등을 포함한다. 셋째, 공유는 특정 대상에게 제한되지 않은 충분한 물리적 환경이 전제되어야 하고, 이는 도구와 기술의 확보, 공간의 확보, 그리고 시간의 확보를 포함한다. 넷째, 공유는 구성원 상호 간에 서로 신뢰하는 심리적 환경을 전제하고, 이는 상호 존중과 친밀감을 포함하는 것으로 앞서 세 가지 전제들이 그 역할을 충실히 실행하는 데에도 필요하다. 다섯째, 공유는 구성원들의 자발성, 주체성, 상호이해성을 바탕으로 제정한 공동의 규칙을 수용하고 준수할 것을 전제하는데, 이는 앞선 4가지 전제를 포함하여 공유 과정에 겪게 되는 현실적 문제를 해결하는 한 가지 방안으로 기능한다. 그리고 이들은 <그림 3.20>과 같이 상호 순환적인 관계를 가지고 있다.

한편, 이와 같은 과학교실 탐구공동체가 실제 학교 현장에서 구현되기 위해서 어떠한 준비가 필요할지를 과학교실 탐구공동체의 탐구 과정과 7가지 토대의 관점에 비추어서 실제 초등학교 과학교실 사례의 분석과 학생들의 인식조사 결과에 기반 하여 논의하였다.

사례 분석 결과, 모든 수업 사례에서 온전한 모습의 과학교실 탐구공동체는 발견할 수 없었다. 다만, '과학교실1'에서는 비록 교사가 문제를 제시하기는 했어도 학생들의 흥미가 유발되어 활발한 탐구가 이뤄지는 것이 나타났고, 이러한 데에는 현상 구현 활동이 긍정적인 영향을 미친 것으로 분석할 수 있었다. 또, 목표의 공유와 끊임없는 탐구 시도, 충분한 도구와 재료의 제공 및 공유, 교사의 도움이 있었고 소박한 수준이었지만 가설설정과 검증을 포함하는 탐구, 다른 사람의 의견 분석과 협력적 검토 등, 과학교실 탐구공동체의 일부 특징이 나타남을 볼 수 있었다. 반면, '과학교실1'에서 교사의 역할은 탐구공동체의 일원으로서 탐구에 참여하는 탐구자라기보다는 학생들을 이끌고 가르치는 안내자의 역할을 하고 있었고, 이는 과학교실 탐구공동체에서 추구하는 바와는 다소 거리가 있었다.

한편, '과학교실2'는 정규 교과 시간이라는 한계 등으로 인해 탐구의 주제가 교사에 의해 주어졌고 그 주제는 교과서에 있는 그대로였다는 점, 탐구자로서의 교사보다는 모든 것을 다 알고 있는 것 같은 강의자 혹은 안내자로서의 교사였다는 점, 의문스러운 현상을 설명해내는 탐구보다는 측정과 해석 위주의 탐구였다는 점 등에서 과학교실 탐구공동체의 모습을 온전히 보여주고 있지는 못했다. 또, 물리적 환경의 제약에 따른 한계 등이 나타나기도 하였다. 하지만, 번역, 의견 분석과 교환, 공동 목적의 명료화, 주인의식의 고취, 공동의 규칙과 준수 등, 과학교실 탐구공동체의 토대와 관련되는 다양한 노력과 모습이 나타났다. 이는 현실적 한계를 갖는 정규 교과 시간에서도 교사의 의지와 적절한 노력이 있을 경우에는 과학교실 탐구공동체의 일부 모습이 구현될 수 있음을 보여주는 사례라고 할 수 있었다.

과학교실 탐구공동체 관점에서 학생들이 학교 과학 수업에서 이뤄지는 '탐구수행 과정'과 '탐구수행 토대'에 대해 어떻게 인식하는지를 바탕으로 과학교실의 실태를 조사한 결과, 전반적으로 학생들은 과학 수업 중에 이뤄지는 탐구의 특징과 토대에 대해 과학교실 탐구공동체의 측면에서 긍정적으로 인식하고 있었다. 다만, '탐구수행 과정' 중 불일치에 기반 한 문제인식, 탐구자의 변화 및 공동체와의 관계 변화 반추를 동반하는 문제해결, 그리고 '탐구수행 토대' 중 엄격성의 견지와 오류가능성 견지에 기반 한 탐구수행 태도 등 일부 요인에 대해서는 상대적으로 낮은 수준의 인식을 하고 있음 알 수 있었다. 이러한 학생들의 인식은 현재의 초등 과학교실 실태에 대한 정보를 제공하고 있었고, 상대적으로 낮은 인식을 보인 요인들과 관련해서는 추후 좀 더 장려하고 보완할 수 있는 방안의 모색이 필요함을 시사하고 있었다.

이러한 과학교실 사례 분석과 실태 조사 결과를 바탕으로, 과학교실 탐구공동체의 구현을 위해 기본적으로 고려해야 할 사항들 몇 가지에 대하여 논의하였다. 즉, '이상한 현상에 직면하여 시작하는 끊임없는 탐구', '탐구자의 변화 및 공동체와의 관계 변화 반추', '엄격성 및 오류가능성의 견지', '충분한 물리적 환경', '탐구자로서 교사'에 대해 논의하였다. 그리고 위와 같은 사항들과 관련하여 각각 '학생의 전형적 인식상황 고려와 개별 차시의 맥락화', '평가 방법의 다양화', '개방성, 정직, 그리고 용기의 중시', '예상하기와 연결하기', '교사의 역할에 대한 인식의 전환과 실천' 등의 방안을 제안하였다. 이러한 사항들이 과학교실 탐구공동체의 구현을 위해 고려해야할 모든 사항들은 절대 아니며, 어떤 사항들은 여전히 실천에 옮기기에 현실적 한계를 가지고 있는 것들도 있다. 다만, 그럼에도 불구하고, 위와 같은 사항들에 대해 최선을 다해 고민하고 실천을 시도하는 것이 과학교실 탐구공동체의 구현을 조금이라도 가능하게 만들 수 있을 것으로 제안하였다.

이상과 같이, 본 저서에서는 "과학교실은 어떠해야 하는가?"라는 질문으로 시작하여, 과학교실에서 추구할 만한하다고 생각되는 모습의 하나로 '과학교실 탐구공동체'를 제안하고, 그 특징과 이론적 배경, 구현을 위한 준비 등에 대해서 논의하였다.

이러한 논의가 실제 학교 과학 교육의 장에서 실천으로 이어지기 위해서는 다음 절에서 제안될 몇 가지 추후 연구들과 함께 다양하고, 지속적인 노력이 이어져야 할 것이다.

02 새로운 시작을 위한 제언

과학교실 탐구공동체를 위한 프로그램 개발 및 적용

과학교실 탐구공동체에 대한 연구와 실천은 이제 막 시작하는 단계에 있다. 그렇기 때문에, 아직 많은 부분이 더 정리되고 정착될 필요가 있다. 예를 들어, 아직 과학교실 탐구공동체가 구체적으로 학교 과학 교육의 장에서 어떤 모습으로 구현이 가능하고, 실제로 어떤 효과를 갖는지 등에 대한 경험적 연구가 매우 부족한 실정이다. 그러나 한편으로는, 그렇기 때문에 과학교실 탐구공동체를 좀 더 정교화하고 학교 과학 교육의 장에서 실제로 구현하는 노력을 모두가 함께 기울여 나갈 여지가 있기도 하다.

본 절에서는 이러한 노력의 일환으로 우선적으로 주목했으면 하는 몇 가지 추후 연구와 실천을 위한 제언을 하고자 한다.

우선, 과학교실 탐구공동체를 구현하기 위해서 실제로 어떤 환경에서 어떤 방법으로 어떤 내용을 실천해 나가야 할지에 대한 구체적인 프로그램의 개발과 적용이 필요하다. 즉, 누군가 과학교실 탐구공동체를 학교 과학교실에서 구현하고자 할 때, 그 누군가에게 제시해 줄 수 있는 구체적인 프로그램의 개발이 필요하다. 이러한 구체적 프로그램이 개발되고, 또 적용한 결과가 분석되면, 과학교실 탐구공동체가 갖는 의미가 좀 더 명확해질 수 있을 것이다.

이러한 프로그램의 개발에 본 저서는 일종의 지침서 역할을 할 수 있을 것이다. 예를 들어, 어떤 프로그램이 개발 되었다면, 그 프로그램이 이상한 현상을 보고 왜 그런지 궁금해 하는 학생들이 탐구를 진행할 수 있도록 허용하고 장려하는지가 검토되어야 할 것이다. 과학교실 탐구공동체는 기본적으로 자연 현상이나 사물과 관련하여 진정한 의심의 상태를 믿음의 상태로 바꾸는 것을 목적으로 끊임없이 탐구하는 교실 공동체이기 때문이다. 혹시라도 궁금증을 갖는 학생에게 탐구의 기회를 주지 않는다면, 과학교실 탐구공동체가 지향하는 바가 충분히 구현되는 프로그램이 아닐 것이다. 또 혹시라도 궁금증을 전혀 갖지 않은 학생에게 탐구를 강요하는 프로그램이라면, 이는 과학교실 탐구공동체가 지향하는 방향과는 정반대의 방향으로 가고 있는 것일 것이다.

그 외에도 학생들이 흥미를 가질 수 있도록 하고 있는지, 합의된 예측을 할 수 있는 기회를 주고 있는지, 탐구자 자신의 변화와 공동체와의 관계를 반추해 볼 수 있는 기회를 주고 있는지, 개방적 의사소통 구조를 강조하고 있는지, 공유를 위해 노력하고 있는지, 그리고 탐구자로서 교사를 강조하는지 등등, 사실은 이 책에서 논의한 한 가지 한 가지가 프로그램을 검토하는 기준으로 역할을 할 수 있을 것이다.

이러한 검토 과정을 거쳐 구체적인 프로그램이 개발되고, 실제 과학교실에 적용한 결과가 분석된다면, 추후 과학교실 탐구공동체를 보완하는 데에 중요한 시사점을 얻을 수 있을 것이다. 예를 들어, 프로그램의 적용 결과가 부정적으로 나오면 우선적으로는 프로그램을 보완할 수 있겠지만, 때로는 과학교실 탐구공동체의 탐구과정과 틀, 그리고 토대 등에 대해서 보완할 수도 있을 것이다. 그리고 혹 프로그램의 적용 결과가 긍정적으로 나온다면, 그 프로그램은 좀 더 확산될 것이고, 다른 프로그램들과 함께 종합적으로 적용되면서 조금씩 더 많은 과학교실 탐구공동체가 학교 과학교실에서 나타나게 될 것이다. 이런 점에서 우선적으로 과학교실 탐구공동의 구현을 위한, 혹은 이미 형성된 과학교실 탐구공동체를 위한 구체적인 프로그램의 개발과 적용에 대한 연구가 필요하다.

과학교실 탐구공동체 모형의 구성 요소들 간 관계 분석

또 하나의 추후 연구로 과학교실 탐구공동체 모형의 구성 요소들간 관계 분석이 이뤄질 필요가 있다. 즉, 예를 들어, '공동의 흥미'는 '공동체와의 관계 분석'에 어떠한 영향을 미치는지, '엄격성의 견지'는 '끊임없는 탐구 지향'에 어떠한 영향을 미치는지 등을 분석하는 연구가 필요하다. 또, '공동경험과의 유사성'은 '합의된 예측'에 어떠한 영향을 미치는지, '충분한 물리적 환경의 제공'은 '공유'에 실제 어떤 영향을 미치는지 등등, 각 구성 요소 간의 관계 분석에 대한 연구가 필요하다. 구성 요소들 간의 관계가 좀 더 심층적으로 분석이 될 때 과학교실 탐구공동체의 전체적인 구동기작을 좀 더 명확히 설명할 수 있을 것이며, 과학교실 탐구공동체가 구현에 어려움을 겪을 때 어느 구성 요소를 어떻게 처치하는 것이 필요할지 예측할 수 있기 때문이다.

물론, 이들 관계 중 일부는 본 저서의 '과학교실1'과 '과학교실2'의 사례 분석에서 부분적으로 드러나기도 하였다. 그러나 조금 더 본격적인 의미의 관계 분석 연구가 이루어진다면, 추후, 과학교실 탐구공동체의 구현과 운영이 어떤 위기에 봉착했을 때 그 원인을 분석할 수 있을 것이고, 처방을 내릴 수 있을 것이다. 또, 모든 것을 한꺼번에 시도하지 못할 때 어느 구성요소에 좀 더 우선순위를 두어 구현을 시도해야 하는지에 대한 판단에도 도움이 될 수 있을 것이다. 이러한 점에서, 과학교실 탐구공동체의 구성 요소 간 관계 분석 결과는 과학교실을 구현하고 운영하는 데에 유용한 정보를 제공할 수 있을 것이다.

✐ 공유 집단의 구성 및 영향 분석

과학교실 탐구공동체의 구현을 위해서는 과학교실 탐구공동체의 의미와 가치를 공유하고 유용한 정보를 교환하는 더 큰 규모나 다른 종류의 공유 집단을 구성하고, 그러한 공유 집단이 어떠한 영향을 미치는지에 대한 추후 연구가 필요하다. 과학교실 탐구공동체는 끊임없는 탐구의 지향을 최우선 가치로 하는 교실 공동체이다. 그런데 가치의 특성상 교실 공동체를 둘러싸고 있는 다른 공동체의 영향을 받을 수밖에 없다. 예를 들어, 만약, 어느 특정한 과학교실 탐구공동체 주위의 모든 공동체가 끊임없는 탐구의 지향과 정면으로 배치되는 가치를 최우선으로 한다면, 또는 그 특정한 과학교실 탐구공동체가 속해 있는 좀 더 큰 규모의 공동체가 역시 끊임없는 탐구의 지향과 정면으로 배치되는 가치를 최우선으로 한다면, 그 과학교실 탐구공동체는 오래 유지되지 못할 가능성이 크다.

이러한 어려움을 극복하는 한 가지 방법은 과학교실 탐구공동체의 의미와 가치를 공유하는 다양한 집단을 구성하고 운영하는 것이다. 예를 들어, 학부모 상담이나 교육을 통해 과학교실 탐구공동체의 의미와 특징을 소개하고 이들과 그 과학교실 탐구공동체에서 추구하는 가치의 중요성에 대해서 공감한다면, 그래서 학교 과학 교육의 장에서 과학교실 탐구공동체가 구현되는 데에 동의하고 함께 노력할 것을 약속하고 실제 실천한다면, 학부모와 교사, 그리고 학생들은 과학교실 탐구공동체와 연결된 또 다른 공유 집단을 구성하게 된 것일 것이다. 이들은 어떤 의미에서 좀 더 큰 규모의 과학교실 탐구공동체를 형성한 것이고, 또 어떤 의미에서는 구성원의 수나 시간의 제약이 없이 궁극적인 귀착점에 도달할 때까지 끊임없는 탐구를 수행하는 이상적인 의미의 탐구공동체에 좀 더 가까이 간 것일 것이다. 또 다른 예로 과학교실 탐구공동체의 가치를 공유하는 교사연구회가 구성된다면, 이는 학생들이 포함된 탐구공동체는 아니지만, 첫째, 과학교실 탐구공동체를 구현하고자 노력하는 교사들에게 그들이 추구하는 가치와 노력이 의미 있음을 공유하게 함으로써, 상반된 가치와 만남으로 인해 과학교실 탐구공동체의 구현을 포기하게 되는 일을 감소시킬 수 있을 것이다. 둘째, 각 교사들이 포함되어 있는 과학교실 탐구공동체들이 교사 연구회를 연결고리로 하나의 전체적 맥락으로서 공동체를 구성할 수 있을 것이므로 이 역시 좀 더 큰 규모의 과학교실 탐구공동체를 형성할 수 있을 것이고, 이는 끊임없는 탐구를 수행하는 이상적인 의미의 탐구공동체에 좀 더 다가간 것일 것이다. 따라서 과학교실 탐구공동체를 지향하는 교사연구회 등과 같은 다양한 공유 집단을 구성하고 그 영향을 분석하는 연구가 수행된다면, 이후 조금 더 안정적이면서 확산적인 과학교실 탐구공동체의 구현에 기여할 수 있을 것이다.

✐ 다른 교과 교실 탐구공동체, 학교 수준의 탐구공동체, 지역사회 수준의 탐구공동체의 구현 가능성

과학교실 탐구공동체의 구현과 확산을 위해서는 과학교실 탐구공동체를 넘어 다른 교과 교실 탐구공동체나 학교 전체 수준의 탐구공동체, 혹은 지역사회 수준의 탐구공동체가 구현 가능한지, 그 가능성을 탐색하고 실제로 구현을 시도할 필요가 있으며, 그 결과에 대한 분석이 필요하다. 과학교실 탐구공동체는 구성원의 수나 시간의 제약이 없이 궁극적인 귀착점에 도달할 때까지 끊임없는 탐구를 수행하는 이상적인 탐구를 지향한다. 이는 거꾸로 얘기하면, 구성원의 수나 시간에서 현실적인 제한을 가질 수밖에 없는 '과학교실에 국한된 과학교실 탐구공동체'는 탐구공동체의 본래적 의미에서 한계가 있을 수밖에 없다는 것을 의미한다. 그렇기 때문에 과학교실 탐구공동체의 구현은 이미 '확산'의 의미를 내포하고 있다.

결국, 과학교실 탐구공동체의 현실적 한계를 넘어 본래적인 의미의 모습으로 과학교실 탐구공동체가 구현되기 위해서는 과학교실을 둘러싸고 있는 다양한 공동체로 탐구공동체의 범위를 넓혀갈 필요가 있다. 그리고 이러한 필요를 만족하기 위해서는 그 가능성과 효과에 대한 연구가 필요하다. 예를 들면 사회과교실 탐구공동체, 체육교실 탐구공동체 등의 구현이 가능한지, 학교 탐구공동체나 마을 탐구공동체가 구현 가능한지 등등에 대한 탐색이 필요하다. 또 그러한 구현을 위해서는 어떤 것들이 필요한 지, 그래서 일부라도 구현을 했다면 그러한 탐구공동체들은 어떤 특성을 가지며, 어떤 영향을 미치는 지에 대한 연구가 필요하다. 이와 같이 다른 교과 교실 탐구공동체, 학교 전체 수준의 탐구공동체, 지역사회 수준의 탐구공동체, 혹은 그 이상 수준의 탐구공동체의 구현의 가능성과 방안에 대한 연구가 이뤄진다면, 앞서 공유 집단의 구성과 영향에 대한 연구의 필요성과 같은 맥락에서 좀 더 안정적이고 확산적인 과학교실 탐구공동체의 구현이 가능할 것이다.

✐ 경구의 실천: "탐구의 길을 막지 말라"

지금까지 본 저서에서는 "과학교실은 어떠해야 하는가?"라는 질문에 대한 하나의 응답으로 '과학교실 탐구공동체'를 제안하고, 그 특징과 구현을 위한 준비에 대해 논의하였다. 논의의 핵심이 된 '과학교실 탐구공동체'는 "자연 현상이나 사물과 관련하여 진정한 의심의 상태를 믿음의 상태로 바꾸는 것을 목적으로, 참여자로서 목적을 공유한 구성원들이 실제적 효과에 대한 관찰과 오류가능성을 견지하면서 자유로운 의사소통을 통해 최선의 설명과 해결책에 이르고자 끊임없이 노력하는 교실 공동체"(정용재, 2014, p. 311)를 말한다. 그리고 <그림 3.6>에서 볼 수 있는 바와 같이, 과학교실 탐구공동체에서 추구하는 탐구는 문제인식, 가설설정, 가설검증, 문제해결이라는 4개 과정을 주요 탐구과정으로 하며, '관찰사실과의 불일치', '흥미', '관찰사실 분석', '의견/이론과의 불일치', '공동의 흥미', '의견/이론 분석', '과거 경험과의 유사성', '심리적 안정', '공동 경험과의 유사성', '공감', '연역적 예측', '실제적 효과', '합의된 예측', '협력적 검토 결과', '대상과의 관계 변화 반추', '개념 변화 반추', '공동체와의 관계 변화 반추', '탐구자의 변화 반추' 등을 주요 활동 혹은 요인으로 구성되어 있다. 아울러서, 과학교실 탐구공동체에서 탐구가 탐구답게 이뤄지기 위해서는 끊임없는 탐구 지향, 참여, 충분한 시간이라는 '탐구실행 의지'와 엄격성의 견지, 오류가능성의 견지라는 '탐구수행 태도', 개방성을 그 특징으로 하는 '의사소통 구조', 그리고 '공유'라는 토대가 마련될 필요가 있다.

이상과 같이 여러 논의를 하였지만, 누군가 과학교실 탐구공동체가 무엇인지 굳이 한마디로 정의내리라고 한다면, 저자는 '끊임없는 탐구 자체를 지향하는 교실 공동체'라고 답할 것이다. 과학교실 탐구공동체는 어떤 특정한 지식을 습득하거나 어떤 특정한 발견을 해내기 위해 탐구하는 공동체가 아니다. 오히려 앞서 여러 곳에서 논의하였듯이 현존하는 지식과 이론이 지나치게 그 권위를 가지는 것을 경계한다. 즉, 항상 엄격성과 오류가능성을 견지하면서 개방적 의사소통 구조를 바탕으로 진정으로 의심의 상태가 해결 될 때까지 끝도 모를 탐구를 끊임없이 해나가는 교실 공동체를 지향한다. 어느 순간 탐구가 종료되는 때가 있겠지만, 이는 항상 새로운 탐구를 배태하고 있는 것이다. 과학교실 탐구공동체는 그 가능성을 인지하고 언제든 새로운 탐구를 다시 끊임없이 수행할 준비가 되어 있는 교실 공동체를 지향한다. 이런 점에서 과학교실 탐구공동체는 다분히 이상적인 공동체일 수 있으며 많은 현실적 제약에 그 구현이 가로막힐 수 있다. 그러나 이러한 현실적 어려움들은 과학교실 탐구공동체가 지향점을 향해 가는 행로에서 하나 둘 해결되어야 어려움들이고, 과학교실 탐구공동체가 구현되는 현실적 모습에 제한적 요인으로 영향을 미치는 어려움들이지, 과학교실 탐구공동체의 지향 자체를 바꾸도록 영향을 주어서는 안 되는 어려움 들이다. 그리고 현실적 어려움들에 흔들려서는 안되는 '과학교실 탐구공동체가 지향하는 바'는 바로 '끊임없는 탐구 그 자체'이다. 다시말해서, 과학교실 탐구공동체는 탐구 그 자체를 최우선적인 가치로 삼는 공동체이다. 따라서 누군가 굳이 한 마디로 과학교실 탐구공동체가 무엇인지 정의내리라고 한다면, 저자는 '끊임없는 탐구 자체를 지향하는 교실 공동체'라고 답할 것이다.

결국, 지금까지 논의하였던 모든 것의 의미와, 앞으로 기대되는 모든 노력들은 '끊임없는 탐구 자체를 지향하는 교실 공동체'를 구현하기 위해서 모색되고 이뤄져야 할 것이다. 그런 점에서, 누군가 과학교실 탐구공동체의 구현을 희망한다면, 그 혹은 그녀가 누구든지 다음의 경구를 마음 깊이 새겨야 할 것이다.

"탐구의 길을 막지 말라(Do not block the way of inquiry)." (CP. 1.135)

참고문헌

강석진, 노태희(2014). 과학의 본성: 어떤 과학을 가르칠 것인가? 서울: 북스힐.

강태욱, 정용재, 송진웅(2008), 전형적 인식상황과 결정적 예의 특징: 힘과 역학적 에너지 전환에 대한 중등학생의 생각을 중심으로. 한국과학교육학회지, 28(6), 579-591.

곽영순(2012). 학습자의 핵심역량 개발을 위한 과학과 수업방법 개선 방안. 한국과학교육회지, 32(5), 855-865.

곽영순(2013). 과학과 교육과정 개정에 대비한 핵심역량 재구조화 방안. 한국지구과학회지, 34(4), 368-377.

공주교육대학교(2017). 우수강의 시리즈: 에세이 모음집. 공주교육대학교 3C 기반 차세대 교육리더 육성사업단.

교육부(1955). 제1차 초등학교 교육과정.

교육부(1987). 제5차 중등학교 교육과정.

교육부(1992). 제6차 초등학교 교육과정.

교육부(1997). 제7차 과학과 교육과정.

교육부(2004a). 초등학교 5-1 과학 교과서 (제7차 과학과 교육과정 근거).

교육부(2004b). 초등학교 5-1 과학 '실험관찰' (제7차 과학과 교육과정 근거).

교육부(2007). 2007개정 과학과 교육과정.

교육부(2011). 2009개정 과학과 교육과정. 교육과학기술부 고시 제 2011-361호 [별책 9].

교육부(2014). 초등학교 3학년 과학과 교사용 지도서 (2009 개정 과학과 교육과정 근거).

교육부(2015a). 2015개정 과학과 교육과정. 교육부 고시 제2015-74호 [별책 9].

교육부(2015b). 2015개정 사회과 교육과정. 교육부 고시 제2015-74호 [별책 7].

교육부(2015c). 초등학교 5-2 과학 교과서 (2009 개정 과학과 교육과정 근거).

국립국어원(2017). 표준국어대사전(http://stdweb2.korean.go.kr/).

권석균(1996). 조직학습과 학습장애요인에 관한 탐색적 연구. 인사관리연구, 20(1), 3-24.

권오왕(2008). 존 듀이의 공동체 사상이 기독교 현실주의에 던지는 함의. 신학연구, 52, 185-208.

권용주, 양일호, 정원우(2000). 연구논문: 예비 과학교사들의 가설 창안 과정에 대한 탐색적 분석. 한국과학교육학회지, 20(1), 29-42.

권용주, 정진수, 강민정, 김영신(2003a). 과학적 가설 지식의 생성과정에 대한 바탕이론. 한국과학교육학회지, 23(5), 458-469.

권용주, 정진수, 박윤복, 강민정(2003b). 선언적 과학 지식의 생성 과정에 대한 과학철학적 연구. 한국과학교육학회지, 23(3), 215-228.
김동식(2002). 프래그머티즘. 서울: 아카넷.
김무길(2004). 듀이의 상황 개념과 교육. 교육철학, 32, 1-26.
김무길(2005). 존 듀이의 교호작용과 교육론. 서울: 원미사.
김무길(2010). 퍼스의 실재론적 프래그머티즘과 탐구 논리. 교육철학, 48, 1-22.
김세미, 김은진, 김성원(2013). 집단지성을 활용한 예비교사들의 과학지식 형성과정 탐색. 한국과학교육학회지, 33(5), 963-980.
김영민(2012). 과학교육에서 비유와 은유 그리고 창의성. 서울: 북스힐.
김영민, 서혜애, 박종석(2017). 과학과 과학교육에서 문제 발견과 귀추. 서울: 북스힐.
김영철, 이형철(1999). 물 위의 밀폐된 용기 내의 초 연소 후 수면 상승 현상의 원인에 관한 연구. 과학교육연구소보, 24, 103-119.
김점산, 지우석, 강상준(2014). 공유경제(Sharing Economy)의 미래와 성공조건. 이슈 & 진단, 134. 경기개발연구원.
김태훈(2002). 공동체의 기본 요소들. 정세구(대표집필) 공동체 주의(pp. 97-119). 서울: 교육과학사.
김형균, 오재환(2013). 도시재생 소프트 전략으로서 공유경제 적용방안. 부산발전연구원.
김환석(2011). 행위자-연결망 이론에서 보는 과학기술과 민주주의. 동향과 전망, 83, 11-46.
박선영, 김회용(2009). 듀이 이론을 통해 파악한 립맨 철학적 탐구공동체의 특징. 교육의 이론과 실천, 14(3), 25-48.
박종원(2000). 학생의 과학적 설명가설의 생성과정 분석: 과학적 가설의 정의와 특성을 중심으로. 한국과학교육학회지, 20(4), 667-679.
박종원, 최경희, 김영민(2001). 물리 교육학 총론Ⅰ. 서울: 북스힐.
박준형, 나지연, 정용재, 송진웅(2015). 초등학생들이 생각하는 과학수업의 특징: 과학수업 문화 분석틀 개발을 위한 기초 연구. 한국과학교육학회지, 35(3), 499-508.
박지선, 장진아, 송진웅(2016). 나는 왜 그렇게 대처하였는가?: 초등 과학실험 수업 중 발생한 불일치 상황에서의 교사의 대처. 초등과학교육, 35(3), 277-287.
백성혜, 우수경, 김효남, 원정애(2011). 초등학생과 초등 교사의 인식을 통한 과학교육과정에서 추구하는 목표 성취 정도 분석. 초등과학교육, 30(1), 113-128.
서경혜(2013). 교사 학습에 대한 공동체적 접근. 교육과학연구, 44(3), 161-191.
송진웅, 정병훈, 권성기, 박종원(1997). 현대 과학철학자들의 저술에 나타난 과학교육의 이미지. 한국과학교육학회지, 17(2), 209-224.
신영준(2015). 2015 초등학교 과학과 교육과정의 변화 내용. 2015년 과학교육자 종합학술대회 발표집(pp. 23-45). 한국과학교육단체총연합회.
신현정(2000). 개념과 범주화. 서울: 아카넷.
엄주경, 이길재(2015). 초등과학영재와 일반학생의 과학적 의문 생성 패턴 분석. 한국과학교육학회지, 35(4), 537-548.

연희원(1998). 퍼스의 상정논법에 관한 연구. 철학연구, 21권, 177-213.

오창진, 김회용(2010). 배움공동체와의 비교를 통한 철학적 탐구공동체 교육방법론 개선 방안. 교육의 이론과 실천, 15(3), 127-152.

오필석, 김찬종(2005). 지구과학의 한 탐구 방법으로서 귀추법에 대한 이론적 고찰. 한국과학교육학회지, 25(5), 610-623.

오필석, 이선경, 김찬종(2007). 지식 공유의 관점에서 본 과학교실 담화의 사례. 한국과학교육학회지, 27(4), 297-308.

윤대식(2006). [맹자] 의 용 (勇): 대장부(大丈夫)의 정치적 덕목. 철학과 문화, 13, 107-129.

윤만영(2006). 주인인가 나그네인가: 주인의식의 구성요소와 선행요인 규명 및 변화몰입과의 관련성 검증. 서울대학교대학원 심리학석사학위논문.

윤미영, 권정은(2013). 창조적 가치연결, 초연결사회의 도래. IT & Strategy, 제10호, 한국정보화진흥원.

이근호, 곽영순, 이승미, 최정순(2012). 미래 사회 대비 핵심역량 함양을 위한 국가 교육과정 구상. 서울: 한국교육과정평가원.

이동성(2011). 한 교사교육자의 교수경험에 대한 자문화기술지. 교육인류학연구, 14(3), 31-67.

이미경, 심재호, 김동영, 구자옥, 김현정, 최병순, 김재우, 민경님, 배영혜, 김연귀(2013). 2009 개정 교육과정에 따른 초·중학교 과학과 핵심 성취기준 개발 연구. 서울: 한국교육과정평가원.

이민주, 김희백(2011). 과학 잡지 프로젝트를 통한 중학생의 학습 변화 탐색: 참여의 관점을 중심으로. 한국과학교육학회지, 31(2), 256-270.

이민주, 김희백(2014). 과학 수업의 혼성공간에서 드러나는 중학생의 지식자본 및 교수학습 특성: 7학년 생명 영역을 중심으로. 한국과학교육학회지, 34(8), 731-744.

이봉세, 박경규, 임효창(2009). 직무특성과 주인의식문화가 심리적 소유감 및 태도에 미치는 영향. 산업관계연구, 19(1), 139-167.

이선경, 신명경, 김찬종(2008). 과학탐구공동체 제안을 위한 사회과학적 학습 자료로서 자연사박물관전시의 교육적 잠재성 탐색: 지진 주제를 중심으로. 한국지구과학회지, 29(6), 506-519.

이양락, 박재근, 이봉우(2006). 제7차 중등학교 과학과 교육과정 내용의 적정성 분석. 한국과학교육학회지, 26(7), 775-789.

이영만, 박동섭(2010). 배움의 공동체의 인식론적 배경탐구. 초등교육연구, 23(1), 183-209.

이정모(2001). 인지심리학. 서울: 아카넷.

이재봉(2013). 2009 개정 고등학교 물리 I 교육과정 평가에 대한 현장 교사의 의견. 새물리, 63(4), 400-410.

이지원(2015). 과학영재의 협업적 문제해결과정에서 나타난 공유된 정신모형의 정교화 양상 분석. 한국과학교육학회지, 35(6), 1049-1062.

이초식(2000). 귀납논리와 20세기 한국의 논리교육. 한국분석철학회 편, 21세기와 분석철학(pp. 11-45). 서울: 철학과 현실사.

이혁규, 심영택, 김남수, 이현명(2012). 교사의 자기연구(Self-Study) 필요성 탐색. 교육문화연구, 18(2), 5-43.

이현주, 최윤희, 고연주(2014). 집단지성 원리를 적용한 과학관련 사회· 윤리적 쟁점 수업 모형의 개발. 한국과학교육학회지, 34(6), 523-534.

이혜정, 정진수, 박국태, 권용주(2004). 연구논문: 초등학생들과 초등예비교사들이 관찰활동에서 생성한 과학적 의문의 유형. 한국과학교육학회지, 24(5), 1018-1027.

임병갑(1999). 과학탐구와 윤리탐구의 <통합 프로그램>을 위한 기초: 듀이의 탐구 이론과 타가드의 연결주의 프로그램을 중심으로. 고려대학교 박사학위논문.

임병갑(2000). 탐구 패턴으로서의 가설상정법: 타가드의 전산적 과학철학에 의한 해석. 이초식 외 13인 공저, 귀납논리와 과학철학(pp. 477-494). 서울: 철학과 현실사.

임병갑(2010). 철학교육 교재구성과 지도방법론 모형에 관한 연구: '비판적 구성주의'와 '탐구공동체' 모형을 중심으로. 존재론 연구 24, 391-409.

장명덕(2014). 초등과학교육: 이론과 실제. 파주: 아카데미프레스.

장진아, 송진웅(2015), 초등학교 과학 수업의 탐구활동에서 형성되는 교실 규범의 특징에 대한 사례 연구. 한국과학교육학회지, 35(2), 303-312.

전승수(2012). 초연결 사회의 빅데이터 생태계 분석과 시사점. Issue Paper 2012-10. 한국과학기술기획평가원.

정용재(2004). 연결주의적 관점의 개념학습 방안으로서 '전형적 인식상황(TPS)'의 변화: 초등학생의 힘의 작용에 관한 생각을 중심으로. 서울대학교 박사학위논문.

정용재(2005). 시간을 선물해주는 것은 어떨까? "과학문화교육" 웹진, 2(10). Retrieved 2015.12.15. from http://seer.snu.ac.kr/zine/article.php?waid=362.

정용재(2006). 한 번 더 물어보자. "과학문화교육" 웹진, 3(3). Retrieved 2015.12.20. from http://seer.snu.ac.kr/zine/article.php?waid=638.

정용재(2014). '탐구공동체'의 과학 교육적 함의에 대한 이론적 고찰: '과학교실 탐구공동체'를 향해서. 한국과학교육학회지, 34(3), 303-319.

정용재(2016a). 민주 시민 소양 증진을 위한 과학교실?: 초등교사의 인식을 중심으로 한 탐색적 논의. 한국과학교육학회지, 36(1), 135-145.

정용재(2016b). 초등예비교사의 '작용과 반작용' 개념: 이해 정도와 전형적 인식상황 분석을 중심으로. 한국과학교육학회지, 36(6), 851-866.

정용재(2017). '문제 발견' 해 보기. 한재영(편). 과학 교사들을 위한 과학교육 강의 플랜(pp. 207-112). 서울: 푸른길.

정용재, 송진웅(2004). 힘의 작용에 관한 교육대학생들의 '전형적 인식상황(TPS)' 분석. 새물리, 49(3), 232-240.

정용재, 송진웅(2006a). Peirce의 귀추법에 관한 이론적 고찰을 통한 과학교육적 함의 탐색. 한국과학교육학회지, 26(6), 703-722.

정용재, 송진웅(2006b). Peirce의 귀추법 양식을 이용한 교육 대학생들이 생성한 가설의 특징 분석. 초등과학교육, 25(2), 126-140.
정용재, 장진아(2017). '과학교실 탐구공동체' 관점 기반 과학 수업 인식 조사 도구 개발 및 적용. 한국과학교육학회지, 37(2), 273-290.
정용재, 장진아(2018). 탐구공동체 관점에서 본 과학교실의 의미와 특징. 교실문화: 동아시가 과학교실의 문화적 이해(pp. 53-89). 서울: 북스힐.
정용재, 조헌국, 지영래(2008). '관계맺음': 과학교육적 의미와 사례. 제54차 한국과학교육학회 총회 및 하계학술대회 논문발표집, p. 99.
정용재, 천은겸(2014). 국내 '실행공동체' 관련 연구 동향 분석: 초등 과학교육 연구에 주는 시사점을 중심으로. 초등과학교육, 33(3), 464-478.
정은영(2006). 중등학교 과학과 수준별 교육과정 운영 실태 분석. 한국과학교육학회지, 26(1), 155-165.
정해창(2005). 프래그마티시즘: 퍼스의 미완성 체계. 서울: 청계
조광희, 김희경, 최재혁, 정용재(2016). 과학교육 연구에서 셀프스터디의 특징과 가능성 탐색: 이론적 배경과 기존 연구에 대한 고찰을 중심으로. 한국과학교육학회지, 36(3), 457-470.
조성민(2000). 인성과 창의성 개발을 위한 NIE 탐구공동체: 활동 프로그램. 서울: 교육과학사.
조성민(2008). 탐구공동체 활동을 통한 도덕과 토론 · 논술 연계지도. 윤리철학교육, 10, 1-22.
조영복, 이나영(2010). 심리적 주인의식이 변화지지행동에 미치는 영향에 관한 연구: 변화몰입을 매개로. 인적자원관리연구, 17(2). 71-94.
조희형(1992). 과학적 탐구의 본질에 대한 분석 및 탐구력 신장을 위한 학습지도 방법에 관한 연구. 한국과학교육학회지, 12(1), 61-73.
조희형(1998). 과학교육의 이론적 배경과 그 시사점. 한국과학교육학회지, 18(2), 183-200.
천은겸, 나지연, 정용재, 송진웅(2015). "실행공동체" 관점에서 과학 교실문화 분석을 위한 조사도구의 개발 및 적용. 한국과학교육학회지, 35(1), 131-142.
최경희, 신동희, 이향연(2008). 과학교육에서의 성별 차이 현황과 해결 방안. 여성학논집, 25, 117-158.
최재혁, 조광희, 정용재, 김희경(2016). 탐색, 갈등, 도전, 그리고 변화: 물리교과교육 수업을 위한 한 교사교육자의 셀프스터디. 한국과학교육학회지, 36(5), 739-756.
최호진(2005). 한국 공무원 지식공유 행위의 영향요인 분석. 한국행적학보, 39(1), 171-193.
하민수, 차희영, 김수원, 이경화(2007). 연구논문: 과학 관련 태도의 성차와 관련된 사회적 요인 분석. 한국과학교육학회지, 27(7), 583-591.
현대경제연구원(2016). 초연결 시대 사업 전략: 독일 스마트 산업화의 내용과 시사점. 한반도 르네상스 구현을 위한 VIP 리포트, 16(3), 1-18.
홍미영, 강남화, 김주아(2010). 중학생의 과학교실 학습 환경에 대한 인식. 한국과학교육학회지, 30(1), 68-79.

황성원(2002). 전자기 학습에서 현상 구현 활동의 역할. 서울대학교 교육학박사 학위논문.

Anderson, J. R. (2000). Cognitive psychology and its Implication. New York: Worth Publishers.

Andrews, K. M., & Delahaye, B. L. (2000). Influences on knowledge processes in organizational learning: The psychosocial filter. Journal of Management studies, 37(6), 797-810.

Apel, K.-O.(1981). Charles S. Peirce: From pragmatism to pragmaticism. J. M. Krois (Tr.) Amherst: University of Massachusetts Press.

Arbaugh, J. B., Cleveland-Innes, M., Diaz, S. R., Garrison, D. R., Ice, P., Richardson, J. C., & Swan, K. P. (2008). Developing a community of inquiry instrument: Testing a measure of the Community of Inquiry framework using a multi-institutional sample. Internet and Higher Education, 11, 133-136.

Barab, S. A., & Duffy, T. M. (2000). From practice fields to communities of practice. In D. H. Jonassen, & S. M. Land (Eds). Theoretical foundations of learning environments (pp. 25-56). New Jersey: Lawrence Erlbaum Associates.

Barab, S. A., Hay, K., & Duffy, T. M. (1998). Grounded constructions and how technology can help. Technology Trends, 43(2), 15-23.

Brown, J. S., & Duguid, P. (1991). Organizational learning and communities-of-practice: Toward a unified view of working, learning, and innovation. Organization science, 2(1), 40-57.

Brown, J., & Isaacs, D. (2008). The world cafe: Awakening collective intelligence and committed action, In M. Tovey (Ed.). Collective intelligence: Creating a prosperous world at peace (pp. 47-54). Oakton, VA: Earth Intelligence Network.

Bryson, B. (2003). A short history of nearly everything. New York: Broad-way Books. (이덕환 (역) (2003). 거의 모든 것의 역사. 서울: 까치글방.)

Burgh, G., & Nichols, K. (2012). The parallels between philosophical inquiry and scientific inquiry: Implications for science education. Educational Philosophy and Theory, 44(10), 1045-1059.

Bybee, R. W. & DeBoer, G. E.(1994). Research on goals for the science curriculum. In Gabel, D. L. (ed.) Handbook of Research on Science Teaching and Learning, 357- 387. New York: Macmillan Publishing Company.

Callon, M. (1986). Some elements of translation: Domestication of the scallops and the fisherman of St. Brieuc's Bay. In J. Law (ed.) Power, action and belief: A new sociology of knowledge? Sociological Review Monography 32. London: Routledge.

Chalmers, A. F. (1982). What is this thing called Science? Milton Keynes: Open University Press. (신일철, 신중섭 (역) (1985). 현대의 과학철학. 서울: 서광사.)

Churchland, P. M. (1995). The engine of reason, the seat of the soul : a philosophical journey into the brain. Cambridge, MA: MIT Press.

Crawford, B. A., Krajcik, J. S., & Marx, R. W. (1999). Elements of a community of learners in a middle school science classroom. Science Education, 83(6), 701-723.

Cross, D., Taasoobshirazi, G., Hendricks, S., & Hickey, D. T. (2008). Argumentation: A strategy for improving achievement and revealing scientific identities. International Journal of Science Education, 30(6), 837-861.

Curd, M. V. (1980). The logic of discovery: an analysis of three approaches. In B. A. Brody & R. E. Grandy (1989) (Eds.) Readings in the philosophy of science. Englewood Cliffs, NJ: Prentice Hall, 417-430.

Cushing, J. T. (1998). Philosophical concepts in physics: The historical relation between philosophy and scientific theory. Cambridge: Cambridge University Press.

DeBoer, G. E. (1991). A history of ideas in science education; Implication for practices. New York: Teachers College Press.

Dewey, J. (1910). How we think. Boston: D.C. Heath, Lexington. Reprinted, Dover Publication, Mineola, NY, 1997.

Dewey, J. (1916). Democracy and education. New York: Macmillan. Reprinted, Dover Publication, Mineola, NY, 2004.

Dewey, J. (1938). Logic: The theory of inquiry. New York: Henry Holt and Company, Reprinted as pp. 1–527 in John Dewey, The Later Works, 1925–1953, Volume 12: 1938, Jo Ann Boydston (Ed.), Kathleen Poulos (text. ed.), Ernest Nagel (intro.), Southern Illinois University Press, Carbondale and Edwardsville, IL, 1986.

Dinkelman, T. (2003). Self-study in teacher education a means and ends tool for promoting reflective teaching. Journal of Teacher Education, 54(1), 6-18.

diSessa, A. A., & Sherin, B. L. (1998). What change in conceptual change? International Journal of Science Education, 20(10), 1155-1191

Driver, R. (1983). The pupils as scientist? Milton Keynes: Open University Press.

Duhem, P. (1906). The aim and structure of physical theory, Translated by Philip P. Weiner. New York: Athenaeum, 1962.

Engeström, Y. (1987). Learning by expanding: An activity-theoretical approach to developmental research. Helsinki: Orienta-Konsultit.

Engeström, Y. (1999). Expansive visibilization of work: An activity-theoretical perspective. Computer Supported Cooperative Work, 8, 63-93.

Engeström, Y. (2001). Expansive learning at work: Toward an activity theoretical reconceptualization. Journal of Education and Work, 14(1), 133-156.

Evans, D. (2011). The Internet of Things: How the next evolution of the internet is changing everything. CISCO White Paper.

Faraday, M. (1855). Experimental research in electricity, vol 3. London: Taylor and Francis (1839-1855), Digitized by University of Michigan.

Feibleman, J. K. (1969). An Introduction to the philosophy of Charles S. Peirce: Interpreted as a system. Cambridge, MA: The MIT Press.

Fischer, H. R. (2001). Abductive reasoning as a way of worldmaking. Foundation of Science, 6, 361-383.

Galileo, G. (1638). Discorsi e dimostrazioni matematich, intorno à fue nuoue dcienze. H. Crew & A. De Salvio (Trs.). Dialogues concerning two new sciences. New York: Cosimo, Inc., 2010.

Garrison, D. R., & Anderson, T. (2003). E-learning in the 21st century: A framework for research and practice. London: Routledge/Falmer.

Garrison, D. R., & Arbaugh, J. B. (2007). Researching the community of inquiry framework: Review, issues, and future directions. The Internet and Higher Education, 10(3), 157-172.

Garrison, D. R., Cleveland-Innes, M., & Fung, T. S. (2010). Exploring causal relationships among teaching, cognitive and social presence: Student perceptions of the community of inquiry framework. Internet and Higher Education, 13, 31–36.

Gilbert, J. K., & Watts, D. M. (1983). Concepts, misconception and alternative conceptions: changing perspectives in science education, Studies in Science Education, 10, 61-98.

George, D., & Mallery, P. (2003). SPSS for Windows step by step: A simple guide and reference. 11.0 update (4th ed.). Boston: Allyn & Bacon

Hamilton, M. L., & Pinnegar, S. (1998). Conclusion: The value and the promise of self-study. In M. L. Hamilton (Ed.), Reconceptualizing teaching practice: Self-Study in teacher education (pp. 235–246). London: Falmer Press.

Hanson, N. R. (1958). Patterns of discovery, an inquiry Into the conceptual foundations of science, Cambridge: Cambridge University Press.

Hempel, C. G.(1966). Philosophy of natural science. Englewood Cliffs, NJ: Prentice Hall.

Hinton, G. E., McClelland, J. L., & Rumelhart, D. E. (1986). Distributed representations. In D. E. Rumelhart & J. L. McClelland (Eds.). Parallel distributed processing: Exploration in the microstructure of cognition, Vol. 1 (77-109). Cambridge, MA: MIT Press.

Howard, E. W. (1987). Concepts and schemata. London: Cassell.

Joung, Y. J. (2008a). A 5-year-old's initiation into scientific ways of knowing. In Y, -J, Lee and A. -L. Tan (Eds.) Science education at the nexus of theory and practice (pp. 317-332). Rotterdam: Sense Publishers.

Joung, Y. J. (2008b). Cased and features of abductive inference conducted by a young child to explain natural phenomena in everyday life. Journal of Korean Association for Research in Science Education, 28(5), 197-210.

Joung, Y. J. (2009). Children's Typically-Perceived-Situations of floating and sinking. International Journal of Science Education, 31(1), 101-127.

Joung, Y. J. (2015). 'Community of Inquiry in Science Classroom' as a science classroom culture: Focused on theoretical investigation. Proceeding of International Conference on the Understanding of Science and Mathematics Classroom Cultures in East Asia (pp. 116-132), Jan 8-9, 2015, Seoul National University.

Joung, Y. J., & Gunstone, R. (2010). Children's Typically-Perceived-Situations of force and no force in the context of Australia and Korea. International Journal of Science Education, 32(12), 1959-1615.

Kieffer, K. M. (1998). Orthogonal versus oblique factor rotation: A review of the literature regarding the pros and cons. ERIC (ED427031).

Kim, H. B., Fisher, D. L., & Fraser, B. J. (2000). Classroom environment and teacher interpersonal behaviour in secondary science classes in Korea. Evaluation & Research in Education, 14(1), 3-22.

Klahr, D., & Dunbar, K. (1988). Dual space search during scientific reasoning. Cognitive science, 12(1), 1-48.

Kuhn, T. S. (1970). The structure of scientific revolutions, International Encyclopedia of Unified Science, vol. 2, no. 2. Chicago: The University of Chicago Press.

Lakatos, I. (1974). Falsification and the methodology of scientific research programs. In I. Lakatos and A. Musgrave (Eds.) Criticism and the growth of knowledge (pp. 91-196). Cambridge: Cambridge University Press.

Lakatos, I. (1978). Anomalies versus' Crucial Experiments'(a Rejoinder to Professor Grünbaum). In J. Worrall and G. Currie (Eds.) Mathematics, science and epistemology, Philosophical Papers, vol 2 (pp. 211-223).

Lave, J., & Wenger, E. (1991). Situated learning: Legitimate peripheral participation.. New York: Cambridge university press.

Lawson, A. E. (1995). Science teaching and the development of thinking. Belmont, CA: Wadsworth Publishing Company.

Lamprecht, S. P. (1955). Our philosophical traditions: A brief of history of philosophy in western civilization (김태길, 윤명로, 최명관 (역) (1963). 서양철학사. 서울: 을유문화사).

Lee, Y., & Lee, S. (2009). Conceptual design principles of collective intelligence. Journal of Educational Technology, 25(4), 213-239.

Lemke, J. L. (1990). Talking science: Language, learning, and values. Norwood, NJ: Ablex Publishing Corporation

Lemke, J. L. (2001). Articulating communities: Sociocultural perspectives on science education.

Journal of Research in Science Teaching, 38(3), 296-316.

Lenning, O. T., & Ebbers, L. H. (1999). The powerful potential of learning communities: Improving education for the future. ASHE-ERIC Higher Education Report, Vol. 26, No. 6. ERIC Clearinghouse on Higher Education, One Dupont Circle, NW, Suite 630, Washington, DC.

Leont'ev, A. N. (1978). Activity, Consciousness, and Personality. (Translated by M. J. Hall) Englewood Cliffs: Prentice-Hall.

Lipman, M. (2003). Thinking in education. New York: Cambridge University Press.

Magnani, L. (2001). Abduction, reason, and science: Process of discovery and explanation. New York: Kluwer Academic/Plenum Publisher.

Mahner, M., & Bunge, M. (1996). Is religious education compatible with science education?. Science & Education, 5(2), 101-123.

Markova, I. (1982). Paradigms, thought and language. Chichester: John Wiley & Sons.

McComas, W. F., Clough, M. P., & Almazroa, H. (1998). The role and character of the nature of science in science education. In W. F. McComas (Ed.) The nature of science in science education (pp. 3-39). Dordrecht: Kluwer Academic Publishers.

McLeod, P., Plunkett, K., & Rolls, E. T. (1998). Introduction to connectionist modelling of cognitive process. New York: Oxford University Press.

Millar, R. (1989). What is scientific method and can it be taught? In Wellington (Ed.) Skills and processes in science education: A critical analysis (pp. 47-62). London: Routledge.

Mounce, H. O. (1997). The two pragmatism. NY: Routledge.

Norman, D. A., & Bobrow, D. G. (1979). Descriptions: An intermediate stage in memory retrieval. Cognitive Science, 11, 107-123.

Nubiola, J. (2005). The classification of the sciences and cross - disciplinarity. Transactions of the Charles S. Peirce Society, 41(2), 271-282.

O'Dell, C., & Grayson, J. (1998). If only we knew what we know: Identification and transfer of internal best practices. California Management Review, 40(3), 154-174.

Paavola, S.(2004). Abduction as a logic and methodology of discovery: The importance of strategies. Foundation of Science, 9(3), 267-283.

Pardales, M. J., & Girod, M. (2006). Community of inquiry: Its past and present future. Educational Philosophy and Theory, 38(3), 299-309.

Peirce, C. S. (1899). The scientific attitude and fallibilism. In J. Buchler (Ed.). Philosophical writings of Peirce (pp. 42-59). NY: Dover Publication, 1940.

Peirce, C. S. Collected Papers of Charles Sanders Peirce [ab. CP], 8 vols. C. Hartshorne and P. Weiss (1931-1958) (Eds.) vols. 1-6; A. W. Burks (1931-1958) (Ed.) vols. 7-8, Cambridge, MA: Harvard University Press.

Peterson, D. (1992). Life in a crowded place: Making a learning community. Heinmann: Portsmouth.

Piaget, J., & Cook, M. (1952). The origins of intelligence in children. New York: International Universities Press.

Pierce, J. L., Kostova, T., & Dirks, K. T. (2001). Toward a theory of psychological ownership in organizations. Academy of Management Review, 26(2), 298-310.

Pierce, J. L., Kostova, T., & Dirks, K. T. (2003). The state of psychological ownership: Integrating and extending a century of research. Review of General Psychology, 7(1), 84-107.

Pierce, J. L., Rubenfeld, S. A., & Morgan, S. (1991). Employee ownership: A conceptual model of process and effects. Academy of Management Review, 16(1), 121-144.

Pinnegar, S., & Hamilton, M. L. (2009). Self-study of practice as a genre of qualitative research: Theory, methodology, and practice (Vol. 8). Springer Science & Business Media.

Popper, K. R. (1959). The logic of scientific discovery. London: Hutchinson.

Popper, K. R. (1963). Conjecture and refutation. London: Rontledge & Kegan Paul.

Posner, G.J., Strike, K.A., Hewson, P. W., and Gertzog, W. A. (1982). Accommodation of a scientific conception: Toward a theory of conceptual change, Science Education, 66(2). 211-227.

Potter, V. G. (1996). Peirce's philosophical perspectives. V. M. Colapietro (Ed.). NY: Fordham University Press.

Quinlan, P. T. (1991). Connectionism and psychology: A psychological perspectives on new connectionist research. Chicago: The University of Chicago Press.

Raposa, M. L.(1984). Habits and essences. Transactions of the Charles S. Peirce Society, 20(2), 147-167.

Roberts, K. H. & C. A. O'Reilly. (1974). Failures in upward communication in organizations: Three possible culprits. Academy of Management Journal, 17(2), 205-215.

Rogoff, B. (1990). Apprenticeship in thinking: Cognitive development in social context. New York: Oxford university press.

Rogoff, B., Matusov, E., & White, C. (1996). Models of teaching and learning: Participation in a community of learners. In D. R. Olson & N. Torrance (Eds.). The handbook of education and human development. Oxford: Blackwell.

Roth, W. -M. (1995). Authentic school science. Dordrecht: Kluwer.

Roth, W.-M.(2000). Artificial neural networks for modeling knowing and learning in science. Journal of Research in Science Teaching. 37(1). 63-80.

Roth, W. -M., Boutonné, S., McRobbie, C. J., & Lucas, K. B. (1999). One class, many worlds. International Journal of Science Education, 21(1), 59-77.

Rumelhart, D. E., Hinton, G. E., & McClelland, J. L. (1986). A general framework for parallel distributed processing. In D. E. Rumelhart & J. L. McClelland (Eds.) Parallel distributed processing: Exploration in the microstructure of cognition, Vol. 1 (45-76). Cambridge, MA: MIT Press.

Rychen, D. S., & Salganik, L. H. (2003). Key competences for a successful life and a well-functioning society. Cambridge, MA: Hogrefe & Huber.

Samaras, A. P. (2011). Self-study teacher research: Improving your practice through collaborative inquiry. LA: Sage Publications.

Shields, P. M. (2003). The community of inquiry: Classical pragmatism and public administration. Administration & Society, 35(5), 510-538.

Smith, E. (1989). Concepts and induction. In M. Posner (Ed.) Foundations of cognitive science (pp. 501-526). Cambridge, MA: MIT Press.

Song, J., & Joung, Y. J. (2014). Trends in HPS/NOS research in Korean science education. In Matthews, M. R. (Ed). International handbook of research in history, philosophy and science teaching (pp. 2177-2215). Springer: Dordrecht.

Splitter, L., & Sharp, A. M. (1995). Teaching for better thinking: the classroom community. Melbourne: ACER.

Szulanski, G. (1996). Exploring internal stickiness: Impediments to the transfer of best practice within the firm. Strategic Management Journal, 17(Winter Special Issue), 27-44.

Tapscott, D., & Williams, A. D. (2006). Wikinomics: How mass collaboration changes everything. New York, NY: Portfolio.

Thagard, P. (1988). Computational philosophy of science. Cambridge, MA: The MIT Press.

Thomas, J. C. (1997). Community of inquiry and differences of the heart. Thinking: The Journal of Philosophy for Children, 13(1), 42-48.

Yoon, H.-G., Joung, Y. J., & Kim, M., (2012). The challenges of science inquiry teaching for pre-service teachers in elementary classrooms: Difficulties on and under the Scene. Research in Science Education, 42(3), 589-608.

Yoon, H.-G., Kim, M., Kim, B. S., Joung, Y. J., & Park, Y. S. (2013). Pre-service teachers' views of inquiry teaching and their responses to teacher educators' feedback on teaching practice. Eurasia Journal of Mathematics, Science & Technology Education, 9(4), 347-359.

Vygotsky, L. S. (1978). Mind in society: The development of higher mental processes. Cambridge, MA: Harvard university press.

Way, W. C. (1997). Connectionism and conceptual structure. American Behavioral Scientist, 40(6), 729-753.

Wenger, E. (1998). Communities of practice: Learning, meaning, and identity. New York: Cambridge university press.

Wenger, E, Mcdermott, R. & Snyder, W. M. (2002). Cultivating communities of practice: A guide to managing knowledge. Boston: Harvard Business School Press.

Wenham, M. (1993). The nature and role of hypotheses in school science investigations. International Journal of Science Education, 15(3), 231-240.

Zand, D. E. (1972). Trust and managerial problem solving, Administrative Science Quarterly, 7(2), 229-239.

찾아보기

ㄷ

ㄹ

ㅁ

ㅂ

ㅅ

과학교실 탐구공동체

2018년 8월 20일 1판 1쇄 인쇄
2018년 8월 25일 1판 1쇄 발행

저 자 ◎ 정 용 재

발행인 ◎ 조 승 식

발행처 ◎ (주)도서출판 북스힐
서울시 강북구 한천로 153길 17

등 록 ◎ 제 22-457호(1998년 7월 28일)

TEL (02)994-0071

FAX (02)994-0073

E-MAIL bookshill@bookshill.com
www.bookshill.com

값 18,000원

ISBN 979-11-5971-149-7